中文论坛

湖北大学文学院
《中文论坛》编辑委员会 编

FORUM OF
CHINESE LANGUAGE AND LITERATURE
(Volume 5)

2017 年第 1 辑　总第 5 辑

社会科学文献出版社
SOCIAL SCIENCES ACADEMIC PRESS (CHINA)

《中文论坛》编辑委员会

卷首语

在长江出版社、湖大书局出版了 4 辑的《中文论坛》，从第 5 辑开始移至北京社会科学文献出版社出版。感谢两家出版单位，一个送我们扬帆启程，一个将我们导入更广阔的学术传播平台。

本卷之所以把"名物学研究"置于诸栏目之首，原因有二。其一，编者得以刊发《古诗笺注的另一扇窗》这样的妙文，深感荣幸。撰写此文的扬之水先生，是中国社会科学院文学所研究员，专门从事名物学研究。多年来，扬之水先生辛勤走访国内外博物馆，用力搜寻僻书逸典，掌握大量名物研究材料，使实物、图像与文献相互印证、完美结合，著有《诗经名物新证》《先秦诗文史》《奢华之色：宋元明金银器研究》《桴柿楼集》《终朝采蓝》等著作数十种，取得了令人瞩目的成就。其二，扬先生的研究方法既得中国传统学术研究的家法，又彰显出当下学术研究亟待突破学科限制的有效探索。有人说扬先生的方法似乎是循了王世襄的路子，用实物说话，用考证与思索说话。名物研究的目的之一，是努力还原历史细节和生活细节，使读者在洞悉古人生活细节的时候，对诗文中深刻的意蕴理解得更加完整和透彻。武汉大学文学院的尚永亮教授得知编者得到扬先生的大作，索之以先睹为快，读后评曰："惠寄扬先生大作细细拜读，甚好。作者于古器物稔熟，用以纠正诸家笺注之误，解说透彻，见解深入一层，的是行家。文末余絮更好，思路开阔，对诗图关系之理解颇为通达，佩服。"尚先生亦是古代文学研究大家，编者邀约的尚先生大作《方法与创新——以文学研究为中心》，集数十年研究之心得，所思所见，高屋建瓴，对读者参透扬先生微观研究方法的妙处无疑具有登堂入室的引领作用。"以证据为基础，以考据为手段，以接近、还原历史真相为目的，小而言之，可以施之于名物训诂、版本校勘、辨伪辑佚、编年笺证等与文献学相关的微观层面；大而言之，可以施之于历史事件、人物关系、政治举措、学术流变等与社会文化学相关的中观、宏观层面。这一方法，历千余年的学术实践和积累，至清代乾嘉之际，皖、扬诸子而趋于完备，蔚为大观。"但是，"此一方法就整体而言，多以具体问题为考察对象，以文献考据为主要手段，而在涉及义理、思想层面及较大研究对象时，难免鞭长莫及、捉襟见肘；对于年轻学人来说，长期沉浸于此一界域，也不无钝化思想、艺术敏感之虞"，故"强调会通，强调日新，反对拘守和定论"才能成就大家风范。扬先生亦如是观，她给自己设定的目标是：用名物学建构一个新的叙事系统，打通文学、历史、文物、考古等学科，一面是在社会生活史的背景下对"物"的推源溯流，一面是抉发"物"中折射出来的文心文事。二位先生的异曲同声，分明道出了学术研究的奥秘和理趣。按编者的理解，学术研究是一份求真务实的工作。就工作的程序言之，如同田野里辛勤劳作的农夫，一分耕耘，一分收获；就工作的目的言之，学者又不同于农夫，以考据"接近、还原历史真相"，或抉发"物"中折射出来的文心文事，均属精神食粮，滋养着健全的人格。无思想之勇气，何以洞穿历史的假象？无卓然超群的情操，又何以悟解冰清玉洁的文心文事？所以，剑胆琴心乃文人治学的最高境界，亦是学人辨章学术、考镜源流的内驱力。为本辑撰写《公安竟陵诸家与园林艺术》一文的夏咸淳先生，还有撰写《从〈伐檀〉"素餐"看"〈诗〉无达诂"》的彭忠德先生，前者年近80，后者也年近70。今年夏天，夏先生在上海看到《中文论坛》第4辑上刊发的《明清之际诗学的江南语境》一文后，托朋友联系到编者，寄来多年研究的大作，编者感佩不已，既为《中文论坛》能得到学者们的关注和支持而高兴，更想向夏先生孜孜不倦于学术的精神致敬。彭忠德先生是编者的学兄，也是多年的老朋友，其为人为文，素有剑胆琴心的风范，终日以读书为乐，以考辨真伪为治学要义。二位先生的文章，话题有大有小，其谨严的学术话语中所蕴含的思想张力，无不透视出作者叩问历史真相的文胆和与文化真谛相濡以沫的文心。

欧阳修鄙视"举子轻薄，为文不求义理"，今人以思想史的高度衡量文章的优劣，一反一正，均道出学术与思想史的密切关系。撰写《从著述体式看元代四书学》的周春健先生浸润古典学研究多年，著述颇丰。他认为，"集疏体""笺释体""辨疑体""经问经疑体""年谱传记体"五种体式，涵盖了几乎所有的元代四书学著述，但每种编纂体式却与思想史有着密切的关联，"体式包孕思想，思想催生体式"。此一结论看似无新意，但作者精深的文献学疏证考订和阐释学的解读过程，是把驳杂的历史信息梳理为一个清晰的思想流程，是把碎片般的文献还原为思想的有机体。真的学问，不是标举空洞无物的"思想"，而是把思想还原为厚重历史的过程，用尚永亮先生所推崇的杨义先生在《论语还原》中使用的方法言之，一要对本有生命原件，细读深思而明其本义，作出复原性缀合；二要对典籍所在的文化地层叠压，究其原委而辨其脉络，作出过程性辨析；三要对大量散落或新近出土的材料碎片，旁征博引而把握命脉，作全息性的比对、深化和整合，排除疑似，聚集症结，在去伪存真过程中求证出一个有机的生命整体。

在今天壁垒森严的学科体制里，名物学几无安身之地，可扬之水先生却写出了一流的文章。画地为牢、固守学科藩篱已成中国学术创新的沉疴痼疾。冯黎明先生的文章《学科互涉——一种后学科的理论话语》对此作出了入木三分的剖析，认为20世纪中期以来，人文学术的一个最为显明的变化就是所谓"学科互涉"成为一种知识创新的路径。学科互涉超越"分科立学"的现代性知识学秩序，以"学科间性"的方式审视人们的社会实践，显示出一种强大的知识创新功能。学科互涉有三种境界：一是引入学科的知识学依据来考察诸如文学一类具有场域自主性的文化现象，二是将特定的文化现象置于多学科交叉的"散点透视"的知识学视野之中，三是形成一种"无学科"或者"超学科"的知识学视界。文化研究中被广泛运用的"批判性话语分析"方法，比较典型地体现了"学科互涉"的学理特质。"龟缩在学科象牙塔里做'逃亡者'的结果是人文学科知识失去了对社会文化进行批判性反思的能力，而冲出学科牢笼在整体上对社会文化进行阐释才能恢复人文学科知识的进步意义。"在《借之"提劲"——漫谈我的"五四"研究》一文里，年轻有为的学者陈占彪先生亦说道，在学院的象牙塔之中，知识分子的公共性逐渐被专业性代替，民生关怀为学术研究代替，激情被冷静代替。在后现代社会中，知识分子已经由过去的"立法者"身份转变为现在的"阐释者"身份。网络社会新舆论空间的形成和"新舆论阶级"的兴起终结了知识分子的"代言者"身份。当然，在多数知识分子偃旗息鼓的同时，自然也有不甘心这种状况的知识分子，他们寻求新的出路。在当代中国，"文化研究"很大程度上已经成为当代敏感的人文知识分子以学术的方式立足当下，观察中国，批判现实，介入社会，以实践其批判意识的新面向。上述见解，编者深以为然。

本辑"西方古代美学研究"栏目是常旭旻博士辛勤劳作的结晶，从组稿到修订译文，耗费了大量时间，并撰写了一篇颇具学术含量的"西方古代美学研究"编者小引，在此，我们深表感谢。

本辑在开设"沙湖论坛"栏目之前，曾致函诸多学友：

> 《中文论坛》已出版 4 辑，刊发文章 100 多篇，撰稿者遍及大江南北，若检点诸多撰稿者的学习和学术经历，不难发现，或早或晚，或长或短，大家都曾在湖北大学的所在地——武昌沙湖湖畔留下深浅不一的脚印。有人叹曰：沙湖水浅，容不下翻江倒海的蛟龙。我不以为然。学术乃天下之公器，中国自古有周游列国——行万里路、读万卷书的治学精神，西方亦有游学（Study Tour）的传统，有缘在沙湖映下剪影的学人，无论今天身处何方，你们的学术成就和不倦的进取精神，永远是沙湖的骄傲！有鉴于此，《中文论坛》拟开设"沙湖论坛"专栏，以学术的力量，呼唤离沙湖而去的朋友们来此相聚，以求道的精神建构一个学术共同体。学术共同体不是狭隘地缘、学缘的标签，不是某种利益的聚合体。认识、确立和创建文化的价值意义，是推动人类文化发展的动力，是人文社会科学研究的伦理使命，亦是学术共同体赖以形成的内在根据。现代学科分立制度的最大弊端，就是导致大量研究课题的自我封闭、自说自话和研究者的孤独存在。走出这般困境，让知识生产挣脱功利的束缚，重现人文理念的光芒，让知识者有一个精神交流的空间，此乃"沙湖论坛"之企盼，也是抛砖引玉，敬请大家为办好"沙湖论坛"栏目出言献策，谢谢！

编者的倡议得到了热烈的回应和实际的支持，冯黎明先生提出讨论文学研究方法论的中心议题，并和尚永亮、曾大兴二位先生一起为"沙湖论坛"打响了第一枪。作为编者，自然对"沙湖论坛"的未来，充满着无限的期待。

因为，2017 年的钟声即将敲响。

编　者

2016 年岁末

目录
CONTENTS

2017 年
第 1 辑总第 5 辑

名物学研究

古诗文笺注的另一扇窗 ……………………………………… 扬之水 / 3
方以智的名物训释
　　——以《通雅·动物》为例 ………………………… 刘阳汝鑫 / 17

经典与解释

从《伐檀》"素餐"看"《诗》无达诂" ………………… 彭忠德 / 29
从著述体式看元代四书学 …………………………………… 周春健 / 38
道法、政教与圣人之德
　　——《韩非子·解老》中的理想政治 ………………… 仝广秀 / 60

中国诗学研究

公安竟陵诸家与园林艺术 …………………………………… 夏咸淳 / 75
论汤显祖与泰州学派 ………………………………………… 韩　晓 / 98
《拊掌录》的编撰者、认识价值及艺术手法 …………………… 宋　扬 / 123
对当代旧体诗词写作热的反思 …………… 张三夕　王兆鹏　裴　涛 / 134
旧体新咏焕新生
　　——当代旧体诗词写作热概说 …………………………… 罗昌繁 / 148
汉剧研究学院派成果的重大收获
　　——读朱伟明《汉剧史论稿》 ………………………… 谭邦和 / 154

五四研究

借之"提劲"

    ——漫谈我的"五四"研究 ……………………………… 陈占彪 / 163

江山代有才人出

    ——评陈占彪的五四研究 ………………………………… 聂运伟 / 178

热情挚感启民智

    ——评廖名缙演说启蒙思想的时代特征 ……………………… 丁　楹 / 187

西方古代美学研究

晚期希腊美学观念的分化与流变 ……………………………… 常旭旻 / 210

荷马的灵魂与死亡

    ——兼比较《奥德赛》Ⅱ 的地府和《理想国》的洞穴 … 何博超 / 226

康德在柏拉图之后如何论艺术与真

    ………〔美〕汤姆·洛克莫尔　著；李梦楠　译；常旭旻　校 / 246

沙湖论坛

方法与创新

    ——以文学研究为中心 ………………………………… 尚永亮 / 265

学科互涉

    ——一种后学科的理论话语 …………………………… 冯黎明 / 274

文学地理学的六个研究方法 …………………………………… 曾大兴 / 282

区域文学史写作的价值与方法

    ——以《湖北文学通史》研讨会为中心 …………………… 江　河 / 303

追寻"湖北文学"的精神内核

    ——读《湖北文学通史》 ……………………………… 汤江浩 / 310

中学教育与语文教学

内生的力量

　　——一位现任校长讲述一所名校涅槃的故事 …………… 董有建 / 321

语文教育语用观的建构 ………………………………… 曹明海 / 335

中学"口语交际"教学独立设课必要性探析 ………………… 柯华桥 / 354

传承文学经典　弘扬优秀文化

　　——大学语文课程的文化教育模式探析 …………… 余兰兰 / 367

更正启事 …………………………………………………… / 374

《中文论坛》征稿启事 ……………………………………… / 375

CONTENTS

Study on Chinese Terminology

Another Window of Annotations on Ancient Poems   *Yang Zhishui* / 3

Fang Yizhi on Animal Terminology: A Case Study of *Tongya*

Liu Yangruxin / 17

Classics and Interpretation

Discussion on "No Thorough Interpretation for *The book of Songs*"

    from the Perspective of Fatan's "Sushi"   *Peng Zhongde* / 29

Four Books in Yuan Dynasty from the Perspective of Writing Styles

Zhou Chunjian / 38

Tao-Law, Political Civilization and the Virtue of the Sage

    —— The Ideal Politics in "Jie Lao" of *Hanfei-tzu*   *Tong Guangxiu* / 60

Study on Chinese Poetics

The Relationship Between the School of Gong'an and

    Jingling on the Garden Art   *Xia Xianchun* / 75

Discussion on Tang Xianzu and Taizhou School   *Han Xiao* / 98

Fuzhanglu's Compiler, Recognition Value and Art Technique

Song Yang / 123

A Reflection on Current Enthusiasm for Old-Style Poetry

    and Lyrics Writing   *Zhang Sanxi*, *Wang Zhaopeng*, *Pei Tao* / 134

CONTENTS

Contemporary Old-Style Poetry and Lyrics Writing Displaying a New Face

——The General Introduction of Contemporary Old-Style Poetry and

Lyrics Writing Booming   *Luo Changfan* / 148

The Academic Achievements of Research on the Han Opera

—— A Review of *Thesis Draft of the Han Opera History*

from Zhu Weiming   *Tan Banghe* / 154

Study on May 4th Period

Drawing Strength

——A Discussion on My Research on the May 4th Period

Chen Zhanbiao / 163

"Each Generation Produces Its Own Outstanding Talents"

——A Review of Chen Zhanbiao's Research

on the May 4th Period   *Nie Yunwei* / 178

Inspiring the Wisdom of the People through Warm Speeches

——Evaluation of Liao Mingjin's Speech Enlightenment   *Ding Ying* / 187

Study on Western Ancient Aesthetic

The Differentiation and Evolution of Late Greek Aesthetic Ideas

Chang Xumin / 210

Homer's View on Sprit and Death

——Comparison between the Hodes of *Odysseus* $\mathbb{I}$ and

the Cave of *The Republic*   *He Bochao* / 226

Kant on Art and Truth after Plato

by Tom Rockmore /trans. *Li Mengnan* /rev. *Chang Xumin* / 246

Shahu Lake Forum

Methods and Innovation

——A Focus on Literary Studies   *Shang Yongliang* / 265

Inter-disciplinary

——A Post-Disciplinary Theoretical Discourse   *Feng Liming* / 274

Six Research Methods for Literature Geography   *Zeng Daxing* / 282

5

The Value and Method of Regional Literary History Writing

　　——*The General History of Hubei Literature* Seminar as the Center

Jiang He / 303

Pursuing the Spiritual Core of Hubei Literature

　　——A Review on *The General History of Hubei Literature*

Tang Jianghao / 310

Secondary Education and Chinese Teaching

Inner Power

　　——The "Phoenix Nirvana" Story Told by

　　　a Current Principal *Dong Youjian* / 321

The Construction of Pragmatic View on Chinese Education

Cao Minghai / 335

Exploration on the Necessity of Setting up an Independent

　　Course of "Oral Communication" in Secondary Schools

Ke Huaqiao / 354

Inheriting Immortal Literary Classics and Advancing

　　Excellent Traditional Culture

　　——An Analysis of the Cultural Educational Model of

　　　College Chinese *Yu Lanlan* / 367

名物学研究

Study on Chinese Terminology

古诗文笺注的另一扇窗

扬之水[*]

内容提要：古诗文笺注是学术研究中极见学养与功力的一项，困难往往来自多方面，不免常会处在举步维艰的境况。比如揭明出典，是古诗文笺注要义之一，但与器物有关的典故，每须解得古今之别，如此方能直指诗中物象。旧式笺注着墨于揭橥出处与典故，即前人用过的词藻以及见载于典籍的故实与传说。然而涉及器物，这样的注解便不敷用，前代用过的名称，至于后代，虽称呼不变，所指却未必相同，即便其器为同一类，器之形制也未必相同。此外，古代歌诗中的及"物"之作，每有虚与实之别。实，自然是物的写实；虚，却是用了颇有渊源的古称以为雅名，以助诗意，以蔚诗情。如此之"名"，与当日之"实"，则未必相符。对于这一类诗作，笺注的极要紧处，必是辨明虚实，以见真身。那么援以考古发现以及传世的相关实物，并解得此器此物的发展演变史，如此之"看图说话"，或当有助于"诗"与"真"的判别。

关键词："酒凸觥心泛滟光" "磨以玉粉缘金黄" "万钉宝带烂腰镮"

古诗文笺注是学术研究中极见学养与功力的一项，困难往往来自多方面，不免常会处在举步维艰的境况。深知其中之难，因此一向视作畏途，今竟欲为笺注另启一扇窗，只是因为二十年来于名物考证一事稍稍用心，

---

* 扬之水（1954—），中国社会科学院文学所研究员，研究方向：名物训诂。著有《诗经名物新证》《先秦诗文史》《奢华之色：宋元明金银器研究》《梣柿楼集》《终朝采蓝》等著作数十种。电子邮箱：yangzhishuige@126.com。

自以为微有所得，遂忍不住欲效田夫野老之献曝献芹，虽然明明知道，自家原无本领做笺注，所言种种，与笺注者相比，其难易程度正有着打靶子与射飞鸟的悬殊之别。

一 "酒凸觥心泛滟光"

旧式笺注着墨于揭橥出处与典故，即前人用过的词藻以及见载于典籍的故实与传说。然而涉及器物，这样的注解便不敷用，前代用过的名称，至于后代，虽称呼不变，所指却未必相同，即便其器为同一类，器之形制也未必相同。

比如酒器。酒器大约是历代歌诗中出现格外频繁的词汇之一，古称、雅称、俗称，或用典，或写实，又或虚实杂糅，凡此种种，都很常见，均不可不辨。如杜牧《寄李起居四韵》："楚女梅簪白雪姿，前溪碧水冻醪时。云罍心凸知难捧，风管簧寒不受吹。"又《羊栏浦夜陪宴会》一首，句云"毹来香袖依稀暖，酒凸觥心泛滟光"。前例，《杜牧集系年校注》解释道："云罍，上有云雷纹之盛酒器。心，罍顶盖。"后例，同书释曰："觥，饮酒器。"① 两处注语，似乎都没有能够准确阐明诗意。

图1　四曲花口摩羯戏珠纹金酒船，西安市太乙路出土

罍是古称，为三代酒器之一种。《诗·周南·卷耳》"我姑酌彼金罍"，此"金罍"，当是青铜制品。不过后世诗歌中将酒器呼作罍，几乎都属于用典，因为日常生活中的酒器并不以此为称，小杜诗中的"云罍"，也是如此。在这里，它应该是指金银杯盏。"心凸"之"心"，自然也不是"罍顶盖"，因为酒盏通常是没有盖子的，"心"，是金银杯盏的内底心。"酒凸觥心泛滟光"之"心"，亦然。唐五代以至于宋元，杯盏内底心装饰凸起的纹样，始终是通行的做法。西安市太乙路出土四曲花口金酒船，内底心为凸起的海浪摩羯戏珠纹，便是唐代的一个实

① 吴在庆：《杜牧集系年校注》，中华书局2008年版，第1277、397页。

例（图1）①。"云罍心凸知难捧"、"酒凸觥心泛滟光"，两诗之两用"凸"字，其意一也。金盏银盏盏心纹饰上凸，内里注酒，自有流光动影之妙。而此际所谓"罍"和"觥"，多半是指酒宴中的罚酒之器。"毬来香袖依稀暖，酒凸觥心泛滟光"，前句言行抛打令，后句之觥则即罚盏。唐孙棨《北里志》"俞洛真"条谓洛真时为席纠，颇善章程，郑仁表曾与诗曰："巧制新章拍指新，金罍巡举助精神。时时欲得横波盼，又怕回筹错指人。"席纠，觥录事也。章程，酒令之律。诗中的金罍与筹前后呼应，自是酒宴行令所用罚盏。

言及罚盏，便须细来分说诗句中的一个"觥"字。不妨与杜牧的另一首《题禅院》合看："觥船一棹百分空，十岁青春不负公。今日鬓丝禅榻畔，茶烟轻飏落花风。"十岁，或作"十载"，似以后者为好。《杜牧集系年校注》云："觥船，容量大之饮酒器。此处亦指酒船。晋毕卓好饮酒，曾云：'得酒满数百斛船，四时甘味置两头，右手持酒杯，左手持蟹螯，拍浮酒船中，便足了一生矣。'事见《晋书》卷四十九本传。百分空，意为忘却一切世俗之事。"

觥为"饮酒器"，觥船为"容量大之饮酒器"，《校注》所云并不错，却是注其一而未注其二。因为"觥"尚有一个古老的也是它的核心义项，即"罚爵"。前引《诗·周南·卷耳》，其下又有句云"我姑酌彼兕觥"。兕是犀牛，这里代指犀牛角，《毛传》所谓

图2　兕觥（商代），山西石楼县
桃花者村出土

"兕觥，角爵也"，即仿犀角样式制成的饮器（图2）②。《郑笺》："觥，罚爵也。……旅醻必有醉而失礼者，罚之亦所以为乐。"这里说到的"旅醻"，原是上古时代的一种饮酒仪式，即采用"接力"一般的方式递相酬饮，醉而失礼，便用兕觥作为罚酒之器饮失礼者，这一饮器即称作"罚爵"。此风相沿至唐而不衰，不过一个很大的不同，在于以当日酒令的发

---

① 器藏陕西历史博物馆，此系观展所摄。
② 山西博物院藏，此为参观所摄。

达而把传统的罚失礼易作罚违令，即一面沿用了觥原有的"罚爵"之义，一面用各种酒令将"罚之亦所以为乐"之举变作酒席筵中最有兴味的游戏。觥于此际理所当然成为酒器中的主要角色，司掌罚酒者亦即游戏中的核心人物，也因此名作觥使或觥录事。觥的式样也不再以犀角式为主，却是以新奇为尚，而多取用略如船形的多曲长杯（图 3-1、图 3-2)①。"觥船"之命名，这也是缘由之一。杜诗"觥船一棹百分空"中的觥船即是此类，实与《晋书》中毕卓的酒船，了不相干。理解此句大约也不可脱离酒宴情景，因此"百分空"之意，或未必在于"忘却一切世俗之事"。"分"乃饮器容酒之量，杜牧诗《后池泛舟送王十》"为君蘸甲十分饮"，《校注》："蘸甲十分，酒斝满沾湿指甲，以示畅饮。"似亦得其一而未得其二。十分，固谓满杯，但它本是酒令中语。镇江丹徒丁卯桥唐代金银器窖藏中有银鎏金龟负"论语玉烛"筹筒亦即笼台一具，笼台中置酒筹五十枚，它用了"误读"的办法把《论语》编排为饮酒的秩序亦即律令，饮与不饮、劝与被劝、饮多饮少，均依律令所规定的"饮、劝、处、放"四种情况而行事，而分别以五分、七分、十分、四十分为依令饮酒之章程（图 4)②。如"一箪食一瓢饮，自酌五分"，"君子之居何漏（陋）之有，自饮七分"，"四海之内皆为兄弟，任劝十分"，"择其善者而从之，大器四十分"，等等。在此意义上理解"觥船一棹百分空"，那么是极言觥船容酒之量，以此概括"十载青春"的诗酒风流。

图 3-1　银鎏金摩羯纹八曲长杯，　　　图 3-2　金花银花鸟纹八曲长杯，
　　　陕西历史博物馆藏　　　　　　　　　白鹤美术馆藏

　　唐以后，"觥"依然是酒器的名称之一，但"觥"的名与实却有了变化。即它在具体使用的时候，含义已与唐代相异，不过旧义犹存书面语中

---

①　两例均为参观所见并摄影。
②　镇江博物馆编著《镇江出土金银器》，文物出版社 2012 年版，第 20 页。

而已。宋郑獬作《觞记注》，下列各目均为历代酒杯，则以"觞"为名，只是把它作为酒杯的雅称。晏殊词《喜迁莺》"觞船一棹百分空，何处不相逢"，全用着《题禅院》中成句，而小杜诗原指罚盏，大晏词则代指酒杯。宋元时代酒筵上滟

图4　银鎏金论语酒筹　镇江丹徒丁卯桥唐代金银器窖藏

激流光的是"劝杯"，欧诗"劝客芙蓉盃"（《初秋普明寺竹林小饮饯梅圣俞分韵得"亭皋木叶下"五首》），所云芙蓉盃，便是此物。

　　一个"觞"字，自先秦用到今世，字面未改，所指之物却是迭经变化，此"觞"早非彼"觞"，注家每每以"酒器"二字交代过去，其实未达此中之变，更无论演变中所包容的文化信息也。

二　"磨以玉粉缘金黄"

　　古代歌诗中的及"物"之作，每有虚与实之别。实，自然是物的写实；虚，却是用了颇有渊源的古称以为雅名，以助诗意，以蔚诗情。如此之"名"，与当日之"实"，则未必相符。这里所谓及物之作，所指不限于别为一类的咏物诗，更包括了大量诗中有"物"者。对于这一类诗作，笺注的极要紧处，必是辨明虚实，以见真身。那么援以考古发现以及传世的相关实物，并解得此器此物的发展演变史，如此之"看图说话"，或当有助于"诗"与"真"的判别。

　　仍举酒器之例，便是欧阳修的《鹦鹉螺》一首，此是欧阳修知颍州，聚星堂燕集，会饮诸公分题赋咏筵席中物，欧公拈得鹦鹉螺一题。诗句有云"清醑旨酒列华堂"，可知此鹦鹉螺原是酒宴中的鹦鹉螺杯。开篇数句言螺杯所从来，然后说到螺杯的制作，结末是咏物诗必有的感慨寄意。至于螺杯样式，却只用了"磨以玉粉缘金黄"一句道其大概。《欧阳修诗编年笺注》解释此句云："鹦鹉海螺花纹隐伏，只要以玉粉将其打磨，外表装饰金箔，就可以摆在华宴上作酒杯。"恐怕不是确解。

　　鹦鹉螺产南海，《太平御览》卷九四一引《南州异物志》"鹦螺，状如覆杯，头如鸟头向其腹，视似鹦鹉，故以为名"，欧诗所以言"陇鸟回

头思故乡"也。"陇鸟"自然是鹦鹉,"思故乡",即如《笺注》所云是援祢衡《鹦鹉赋》"望故乡而延伫"之典,那么这一句是扣题,也是为鹦鹉螺写照。而《笺注》释其意为"鹦鹉螺眷恋大海",似觉不切。

图5　铜钿鹦鹉螺杯,南京象山东晋王兴之墓出土

再审"磨以玉粉缘金黄"一句,它与"浓沙剥蚀隐文章"相接,"浓沙"句下原注"胡人谓硇砂为浓沙",可知治螺是用了可"柔金银"的硇砂(又作砸砂),而非《笺注》所云"以玉粉将其打磨"。而"磨以玉粉缘金黄"中的关键字,是个"缘"字,缘者,边也,沿也,在这里则用为动词,实不可解作"外表"。金,可以指金银之金,也可以泛指金属,比如铜,比如银鎏金。将鹦鹉螺稍事打磨,再以金属片镶嵌于口沿,时称金钿,"磨以玉粉缘金黄",此其实也。金钿鹦鹉螺杯,目前所知最早的一个实例是南京象山东晋王兴之夫妇墓出土的一枚,其钿为铜(图5)①。在杯、盏、碗一类的器皿口沿镶金属钿,是延续了很久的做法,两宋时期似乎尤为流行,如陕西蓝田吕氏家族墓地出土金钿碗、银钿碗(图6-1),安徽来安县宋墓出土金钿玛瑙盏(图6-2)②,浙江金华陶朱路舒公墓出土金钿玻璃盏(图6-3)③,皆属其例。它在工艺上并无特别之处,不过是以金银彰显珍重与奢华。当然偶尔也可派作其他用场,如南宋尤延之剥落茶杯与托钿银数两以易黄山谷帖(见杨万里《跋尤延之戒子孙宝藏山谷帖辞》),如此,便又别成一段风雅故事了。

图6-1　金钿青釉碗,陕西蓝田吕氏家族墓地出土

图6-2　金钿玛瑙杯,安徽来安县宋墓出土

① 今藏南京市博物馆,此为参观所摄。
② 两例均为观展所见并摄影。
③ 今藏金华博物馆,此为参观所摄。

图6-3 金釦玻璃盏，金华陶朱路舒公墓出土

三 "万钉宝带烂腰镮"

揭明出典，是古诗文笺注要义之一，但与器物有关的典故，每须解得古今之别，如此方能直指诗中物象。仍举欧阳修诗例：《子华学士僝直未满遽出馆伴病夫遂当轮宿辄成拙句奉呈》："万钉宝带烂腰镮，赐宴新陪一笑欢。金马并游年最少，玉堂初直夜犹寒。自嗟零落凋颜鬓，晚得飞翔接羽翰。今日遽闻催递宿，不容多病养衰残。"《欧阳修诗编年笺注》解题云：此诗作于嘉祐二年十二月，"时任翰林学士、史馆修撰，主修《唐书》。子华学士，即韩绛，时为翰林学士。……韩绛翰林院值班期间，因为担任馆伴契丹的使臣，仓猝离院，欧代为值班，为赋此诗。诗歌赞美韩绛年少才高，自愧多病衰残。情意真挚，诗脉通贯，风清韵雅，一气回旋"。"万钉宝带烂腰镮"句，释曰："烂腰镮，耀眼的学士腰带。镮，泛指圆圈形物。《战国策·齐策五》：'军之所出，矛戟折，镮弦绝。'姚宏注：'镮，刀镮。'"欧诗又有《与子华原父小饮坐中寄同州江十学士休复》一首，句云"白发垂两鬓，黄金腰九环"，《笺注》曰："腰九环，腰带上悬挂九个金环。九环，九环带。古代帝王贵臣的腰带，以有九个金环，故称。"

前例，"镮，泛指圆圈形物"，此注近于未注。下引刀镮故典，更与腰环无涉。"烂腰镮"，自然也不可解作"耀眼的学士腰带"。后例，注语其实未名所以。"古代帝王贵臣"云云，"古代"二字范围实在太广，唐与宋今皆可谓之"古代"，然而带的形制，宋与唐并不相同。

万钉宝带和腰九环，都是用典。南宋叶廷珪编集类书《海录碎事》卷五《衣冠服用部·带绅门》分别有"万钉带"和"九镮带"两项。一曰：

"杨素破突厥，隋文帝赐万钉宝带。"一曰："李德林修律令，赐九镮金带。"前者见《隋书》卷四十八《杨素传》，谓突厥达头可汗犯塞，杨素领兵出塞，大破之，帝"优诏褒扬，赐缣二万匹及万钉宝带"。同书卷六十三《卫玄传》，道周武帝任玄为益州总管长史，"赐以万钉宝带"。后者见于《隋书》卷四十二《李德林传》，曰开皇元年，敕令德林与于翼、高颍等同修律令，"事讫奏闻，别赐九环金带一腰"。可知万钉宝带与九环金带之赐，实为荣宠。

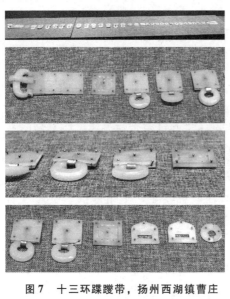

图7　十三环蹀躞带，扬州西湖镇曹庄隋炀帝陵出土

系腰的革带带表装缀金玉带銙（或作胯），带銙下端垂环以系佩物之带，此名蹀躞（亦作鞢韘）带。垂环的带銙，目前见到最早的实例为东汉物，它的普遍施用则在魏晋南北朝时期，流行范围也包括朝鲜和日本。纳入中原政权的舆服制度之后，便以銙下垂环的多少以别尊卑。《旧唐书·舆服志》曰，"隋代帝王贵臣，多服黄文绫袍，乌纱帽，九环带，乌皮六合靴"，"天子朝服亦如之，惟带加十三环以为差异"。沈括《梦溪笔谈》卷一中说道："带衣所垂蹀躞，盖欲佩带弓剑、帉帨、算囊、刀砺之类。自后虽去蹀躞，而犹存其环，环所以衔蹀躞，如马之鞦根，即今之带銙也。天子必以十三环为节，唐武德贞观时犹尔，开元之后，虽仍旧俗，而稍褒博矣。然带钩尚穿带本为孔，本朝加顺折，茂人文也。"陕西咸阳底张湾北周若干云墓出土八环蹀躞玉带，西安南郊何家村唐代窖藏中有九环蹀躞玉带。完整的一副十三环蹀躞带，前不久发现于扬州西湖镇曹庄隋炀帝陵，带銙为金，环为玉（图7）①。

用于垂系蹀躞的环与銙相连，带銙与带鞓的固定，多取用金钉。若干云墓出土的八环蹀躞带，便是由纵横排列的小金钉把玉带銙与带鞓和衬板

---

①　今藏扬州博物馆，此为观展所见并摄影。

固定在一起，各个玉銙用于固定的金钉数目不等，少者三五个，多者八九个。欧诗所谓"万钉"，固然是夸饰之辞，但金钉百余，以顶上的蘑菇头闪烁于带銙表面，入眼自不免有金色焕烂之感。而"万钉"式玉带既得真实，读袁桷《清容居士集》中的《采蘑菇》，便也可会心于"万钉宝带山泽癯，圆如佛螺缀头颅"之拟喻。

蹀躞带最为流行的时期是北周至隋与初唐，中晚唐时，革带多已不系蹀躞，而只是装缀带銙。①《太平广记》卷三九〇引五代杜光庭《录异记》曰群贼盗一大墓，见墓中"有石座，杂宝古样腰带陈列甚多"。此"古样腰带"，应指带銙下端垂环的蹀躞带。

唐代带銙重玉，两宋带銙尚金。欧阳修《归田录》卷二："太宗尝曰：'玉不离石，犀不离角，可贵者惟金也。'乃创为金銙之制以赐群臣，方团毬路以赐两府，御仙花以赐学士以上。"不过带銙下端早是不再系环。宋王得臣《麈史》卷上："胯且留一眼，号曰古眼，古环象也。"江西遂川郭知章墓出土荔枝纹金带具一副十三件：带扣二、带銙十、獭尾一，十枚带銙中的一枚桃形銙有一个花瓣为饰的圆孔，即所谓"古环象"之"古眼"（图8）②。墓葬年代为政和四年。欧诗所谓"万钉宝带烂腰镮"，其实乃如此式样的一件。韩绛时为翰林学士，是"御仙花以赐学士以上"也，而这时候金带带銙下端是不垂环的。

图8　银鎏金带銙，江西遂昌县北宋郭知章墓出土

胡仔《苕溪渔隐丛话》前集卷三十"六一居士下"引《王直方诗话》："《寄江十学士诗》云：'白发垂两鬓，黄金腰七镮。'又有《当宿直

①　孙机：《中国古代的带具·中国古舆服论丛》，文物出版社2001年版。
②　今藏江西省博物馆，此为观展所见并摄影。

诗》'万钉宝带烂腰镮'。刘贡父云：'永叔这条腰带，几次道著也。'"刘攽原以"性滑稽，喜嘲谑"著称，此言自然也是带着调侃的成分，不过学士金带为时人所重本为实情。《夷坚志》中的《倪太傅金带》一则，即以梦中的一条金带昭示倪思一生宦迹，且应之不爽（《夷坚三志·壬》卷一）。更有一个极端的事例，——司马光《温公日记》卷三："陈彭年子彦博知汀州，以赃败，彦博子达贫困甚，乃与姊弟谋同发彭年冢，取金带卖分之。事觉，皆抵罪。"彭年在真宗朝附王钦若和丁谓，赞佞符瑞，急希进用，官至兵部侍郎。温公末了遂有如是之议："盖陈彭年之馀殃耳。"

余　絮

"看图说话"，只是读诗一法，并且很有它的局限性。大凡诗歌之有韵味者，总是会为读者留下想象的空间，如果用"图"填补了空白，说不定是一种"煞风景"，至少在很多情况下，"图"对于读诗来说属于可有可无。比如刘禹锡《和乐天春词》："新妆宜面下朱楼，深锁春光一院愁。行到中庭数花朵，蜻蜓飞上玉搔头。"生活中大约并不缺少如此诗意的瞬间，可巧扑入诗人之眼，于是成为春景中的一幅美人图。诗作本已如画，更无须作解。至多为"玉搔头"注明出处：《西京杂记》卷二，传说汉武帝过李夫人，"就取玉簪搔头，自此后宫人搔头皆用玉"，玉簪因有搔头之名，当然也推广及于金簪银簪而成为簪的昵称。如果吾人多事，援唐敬陵贞顺皇后亦即武惠妃墓石椁线刻画中的一幅为图解，——山石花草间，袅娜一树花影下，新妆佳人手拈搔头

图 9　唐武惠妃墓石椁线刻画

"数花朵"，偏有粉蝶一只"飞上玉搔头"（图 9）①，恐怕未如《刘禹锡集笺证》之深入一层，引白乐天原唱，揭明背景，曰"居易原诗涵意虽不能

---

① 程旭等：《唐贞顺皇后敬陵石椁》，《文物》2012 年第 5 期。

——细解，禹锡和诗所谓'蜻蜓飞上玉搔头'则亦武儒衡讥元稹'适从何来，遽集于此'之意，不但和诗，而且次韵，语意又针锋相对，必非无因而作者"①。如此，则美人图就未必真的是写生，而意在讲另外的故事了。

图 10-1　宋仁宗后坐像中的女侍局部

图 10-2　宋仁宗后坐像中的女侍局部

当然也有不少写实之作可令诗与画相得益彰。宋徽宗《宣和宫词》："女儿妆束效男儿，峭窄罗衫称玉肌。尽是真珠匀络缝，唐巾簇带万花枝。""官家"自写"家"事，其景其情当可凭信。若辅以绘笔，那么与此"女儿妆束"最为接近的一幅图像，便是南薰殿旧藏宋仁宗后坐像（图10-1、图10-2；今藏台北故宫博物院）。所绘仁宗皇后，当是曹后，虽然即便从仁宗末年算起，至徽宗之宣和亦逾半个世纪，但恐怕妆束的改易多在细节，而大要不变。画幅中的红粉娇娥正是一身妆束效男儿，"尽是真珠匀络缝"，与画笔下的宫女丝毫不差。桃、杏、菊、梅、栀子、牡丹，攒攒簇簇的"万花枝"也恰是簇带于"唐巾"。沈从文《中国古代服饰研究》在《宋皇后和宫女》一节援引这一幅画像，在讨论宫女穿戴时，乃引《老学庵笔记》中的一段话为释："靖康初，京师织帛及妇人首饰衣服，皆备四时。如节物则春幡、灯球、竞渡、艾虎、云月之类，花则桃、杏、荷

① 瞿蜕园：《刘禹锡集笺证》，上海古籍出版社1989年版，第1088页。

花、菊花、梅花皆并为一景，谓之一年景。"然而从《宣和宫词》来看，杂花满头的"一年景"，风气源头原是在宫廷，且有名曰"万花枝"，靖康初年方风行于民间，俗称"一年景"，因此放翁道"靖康纪元果止一年，盖服妖也"。

图 11 -1　银鎏金人物图妆盒盖面局部　　图 11 -2　宋代银鎏金人物图妆盒，大英博物馆藏

　　这一个例子，可以说是援图解诗，却也可以说是援诗读图，其实二者本可相互利用。如大英博物馆藏一枚宋代银鎏金人物图妆盒①（图 11 -1、图 11 -2），银盒盖面以菱花式开光为画框，雕栏山石布置出庭园景致，中间是坐在一张鹤膝桌前略略欠身的主人公，侍儿六人捧物环立。右手一方，三女鬟，捧漱盂者一，捧奁盒者一，另一人抱了一个蒙袱的琵琶。左手一方，一人捧盆，一人手持包袱。又有站在桌子前方的一位，手擎尺寸将及半人高的一面大圆镜。原来点明画面主题的细节，正在此处。它把读图者的目光引向与圆镜相对的主人公，只见伊人右手分明提了一支笔，铺展在方桌的绢素上已现出半身像的一个轮廓。不必说，这是一幅对镜写真图。只是排场如此奢丽，显然不是寻常的闺中行乐。画中人娟娟楚楚，鬟髻高耸，帔帛绕身，一身妆束类于唐宋画家笔下的"宫妆"，可知不是写绘时尚，而当别有故事。因不妨拈出花蕊夫人《宫词》一首："春天睡起晓妆成，随侍君王触处行。画得自家梳洗样，相凭女伴把来呈。"怀抱琵琶的女侍，也可援引王建《宫词》："内人相续报花开，准拟君王便看来。缝着五弦琴绣袋，宜春院里按歌回。"顺着这一思路，还可以想到这一枚妆盒本身又何尝不是呼应着诗中意象，便是那"晓妆"和"梳洗"。器用

---

　　①　此为博物馆参观所见并摄影。

与装饰，在此正是相得益彰。那么此图似可名作"宫苑美人写真图"。固然不必胶着于某一诗某一事，却也不妨设想当日图案的设计者是由描绘禁苑生活的《宫词》取意。作为装饰纹样，它多半缘自"外人"对于"内人"浮华生活的诗意想象，同得自传闻的《宫词》作者以一支赋笔摹写娇艳富丽是相似的。

Another Window of Annotations on Ancient Poems

Yang Zhishui

Abstract: The annotation of ancient Chinese literature requires knowledge as well as experience. There are so many potential hurdles that annotators often find themselves in a dilemma. For example, the annotator's main task lies in the identification of sources of literary references and allusions. When it comes to allusions regarding objects, however, we can illustrate literary images only after delineating the history of physical objects. In traditional style annotations, much ink has been spilled in identifying literary sources and allusions, including phrases inherited in the literary traditions as well as recorded anecdotes and tales. For glossing terms of objects, this approach is however far from adequate. Terms used in the past do not necessarily point to the same objects in later texts. Even though a specific term may refer to the wider category of objects, objects do not necessarily have the same characteristics as they used to in an earlier context. As objects named in traditional poetry fulfill different literary functions, we may differentiate "concrete" ones from "empty" ones. Being "concrete" means to depict an object in a realistic way, while being "empty" means to use a literarily evocative term to create poetic images. In the latter case, the term does not necessarily point to the object. The key to annotating poetry is to distinguish the "concrete" from the "empty" so as to demonstrate what exactly a term really means. With archaeological excavations and received artefacts, we can delineate the history of a specific object. This "picture talk" is highly beneficial to the differentiation between "poetry" and "reality".

Keywords: The drinking vessel *gong*, The spiral cup *luobei*, Belt ornaments *yao-*

huan

Author's Introduction：

Yang Zhishui（1954 － ）, Researcher in the Institute of Literature, Chinese Academy of Social Sciences. Research directions：traditional Chinese terminology.

方以智的名物训释

——以《通雅·动物》为例

刘阳汝鑫*

内容提要：本文以方以智（1611—1671）代表作《通雅》为研究对象，由《通雅·动物》部分试论方以智如何处理名物训释的问题。第一部分讨论《通雅》对《尔雅》所开创的雅学传统既有继承，更有发展，《通雅》内容更广，且语词分类较前人系统，训释名物词所用的论证方法亦综合多样。第二部分讨论方以智对名物训释的态度，首先不可以字系物，要正视异物同名，更重要的是，不可拘泥于名物，而应当根据语境探寻词义。

关键词：方以智　《通雅》　雅学　动物专名训释

方以智（1611—1671），字密之，号曼公，在传统小学、文学、哲学、天文、地理、医学、物理等方面均有建树，并且积极接触西学，其学问广博，可谓无所不包。[①] 其学与明末空疏之风相抗，清代考据学大兴，或称方以智即开其风气之先者，而《通雅》即其代表作之一。[②] 综观《通雅》

---

* 刘阳汝鑫（1988—），伦敦大学亚非学院博士研究生，研究方向：中国古典文献学、历史学。电子邮箱：Lyrx_0304@ hotmail. com。

① 方以智于《清史稿》（北京：中华书局1998年版）卷五百有传。关于其生平及学术，见任道斌《方以智年谱》（安徽教育出版社1983年版）及侯外庐《方以智的生平与学术贡献》（见《方以智全书》，上海古籍出版社1988年版，第1—97页）。

② 四库馆臣历数明中叶以后杨慎（1488—1559）、陈耀文（1550进士）、焦竑（1541—1620）学风之弊端，又云："惟以智崛起崇祯中，考据精核，迥出其上，风气既开，国初顾炎武（1613—1682）、阎若璩（1636—1704）、朱彝尊（1629—1709）等沿波而起，始一扫悬揣之空谈。"见《四库全书总目提要》（《景印文渊阁四库全书》本，上海古籍出版社1986年版）卷一百十九，第1028页。梁启超亦持此说，见《中国近三百年学术史》（东方出版社2003年版），第170页。

全书五十二卷，名物考证占极大篇幅，但目前学界多关注其因声求义说，关于《通雅》的性质、版本、成书过程等概论性文章亦多①，与名物训释相关的内容，至近年始获关注，然成果亦不多见。本文将先以《通雅》对《尔雅》的继承和发展释《通雅》之名，并以《通雅·动物》之数则条目为例，试论方以智名物训释观独到之处。

一 从《尔雅》、《广雅》到《通雅》

作为雅学之祖的《尔雅》，对后世的影响极大，注疏者多，仿续者亦多。《通雅》既名"雅"，其用意不言而喻。《通雅·凡例》云："《尔雅》为《十三经》之小学，故用其分例。"又云："此书每则上标一语，仿《尔雅》之遗，使观者望而知之，然后寻绎下方。"② 可见方以智乃有意沿《尔雅》之波而扬其流。

《尔雅》覆盖广泛，包括一般语词、专有名词乃至别称等，而仿续《尔雅》之作，多偏重某类语词③，能以《尔雅》全书为对象进行增广者其实屈指可数，其中首推三国张揖（227—232 前后在世）《广雅》，而《广雅》之后，唯《通雅》之规模可称其俦④。通观全书，《广雅》在分类方面全袭《尔雅》，《通雅》则有所创新。由类目所涉范围观之，《通雅》不但包含《尔雅》所有门类，更增身体、姓名、官制、事制、礼仪、算数等类，所涉范围比《尔雅》及完全沿用《尔雅》系统的《广雅》增广许多。由类目层级观之，《尔雅》《广雅》仅设一级类目，《通雅》则设两级。如《尔雅》《广雅》有《释地》《释丘》《释山》《释水》，而《通雅》合为《地舆》，下设《方域》《水注》《地名异音》《九州岛建都考》《释

---

① 《通雅》最早由清代姚文燮（1628—1692）刊刻于 1666 年（即浮山此藏轩本，下称姚本），最新点校本为侯外庐主编的《方以智全书》本。然而，在《方以智全书》的《〈通雅〉点校说明》中，冒怀辛虽疏理《通雅》各本及其源流，却从未明言此次点校以哪个版本为底本，也未列出用以参校的版本。本文凡征引《通雅》处，以《方以智全书》本为主，并参校姚本《通雅》（中国书店 1990 年版）。
② 方以智：《通雅·凡例》，第 5 页（姚本《〈通雅〉凡例》第 1 页）。
③ 如宋代陆佃（1042—1102）《埤雅》、罗愿（1136—1184）《尔雅翼》皆重草木鸟兽虫鱼，明代朱谋㙔（1592 年在世）《骈雅》独释"联二为一"之双音节词。
④ 何九盈以《通雅》为最重要的三种雅书之一，并称其为研究唐宋元明词汇的必读之书。见何九盈《中国古代语言学史》，河南大学出版社 1985 年版，第 273 页。

地》五子目，又如《释草》《释木》在《通雅》中合为《植物》，下分《草》《竹苇》《木》《谷蔬》四子目。方以智对《尔雅》旧有分类进行变革，使《通雅》分类层级更为复杂，可见方以智对事物及相关语词的从属关系有更深思考，较前人对系统化有更高要求。

具体而言，《通雅》对《尔雅》的继承和创新亦见于单个训释条目。试以对"戴胜"一鸟的训释为例，将《尔雅》《广雅》《通雅》三书条目进行对比，即可看出明显差异。

> 《尔雅·释鸟》："鶝鶦，戴鵀。"①
>
> 《广雅·释鸟》："戴鴢、戴纴、鶝鶦、泽虞、鶛鶝、尸鸠，戴胜也。"②
>
> 《通雅·动物·鸟》：批频，戴胜。○《庶物异名疏》引《丹铅录》云唐卢延逊诗"树上咨诹批频鸟"、王半山诗"藉草听批频"、元人诗"批频穿林叫新绿"、韩致光诗"城头批频伴啼鸟"。批频不详何状，或即鶛频也。批频可对题肩。时珍以批频为升庵之驾犁，一名乌白，五更名架架格格者也。滇人以为榨油郎。又曰凤凰皂隶。汴人呼为夏舌，如燕，黑色长尾有岐，头上戴胜。是即《尔雅》之"鶝鶦，戴鵀"矣。鶝鶦，音匹及切。匹及之音转为批频耳。然又引《尔雅》之鶛鶝，以为当名鶛鸠。岂《尔雅》重出邪？罗愿以乌白为祝鸠，更误。《尔雅》："鸒，山鹊。"头上戴胜，赤味足，长尾。郑樵以鸒为喜鹊。③

由此可见，《广雅》体例与《尔雅》相仿，内容有所增益。《通雅》"每则上标一语"的部分，亦与《尔雅》相仿，但方以智不止简单地给出结论，而是在此之后展开论证，恰如自注所标之语。当然，此亦不足为奇，雅学传统中学者对专名进行注解，如郑玄（127—200）、郭璞（276—324）之注《尔雅》，注语中皆包含其观点及论证过程。《通雅》中真正值得注意的，并非其形式上与此前雅书的差异，而是方以智论证方式的综合性。

---

① 《尔雅注疏》卷十（《十三经注疏附校勘记》本），台北艺文印书馆1985年版，第185页。
② 张揖：《广雅》卷十（《丛书集成新编》本），台北新文丰出版公司1986年版，第100页。
③ 方以智：《通雅》卷四十五，第1341页（姚本第9页）。

方以智在《通雅·自序》中云："今以经史为概，遍览所及，辄为要删。古今聚讼，为征考而决之，期于通达。免徇拘鄙之误，又免为奇僻所惑。不揣愚琐，名曰《通雅》。"① 所谓"经史为概，遍览所及"，看似序跋中常见套语，但细观《通雅》各条目论证过程，就会发现《通雅》的引证范围较前人大为拓展。至方以智时，名物训诂可资征引的文献已蔚为可观，其中包括语言类②、博物类③、医药类④、经史注疏⑤等。然而，诸类文献编纂者往往各自为政，很少相互参引。治训诂者关注字之形声义，或引经史以证其用，或记方言以录异名；志事物者好记常人未闻之异事奇物，以见闻博洽为能，却不以训诂及书证为意；医者亦鲜谈经史，不论训诂，唯着意于事物之情状功用。方以智则打破这些界限，试图将各类材料融会贯通，不拘于训诂学、博物学或医药学任一种研究方法，更将文献与亲身见闻以及实证经验相结合，以求训解。可见方以智所谓"通"，在于其征引材料之广博及论证方法之多样。因此，《通雅》更像一部以语词为中心的学术札记，而非一般辞典或类书。或许正因其体例极似训诂专书，而所用并不限于传统训诂学方法，《四库全书》遂将之列入子部杂家类杂考之属，而非经部小学类训诂之属。

二 《通雅·动物》所见方以智名物训释观

名物训释历来是训诂学的重要部分，方以智既留意于训诂而著《通雅》，对名物训释亦有卓见。虽然他并未留下关于名物训释的专文专书，但《通雅》收录了大量名物词及方以智的考证。本文即以《通雅·动物》为例，试论其名物训释观之一二。

（一）正视异物同名，不可以字系物

古人为动物命名，或拟其鸣声（如布谷、促织），或摹其外形（如戴

---

① 方以智：《通雅·自序》，第 3 页（姚本《自序》第 2 页）。
② 如《尔雅》及其注疏（又及因之而衍生的各种雅学著作，如《广雅》《埤雅》《尔雅翼》《骈雅》等）、《方言》、《说文解字》等。
③ 如《博物志》《续博物志》《古今注》等。
④ 如《本草经集注》《本草纲目》等。
⑤ 尤其是《诗经》历代注疏，以及《毛诗草木鸟兽虫鱼疏》《毛诗名物解》等。

胜、黄腰），或因其习性（如食火鸟、蛴螬）。然而这样的命名法有很大的随意性，因此一字被用于多种动物名称的现象多见。例如"鹳"为大型水鸟，但此字又用于如鹊小鸟"鹳鹆"之名。① 方以智认为："古人因物安名，随手借书，而忘其相碍。"② 虽然重复用字的原因未必是古人"忘其相碍"，但方以智不执着于将名实一一对应，对异物同名有清晰的认识。《通雅》中异物同名者，方以智或并举数物于同一条目之中而辨之，或分列数条以示区别。

并列以别之者，如《通雅·动物·鱼》之"鲨"一条：

> 有吹沙之小鲨，有海中之大鲨。○《诗》云："鱼丽于罶，鲿鲨。"陆氏曰："狭而小，常张口吹沙。"智考此实是吹沙小鱼，黄皮有黑斑文，正月先至，但身前半阔而扁，附沙而游，后方而狭……海中所产，以其皮如沙，哆口、无鳞、胎生，其类尤大。③

按，方以智对海中大鲨的描述出自宋代戴侗《六书故》："鲨生淡水中者，鳞间有黑点文，附沙而游，唊唲辄吹沙，俗名吹沙，小鱼也。海中所产，以其皮如沙而得名，哆口、无鳞、胎生，其类尤多大者，伐之盈舟。"④ 明代中叶李时珍（1518—1593）同样记载这两种鱼，但对名称严加区分，以海中大鱼为"沙鱼"，而吹沙小鱼为"鲨鱼"⑤。其实二鱼皆因沙得名，添一义符即得鲨字，宋代之戴侗既以二"鲨"异物同名，李时珍却强以义符之有无区分二名，有失文字学方面的考虑。方以智态度则较为通达，对于异物同名，不必强加区分，辨之即可。

分列以别之者，如《通雅·动物·鸟》之"鹞"：

> 雕、鹫、鹏、鹭、鹰、隼、鹞、鸢、鸦、枭鸮，皆鸷鸟也……鹞

---

① 《尔雅注疏》卷十，第187页。
② 方以智：《通雅》卷四十五，第1351页（姚本第18页）。
③ 方以智：《通雅》卷四十七，第1407—1408页（姚本第22页）。
④ 戴侗：《六书故》卷二十（《景印文渊阁四库全书》本），上海古籍出版社1986年版，第376页。
⑤ 李时珍以"沙鱼"为"鲛鱼"异名之一，即今日所称海中大鲨。见《本草纲目》鳞之三及四，第1624页。

小于鹰，即所谓鹞、隼、击征、题肩。①

　　雉，文而介者也。《尔雅》列其名，《禽经》别其色。素备采曰翚，青备采曰鹞，朱黄曰鷩，白多曰翰，黄多曰鸬，黑曰秩秩，尾长而健曰翟。②

　　按，此二条各论一类鸟，前者论鸷鸟，后者则论雉。鸷鸟为统称，指捕食小型动物的凶猛鸟类，而鸷鸟之"鹞"常与雕、鹰等并称，如《高唐赋》："雕鹗鹰鹞，飞扬伏窜。"③ 此名沿用至今，隼形目鹰科有鹞鹰，又称雀鹰，为小型猛禽。有关"雉"一条所列之鹞，虽辞书皆列雉义④，但文献用例极少，唯《周礼·天官·内司服》有"揄狄"，郑玄以为当作"揄翟"，即"画摇者。"又云："江淮而南，青质，五色皆备成章曰摇。"⑤ 郭璞以之注《尔雅》之"鹞雉"⑥，《禽经》注"鹞雉"又引《尔雅》郭注为证⑦。除此之外，并无其他文献明确使用鹞雉一义，故辞书所训鹞雉，盖皆从郑玄注出，方以智亦沿用旧说，但对此异物同名的处理方式不同于上例之"鲨"，乃分列二条，各以其类为核心，以辨鸷鸟之鹞与五彩大雉之鹞。

（二）读书当求作者用意，不拘名物之实

　　方以智以其博学多识不遗余力地对名物词进行翔实考证，为厘清历代纷纭众说不吝笔墨；然而，作为一位诗文创作者，他同时强调不拘泥于名物训释。仍以动物名训释为例，动物常有如射工（蜮）、社君（鼠）、赤弁丈人（蜻蜓）等诸多别称，有时诗文所用字词恰巧与某一别称相合，有的注家或为求新求异，或为卖弄学识，不分场合语境地将之落实为某种动

---

① 方以智：《通雅》卷四十五，第 1344 页（姚本第 12 页）。
② 方以智：《通雅》卷四十五，第 1348 页（姚本第 15 页）。
③ 李善：《文选注》卷十九，中华书局 1977 年版，第 265 页。
④ 如《玉篇》："鹞，五色雉。"（中国书店 1983 年版，卷二十四，第 447 页）；《广韵》："鹞，大雉名。"（周祖谟：《广韵校本》，中华书局 2004 年版，第 150 页）。
⑤ 《周礼注疏》卷八（《十三经注疏附校勘记》本），台北艺文印书馆 1985 年版，第 125 页。
⑥ 《尔雅注疏》卷十，第 186 页。
⑦ 《禽经》旧题师旷（约前 559—前 532 前后在世）撰、晋张华（232—300）注，但其书及注之伪，以及各本之增减，已备考于《四库全书总目提要》卷一百一十五，第 513 页。

物，更有本无此名而强以名物解之者。对此类臆说，方以智常予以讥讽。即便诗文中确实提及动物专名，方以智也不主张拘泥于其所指之实物，而是强调读者应思考作者提及此物时意欲达到的效果。

方以智对以名物强解诗歌者的嘲讽，可由《通雅·动物·鸟》一例得见：

> 鸟名王母、竹林，犹之山和尚、雨道士也，不可以解杜诗。○升庵曰："杜诗：'子规夜啼山竹裂，王母昼下云旗翻。'今齐郡函山有鸟名王母。"智谓诗人寓言耳。《紫桃轩杂缀》："少陵《七歌》曰'竹林为我啼清昼'。同州有鸟，色正青，如雀善啼，杜本用此。"陈无功引之。程大昌曰："竹林啼风，乃状风竹之声。"如"落霞孤鹜"解落霞为飞蛾，已迂极矣。郎瑛言亲见内珰畜落霞鸟大于吉了，而笑飞蛾之说。不知南昌府有吉了与野鸭齐飞乎？海月为江瑶柱，然"挂席拾海月"，决非挂帆拾江瑶柱也。"水落鱼龙夜，山空鸟鼠秋。"陆农师、姚令威引《水经》"鱼龙以秋日为夜"解之，皆拘泥可笑。陆文裕曰嘉定州有鸟，一名山和尚，一名雨道士，堪作对偶。今可以王母、稚子作一类矣。①

按，此条方以智辨杨慎（号升庵）、李日华（1592 年进士，撰《紫桃轩杂缀》）、程大昌（1195 年卒）、陆佃（字农师）、姚宽（1105—1162，字令威）、陈无功等人以"王母鸟"、"竹林鸟"、"飞蛾"、"落霞鸟"、"鱼龙"强解诗文，皆为附会。唯"海月"一例，尚可商榷。郭璞《江赋》："玉珧海月，土肉石华。"李善（630—689）注："郭璞《山海经注》曰：珧亦蚌属也。《临海水土异物志》曰：海月大如镜，白色正圆，常死海边，其柱如搔头大，中食。又曰：土肉，正黑，如小儿臂大，长五寸，中有腹，无口目，有三十足，炙食。又曰：石华，附石生，肉中啖。"② 方以智所言"挂席拾海月"最早出自谢灵运（385—433）《游赤石进帆海》，上句是"扬帆采石华"，李善注同其注《江赋》而较略③，不知是否即方以

智所称以江瑶柱解"海月"者。然《江赋》一例中,"海月"与"石华"相对,二者恰恰皆关海生物,《江赋》行文至此,亦正铺排各类水生鱼贝,依语境而论,李善之解不离其意。此后《游赤石进帆海》诗亦以"海月"与"石华"相对,既有郭璞《江赋》之先例,则谢诗中二者皆为海生物的读法也不无可能。不过,"挂席拾海月"一句,后来又被李白(701—762)用于《叙旧赠江阳宰陆调》中,下句为"乘风下长川"①。依此语境,"海月"作海上明月解为当,若仍以江瑶柱为解,则有失牵强。方以智所指究竟为谢诗抑或李诗,并不明确,但方以智的态度十分明确:若有一物别名海月,便将诗文中所出现的"海月"全都释为贝类,实为穿凿可笑。

方以智重诗人作意甚于求名物之实,可见于以下二例。

> 阮籍诗:"周周尚衔羽,蛩蛩亦念饥。"《转注略》:"周音诛。"韩子言:"周周首重而屈尾,饮河则颠,乃衔羽而饮。"《庄子》曰:"周周衔羽以济。"《太平御览》引《禽经》曰:"鹪鹩之信不如雀,周周之智不如鸿。"今《禽经》无此语,止有"鶗雀啁啁",或亦《冲波传》子路所云荧荧周周之鸟乎?自欲行文,不必有其物也。然鸟衔羽有之,余曾见平西猱中白鹏,时自衔尾,盖自爱其羽也。②

按,周周、蛩蛩,今皆不知其具体所指,盖为传说之鸟兽。关于蛩蛩,《吕氏春秋·不广》云:"北方有兽,名曰蹶,鼠前而兔后,趋则跲,走则颠,常为蛩蛩距虚取甘草以与之。蹶有患害也,蛩蛩距虚必负而走,此以其所能,托其所不能托也。"③《山海经·海外北经》有兽名"蛩蛩",郭璞注云:"即蛩蛩巨虚也。"④ 至于衔羽之周周,方以智虽曾亲见衔羽之鸟,却并不用以解阮籍(210—263)此诗(《咏怀》之十),而认为诗人自有作意,所提名物"不必有其物"。沈约(441—513)注阮诗云:"天寒即飞鸟走兽尚知相依,周周衔羽以免颠仆,蛩蛩负蟨以美草。而当路者知

---

① 彭定求等编《全唐诗》卷一六九,中华书局 1960 年版,第 1744 页。
② 方以智:《通雅》卷四十五,第 1351 页(姚本第 18 页)。
③ 吕不韦编《吕氏春秋》卷十五,上海书店 1986 年版,第 382 页。
④ 袁珂:《山海经校注》,上海古籍出版社 1980 年版,第 246—247 页。

进趋，不念暮归，所安为者帷夸誉名，故致憔悴而心悲也。"① 此解不着意于探究周周、蛩蛩实指，而道出诗人寓意，当为方以智所推之读诗法。

> 古人通言鸥枭，而鸦字亦借用，皆薝蕗氏所覆之天鸟也。后人不能定指为何物，而大小形声实有三类：鸥或为鹑鸠；而鸦又有青鸦可羹者；《异名疏》则以训狐为鬼车、姑获一物。其实姑获、鬼车，别一鸟也。此三类皆雏时美好，而长大则丑，《尔雅》谓之鹠鹦。此是总解，亦不指定此三类也。注引"流离之子"为解，故今《本草》附流离之名于"枭"下。其实《诗》意琐尾流离，言琐屑劳苦，流徙离别也，何必泥此解鸟名邪？②

按，《毛诗·邶风·旄丘》："琐兮尾兮，流离之子。"注："流离，鸟也，少好长丑，始而愉乐，终以微弱。"③ 郭璞盖据此注《尔雅·释鸟》"鸟少美长丑为鹠鹦"。此后《诗》疏亦沿用其说，乃致《本草》以流离为鸟名。朱熹（1130—1200）一反旧注，云："琐，细。尾，末也。流离，漂散也。"④ 方以智"琐屑劳苦，流徙离别"盖沿朱说，要之不必盲从旧注，强解"流离"为鸟名。

三 结语

《通雅》因《尔雅》而作，同样是将事物分类并训释相关语词，却与《尔雅》及《广雅》有显著差异：一方面体现于《通雅》门类增多，分类层级也由一级变为两级，可见方以智对事物进行分类时建立系统的意识；另一方面，方以智在论证过程中打通各种与名物相关的领域，将语言学、博物学、医学等各个领域的研究方法结合到一起，以求训解。

除此之外，《通雅》之"通"，亦可见于方以智对名物训释的通达态

① 李善：《文选注》卷二十三，第325页。
② 方以智：《通雅》卷四十五，第1344页（姚本第12页）。
③ 《毛诗正义》卷二之二（《十三经注疏附校勘记》本），台北艺文印书馆1985年版，第94页。
④ 朱熹：《诗集传》卷之二，中华书局1958年版，第23页。

度。首先，方以智正视异物同名现象，《通雅》中有两种反映：（1）以字为条目之核心，列出此名所指数物；（2）以物类为条目之核心，将同名之物分列于其类所属条目。更重要的是，尽管方以智尽其才智见闻考证诸名所指，却又明确主张读诗读文决不可拘泥于名物。若因名物而一叶障目，在不必、甚至不当将某词解为名物词时，强以名物实之，决不可取。一名究竟为何出现于诗文中，往往与此名当指何物无关，而与此名可引发的联想有关。要之，读诗文时，一词是否当作名物词解，应结合语境进行判断，而即便以名物词解之，重点亦非辨其所指实物，而是明其意象，以求作者征引背后之意旨。博物多闻虽可称道，但作诗为文者的目的往往不在博物，读诗文者亦不当以此为能。因此，方以智对名物训释的态度不仅在当时颇为可贵，亦值得今日治名物训诂者视为训诫。

Fang Yizhi on Animal Terminology:
A Case Study of *Tongya*

Liu Yangruxin

Abstract：This paper analyses the approach to glosses regarding animal terminology in Fang Yizhi's（1611－1671）*Tongya*. After positioning his comprehensive investigation in the wider *Erya* tradition, it explores the ways in which Fang Yizhi evaluated received interpretations of animal terms and established new avenues towards their disambiguation and clarification. In addition, it discusses selected examples of Fang Yizhi's method at work, including his analysis of the relationship between names and reality, divergent terminological practices, and his arguments for contextualized readings.

Keywords：*Tongya*, Ya tradition, Glosses regarding animal terminology

Author's Introduction：

Liu Yangruxin（1988－）, Ph. D. Candidate in School of Oriental and African Studies, University of London. Research directions：Chinese classical philology and historical studies.

经典与解释

Classics and Interpretation

从《伐檀》"素餐"看"《诗》无达诂"

彭忠德*

内容提要：在《诗》传承研究的过程中，"《诗》无达诂"之说流传甚广。本文以《诗·伐檀》"素餐"为例进行剖析。据"素"之本义"白致缯"认为：由"凡白之称"而引申为"空"。将"不稼不穑""不狩不猎"句与"不素餐"句联系分析，"素餐"指没有肉菜的饭食，而非白吃！《伐檀》之众解纷纭当与古人运用《诗》时断章取义有关。据此，有关"《诗》无达诂"之具体问题，宜详考全诗而后定，不宜据"断章取义"结论作解。

关键词：《伐檀》　素餐　无肉饭食　尸位素禄

《诗》是中国古代传承至今最有价值的经典著作之一。在传承研究的过程中，自汉以来，即有"《诗》无达诂"之说。为深入了解这一重要的诠释现象，兹以《魏风·伐檀》"素餐"为例进行剖析。

一　《诗》无达诂，《伐檀》多解

"《诗》无达诂"，语出汉儒董仲舒：

> 《诗》无达诂，《易》无达占，《春秋》无达辞。①

---

* 彭忠德（1948—），湖北大学历史文化学院教授。研究方向：中国历史文献学、中国史学史。代表成果：在《历史研究》《古汉语研究》《文艺研究》及台湾省《汉学研究》《孔孟学报》等刊物上发表论文百余篇，著有《秦前史学史研究》《居官警语》，担任高校教材《中国历史文选》副主编，参与点校整理《皇清经解》等书。电子邮箱：pzdlzr@126.com。
① 董仲舒：《春秋繁露·精华》。

这一论断，指出了传统经典诠释学中的一个十分重要的问题。所谓"达诂"，是指肯定而确切的解释。秦火之余，较之其他经典，《诗》的文字清楚无误，怎么还会有得不到肯定而确切解释的文句？

笔者以为，这与《诗》之"断章取义"的运用方式有关。兹以《伐檀》及其关键词"素餐"为例试析如下。

（一）《伐檀》之"素餐"为常用词

《伐檀》之"素餐"是《诗》中被中国古代学者引用得较多的典故。值得注意的是，学者们的运用与取义，往往因人因世而异。

"素餐"之用，《孟子·尽心上》已开其端。

> 公孙丑曰："《诗》曰：'不素餐兮。'君子之不耕而食，何也？"孟子曰："君子居是国也，其君用之，则安富尊荣；其子弟从之，则孝悌忠信。不素餐兮，孰大于是？"

汉人赵岐注《孟子》云："《诗·魏国·伐檀》之篇也。无功而食，谓之素餐。"公孙丑是战国时人，他向孟子的提问，证明战国时已谓"素餐"为"不耕而食"，且"素餐"者为"君子"。

此为经书之用例。

又，《汉书》载杨恽答友人书曰：

> 曾不能以此时有所建明，以宣德化，又不能与群僚同心并力，陪辅朝廷之遗忘，已负窃位素餐之责久矣。

杨恽已将"窃位"与"素餐"并用。唐颜师古注云："素，空也。不称其职，空食禄也。"[①] 所谓"空食禄"即"白吃俸禄"之意。

此为史书之用例。

其他用例亦甚为常见。如《春秋公羊传·庄公二十四年》云：

---

① 原文及注见《汉书·杨敞传附弟恽传》，中华书局 1962 版，第 2895 页。

戎将侵曹,曹羁谏曰:"戎众以无义,君请勿自敌也。"曹伯曰:"不可。"三谏不从,遂去之。故君子以为得君臣之义也。

东汉何休注云:"孔子曰:'所谓大臣者,以道事君,不可则止。'此之谓也。谏必三者,取月生三日而成魄,臣道就也。不从得去者,仕为行道,道不行,义不可以素餐,所以申贤者之志,孤恶君也。"

唐刘禹锡之《代谢平章事表》云:"上分旰食之忧,下塞素餐之责。"

诸如此类者甚多。总之,皆谓"素餐"为"无功受禄,不劳而食",因而往往与"尸位"迭用:尸位素餐、尸禄素餐,等等。这种解释与下述前贤解说全诗之说有所不同。

(二)素餐·素食·素飧

《伐檀》中,与关键词"素餐"并用的还有"素食""素飧"二个近义词,古人在运用这个典故时,有时亦换用,故并及其例,由此以见彼。

先出《伐檀》原文如下,以便分析:

> 坎坎伐檀兮,置之河之干兮。河水清且涟猗。不稼不穑,胡取禾三百廛兮?不狩不猎,胡瞻尔庭有县貆兮?彼君子兮,不素餐兮!
>
> 坎坎伐辐兮,置之河之侧兮。河水清且直猗。不稼不穑,胡取禾三百亿兮?不狩不猎,胡瞻尔庭有县特兮?彼君子兮,不素食兮!
>
> 坎坎伐轮兮,置之河之漘兮。河水清且沦猗。不稼不穑,胡取禾三百囷兮?不狩不猎,胡瞻尔庭有县鹑兮?彼君子兮,不素飧兮!

全诗一唱三叹,每"叹"又分为三层:"坎坎伐檀"句为第一层,"不稼不穑"句为第二层,"彼君子不素餐"为第三层。

再列古今解说如下。

《诗序》① 对《伐檀》主旨的解说是：

> 《伐檀》，刺贪也。在位贪鄙，无功而受禄，君子不得进仕尔。

西汉毛公传《诗》的风格是重在字词之义，他释《伐檀》关键词"素餐"云："素，空也。"毛公说《诗》，最为近古，当是最早最权威的解释。可惜毛公重字词而略其章句，于是所释"素，空"为以后学者的发挥留下了较为广阔的空间。

东汉时，学通古、今文的郑玄作笺时逐层释义云："是谓君子之人不得进仕也。""是谓在位贪鄙，无功而受禄也。""彼君子者，斥伐檀之人，仕有功乃肯受禄。"合毛、郑之说看，"素餐"即是"空餐"，亦即吃饭不干活，引申为在位者之恶行。这是郑玄理解的"素"之"空"义。他在解说《诗·小雅·大东》之"鞙鞙佩璲，不以其长"句时亦是如此一以贯之：毛传云："鞙鞙，玉貌。璲，瑞也。"郑玄笺云："佩璲者，以瑞玉为佩，佩之鞙鞙然。居其官职，非其才之所长也。徒美其佩，而无其德，刺其素餐。""素餐"由"空餐""吃饭不干活"而喻居其位而无其才。又按：由郑说可知，《诗序》所释之主旨，大致与郑说同，故《诗序》之作当不早于东汉时期。

唐孔颖达疏云："君子不进，由在位贪鄙，故责在位之人云：汝不亲稼种，不亲敛穑，何为取禾三百夫之田谷兮？不自冬狩，不自夜猎，何为视汝之庭则有所悬者是貆兽兮？汝何为无功而妄受此也？彼伐檀之君子，终不肯而空餐兮，汝何为无功而受禄，使贤者不进也？"按照疏不破注的传统，孔疏认同郑笺，但有所引申，明确指出两类人：一是掌权者贪鄙，"素餐"把持权位，"无功而受禄"而堵塞贤人君子出仕之路；二是君子不肯素餐，决不"无功而受禄"。

宋朱熹《诗序辨说》云：

---

① 或谓汉初毛公作《诗序》。朱子《诗序辨说》云："《诗序》之作，说者不同，或以为孔子，或以为子夏，或以为国史，皆无明文可考。惟《后汉书·儒林传》以为卫宏作《毛诗》序，今传于世，则序乃宏作明矣。"又《后汉书·儒林传》云："谢曼卿善《毛诗》，乃为其训。卫宏从曼卿授学，因作《毛诗序》，善得风雅之旨，今传于世。"《诗》今传本有《诗序》，以其析居各诗之首，故置诸说之首。笔者以为朱说可从。

《伐檀》，刺贪也。在位贪鄙，无功而受禄，君子不得进仕尔。此诗专美君子之不素餐，序言刺贪失其指矣。

又，朱熹在其所著《诗集传》中更明确地指出：

素，空也。餐，食也。诗人言有人于此用力伐檀，将以为车而行陆也。今乃置之河干，则河水清涟而无所用，虽欲自食其力而不可得矣。然其志则自以为不耕则不可以得禾、不猎则不可以得兽，是以甘心穷饿而不悔也。诗人述其事而叹之，以为是真能不空食者。后世若徐稚之流，非其力不食，其厉志盖如此。①

今人《诗经全译》谓《伐檀》的主旨及所译"素餐""素食""素飧"是：

带动人民对统治阶级老爷们不劳而食的讽刺。

"那些贵族老爷们，可是白吃米饭不！""那些贵族老爷们，可是白吃闲饭不！""那些贵族老爷们，可是白吃熟饭人！"②

此说之讥讽者置身诗外，且解"素"为"白"，这种"白吃闲饭"即"吃饭不干活"，是当代比较有代表性的解说。

上述汉、唐、宋、今人之释，虽大异其趣，然学者多据"《诗》无达诂"而谓其可通，如：

案诸经之中，惟《诗》文义易明，亦惟《诗》辨争最甚，盖《诗》无达诂，各随所主之门户，均有一说之可通也。③

一句"《诗》无达诂"，虽然一定程度上说明了一些问题，但并不科

---

① 朱熹：《诗集传》，上海古籍出版社1958年版，第66页。
② 袁愈荽：《诗经全译》，贵州人民出版社1981年版，第137页。
③ 《四库全书总目·虞东学诗》条。

学，加之又没有说明原因，就使人感觉到了解说者的些许无奈。

二 由"素餐"本义看《伐檀》主旨

笔者以为，全诗三段，是名符其实的一唱三叹：彼君子兮，"不素餐兮""不素食兮""不素飧兮"。欲论众说是非，似宜从"素"字本义入手。

毛传之释"素"为"空"，仅仅只以"素餐"为"吃饭不干活"吗？笔者反复涵咏全诗白文，似另有愚者之一得。

众所周知，《诗》中诸国风多为民间诗人所作，为采风官员持铎而录，加以整理，以呈周王御览，得悉民情。故此诗之作者，乃民间诗人。又，《诗》作有所谓"兴"。"兴者，起也。……起情者依微以拟议。"① "凡兴者，所见在此，所得在彼，不可以事类推，不可以义理求。"② "兴者，先言他物，以引起所咏之词也……因所见以起兴，其于义无所取。"③ 鄙意以为，此三叹前三句之"伐檀""伐辐""伐轮"皆为起兴之词，当为民间诗人咏诗时触目之事，"坎坎伐檀"，由"檀"而及"伐"者，其地或盛产此木也。其"伐"事与下文两问句、一结论，并无逻辑联系，正是"于义无所取"！因此，笔者的理解是：此三叹只是诗人作诗讥刺"君子"，既非孔颖达之讽刺权贵贪权恋栈、堵塞贤路，亦非朱熹之"专美君子之不素餐""真能不空食者"。其要害只是后三句，辛勤劳作的民间诗人反复强调的只是心中的愤恨：那些君子啊，"不稼不穑"，哪来这么多的大米白面？"不狩不猎"，哪来这么多的飞禽走兽？"彼君子兮，不素餐兮！"

"素餐"何谓？

先看三叹"素餐""素食""素飧"之"餐""食""飧"。

"餐"指饭食。唐李绅《古风》名句有："谁知盘中餐，粒粒皆辛苦。"《说文解字》释"饭"云"食也"。《周礼·天官·膳夫》："掌王之食饮膳羞。"郑玄注："食，饭也。"可知"餐"之"饭食"乃同义重言而已。

"食"，《说文解字》释云："一米也。""一米"对"杂饭"即二米饭

---

① 刘勰：《文心雕龙·比兴》。
② 郑樵：《六经奥论》，顾颉刚辑点，景山书社 1933 年版，第 84 页。
③ 朱熹：《诗集传》，第 1 页。

而言，则"一米"之"食"乃稻米饭。

"飧"，指水泡饭；熟食。《列子·说符》云："东方有人焉，曰爰旌目，将有适也，而饿于道。狐父之盗曰丘，见而下壶餐以铺之。"张湛注云："餐，水浇饭也。"又《诗·小雅·大东》："有饛簋飧，有捄棘匕。"毛传云："飧，熟食，谓黍稷也。"

要之，诗中"素餐""素食""素飧"迭出互见，只是强调与上文之稼、穑之成果"禾三百廛""禾三百亿""禾三百囷"呼应，"餐""食""飧"皆指谷物主食。

再看三叹之"素"字。

《说文解字》释曰："素，白致缯也。"清代文字学大家段玉裁注云："缯之白而细者也。……故为凡白之称。以白受采也，故凡物之质曰素……以质未有文也，故曰素食、曰素王，《伐檀》毛传曰：素，空也。"细究段玉裁"凡物之质曰素，以质未有文也"之语及其援毛传"素，空"为证，他理解的"素餐"既指此"餐"只有饭之"质"，而没有菜之"文"！换言之，所谓"素餐""空餐"，就是"没有菜的饭"，而非"白吃"。

没有什么菜？此菜应与上文之狩、猎之成果"庭有县貆""庭有县特""庭有县鹑"呼应，是指用飞禽走兽烹制的肉菜！

这样将"不稼不穑""不狩不猎"句与"不素餐"句联系起来分析，前两句可以概括为主粮和肉食两大类食材。后一句所谓"不素餐"，当是除了主粮之外，还有肉菜！"彼君子兮，不素餐兮"，宜解作"那些君子啊，不吃没有肉菜的饭食！"对于当时的普通劳动者来说，那些君子不仅"不稼不穑、不狩不猎"，而且伙食标准也很高，食必有肉。

《礼记·王制》："君子耆老不徒行，庶人耆老不徒食。"郑注："徒犹空也。"古礼耆老食必有肉，则所谓不空食，即有饭有肉菜之谓。又清吴廷华《仪礼章句》"丧服"之"始食菜果，饭素食"注云："饭，音反，食之也。素，空也，谓不以肉佐饭"。又程瑶田《仪礼丧服文足征记·疏食素食说》："饭素食也，然而不食粱肉，佐以菜果而已。"

《汉书·霍光传》："昌邑王典丧。服斩缞，亡悲哀之心，废礼谊，居道上不素食。"唐颜师古曰："素食，菜食无肉也。言王在道常肉食，非居丧之制也。"《汉书·王莽传》："每有水旱，莽辄素食，左右以白。太后遣使者诏莽曰："闻公菜食，忧民深矣。今秋幸孰，公勤于职，以时食肉，爱身为国。"

　　凡此经史书证，足证笔者之说不诬。全诗原意，只是劳动者对不劳而食之君子大唉特唉稻黍鱼肉的不满，既没有讽刺权贵之贪权恋栈、拒纳贤能，也没有专美君子之义不素餐，只是解说者自作多情，按自己所需曲解原诗，从而形成"《诗》无达诂"，众说皆通的现象。笔者以为，这种对《诗》的曲解，当与上文所述古人之"赋诗断章""断章取义"大有关系。上引"公孙丑曰：《诗》曰：不素餐兮。君子之不耕而食，何也"句，即只引据了君子之不耕而食，并未及其食必有肉，以及背后体现的普通劳动者的不满。这也可视为"断章取义"的一个典型例证。

　　这种"赋诗断章""断章取义"（断，截断、截取，即仅据所取文句作解，并不据全诗主旨）正是《诗》运用的古代方式，是形成《诗》无达诂现象的重要原因之一，而《诗》无达诂，又是古人发掘《诗》之价值的切入点，并以此作为其断章取义的合理性所在，诚如清儒沈德潜所云：

　　　　《诗》之为用甚广。范宣讨贰，爱赋《摽梅》；宗国无鸠，乃歌《圻父》。断章取义，原无达诂也。①

　　笔者以为，今人不论是在文学、史学，抑或语言文字学等层面上发掘《诗》的价值，似应追求达诂，而不能在"无达诂"的基础上进行研究，构筑沙基之塔。二致意者，此拙稿之初衷也。

Discussion on "No Thorough Interpretation for *The Book of Songs*" from the Perspective of Fatan's "Sushi"

Peng Zhongde

Abstract：In the process of heritage and research of *The Book of Songs*, the saying goes as "On thorough interpeteration for *The Book of Songs*" has gained currency. This article will give an analysis, taking Fatan's "sushi" as an instance. Ac-

---

① 沈德潜：《古诗源·例言》，中华书局 1963 年版。

cording to the view given by the origin of "plain", and its meaning has been expounded as "vacancy". Compared with "not doing any farm work", "no hunting" and "don't sushi", "sushi" refers to a diet without any meet, not "get a reward without deserving it". The difference of interpretation may have a bearing on people's garbling quote out of context on "*The Book of Songs*". Due to what has stated above, it is better to finish reading the whole context to handle the problems of "on thorough interpretation for *The Book of Songs*", instead of garbling quote out of context.

Keywords: Fatan, sushi, A diet without any meet, Neglect the duties

Author's Introduction:

Peng Zhongde (1948 −), Professor in School of History and Culture, Hubei University. Research directions: the philology of Chinese history, Chinese historiography. Academic essays: hundreds of academic essays have been published on *History Studies*, *Ancient Chinese Studies*, *Literature and Art Studies*, *Chinese Studies*, *Academic Journal of Confucius and Mencius Studies* and so on. Monographs: *Histriographical Studies on the Period Before Qin Dynasty* and *Proverbs on Being Officials*. He has also been the associate editor of the university textbook *Selected Works of Chinese History* and done the revision of some books such as *Huang Qing Jing Jie*. E-mail: pzdlzr@126. com.

从著述体式看元代四书学

周春健[*]

内容提要：从著述体式的角度分类，元代四书学著述可以分为"集疏体""笺释体""辨疑体""经问经疑体"以及"年谱传记体"等诸多类型。不同著述体式的背后，蕴含着元代百年特定的时代因素和思想背景，一定程度上能够折射出元代四书学的学术品性及特征。从著述体式角度探究元代四书学的特点，是学派、学人等传统角度之外的一个新视角。

关键词：元代 四书学 著述体式 文献学 思想史

基金项目：国家社科基金重大招标项目"中国四书学史"（13&ZD060）、"四书学与中国思想传统研究"（15ZDB005）、"中国孟学史"（11&ZD083）；国家社科基金一般项目"辽金元孟学史"（13BZX054）；本文获中山大学"三大建设"专项资助。

据统计，元代百年（1271—1368）之四书学著述，数量总计达 290 种，其中包含"合刻总义之属"[①] 172 种、"《大学》之属" 37 种、"《论语》之属" 30 种、"《孟子》之属" 23 种、"《中庸》之属" 28 种。从著述体式的角度，这些著述可以分为"集疏体""笺释体""辨疑体""经问经疑体"以及"年谱传记体"等诸多类型。不同著述体式的背后，蕴含着特定的时代因素和思想背景，一定程度上能够折射出元代四书学的学术品

---

[*] 周春健（1973—），博士，中山大学哲学系教授，研究方向：四书学、诗经学、文献学，著有《元代四书学研究》等。电子邮箱：chunjian66@hotmail.com。

[①] 这里的"合刻总义"，包括"四书"之合刻、"论孟"之合刻、"学庸"之合刻等，参周春健《元代四书学研究》附录《元代四书类著述考》，华东师范大学出版社 2008 年版，第 308 页。

性及特征。探究著述体式与元代四书学之间的关联，是学派、学人等传统角度之外的一个新视角。

这里所说的"体式"，不简单等同于"奏议""书论""铭诔""诗赋"等文学角度的"文体"①，而是一个包含更多哲学意涵的概念，如同古典著述中的"经、传、注、疏、诂、训、说、微"等学术体式之各各不同。并且，某一时代不同著述体式的有无多少，皆有特定的思想观念在背后发挥作用。

本文的主要任务，乃是按照"集疏体""笺释体""辨疑体""经问经疑体""年谱传记体"②的顺序，分别检讨某类著述所以产生的缘由、代表作品以及作为一种著述类型所具备的体式特征及与思想史的关联。

一　元代"集疏体"著述及其特征

所谓"集疏体"，非指一般性的"集释""集解"著作，而是特指以朱熹（1130—1200）《四书章句集注》为本，搜集《或问》《语类》《文集》等朱子本人论说或者朱子门人语录等相关文字，汇编成帙，并折衷讹异之作。有学者称之为"以朱诂朱"之作。③

"集疏"是"集编""纂疏"之简称。④ 集疏体著述，在南宋即已出现，代表者有真德秀（1178—1235，号西山）之《四书集编》和赵顺孙（1215—1277）之《四书纂疏》。

西山之子真志道在《学庸集编后序》中称：

> 《大学中庸集编》，先公手定也。……既终篇，呼志道而前，告之曰："《大学》《中庸》之书，至于朱子而理尽明，至予所编而说始备。虽从《或问》《辑略》《语录》中出，然铨择刊润之功亦多。间或附以己见，学者傥能潜心焉，则有余师矣。然又须先熟乎诸书，然

---

① 魏文帝曹丕《典论·论文》云："奏议宜雅，书论宜理，铭诔尚实，诗赋欲丽。"
② 关于"年谱传记体"，笔者另撰有《元代年谱传记类孟学著述考议》，刊于程志敏、张文涛主编《从古典重新开始：古典学论文集》，华东师大出版社2015年版，故本文从略。
③ 廖云仙：《元代论语学考述》，台北新文丰出版公司2005年版，第67页。
④ （宋）蔡模（1188—1246）著有《四书集疏》，然其书早佚，清人朱彝尊《经义考》卷二五二注曰"未见"，无由知其体例。

后知予用功深、采取精，此亦自博而约之义也。"①

由此知，《四书集编》②的编纂体例，乃从《或问》《辑略》《语录》中择出相关材料，加以铨择刊润，汇于朱子《四书章句集注》原文之下，以明朱子所以去取之意，以对朱说有所发明。③至于为何再对朱子之说"铨择刊润"，四库馆臣言：

> 朱子以《大学》、《中庸》、《论语》、《孟子》合为《四书》，其《章句》多出新意，其《集注》虽多参取旧文，而亦多与诸儒异。其所以去取之意，散见《或问》、《语类》、《文集》中，不能一一载也。而《或问》、《语类》、《文集》又多一时未定之说与门人记录失真之处，故先后异同，重复颠舛，读者往往病焉。是编博采朱子之说以相发明，复间附己见，以折衷讹异。志道《序》述德秀之言，自称有铨择刊润之功，殆非虚语。④

可见，朱子之四书学著述在流传过程中，因存在诸说立论之"先后异同"，已经出现了一些理解上的困惑。西山撰《集编》，正是以《四书章句集注》为本，条理朱子众说，以使读者更明晓《四书集注》之意。

其后，处州缙云（今属浙江）人赵顺孙又撰成《四书纂疏》二十六卷。从体例上讲，《纂疏》不像《集编》那样唯取朱子论说，而是又有推展，乃"遍取子朱子诸书及诸高第讲解有可发明《注》意者，悉汇于下，以便观省，间亦以鄙见一二附焉"⑤。朱子之门人高第，主要包括黄榦、辅广、陈淳、陈孔硕、蔡渊、蔡沈、叶味道、胡泳、陈植、潘柄、黄士毅、

---

① 文渊阁四库全书本《四书集编》卷首。
② 今存《四书集编》二十六卷，其中《大学中庸集编》二卷为真德秀本人所撰，而《论孟集编》二十四卷，西山当初仅有雠校而未完成集编，后为学正刘承所补足。
③ （清）黄宗羲、全祖望《宋元学案》卷八十一列真德秀为"西山真氏学案"，且溯其学术渊源为"屏山、晦翁再传"，为其作传云："自韩侂胄立'伪学'之名以锢善类，凡近时大儒之书，皆显禁绝之。先生晚出，独立慨然以斯文自任，讲习而服行之。党禁既开，而正学遂明于天下后世，多其力也。"见中华书局1986年版，第2695—2696页。
④ （清）永瑢等：《四库全书总目》卷三十五《四书类一》，中华书局1965年版，第296页。
⑤ （宋）赵顺孙：《四书纂疏序》，文渊阁四库全书本卷首。

真德秀、蔡模十三家。这十三家，皆得朱学之正传，维护朱说，"不杂异论"①。

《四书集编》《四书纂疏》之后，这一以朱熹《四书集注》为本、增益相关论说汇于其下的"集疏"体式，逐渐成为南宋以至元明四书学的一种主流著述体式。清人周中孚（1768—1831）《郑堂读书记》云："盖自朱子作《章句集注》，而后西山始创为依注作书之例。从此以迄，永乐《大全》而集其成。自永乐以迄今，兹改修《大全》者，又更仆难数，然皆是书为之滥觞也。"② 清人顾炎武（1613—1682）亦云：

> 自朱子作《大学中庸章句或问》、《论语孟子集注》之后，黄氏有《论语通释》。而采语录附于朱子《章句》之下，则始自真氏，名曰《集义》。止《大学》一书，祝氏乃仿而足之，为《四书附录》。后有蔡氏《四书集疏》、赵氏《四书纂疏》、吴氏《四书集成》。昔之论者病其泛溢，于是陈氏作《四书发明》、胡氏作《四书通》，而定宇之门人倪氏合二书为一，颇有删正，名曰《四书辑释》。自永乐中命儒臣纂修《四书大全》，颁之学官，而诸书皆废。倪氏《辑释》，今见于刘用章所刻《四书通义》中。永乐中所纂《四书大全》，特小有增删，其详其简或多不如倪氏。《大学中庸或问》则全不异，而间有舛误。③

除去顾氏所举陈栎（1252—1334）之《四书发明》（今佚）、胡炳文（1250—1333）之《四书通》、倪士毅（1303—1348）之《四书辑释》，元代较有代表性的"集疏体"著述尚有刘因（1249—1293）之《四书集义精要》、詹道传之《四书纂笺》等。至于明代，则出现了由翰林学士胡广（1370—1418）主持编纂的"集疏体"的集大成著作《四书大全》，该书正是在元人倪士毅《四书辑释》的基础上增删而成。

应当说，增益丰富朱子《四书集注》之言而成"集疏体"著述，是宋元以来朱子学的主要趋向，在元代得到更大发展。这一体式的出现，与宋末以来尊崇朱学和元代恢复科举并以朱熹《四书章句集注》为基本考试教

---

① （清）纳兰容若：《四书纂疏序》，见文渊阁四库全书本《四书纂疏》卷首。
② （清）周中孚：《郑堂读书记》卷十二《经部七》之上，民国吴兴丛书本。
③ （清）顾炎武：《日知录》卷十八《四书五经大全》，文渊阁四库全书本。

材密切相关。考索南宋后期的学术史不难发现，朱子殁后，学术界出现了一种现象，就是学者纷纷编辑汇录其《文集》及《语录》，以至《文集》有《前集》《后集》《续集》《别集》诸目；《语类》有《池录》《饶录》《建录》《蜀类》《徽续类》之别。① 这样做的目的，是为了使大家对于朱子学说的习学有一个完整的资料汇集。继而，为使学者准确把握朱学大旨，又涌现出了《语录》的节本、选本一类书籍，如叶士龙编纂的《晦庵先生语录类要》；或荟萃朱子言论、提挈朱子学说一类的书，如王佖的《紫阳宗旨》、张洪等的《朱子读书法》等。然而，这类书籍流传到元代却发生了变化，也因此带来了四书学研究的新趋向。正如朱鸿林先生所言：

> （《晦庵先生语录类要》和《朱子读书法》二书）虽在元代均有重刻，反映了它们仍受重视，但元人却未见有同类的著作可考。推而言之，宋元学者对朱子学的用心注意之处，已经发生变化而有所不同了。考察文献的结果，我们可以发现，元人对于朱子学的从事，其实别有所好。治朱子学者的主要趋向，是增益丰富朱子之言，而不是精简要约朱子之言，而且多数学者的功夫，都是花在朱子《四书集注》的集释之上。②

另外，四书及《四书集注》在元代获得一种"经书"地位，是"集疏体"著述蓬勃发展的重要原因。如四库馆臣称："元丘葵《周礼补亡序》称'圣朝以六经取士'，则当时固以四书为一经。"③ 这里所谓"六经"，不同于传统所指"《诗》《书》《礼》《乐》《易》《春秋》"之六经，而是指在元代科举中，无论蒙古人、色目人，还是汉人、南人，当考科目除去《诗》《书》《礼》《易》《春秋》之五经传注，第一场便在"《大学》《论语》《孟子》《中庸》内设问（或出题）"④。如此，则四书俨然成为传统五

---

① 参束景南《朱熹文集编集考》《朱熹语录编集考》，载《朱熹佚文辑考》，江苏古籍出版社1991年版，第561—591页。

② 朱鸿林：《丘濬〈朱子学的〉与宋元明初朱子学的相关问题》，载《中国近世儒学实质的思辨与习学》，北京大学出版社2005年版，第136—137页。

③ （清）永瑢等：《四库全书总目》卷三十五《四书类一》，第289页。

④ （明）宋濂等：《元史·选举志一·科目》，中华书局1976年版，第2019页。又《通制条格》卷五《科举》，浙江古籍出版社1986版，第76页。

经之外之另一经，合称"六经"，这表明四书地位之极大提高。不惟如此，因宋末以来朱熹地位之渐趋隆尊，加之《四书章句集注》又被列为元代科举考试之指定教材，故而《四书集注》也因之以"注文"身份获得一种"经书"地位。譬如新安人陈栎《论语训蒙口义·自序》即云："朱子《集注》浑然犹经，初学亶未易悟，坊本句解率多肤舛，又祇为初学语，岂为可哉？"① 同为新安理学家的汪克宽（1301—1369，一说 1304—1372）在为倪士毅《重订四书辑释》所作序文中亦称：

> 孟子殁，圣经湮晦千五百年。迨濂洛诸儒先抽关发蒙，以启不传之秘，而我紫阳子朱子且复集诸儒之大成，扩往圣之遗蕴，作为《集注》、《章句》、《或问》，以惠后学，昭至理于皦日，盖皬皬乎不可尚已。而其词意浑然犹经，虽及门之士，且或未能究其精微，得其体要，矧初学之昧昧乎？②

当然，视朱子《四书章句集注》为"经书"并非始于元代学者，宋末已然。譬如赵顺孙于《四书纂疏序》中即称："子朱子《四书》注释，其意精密，其语简严，浑然犹经也。"元人相关诸说，很有可能即受此影响。赵氏视朱子四书注释"浑然犹经"，乃"遍取子朱子诸书及诸高第讲解有可发明《注》意者，悉汇于下，以便观省"。且云："强陪于颖达、公彦后，祇不韪尔。"颖达、公彦，分别是指唐代初年奉诏纂修《五经正义》的著名注疏家孔颖达（574—648）和贾公彦（生卒年不详）。如此，则赵顺孙在创立"纂疏体"的起初，便有意识地将这一体式比之于传统的"注疏体"，以使朱子《四书集注》之"经书"地位得以彰显。

从著述体式的角度讲，"集疏体"之创立，对于羽翼、捍卫朱子之学，其功甚巨！一方面，《四书纂疏》等著述，"一以朱子为归，不杂异论"③；另一方面，"朱子自言《集注》如称上称来无异，不高不低，又言添减一字不得。然学者非由《集义》、《详说》、《或问》、《语录》以观其全，无

---

① （元）陈栎：《定宇集》卷一，文渊阁四库全书本。
② （元）汪克宽：《环谷集》卷四《重订四书辑释序》，文渊阁四库全书本。
③ （清）纳兰容若：《四书纂疏序》，载文渊阁四库全书本《四书纂疏》卷首。

由审《章句集注》之精粹，则是书之有功于朱子多矣"①。故而宋应俊赞誉赵顺孙之功曰："格庵赵公始作《纂疏》，搜辑一门师友之言，字字研核，又为推说其所未备，而后读者涣然怡然，皆得其门而入。朱子有功于《四书》，格庵又有功于朱子矣。"②

然而，"集疏体"并非完美无缺。赵顺孙在编撰《四书纂疏》之初，即曾自谦"顾子朱子之奥，顺孙何足以知之？架屋下之屋，强陪于颖达、公彦后"③，未料"架屋下之屋"后来竟真成"集疏体"之弊端。清人周中孚于《郑堂读书记》曾云：

> 考真西山《集编》专采朱子之说以疏朱《注》，此编则又兼采诸儒为朱子之学者之说以疏朱《注》，至元倪氏士毅《辑释》、明胡氏广《大全》更扩而充之，冗滥益甚。④

其中所言倪氏《四书辑释》，乃合其师陈栎《四书发明》与胡炳文《四书通》二书为一。《四书发明》与《四书通》本来就属"集疏"性质，规制较大，今合二为一，遂更为繁杂。加之后来又有书贾改窜，以致《四书辑释》之面目，"糅杂蒙混，纷如乱丝，不可复究其端绪"⑤。至于《四书大全》之"高规格、低质量"，更是受到后来学者的普遍讥诋。

二 元代"笺释体"著述及其特征

所谓"笺释体"，是指侧重对朱子《四书集注》进行笺注的四书学著述。需要说明，其一，从体式上讲，某些"笺释体"著述与"集疏体"实互有交叉，比如胡炳文之《四书通》，既属"集疏体"，又可归为"笺释体"；其二，从内容倾向上讲，可以分为"重考证"和"重义理"两种类型。

---

① （清）纳兰容若：《四书纂疏序》，载文渊阁四库全书本《四书纂疏》卷首。
② 转引自朱彝尊《经义考》卷二五二，中华书局1998年版，第1274页。
③ （元）赵顺孙：《四书纂疏序》，文渊阁四库全书本。
④ （清）周中孚：《郑堂读书记》卷十二《经部七》之上，民国吴兴丛书本。
⑤ （清）永瑢等：《四库全书总目》卷三十七《四书类存目》，第309页。

"重考证者"，以北山学派传人金履祥（1232—1303）之《论孟集注考证》、许谦（1269—1337）之《读四书丛说》、张存中之《四书通证》等为代表。

按金氏弟子许谦所言，《论孟集注考证》之撰，乃是针对时弊而发。

> 子朱子深求圣心，贯综百氏，作为《集注》，竭生平之力，始集大成，诚万世之绝学也。然其立言浑然，辞约意广，往往读之者或得其粗，而不能悉究其义；或一得之致，自以为意出物表，曾不知初未离其范围。凡世之诋訾混乱，务新奇以求名者，其弊正坐此。此《考证》所以不可无也。①

至于《论孟集注考证》之体例及内容，金氏云：

> 古书之有注者必有疏，《论孟考证》即《集注》之疏也。以有《纂疏》，故不名"疏"，而文义之详明者，亦不敢赘。但用陆氏《经典释文》之例，表其疑难者疏之。文公《集注》多因门人之问更定，其问所不及者，亦或未修。而事迹名数，文公亦以无甚紧要略之，今皆为之修补。②

可见，金氏乃自视《论孟考证》为"疏"体，而重在补《四书集注》名物度数之略和表其疑难者疏之，弟子许谦则进一步概括为："先师之著是书，或隐括其说，或演绎其简妙，或撼其幽发其粹，或补其古今名物之略，或引群言以证之。大而道德性命之精微，细而训诂名义之弗可知者，本隐以之显，求易而得难。吁！尽在此矣。"③

受其师金履祥之影响，许谦所撰《读四书丛说》亦具备明显的"考证"特色。元人吴师道（1283—1344）曾云：

> 今观《丛说》之编，其于《章句集注》也，奥者白之，约者畅

---

① （元）许谦：《论孟集注考证·原序》，文渊阁四库全书本。
② （元）金履祥：《大学章句疏义跋》，文渊阁四库全书本。
③ （元）许谦：《论孟集注考证·原序》，文渊阁四库全书本。

之，要者提之，异者通之，画图以形其妙，析段以显其义。至于训诂名物之缺，《考证》补而未备者，又详著焉。①

可见在著述体式上，许氏与金氏一脉相承。

清人黄百家曾云，以王柏、金履祥、许谦为代表的"北山一派"，乃"纯然得朱子之学髓"②；至少在态度上，金履祥、许谦等人是极力维护恪遵朱子之学的。金氏甚至在《论孟集注考证跋》中称："或疑此书不无微悟者，既是再考，岂能免此？但自我言之则为忠臣，自他人言之则为谗贼尔。"此语固然表现出金氏浓重的"门户之见"，但恰也表明其恪守朱学的坚定立场。不过，如果说金履祥"采用为《集注》作疏的方法，有其偏于保守的一面；但其中发挥的某些观点，又具有一定的创新精神。这从一个侧面说明，金华朱学在元代初期仍是一种具有相当活力的学说"③ 的话，那么到了许谦那里，便将这一"门户之见"引向了极致。他要求弟子对于朱子之书数十万言要"句而诵，字而求"④，最终导致了"力图通过传注以维护朱学，实则把朱学引向'在注脚中讨分晓'（傅山语）的末路"⑤。全祖望称"至白云而所求于道者，疑若稍浅，渐流于章句训诂，未有深造自得之语，视仁山远逊之"⑥，也正是从这一意义上而发。

元代"笺释体"四书学著述中之"重义理"者，则以胡炳文《四书通》、陈栎《四书发明》（今佚）、詹道传《四书纂笺》等为代表。譬如《四书通》，元人邓文原（1257—1328）于泰定三年（1326）为该书作序云：

> 《四书》之学，初表章于河南二程先生，而大阐明于考亭朱夫子。善读者先本诸经而次及先儒论著，又次考求朱夫子取舍之说，可以言学矣。然习其读而终莫会其意，犹为未善也。《纂疏》、《集成》博采诸儒之言，亡虑数十百家，使学者贸乱而无所折衷，余窃病焉。近世

---

① （元）吴师道：《读四书丛说序》，文渊阁四库全书本。
② （清）黄宗羲、全祖望：《宋元学案》卷八十二《北山四先生学案》，第2727页。
③ 徐远和：《理学与元代社会》第五章，人民出版社1992年版，第151—152页。
④ （元）许谦：《白云集》卷三《答吴正传书》，文渊阁四库全书本。
⑤ 侯外庐等：《宋明理学史》第二编第二十三章，人民出版社1997年版，第663页。
⑥ （清）黄宗羲、全祖望：《宋元学案》卷八十二《北山四先生学案》，第2801页。

为图为书者益众，大抵于先儒论著及朱夫子取舍之说有所未通，而遽为臆说，以炫于世。余尝以谓昔之学者常患其不如古人，今之学者常患其不胜古人。求胜古人而卒以不如，予不知其可也。今新安云峰胡先生之为《四书通》也，悉取《纂疏》、《集成》之戾于朱夫子者删而去之，有所发挥者则附己说于后，如谱昭穆，以正百世不迁之宗，不使小宗得后大宗者，惧其乱也。①

邓氏序文，一方面道出了《四书通》基于《纂疏》《集成》而成的"集疏体"的特征，另一方面也特意强调了"惧其乱"而"有所发挥"的"笺释体"的特征，二者统一于维护朱子正统这一点上。

从"集疏体"角度讲，《四书通》对《纂疏》《集成》作了一个"戾于朱夫子者删而去之"的工作。在书中，除保留朱熹《四书集注》所引用的贾谊、董仲舒、周敦颐、二程等五十六家之说及赵顺孙《四书纂疏》所引用的黄榦、辅广等十三家之说外，又增胡瑗、曾巩、张载、邵雍、程颢、程颐、叶梦得、吕祖谦、张九成数家，共计七十三家之说，在取材范围上有所拓展。所选诸家，在作者看来，均不违朱子注说本义。

从"笺释体"的角度讲，胡炳文《四书通》之撰作，正是明确基于"惧夫读者得其辞未通其意也。……会之庶不失其宗，辨之庶不惑于似也"②，故在如何得朱子《四书集注》之"意"上大作文章。对于《纂疏》《集成》等的删正，亦正出于此一缘由。这与朱熹原籍为"新安"人直接相关。删正工作主要包括三个方面：一为正训释之误，一为正笔误，一为解说舛谬。

如此说来，《四书通》之类著述，已不仅是如《四书集编》《四书纂疏》等重在汇编朱子本人及朱派学者的相关言论了，而是重在《四书集注》文字"义理"之阐发，有着明确的"卫道"之意味。

一个有趣的现象是，陈、胡二人虽然均以维护朱学本真为己任，然而胡炳文的名作《四书通》却遭到了陈栎的批评，理由恰恰是认为这部书有不合朱学本意之处。陈栎曾撰《四书考异》一书，认为当以歙县人祝洙

① 文渊阁四库全书本《四书通》卷首。
② （元）胡炳文：《四书通序》，文渊阁四库全书本。

《四书附录》为定本。《续修四库全书总目提要》称：

> 士毅谓兴国间所刊《四书》，乃朱子晚年绝笔所更定本，惟祝氏《附录》依兴国本①，他本皆依旧本。栎书遵祝本，又尝著《四书考异》一卷，辨祝本与他本之得失，大节有三：其一则《大学》经中释"诚意"处，其二则《论语》"为政以德"章释"德"字处，其三则《中庸》首章第一节下断语是也。②

而胡炳文《四书通》所据则非祝本，故而陈栎指责道："胡仲虎《四书通》，庭芳委校之，且令是否之。好处尽有，但鸡子讨骨头处甚多，最是不以祝本为定本，大不是。"③ 在这点上，陈栎弟子倪士毅是赞同其师主张的，编撰《四书辑释》时即以祝本为定本。

然而，当新安学派的四书学把朱学推崇到极致的时候，便开始走向了它的反面。如果说北山学派的四书学因为"宗朱"而导致只能"在注脚处讨分晓"和"渐流于章句训诂"的话，那么，新安学派的四书学则因为"宗朱"而导致"拘墟回护，知有注而不知有经"④ 了。《四库总目》即认为《四书通》"凡朱子以前之说，嫌于补朱子之遗，皆斥不录，故所取于《纂疏》、《集成》者仅十四家。二书之外，又增入四十五家，则皆恪守考亭之学者也。大抵合于《经》义与否非其所论，惟以合于《注》意与否定其是非"⑤，这同样使四书学大大失去了学术活力。于是，到了元末明初，就有新一代学者开始对这种门户之弊进行检讨，而提倡一种"惟真是从、和会朱陆"的新学风，代表人物便是号称"明代新安理学三大家"的朱升（1299—1370）、郑玉（1298—1358）和赵汸（1319—1369）。

---

① 徐德明：《还覆宋淳祐本〈四书章句集注〉的原貌》一文称："据元陈栎《四书发明》引朱熹嫡孙朱鉴的话，晚年定本在朱熹死后曾刊于江西兴国县，此本现已不可得见。"载氏著《朱熹著作版本源流考》，中国文联出版社 2000 年版，第 65 页。
② 《续修四库全书总目提要·经部·四书类》，中华书局 1993 年版，第 938 页。
③ （元）陈栎：《定宇集》卷十《答吴仲广甥》，文渊阁四库全书本。
④ （清）永瑢等：《四库全书总目》卷三十五《四书类一》，第 298 页。
⑤ （清）永瑢等：《四库全书总目》卷三十六《四书类二》，第 299 页。

三 元代"辨疑体"著述及其特征

"辨疑体"是元代四书学中较为特殊的著述体式,以赵州宁晋(今河北大名)人陈天祥(1230—1316)所撰《四书辨疑》为代表。

在元代以"四书辨疑"为书名者,除陈天祥外,至少还有如下五家:

1. 吕溥。宋慈抱《两浙著述考》著录,朱彝尊《经义考》未著录。今按:《宋元学案·北山四先生学案》列吕氏为"白云门人",曰:"吕溥,字公甫,永康人。从学白云,讲究经旨。为文落落有奇气,诗动荡激烈可喜。冠昏丧祭,一依朱子所定礼行之。所著有《大学疑问》、《史论》、《竹溪集》。"《两浙著述考》曰:"溥,字公甫,号竹溪。从学许文懿之门,《永康县志》有传。此书见应石门撰传,今佚。又有《大学疑问》一卷,见《千顷堂书目》及《元史艺文志补》,亦佚。但均误作永嘉人。"

2. 胡炳文。《经义考》注曰"未见"。金门诏《补三史艺文志》、钱大昕《补元史艺文志》著录,无卷数。

3. 陈绍大。《经义考》注曰"佚",钱大昕《补元史艺文志》著录,无卷数。今按:《浙江通志·儒林》云:"《两浙名贤录》:(陈绍大)字成甫,黄岩人,以儒学名家。元初学者为文竞循声律,绍大独以性理之学自任,为文章必传经义。治《尚书》,作《四书辨疑》。生徒至二百余人,并称之曰西山夫子。"《宋元学案·北山四先生学案》列为"静正同调"。王梓材案曰:"《台州府志》载先生云:'世以儒业名家,其学出于紫阳门人。'天台潘时举又称其'从游者以百计,居断江西山下,躬耕乐道,不求仕进'云。《赤城新志》则言其'生徒二百余人,称之曰西山夫子。'"

4. 孟梦恂。《经义考》注曰"未见"。黄虞稷《千顷堂书目》、金门诏《补三史艺文志》、钱大昕《补元史艺文志》等著录,无卷数。今按:《元史·周仁荣传》:"仁荣同郡有孟梦恂者,字长文,黄岩人。与仁荣同师事杨珏、陈天瑞。梦恂讲解经旨,体认精切,务见行事,四方游从者皆服焉。部使者荐其行义,署本郡学录。至正十三年,以设策御寇捄乡郡有功,授登仕郎,常州路宜兴州判官。未受命而卒,年七十四。朝廷赐谥号曰康靖先生。所著有《性理本旨》、《四书辨疑》、《汉唐会要》、《七政疑解》及《笔海杂录》五十卷。"

5. 佚名。见金门诏《补三史艺文志》。金星轺《文瑞楼藏书目录》亦著录，注云："四书辨疑十五卷，元失名。"

上述五种，今均亡佚，无法得睹全貌，故不可仅由书名断定诸书之"辨疑"性质同于陈天祥之同名著作。因为在元代有诸多科举之书，亦有"经疑"一体，多有以"疑节"（如袁俊翁《四书疑节》）、"经疑"（如王充耘《四书经疑贯通》）命名者（详下节）。而陈天祥之著述今日保存完整，内容上"专辨《集注》之非"，且在体式上渊源有自，在元代富于特色。

陈天祥撰著《四书辨疑》，有着这样的文化背景：

首先，从南儒赵复（1215—1306）被俘北上传学至今，四书学的北传已有五十余年的历史。此时南宋已经灭亡，南北已经实现了统一。

其次，如林庆彰先生所言："朱子研究《四书》的时间，长达数十年，著作也不少，最后总结为《四书集注》。虽然朱子对自己的著作相当有自信，但其中也潜藏不少问题。如：（1）更动经书篇章顺序，补作《大学》中的'格物补传'。（2）采入前人的注解，虽字斟句酌，是否全部的当？朱子自己的新注，是否与经旨完全吻合？（3）朱子所阐释的义理，是否合乎经书本义。这些都应该加以探讨。"①

再次，陈氏之前，已有金儒王若虚（1174—1243）作了批评《四书集注》的工作，所成之书为《论语辨惑》五卷、《孟子辨惑》一卷。天祥之书即在王氏著作基础上增广而成，书中引用王氏之说达数十处。不同之处在于，王若虚只针对《论语》《孟子》二书"辨惑"，而未及《大学》《中庸》，陈天祥的"辨疑"则扩充至整个四书。全书对四书的辨疑，凡《大学》15 条，《论语》173 条，《孟子》174 条，《中庸》13 条。

林庆彰先生认为："综合《四书辨疑》所有条目来看，陈氏批评的大方向，大抵有二，一是检讨经文本身的问题，二是检讨朱子的解释是否合乎经书本意的问题。"② 我们认为，关于对朱子解释是否合乎经书本意问题的检讨，其实不能单纯理解为陈氏对《四书集注》的批评——尽管批评是最主要的。批评之外，陈氏还做了两项"立"的重要工作：一是在朱子注

---

① 林庆彰：《元儒陈天祥对〈四书集注〉的批评》，载《元代经学国际研讨会论文集》，台北"中国文哲研究所筹备处"2000 年版，第 719 页。

② 林庆彰：《元儒陈天祥对〈四书集注〉的批评》，第 711 页。

释保留异说的"或曰"等处大都给出了孰优孰劣的判断，使《四书集注》在许多地方不再留存二说；二是在朱子注释阙漏之处择要给以补足。

《四书辨疑》对于《四书集注》的批评，既有"字词训释不当"方面的，如《大学》经一章"安而后能虑"，朱子注曰："虑，谓处事精详。"陈天祥云：

> "处"字意差，虑是审详思虑，处是判决区处。凡事于未行之前，须是先有思虑，审详其事当作如何处置，思虑既定，然后判决区处。虑在处前，处在虑后，虑与处之次第如此。虑只解为审详事宜，乃为得中。①

又有"义理阐发不当"方面的，如《论语·学而》"巧言令色，鲜矣仁"，朱子注曰："好其言，善其色，致饰于外，务以悦人，则人欲肆而本心之德亡矣。"陈天祥云：

> 致饰于外，言甚有理，必有阴机在内而后致饰于外，将有陷害使之不为提防也。语意既已及此，其下却但说本心之德亡，而不言其内有包藏害物之心，所论迂缓，不切于事实，未能中其巧言令色之正病也。本心之德亡固已不仁，不仁亦有轻重之分，其或穿穴逾墙，为奸为盗，大而至于弑君篡国，岂可但言心德亡而已哉？②

也有"解经方法不当"方面的，比如《大学》经一章"在亲民"，朱子注曰："程子曰：'亲，当作新。'陈天祥云：

> 程子为见"亲"字义不可通，又传中所引《汤铭》、《康诰》等文，皆是"日新"、"新民"之说，以此知'亲'字为误，故改为"新"，此谁不知？《或问》中问曰："程子之改'亲'为'新'也，何所据？子之从之，又何所考？而必其然邪？且以己意轻改经文，恐

---

① （元）陈天祥：《四书辨疑》卷一，文渊阁四库全书本。
② （元）陈天祥：《四书辨疑》卷二，文渊阁四库全书本。

非传疑之义，奈何？"此等问答之言，皆冗长虚语，本不须用。大抵解经以言简理直为贵，使正义不为游辞所乱，学者不为繁文所迷，然后经可通而道可明也。①

朱熹之《四书集注》乃是斟酌众说、贯穿己意而成，其中不少地方以一家之说为主而保留他说，多用"或曰"表示，这在一定程度上反映了朱熹解经的客观态度。陈天祥在《四书辨疑》中往往对"或曰"等处做出细致辨析，认为有的"或曰"之说确实亦可通，有的殊无道理，有的则唯以"或曰"之说为确而前说不当。比如《论语·八佾》："孔子谓季氏：'八佾舞于庭，是可忍也，孰不可忍也？'"朱子注曰："季氏以大夫而僭用天子之乐，孔子言其此事尚忍为之，则何事不可忍。或曰：'忍，容忍也。'盖深疾之之辞。范氏曰：'……孔子为政，先正礼乐，则季氏之罪不容诛矣。'"陈天祥则云：

> 训"忍"为"容"，便有攘袂切齿之状，圣人气象，恐不如此。若谓夫子容忍，不过此言，既出其势，岂容自己须当有所区处？言罢却便无事，何也？又下章责三家之言如此平易，而此章如此躁急，夫子之性情，何其不恒如此邪？范氏所论，尤为过当。僭窃天子之乐，非独季氏为然，孟孙、叔孙亦以《雍》彻，皆坦然为之，略无忌惮。盖由周道既衰，纲常坏乱，下之僭上，习以为常。有王者作，亦须教之不改，然后诛之。圣人为心，必无预期诛之之理。"或曰"与"范氏"之说，皆不可取。谢氏曰："君子于所不当为不敢须臾处，不忍故也。而季氏忍此矣，则虽弑父与君，亦何惮而不为乎？"南轩曰："季氏以陪臣而僭用天子之舞，目睹其数而安焉于焉而忍为，则亦何往而不忍也？"二论与注文前说为当。②

据统计，《四书辨疑》对《四书集注》未下注释之十二处进行了补阙。比如《孟子·万章上》"舜、禹、益相去久远"下，朱子原未下注，天祥

---

① （元）陈天祥：《四书辨疑》卷一，文渊阁四库全书本。
② （元）陈天祥：《四书辨疑》卷三，文渊阁四库全书本。

补阙云：

> "相去久远"四字，殊无义理，与下文"皆"字不可通说。……
> "相"当作去声，"去"当作"之"，"远"当作"近"，"舜、禹、益
> 相之久近，其子之贤不肖皆天也"，如此，与前后通读，则文理不差。
> "去"、"远"二字，盖传写之误。①

　　客观地说，陈氏这些辨疑文字不乏合理之处，尤其对于打破由南至北
日渐尊隆的《四书集注》在人们心目中的权威地位，有一定的历史认识意
义。比如对于朱熹"格物致知"补传的批评，认为"以今人而作古书，与
前圣前贤经传并列，于义似亦未安"②，便是对宋人"疑经改经"风气的一
种正确批判。再如对于《孟子·离娄上》"人不足与适也，政不足间也，
惟大人为能格君心之非"朱注的批评③，林庆彰先生即云："陈天祥认为
'人不足与适也，政不足间也'的本义，是说人君不可常常责备在位的官
员，也不可常常批评各官员的施政措施。这就是要人君先端正己心，才能
正天下。这一解释似较朱子要来得正确。"④

　　从著述体式及学术取向上讲，陈天祥显然受到了金儒王若虚的极大影
响。王氏之学术根基，是北方之汉唐经学传统，他奋而撰著《论语辨惑》
《孟子辨惑》，目的十分明确，就是要反对宋儒的虚夸议论进而探求圣人本
旨，《论语辨惑序》即云：

> 　　解《论语》者，不知其几家，义略备矣。然旧说多失之不及，而
> 新说每伤于太过。夫圣人之意，或不尽于言，亦不外乎言也。不尽于
> 言而执其言以求之，宜其失之不及也；不外乎言而离其言以求之，宜
> 其伤于太过也。盍亦揆以人情，而约之中道乎？尝谓宋儒之议论不为
> 无功，而亦不能无罪焉。彼其推明心术之微，剖析义利之辨，斟酌时
> 中之权，委曲疏通，多先儒之所未到，斯固有功矣。至于消息过深，

---

① （元）陈天祥：《四书辨疑》卷十二，文渊阁四库全书本。
② （元）陈天祥：《四书辨疑》卷一，文渊阁四库全书本。
③ （元）陈天祥：《四书辨疑》卷十一，文渊阁四库全书本。
④ 林庆彰：《元儒陈天祥对〈四书集注〉的批评》，第 719 页。

揄扬过侈，以为句句必涵气象，而事事皆关造化，将以尊圣人，而不免反累；名为排异端，而实流入于其中，亦岂为无罪也哉？至于谢显道、张子韶之徒，迂谈浮夸，往往令人发笑。噫，其甚矣！①

在《论语辨惑·总论》中，王若虚进一步把解《论语》者之"三过"总结为"过于深也，过于高也，过于厚也"②。并称："圣人之言，亦人情而已，是以明白而易知，中庸而可久。学者求之太过，则其论虽美，而要为失其实，亦何贵乎此哉？……知此三者，而圣人之实著矣。"③ 他认为，探求圣人本旨要从"人情"出发，求之要实。因此，《论语辨惑》《孟子辨惑》亦从疏释训诂出发，而反对过高议论，这是典型的北方学风的体现。④

陈天祥撰著《四书辨疑》，不唯在书中引用若虚之说几十处，而且在书名确立、著述体式、文字风格、学术取向上均一脉相承，书中许多地方明确反对朱子注释的"过高""过深"之论，显然也是从王若虚那里来的。

简言之，从王若虚《论孟辨惑》到陈天祥《四书辨疑》，都是北方学术传统反对南方朱子四书学的产物。

四　元代"经问经疑体"著述及其特征

元仁宗（1311—1320 在位）之前，四书学固然已经建立并有所流行，但由于维护蒙古贵族利益、排斥汉人等原因，朝廷对待四书学的态度始终不甚积极，元朝前期的四书学因此也只能在一个相对较低的起点上展开。四书学社会地位的较大改观，得益于元朝国家制度的一次重大调整，这就是仁宗延祐二年（1315）的恢复科举，开科取士。"延祐科举"不仅标志着元代科举制度的正式建立，也首次实现了四书学与国家科举制度的有效链接，使南宋理宗以来受到官方认可的四书学在经历了元朝前期的"低

---

① （金）王若虚：《滹南集》卷三，文渊阁四库全书本。
② （金）王若虚：《滹南集》卷三，文渊阁四库全书本。
③ （金）王若虚：《滹南集》卷三，文渊阁四库全书本。
④ 参周春健《金人王若虚〈孟子辨惑〉考论》，载《中国哲学与文化》2015 年第 12 辑。

迷"之后,终于实现了官学地位的制度化。①

四书学官学地位制度化的重要标志,便是朱子之《四书章句集注》在国家科举考试中得到了极大突显。当时的考试程式规定②:一方面,无论蒙古人、色目人,还是汉人、南人,四书都是首先要考的科目,而且规定了唯一的考试教材版本,即朱熹的《四书章句集注》,就连诏书中对四部书的排列都采用的是朱熹所定次序——《大学》《论语》《孟子》《中庸》;另一方面,较诸四书,五经已明显退居次席,而且所定版本或径用朱注,或用程朱一系学者注解,"宗朱"的特色十分鲜明。可以说,四书在"延祐科举"中是真正地被"悬为令甲"③了。

元代科举考试程式的这一规定,不仅带来了学术风气的四书学转向,促进了四书学在国子监、乡学、书院等教育领域的传播,还使元代四书学的发展带有了明显的"科举化"特征,一个重要表现就是出现了为数不少的专为科考而撰的"经问经疑体"四书类著述。

这类著作中,作者大都明确提到了专门服务于科举的撰著初衷,这是"延祐科举"后出现的四书学新气象。比如《四书疑节》撰者袁俊翁称:

> 强学待问,儒者分内事也。项科场文兴,文台以经史疑为课集。愚生平癖嗜研究之学,庠序书考,有问必对。科目行,首以四书设疑,次以经史策,公试私课,时与门生、儿子相讲肆。积而之久,稿帙滋繁。暇日因取新旧稿合而为一,四书、经史,门分而类析之。问举其纲,答提其要,往往首尾有未完,脉络有未贯,姑存大略耳。编成,总题曰《待问集》。④

元代此类著作,还有王充耘《四书经疑贯通》八卷、董彝《四书经疑问对》八卷、马莹《四书答疑》(佚)、涂溍生《四书断疑》(佚)等。

另外,元人文集中也保存有一定数量的专为"经问""经疑"而作的

---

① 参周春健《延祐科举与四书学官学地位的制度化》,载《学术月刊》2010 年第 9 期。
② 参《元史·选举志一·科目》,又《通制条格》卷五《科举》,浙江古籍出版社 1986 年版,第 76 页。
③ (清)永瑢等:《四库全书总目》卷三十五《四书类小序》,第 289 页。
④ (元)袁俊翁:《四书疑节原序》,文渊阁四库全书本。

考试题目，由之可见时人受科举之学的影响。比如陈栎《定宇集》卷十三即有"经疑"历试卷数则，以四书为据发问者四则。又如蒲道源（1260—1336）《闲居丛稿》卷十三于"经疑"之目下列"十六问"，疑问内容，皆出四书，计《大学》一则，《中庸》一则，余皆《论》《孟》。《论》《孟》之问中，既有单独就一经发问者，又有就一事而兼及两经者，如："《论语》载尧之咨舜，舜之命禹，皆曰'允执其中'，而不闻有'权'字之说。《孟子》则曰'执中无权，犹执一也'，与《语》所载之意，同耶，异耶？"

然而，明清时期科举更为发达，涌现出的科举类四书学著述更为繁富，元代的"经问经疑体"著述与明清相比究竟有何不同？清代四库馆臣评述袁俊翁《四书疑节》云：

> 其例以四书之文互相参对为题，或似异而实同，或似同而实异，或阐义理，或用考证，皆标问于前，列答于后，盖当时之体如是。虽亦科举之学，然非融贯经义，昭晰无疑，则格阂不能下一语，非犹夫明人科举之学也。①

评述王充耘《四书经疑贯通》称：

> 其书以四书同异参互比较，各设问答以明之。盖延祐科举，"经义"之外有"经疑"，此与袁俊翁书皆程试之式也。其间辨别疑似颇有发明，非"经义"之循题衍说可以影响揣摩者比。故有元一代，士犹笃志于研经。明洪武三年初行科举，其四书疑问以《大学》"古之欲明明德于天下者"二节与《孟子》"道在迩而求诸远"一节合为一题，问二书所言"平天下"大指同异（案此题见《日知录》），盖犹沿元制。至十七年改定格式，而"经疑"之法遂废。录此二书，犹可以见宋、元以来明经取士之旧制也。②

---

① （清）永瑢等：《四库全书总目》卷三十六，第300页。
② （清）永瑢等：《四库全书总目》卷三十六，第300页。

由此推论，元代"经问经疑类"四书学著述与明清时期同类著述有两点重要区别：其一，因科举考试程式不同而导致四书学著作体式面目有别，比如元代存"经疑"之法而有《四书疑节》《四书经疑贯通》之类著作，明洪武十七年（1384）将其废除，此类著作便不再问世，只能通过袁、王之书见其旧制；其二，元人"犹笃志于研经"，尚能做到"融贯经义"，明代四书学则在很大程度上造成了学术性的丧失。元代学者固然也曾有意识地为科举而撰述，但至少有一批士人对科举进仕并非如明清时期那样孜孜营求，因而也较好地保有了其学术品质。元人萧镒即曾言："是书（按：指《四书待问》）之集，本为举子观览之便，然由是而得其义，则于穷理尽性之功为尤大，而于进取，又其余事矣。"①

关于由元至明清科举对四书学演变的影响，《四库总目·四书类案语》有极为精当的概括：

> 《四书》定于朱子《章句集注》，积平生之力为之，至垂没之日，犹改定《大学》"诚意"章注，凡以明圣学也。至元延祐中用以取士，而阐明理道之书遂渐为弋取功名之路。然其时"经义"、"经疑"并用，故学者犹有研究古义之功。今所传袁俊翁《四书疑节》、王充耘《四书经疑贯通》、詹道传《四书纂笺》之类，犹可见其梗概。至明永乐中，《大全》出而捷径开，八比盛而俗学炽。科举之文，名为发挥经义，实则发挥《注》意，不问经义何如也。且所谓《注》意者，又不甚究其理，而惟揣测其虚字语气以备临文之摹拟，并不问《注》意何如也。盖自高头讲章一行，非惟孔、曾、思、孟之本旨亡，并朱子之《四书》亦亡矣。②

对于金履祥《大学疏义》，提要亦称："书中依文铨解，多所阐发。盖仁宗延祐以前尚未复科举之制，儒者多为明经计，不为程试计，故其言切实，与后来时文讲义异也。"③

"犹有研究古义之功""多为明经计，不为程试计"，这是元代"经问

---

① （元）萧镒：《四书待问序》，宛委别藏本。
② （清）永瑢等：《四书全书总目》卷三十六，第307页。
③ （清）永瑢等：《四书全书总目》卷三十五，第298页。

经疑体"四书学著述的特为宝贵之处。

五　简短的结语：体式与思想

应当说，"集疏体""笺释体""辨疑体""经问经疑体""年谱传记体"五种体式，涵盖了几乎所有的元代四书学著述。尽管这一划分乃是基于著述类型的角度，但每种编纂体式却与思想史有着密切的关联，并且体现出元代百年独有的学术特征。比如"集疏体"著述，与宋末以来朱子地位的提高和四书学的兴起，尤其是经由赵复使得四书学得以北传直接相关，视朱子《四书集注》"浑然犹经"的观念不断推进着四书学的进一步发展；"笺释体"著述的出现，又与朱子四书学在流衍过程中出现"异说"需要"宗朱"学者极力维护相关，而这一门户之见既维护了朱说，又使之渐失活力，从而催生明代"合会朱陆"新型学术观念的发展；之所以出现"辨疑体"著述，与元代特殊政权存在的南北学风有别，北方汉学传统与南方宋学传统学术旨趣相异相关，而这一南北交汇，又在一定程度上增强了元代四书学的活力；"经问经疑体"著述的出现，则是元仁宗以来恢复科举，将朱子《四书集注》"悬为令甲"的直接产物，所体现出的"犹有研究古义之功"的宝贵学术品格，多少可以改变世人认为元代学术毫无发明的"偏见"。而在元代为数不多的"年谱传记体"四书学著述，亦可由之推测宋代以来的孟子"升格运动"以及元代统治者实行的"以儒治国"的文化政策。

体式包孕思想，思想催生体式。元代四书学兴起发展的时间虽不算很长，却在中国四书学史上是不可或缺的重要一环。

Four Books in Yuan Dynasty from the Perspective of Writing Styles

Zhou Chunjian

Abstract：From the perspective of styles, the writings of Four Books in Yuan Dynasty can be divided into many kinds, such as "collects style", "annotation style", "analysis style", "asked the suspect style", "chronicles and bio-graphic style" and many other types. Behind the different writing styles, it contains specific elements of the times and ideological background of a hundred years in Yuan Dynasty. To a certain extent, it can reflect the academic properties and characteristics of Four Books in Yuan Dynasty. Research on the characteristics of the Four Books in Yuan Dynasty from the perspective of writing styles is a new view outside the traditional perspectives such as school, scholars and so on.

Keywords: Yuan Dynasty, Four Books, The perspective of writing styles, Bibliography, Intellectual history

Author's Introduction:

Zhou Chunjian (1973 -), Ph. D. , Professor in Department of Philosophy, Sun Yat-sen University. Research directions: study on Four Books, study on *the Book of Songs*, philology. Monographs: *Four Books of the Yuan Dynasty* and so on. E-mail: chunjian66@hotmail. com.

道法、政教与圣人之德

——《韩非子·解老》中的理想政治

仝广秀*

内容提要：法家思想往往被认为源自黄老道家，后者是前者的理论前提和哲学准备。《韩非子·解老》篇即被放置在这一学术脉络中，用以证成道法之间的渊源关系。然而，这种视角不免忽略了《解老》篇本身的特殊意蕴和真实意图。本文试图在回归古典语境的条件下，指出《韩非子》以《老子》为思想基础的真正意义，乃是对"道"的原初含义的阐发，即发抉先秦道论的政教本质，以之为古典政治的正当性来源。因此，"体道"就成了《解老》篇中"圣人"区别于"众人"和"人君"的最高德性，使得圣人具备了立法和垂范的职责。通过《解老》篇对圣人身位的界定和德性的彰显，《韩非子》超越了政治现实层面，成为对理想政治秩序的探寻。

关键词：《韩非子》 《老子》 《解老》 道论 政教 圣人

韩非受学于荀卿，同时也吸收了道家的思想资源，《老子》为《韩非子》提供了重要的理论基础。《史记》以老庄申韩合传，并谓韩非"喜刑名法术之学，而其归本于黄老"①，正体现了二者的渊源，而《解老》《喻老》诸篇，更是堪为佐证。对于此种渊源是否存在，前人曾有质疑。如容

---

* 仝广秀（1986—），中山大学哲学系硕士研究生，研究方向：古典诗学。电子邮箱：tgx-sysu@163.com。

① （汉）司马迁：《史记》，中华书局 1959 年版，第 2146 页。

肇祖考证《解老》《喻老》二篇非韩子所作,理由是《五蠹》篇中分明反对"微妙之言",而二篇恰恰是对"微妙之言"的阐释,韩非思想不应这样冲突;又据《解老》与《淮南子·原道训》中相类似的内容,推定二篇当出自西汉道家田生之手。① 梁启雄认为,《解老》中论仁、论义、论礼等内容,与《韩非》的整体思想色彩不符,当是后人的作品。② 郭沫若也认为,《解老》与《喻老》之间有着笔调、思想上的不同,作者恐非同一人。③ 总之,这种观点试图通过否定《解老》《喻老》为韩非所作,将其从《韩非子》全书的整体架构中剥离出去,来消解《韩非子》的道家色彩,切断其与黄老道家的思想关联。然而,这类疑古思潮下的推测,并不足以确凿无疑地论定韩子非其作者。事实上,在面对古书篇章之间的思想差异时,理应将其视为催发进一步思考的契机,而非简单地质疑其真伪。因此,本文依旧以韩非"归本于黄老"为背景展开论述。

—

"黄老"之学乃是发生于战国中后期的对老庄原道家的创造性转化,"它把老庄对社会与文化的批判转向对社会与文化的正面建构"④。法家思想即从黄老道家中开出,以黄老学说为预设和依托。先前的研究率皆围绕"道生法"这一学术背景,探究《解老》《喻老》二篇对《老子》思想的损益和对黄老道家的继承。张舜徽《周秦道论发微》指出,"道论"是周秦学术共同遵循的基本前提,而黄老道家的根本关切,就是"人君南面之术",《韩非子》各篇就是对"道论"和"南面术"的具体贯彻。⑤ 王叔岷《先秦道法思想讲稿》指出了韩非的"本道与反道",既揭示《解老》《喻老》二篇乃是发明《老子》本旨,又指出韩非假道家之言实为证成己说。⑥ 冯达文《道家哲学略述》系统梳理了《解老》《喻老》对老子思想的法家

① 容肇祖:《韩非的著作考》,载《北京大学百年国学文粹·史学卷》,北京大学出版社1998年版,第118页。
② 梁启雄:《韩子浅解》,中华书局2009年版,第7页。
③ 郭沫若:《十批判书》,东方出版社1996年版,第378页。
④ 冯达文:《道家哲学略述》,巴蜀书社2015年版,第414页。
⑤ 张舜徽:《周秦道论发微》,华中师范大学出版社2005年版,第11、35页。
⑥ 王叔岷:《先秦道法思想讲稿》,中华书局2007年版,第239、245页。

式解读，细致考察了韩非对老子哲学中某些关键概念的改造，如将老子之"无"解释为"无确定性"，将"自然"解释为"自然情欲"等，于是便消解了一切形上前提，从而引申出赏罚二柄的必要性，"道"的内涵也被置换为法与术，实现了向法家的转出。① 王葆玹在《黄老与老庄》中从道法关系着手，认为法家分秦、齐两脉，以商鞅为代表的秦法家与道家距离较远，而以田完、慎到等为代表的齐法家则与道家关系密切，以黄老思想为立论基础。韩非重视《老子》并作《解老》《喻老》，当是齐法家的延续。② 王晓波在《道与法》中指出，韩非将老子的"无形无状""先天地生"作为宇宙本源的"道"，诠释为一种确定不疑的、能够被理性把捉的、万物背后的规律和性质，这等于为法家政治理念作了哲学准备。③

　　上述关于《韩非子》与道法关系的研究，多以道家思想自身的嬗变与转型为思考背景，表明了《老子》是能够用以建构和指导政治生活的，而《韩非子》就是《老子》在政治向度的具体运用。然而，对于此类思想史和哲学史书写的方式而言，《韩非子》及其《解老》《喻老》等篇，便被当作一份材料、一条证据，来证成这一思想脉络，被填充进史家建构起来的思想史链条中去。如此一来，便会造成研究者的理念和需求代替了原作者自身的语境，《韩非子》本身的写作意图则不免被遮蔽。因此，本文在接受"道生法"这一理论前提的条件下，尝试从另一角度切入《解老》这一最具代表性的篇章，紧扣文本本身，还原作者语境，重审《韩非子》的深层关切和根本意图。

　　另外，前贤的研究似乎尚未触及一个问题，那就是：为什么是《老子》而非其他著作成了《韩非子》的思想资源和理论基础？此前的研究往往将"由道生法"视为一个自然而然的派生过程，张舜徽关于"道论"是周秦学术总前提的说法，似乎也并不是最佳解释。本文认为，同儒家强调自强不息、积极进取的君主人格相比，《老子》的"虚静"之德，更能契合韩非对君主的理想德性的规定。因此，在诸子蜂起的时代，韩非对《老子》的继承乃是别有深意，《解老》篇的撰作也是有意为之的。

---

① 冯达文：《道家哲学略述》，第 3、72 页。
② 王葆玹：《黄老与老庄》，中国人民大学出版社 2012 年版，第 2、70 页。
③ 王晓波：《道与法——法家思想和黄老哲学解析》，台湾大学出版中心 2009 年版，第 437 页。

二

在试图理解《解老》篇之前，应当首先审视《老子》一书的性质，因为这从根本上决定了《解老》的基调。长久以来，对《老子》性质的界定不外乎两种：哲学（理念）的和神学（宗教）的。神学界定即是将《老子》奉为道教的根本经典，从道教自身的义理予以解释。而所谓哲学解释，则是将《老子》判定为中国哲学奠基之作，注重对《老子》的形上学理解。事实上，除了作为宗教经典和哲学原典的《老子》之外，还存在着第三种面相，这关系到我们如何理解《老子》之"道"。

河上公注"道"为"经术政教之道也，非自然长生之道也"①，可见"道"并非被视为一个形而上的哲学理念，而是某种根本性的政治原则。这里涉及另一个问题："政教之道"这一理解，究竟是包含在《老子》中的原初含义，还是黄老道家的改造？其实，这个问题之所以成为问题，进一步关涉到古今学术差异：一方面我们已经先入为主地认为《老子》本该是一部哲学之书（这或许出于建设中国哲学学科的需求），那么从哲学之"道"到政教之"道"就只能是一种改造；另一方面，依照现代意义上的学术划分，作为独立学科的哲学与经术政教等内容判然有别，因此对《老子》的哲学解释就必须与其他解释泾渭分明。然而，古典学术实则具有全然不同的品质。《庄子·天下》篇说：

> 古之所谓道术者，果恶乎在？曰：无乎不在。曰：神由何降？明由何出？圣有所生，王有所成，皆原于一。②

从中可以看出，作为现世政治秩序最高统治者的"王"，乃是从"古之道术"中衍生，或者说呈现为"古之道术"的一种样式。而"皆原于一"则规定了古典学术的品质就是圆融和整全。不同于注重形上理念的现代哲学，"道术未裂"时代的古典学术从本质上说就是政教之术，河上公

---

① （汉）河上公注《老子道德经河上公章句》，中华书局1993年版，第1页。
② （晋）郭象注，（唐）成玄英疏《南华真经注疏》，中华书局1998年版，第604页。

对"道"的解释才是《老子》的主旨所在。即便是剖判为诸子百家后，各家的基本立场也依然殊途同归，共同建基于"道术"，这也正是司马谈论六家要旨所谓"夫阴阳、儒、墨、名、法、道德，此务为治者也"①。这便是对《老子》性质的第三种界定，可称之为"礼法学"意义上的界定：《老子》本来是一部治世政典。

因此，韩非从礼法学的层面来解释《老子》与"道"，恐怕就不能说是改造或重述，毋宁是对《老子》乃至作为整体的古典学术之本义的阐发。《解老》篇虽是对《老子》若干章的随文诠解，背后却贯彻了统一的解释原则，那就是对"古之道术"的阐发，对君主的理想人格与德性的规定。

在《主道》篇中，韩非对"道"的解释是：

> 道者，万物之始，是非之纪也。是以明君守，始以知万物之源，治纪以知善败之端。②

《解老》篇对"道"的解释则更进一步：

> 道者，万物之所然也，万理之所稽也。理者，成物之文也；道者，万物之所以成也。故曰：道，理之者也……万物各异理，而道尽稽万物之理，故不得不化；不得不化，故无常操……轩辕得之以擅四方，赤松得之与天地统，圣人得之以成文章。③

可见，韩非之"道"是万事万物赖以存在的理据，是各种具体原则背后的总原则，这显然不同于现代哲学所理解的形而上学理念。万事万物之中当然也包括政治生活，故而韩非紧接着强调，"明君"要"守始""治纪"，"轩辕""圣人"要凭靠"道"才能"擅四方""成文章"，"道"的政教意义始终是第一位的。一言以蔽之："夫能有其国、保其身者，必且

---

① （汉）司马迁：《史记》，第 3289 页。
② 周勋初：《韩非子校注》，凤凰出版社 2009 年版，第 29 页。
③ 周勋初：《韩非子校注》，第 163 页。

体道。"①"体道",无疑是古典政治理念中最关键的德性。因此,韩非之"道"就是《庄子·天下》篇中"王有所成"的"一",是《老子》三十九章中"侯王得一以为天下正"的"一",是良好政治秩序的依据和基始。

此时又不免涉及一个问题:应当如何理解韩非其人的历史身位和政治品质?《史记·老子韩非列传》太史公曰:"韩子引绳墨,切事情,明是非,其极惨礉少恩。皆原于道德之意。"②这一评价基本主导了后世对韩非的论调,尤其是"其极惨礉少恩"的论断,将韩非定性为中国的马基雅维利③,一个注重权术、阴险诡诈的政治现实主义者,如苏轼《韩非论》就认为韩非"信治天下无若刑名之贤",仅仅得到老庄的"轻天下而齐万物之术,是以敢为残忍而无疑"④。熊十力《韩非子评论》更直指韩非习霸术、尚强力,为后世极权主义之前驱。⑤那么,如果韩非仅是一个政治品质如此低劣的现实主义者,他又如何能够上窥并贯彻"古之道术"?

该问题需从两方面来说明。第一,极者,至也。"其极惨礉少恩"的意思是,如果将韩非学说推衍到极端的话,就会产生"惨礉少恩"的效果。这种表达方式就如同《汉书·艺文志·诸子略》谓"道家者流……及放者为之,则欲绝去礼学,兼弃仁义"⑥云云,乃是一种预设,并非现实描述。毋宁说,司马迁的预设针对的恰恰是将韩非学说误读和庸俗化之后的结果。第二,韩非深刻洞悉险恶庸常的政治现实,生逢衰世,韩非首先要教诲现世君主以何种统治来应对残酷的政治处境。与此对应,作为政教之术的"道术",乃是具有典范意义的理想政治原则,不仅针对此世的君主,也面向未来的君王。何以如此认定?《解老》篇中明确区分了"圣人"、"人君"和"众人"三种类型,这样的区分并非职分的贵贱,而是基于心性和德性的高低,呈现为一个等级序列。后两者是现实存在的,而"圣人"当然只存在于理想中。于是,分析韩非如何理解和塑造"圣人"这一理想形象,并如何让理想照进现实,就成为判断韩非的政治品质的关键。

① 周勋初:《韩非子校注》,第158页。
② (汉)司马迁:《史记》,第2156页。
③ 郭沫若:《十批判书》,第405页。
④ (宋)苏轼撰,(明)茅维编《苏轼文集》,中华书局1986年版,第102页。
⑤ 熊十力:《韩非子评论》,上海书店出版社2007年版,第6页。
⑥ 张舜徽:《汉书艺文志通释》,华中师范大学出版社2004年版,第301页。

三

"圣人"是贯穿在整个古典思想中的重要形象，为经学体系和诸子著作共同尊奉。经历了现代除魅之后，今人已无法真正体会古人眼中的圣人究竟意味着什么。因为现代启蒙已经预设了所有人都平等地享有"普遍人性"，心性上天然地高于凡俗的"圣人"当然不符合当下的语境。然而，在古人看来，材性高低和智愚之别具有不言自明的正当性。前引《庄子·天下》篇中的"神由何降？明由何出？圣有所生，王有所成"，即暗含了由神、明、圣、王所组成的等级秩序。对于人性高下的区分，最著名的当属《天下》篇中的"七品说"：

1. 不离于宗，谓之天人；
2. 不离于精，谓之神人；
3. 不离于真，谓之至人；
4. 以天为宗，以德为本，以道为门，兆于变化，谓之圣人；
5. 以仁为恩，以义为理，以礼为行，以乐为和，薰然慈仁，谓之君子；
6. 以法为分，以名为表，以参为验，以稽为决，其数一二三四是也，百官以此相齿；
7. 以事为常，以衣食为主，蕃息蓄藏，老弱孤寡为意，皆有以养，民之理也。①

"圣人"在七品中居于承上启下的位置，低于天人、神人和至人。这样的位次并不意味着圣人在品性上低于前三品，而是其处身位置与生存根基与前三品不同。②"天""德""道"三者皆可折衷于"古之道术"，这就是圣人所凭靠的生存根基。仁义礼乐都是圣人制作，那么"君子"的生存方式就要受圣人的支配，以圣人为王。于是，圣人就有了另一重面相：王

---

① （晋）郭象注，（唐）成玄英疏《南华真经注疏》，第 604—605 页。序号为引者所加。
② 刘小枫：《共和与经纶》，三联书店 2012 年版，第 243 页。

者。前文"圣有所生，王有所成"的"圣"和"王"，也就可以重叠为一。依此类推，后三品的生存方式都由圣王制定和统领。

因此，《解老》篇在解释《老子》五十九章时指出，"人也者，乘于天明以视，寄于天聪以听，托于天智以思虑……思虑过度，则智识乱"，是故"圣人之用神也静"，这正是"以天为宗"；"知事天者，其孔窍虚……孔窍虚，则和气日入，故曰'重积德'"，这正是"以德为本"；"圣人虽未见祸患之形，虚无服从于道理，以称蚤服"，这正是"兆于变化"。① 然而，篇中除了圣人与"众人"的分判外，还存在着圣人与"人君"的区分。在解释《老子》四十六章时，韩非指出了有道之君与无道之君的区分，解释五十章时更有"圣人之游世"的说辞②，圣人显然是不在王位的。"圣"和"王"在《解老》中是两种人，这无疑在强调"王者之迹熄"以后，圣人的德与位已经出现了分离。既然圣人没有了实际的政治身位，现实政治就势必变得庸俗乏味、残酷凶险。在这样的条件下，圣人的生存处境和政治德性也要相应作出改变。于是，如何安顿德位分离之后的圣人，圣人还能否规定君主和民众的生存方式，就是《解老》所要解决的问题。

四

《解老》篇中，"圣人"与"众人"的最大区别，就在于圣人能够"体道"。

> 今"道"虽不可得闻见，圣人执其见功以处见其形……"常"者，无攸易，无定理。无定理，非在于常所，是以不可道也。圣人观其玄虚，用其周行，强字之曰"道"，然而可论。③

由此可见，想要把捉和议论玄虚缥缈的"道"，需要极高的智性，唯圣人（哲人）能为之，众人显然不具备这样的能力。"众人之轻弃道理而

---

① 周勋初：《韩非子校注》，第156—157页。
② 周勋初：《韩非子校注》，第161、167页。
③ 周勋初：《韩非子校注》，第164—165页。

易妄举动者，不知其祸福之深大而道阔远若是也。"于是，"众人离于患，陷于祸，犹未知退，而不服从道理"①；圣人因"虚无服从于道理"而能预知祸福，便理所当然地具有领导众人的正当性。需要注意的是，《解老》区分了"蚤服"和"前识"的不同：前者是缘于道理的见微知著，后者则是"无缘而妄意度""婴众人之心"② 的修辞术。然而圣人已不在王位，那么处境就变得尴尬而危险。《解老》接着指出：

> 使失路者而肯听习问知，即不成迷也。今众人之所以欲成功而反为败者，生于不知道理而不肯问知而听能。众人不肯问知听能，而圣人强以其祸败适之，则怨。众人多而圣人寡，寡之不胜众，数也。今举动而与天下之为仇，非全身长生之道也，是以行轨节而举之也。③

既然寡不胜众，圣人就要隐藏自己的真实想法，不要试图教诲大多数人，以"全身长生"也即"保身"为要务。因此，圣人必须具备"虚静"之德，深藏若虚、善于进退，令众人无法窥测。

> 知治人者，其思虑静；知事天者，其孔窍虚……进兼天下而退从民人，其术远，则众人莫见其端末。莫见其端末，是以莫知其极。
> 夫能有其国、保其身者，必且体道。体道，则其智深；其智深，则其会远；其会远，众人莫能见其所极。唯夫能令人不见其事极，不见其事极者为保其身、有其国。④

尽管圣人的"虚静"意在全身远害，却决不意味着逃避责任。圣人因其智性而自然地成为立法者，规定着众人的生存方式。《解老》篇说：

> 圣人之于万事也，尽如慈母之为弱子虑也，故见必行之道。见必

---

① 周勋初：《韩非子校注》，第155、157页。
② 周勋初：《韩非子校注》，第153页。
③ 周勋初：《韩非子校注》，第156页。
④ 周勋初：《韩非子校注》，第157—158页。

行之道则明，其从事亦不疑；不疑之谓勇。①

在明哲保身之余，圣人更要勇于承担起政治责任。《解老》篇设想了圣人得位的情形：

> 人处疾则贵医，有祸则畏鬼。圣人在上，则民少欲；民少欲，则血气治而举动理；举动理，则少祸害。夫内无痤疽瘅痔之害，而外无刑罚法诛之祸者，其轻恬鬼也甚。故曰："以道莅天下，其鬼不神。"治世之民，不与鬼神相害也……上盛蓄积而鬼不乱其精神，则德尽在于民矣。②

老子所谓"以道莅天下"，就是《解老》设想的"圣人在上"的时刻。圣人治下的民众因少祸害而不畏鬼，种种假借鬼神巫蛊的邪说也就无法淆乱人心。也就是说，只要圣人（哲人）当王，就可以更好地安顿众人的肉身与灵魂：既能使"民蕃息而蓄积盛"，又能使"鬼不乱其精神"，从而造就一群有德之民。这里的关键环节，就是圣人能使"民少欲"。圣人过的是理智的生活，"是以圣人爱精神而贵处静"，具有清心寡欲的特质。普通民众则不然，总是被欲望所拘牵。《解老》深刻揭示了欲望对政治生活所造成的危害。

> 祸难生于邪心，邪心诱于可欲。可欲之类，进则教良民为奸，退则令善人有祸。奸起，则上侵弱君；祸至，则民人多伤……是以圣人不引五色，不淫于声乐；明君贱玩好而去淫丽。③
> 人无愚智，莫不有趋舍。恬淡平安，莫不知祸福之所由来。得于好恶，怵于淫物，而后变乱。所以然者，引于外物，乱于玩好也。恬淡有趋舍之义，平安知祸福之计。而今也玩好变之，外物引之……至圣人不然：一建其趋舍，虽见所好之物不能引……一于其情，虽有可欲之类神不为动……身以积精为德，家以资财为德，乡国天下皆以民为德。④

---

① 周勋初：《韩非子校注》，第167页。
② 周勋初：《韩非子校注》，第160页。
③ 周勋初：《韩非子校注》，第162页。
④ 周勋初：《韩非子校注》，第171页。

作为一部写给君主的书，《解老》提醒在位者注意：欲望会把良民变成奸佞，乃至"上侵弱君"，危及政治共同体的安定。韩非指出了一条基本的政治原理：在位者的德性与民众的道德水平密切相关，因为民众是容易被影响和塑造的群体。"今大奸作则俗之民唱，俗之民唱则小盗必和。"①为了不让民心被"大奸"拐走，君主就必须体察和学习圣人的"恬淡平安""贱玩好而去淫丽"，对民众的整体道德风尚施加良好影响。"莅天下者行此节，则民之生莫不受其泽，故曰：'修之天下，其德乃普。'"②

可见，圣人不仅要"独善其身"，更要"兼济天下"，因为掌管"道术"的圣人乃是良好政制的源头。既然圣人不在位，那么就要对现世的君主实施教诲，造就一个有道之君。如此一来，我们还能说，韩非仅仅是个阴谋权术的训导师吗？可以说，同孔子一样，韩非同样怀有重塑政治秩序的热望，同样是一位潜在的"大立法者"。只不过同孔子面临的春秋时期的礼崩乐坏相比，韩非身处的战国末年局面更加残酷和失序，因此，从孔子到韩非，圣人的位置和德性也要相应改变。而将圣人视为良好政治秩序的正当性来源，并将圣人之德作为理想君主的政治德性，却始终一以贯之。

Tao-Law, Political Civilization and Virtue of the Sage
——The Ideal Politics in "Jie Lao" *of Hanfei-tzu*

Tong Guangxiu

Abstract：The ideology of Legalists（法家）is usually considered to be born out of Huang-Lao（黄老）Taoism, which has provided the theoretical premise and philosophical preparation. "Jie Lao"（解老）*of Hanfei-tzu* was placed this evolvement veins of academic, to justify the origin relationship between Tao and Law. Trough returning to classical context and basing on "Jie Lao" itself, the purpose of this paper is trying to reveal that *Hanfei-tzu* taking *Lao-*

① 周勋初：《韩非子校注》，第 170 页。
② 周勋初：《韩非子校注》，第 171—172 页。

tzu as ideological basis has another connotation, which can be interpreted as digging out the political civilization essence of the Pre-Qin Taoism, and offering the legitimacy source for classical politics. Therefore, the realizing of Tao just become the highest virtue of the Sage that be distinct from common people and monarchs, and entrusts the duty of legislation and model to the Sage. In "Jie Lao", the defining of the Sage's position and the manifesting of the virtue, make *Hanfei-tzu* exceed the political practical level, and explore the ideal political order.

Keywords: *Hanfei-tzu*, *Lao-tzu*, "Jie Lao", Taoism, Political civilization, The Sage

Author's Introduction:

Tong Guangxiu (1986 -), M. A. Candidate in Department of Philosophy, Sun Yet-sen University. Research directions: classical poetics. E-mail: tgx-sysu@163. com.

中国诗学研究

Study on Chinese Poetics

公安竟陵诸家与园林艺术

夏咸淳[*]

内容提要：晚明文人酷好山水与园林，蔚为风气，荆楚名
士，公安、竟陵代表作家也不例外。公安三袁、竟陵钟谭及麻城
刘侗等荆楚名士，深受晚明士林风气影响，鼓之扬之，曾游览诸
多名园，三袁还有构园实践经验。其园林观注重因借、逼肖自然
界真山水，崇尚天成、天工而忌雕饰太重，要求匠心独运而能妙
合物理天趣，是其美学思想组成一部分，与其文学观相通。其时
园林艺术高度繁荣，吴地则冠绝天下，研究成果最丰；荆楚也有
长足发展，唯研究不够。本文重在论述袁宏道、袁中道、钟惺、
刘侗四位山水园林癖好、游园造园活动、园林美学思想。

关键词：公安派　竟陵派　园林情好　园林美学

袁宏道：参差不伦，意态天然

明万历中后期，"公安三袁"名震文坛。袁宗道、宏道、中道兄弟三
人，湖广公安（今湖北公安）人。都是进士出身，富才俊，能诗文，"性
灵派"中坚人物。三袁皆酷好山水花木，又喜游园、构园，所作园林记、
园林诗甚多。

袁宏道（1568—1610），字中郎，号石公。明万历二十年（1592）进
士，授吴县令，官至吏部稽勋郎中。有《袁中郎全集》。宏道思想自由活

---

* 夏咸淳（1938—），上海社会科学院文学所研究员，研究方向为明代文学与文化、明清上
海文学与文化、中国山水美学。代表作有《晚明士风与文学》《情与理的碰撞——明代士
林心史》等。电子邮箱：15721311660@163.com。

泼，诗文浅近流丽，信笔挥洒，独抒性灵，不拘格套，令人耳目一新，影响深远，时人称"中郎言语妙天下"。惜天才早陨，得年仅四十二。袁宏道热爱人间美好生活，"爱恋光景"，又谓"人情必有所寄"①，肯定人的特殊爱好即所谓"殊癖"。他赏爱鲜活的山水泉石草木花竹，谓之"活丹青""活水墨"，观山水"但论活不活"②。也赞美大自然的"神气性情""巧心""幻思"，称其创构新奇诡怪，"布置猥巧"③，"山山玛瑙红，高古复飞动，只是作盆景，鲜妍已堪弄"④。袁宏道的园林观和他的人生观、美学观、山水观有着密切的联系。

明万历二十八年（1600），袁宏道初任礼部仪制主事数月，即请告归。未几伯兄宗道下世，绝荤茹素累年，无复宦情，偕弟中道与名僧谈佛理于柳浪馆。馆在公安城南，有池"可三百亩，络以重堤，种柳万株，号曰柳浪"⑤，略具园亭之概。主人有七律二首，有句云："闲疏滞叶通邻水，拟典荒居作小山。"又云："凿窗每欲当流水，咏物长如画远山。"湖居为新近购得，严格说来还不能称园林，变湖居为园居，尚有许多事情要做，如疏通水道，要花许多钱，典卖不常住人的故宅"荒居"。宏道长期做官他乡，每次归里即住柳浪湖，前后共六年。后公安遭水患，便移居江北对岸沙市，购得敝楼葺之，名曰"砚北"，又于楼前隙地复构一楼曰"卷北"，登此楼见"大江如积雪晃耀，冷人心脾"⑥。万历三十五年（1607）在北京任礼部仪制司主事期间，住宅狭隘，旁有一小块隙地，经过一番打理，俨然园矣。

> 一曲莓苔地，风光属老慵。稍除疏冗蔓，略植典刑松。徙石云纹出，移花月影从。买时才数本，栽处已三重。红叶刚遮砌，高枝未掩节。干唯求老健，姿不取纤浓。雏笋犹呼凤，稚藤也学龙。夜阶云淰淰，晴槛雨淙淙。障日聊铺苇，防窥且益封。公然藏小鸟，亦自集闲

---

① 钱伯城笺校《袁宏道集笺校》卷五《锦帆集之三·李子髯》，上海古籍出版社 1981 年版。
② 《袁宏道集笺注》卷一二《广陵集·白鹿泉》。
③ 《袁宏道集笺校》卷五一《华嵩游草之二·嵩游五》。
④ 《袁宏道集笺校》卷九《鲜脱集之二·齐云岩》。
⑤ 钱伯城点校《珂雪斋集》卷一八《吏部验封司郎中中郎先生行状》，上海古籍出版社 1989 年版。
⑥ 《珂雪斋集》卷一四《卷雪楼记》。

蜂。分翠来屏扇，流香扑酒钟。折攀愁楚女，浇剔倩吴侬。景入单条画，清连怪石供。幽奇无大小，袖里九华峰。①

其时公务清简，"萧然无事，偕诸客文酒赏适"②。闲人看中宅前方寸闲地，徙石移花，植松种竹，新枝嫩叶，楚楚可爱，又细心呵护，一座洋溢着诗情画意的小园，从江南小巷移植到北京城的胡同里。石有"云纹"，月从花影，红叶高枝，雏笋稚藤，小鸟闲蜂，分翠流香，"单条画"，"怪石供"，小园中一物一景在诗人眼里都是美的，非精于构园之道者莫能述此，更不能构此小小宅园。末句"幽奇无大小，袖里九华峰"，画龙点睛，揭示出园林美学的妙旨。袁中道称仲兄："好修治小室，排当极有方略。"③又谓："独好架小小房屋，排当极有方略，亦其性然也。"④

在京期间，袁宏道饱览城内外山水名胜、园林别墅，曾游东南近郊韦氏庄。韦氏庄又名韦园，正德间太监韦霖别墅。王世贞有记云："韦园者，故中贵人霖别墅也，在崇文门外六七里许，凿沟引西山水环之，其中创招提，右为墓，左为居室，甚壮。屋后凿大池，榆柳四周，中蓄鱼鳖之类，藻荇明洁，凫鹥翔泳，亦一快地也。"⑤百年后唯剩寺院（"招提"），池水依然，更名弘善寺，仍是京郊旅游胜地。明清之际孙承泽载："弘善寺，在左安门外（左安门在崇文门外），所谓韦公寺也，正德中内侍韦霖建。寺后有西府海棠二株，高二寻，每开烂如堆绣，香气满庭，昔人恨海棠无香，误也。寺东临池一亭，亭后假山极其幽胜。"⑥明季蒋一葵也有记云："大通桥南有韦公庄，相去约四五里，一带路径甚佳，林木阴翳不知凡几百重。垣内寺馆俱新整，而临流一亭，尤为游屦所凑。"⑦盖在嘉靖间韦氏别墅已改为寺庙园林了，仍是游人凑集之幽胜处。宏道作五律三首咏其胜，其一、其二云：

---

① 《袁宏道集笺校》卷四十五《破研斋集之一·小斋有隙地植花木数本》。
② 《珂雪斋集》卷一八《中郎先生行状》。
③ 《珂雪斋集》卷一八《中郎先生行状》。
④ 《珂雪斋集》，《珂雪斋游居柿录》卷七。
⑤ 《弇州续稿》卷四六《古今名园墅编序》，文渊阁四库全书影印本。
⑥ 《天府广记》卷三八《寺庙》，北京古籍出版社1982年版。
⑦ 《长安客话》卷四《郊坰杂记》，北京古籍出版社1982年版。

几叶茭蒲水，微风亦起澜。如何寻丈地，绰有江湖宽。种果栽花易，招鸥引鹭难。辋川如具体，画里试思看。

树历高云老，门临细水寒。乱中时有整，幽处偶然宽。芦笋芽将出，槟榔蕊渐残。游鳞真可喜，梦不到渔竿。①

北京少水，远引西山之水入园殊不易，园既得水便有无限生趣。及袁宏道之世，大池已缩为"寻丈地"，而园中花树、果菜，水旁蒲荇，水鸟游鳞，充满活机，而有江湖远意，如一幅辋川图。"乱中时有整，幽处偶然宽"，看似杂乱却含规整，既得幽深复见宽广，乃是园林美学之妙用。北京贵家园林也有失败的案例，如成国公十景园便是：

一门复一门，墙屏多于地。侯家事整严，树亦分行次。盆芳种种清，金蛾及茉莉。苍藤蔽檐楣，楚楚干云势。竹子千余竿，丛梢减青翠。寒士依朱门，索然无伟气。鹤翎片片黄，丹旗榜银字。绛锦裹文石，翻作青山祟。兑酒向东篱，颓然索清醉。②

这座贵家侯门园林几乎处处是病：填塞拥挤，建筑密集，千门万户，几无隙地；整齐有余，变化不足，"树亦分行次"；种竹植藤求满求高求密，藤蔽檐楣，势干云霄，竹林密不透风而减青翠；装饰太过分太奢侈，在仙鹤洁白如片雪的羽毛上涂上黄色，将奇石裹以丝绸锦缎，园圃中还插上锦旗银牌。如此奢靡，让不通园趣的贫士见了直觉得寒酸，而雅士唯感倒胃，欲速速离去，以向东篱求醉，此园没有给游园者带来美感享受。主人违反了造园规律和自然物性，夸奢炫富，欲求完美而以"十景"名园，譬之缘木求鱼，适得其反，留下许多笑柄。昔人园记、园诗以彰优胜为主，而宏道此诗专刺弊端，旨存讽诫，是园诗中特例，别有深意。

此前，袁宏道初为吴县令，政务繁剧，又不耐应酬来往上官，因此叫苦不迭，凡上七札求去，可乐者唯公余可游苏州山水，"曾以勘灾出，遍游洞庭两山，虎丘、上方，率十余日一过"③，也览悉园林之胜，作《园亭

---

① 《袁宏道集笺校》卷四七《破研斋集之三·游韦氏庄》。
② 《袁宏道集笺校》卷一六《瓶花斋集之四·十景园小集》。
③ 《珂雪斋集》卷一八《中郎先生行状》。

纪略》。尤赏徐冏卿园。该园主人徐泰时，字叔乘，号舆浦，万历八年进士，长洲人，官至太仆寺少卿（"冏卿"）。园中有画家周时臣所堆石屏，"高三丈，阔可二十丈，玲珑峭削，如一幅山水横披画，了无断续痕迹，真妙手也！"又有"太湖石一座，名瑞云峰，高三丈余，妍巧甲于江南"，是天生奇石，原为湖州乌程董份家物，份为嘉靖进士，官至礼部尚书。宏道善赏奇石，又知掇山奥妙，他胸中广贮自然界奇峰怪石，又眼具精鉴，故欣赏园林中假山美石能得其奥窍。他对苏州葑门内徐参议园也很赏识："画壁攒青，飞流界线，水行石中，人穿洞底，巧逾生成，幻若鬼工，千溪万壑，游者几迷出入。"假山瀑布，人工之巧，如天生成，故可推赏。又作五律一首，也咏徐参议园：

> 古径盘空出，危梁减水行。药栏斜布置，山子幻生成。欹侧天容破，玲珑石貌清。游鳞与倦鸟，种种见幽情。①

此园叠山构景奇巧多变，往往出人意表，又能体现出自然生命的机趣，即所谓"幽情"。但袁宏道还是觉得不够自然，拿来同王世贞小祇园（即弇山园）比较，王园"轩豁爽垲，一花一石，俱有林下风味""徐园微伤巧丽耳"②，与人工巧丽相比，其审美趣味更重自然天成。

晚明文人雅士喜好游山玩水，并嗜园林花木，有所谓"园癖""花痴"者。袁宏道也酷爱花卉，善养花，在瓶中贮水养鲜花，撰《瓶史》十篇，前有小序，因以"瓶花斋"名其室。时在万历二十七年（1599），三十二岁，官居京师国学助教。《瓶史》小序开宗明义说明摆弄瓶花的动机，是出于对"山水花木"的热爱，每欲"欹笠高岩，濯缨流水"，因主客观条件限制而不能如愿，"仅有栽花莳竹一事，可以自乐"，加之"邸居湫隘，迁徙无常""不得已乃以胆瓶贮花，随时插换，京师人家所有名卉，一旦遂为余案头物"。他告诫自己："此暂时快心事也，无狃以为常，而忘山水之大乐。"瓶花终是案头物，摆弄它只是为了解馋，暂时寄托山水花木嗜好罢了，其志仍在自然界真山水大山水。

---

① 《袁宏道集笺校》卷三《锦帆集之一·饮徐参议园亭》。
② 《袁宏道集笺校》卷四《锦帆集之二·园亭纪略》。

第一篇《花目》，是讲瓶花的选择。稀有名贵的花卉，"率为巨珰大腕所有，儒生寒士无因得发其幕，不得不取其近而易致者"。虽"近而易致"，也须衡其品格，观其时节。"入春为梅，为海棠；夏为牡丹，为芍药，为石榴；秋为木樨，为莲、菊；冬为腊梅。"选择四时花卉，不仅取悦目，还要发人联想，借以比德，有益情性。"取之虽近，终不敢滥及凡卉，就使乏花，宁贮竹柏数枝以充之"。同一类花卉分许多品种，又如何选择？也要看品格高下。第二篇《品第》分辨说："梅以重叶、绿萼……为上，海棠以西府、紫锦为上；牡丹以黄楼子、绿蝴蝶、西瓜瓤……为上，芍药以冠群芳、御衣黄……为上，榴花深红重台为上，莲花碧台锦边为上；木樨球子、早黄为上，菊以诸色鹤翎、西施、剪绒为上；蜡梅磬口香为上。"瓶花应分主从，要使配置相宜，且每种作陪衬的花也各具品性，不可不辨。第九篇《使令》以"使令"比主花，以"婢媵"喻陪花，例如梅花以迎春、瑞香为婢，海棠以苹婆、林檎为婢，牡丹以玫瑰、蔷薇为婢，石榴以紫薇、木槿为婢，菊以山茶、秋海棠为婢，蜡梅以水仙为婢，如此等等。作为陪衬的花种也各具特性、姿态、色泽，例如水仙之"神骨清绝"，"山茶鲜妍"，"瑞香芬烈"，"玫瑰旖旎"，"芙蓉明艳"等等，也要细辨，园林花匠不可不知。第五篇《宜称》讲插花艺术：

> 插花不可太繁，亦不可太瘦。多不过二种三种，高低疏密，如画苑布置方妙。置瓶忌两对，忌一律，忌成行列，忌以绳束缚。夫花之所谓整齐者，正以参差不伦，意态天然，如子瞻之文，随意断续，青莲之诗，不拘对偶，此真整齐也。若夫枝叶相当，红白相配，此省曹墀下树，墓门华表也，恶得为整齐哉？

这段百字随谈就养花插花艺术发论，兼涉文论、诗论、画论、园论，主要讲艺术理论中结构位置问题，整齐与参差以及疏密、繁简、高低诸审美范畴，核心思想是"意态自然"。其中整齐与参差是园林美学中一对重要范畴，袁宏道特别强调"参差不伦，意态天然"之美，譬如作文"随意断续"，又作诗"不拘对偶"，才是"真整齐"，这与他的"独抒性灵，不拘格套"的美学思想正相吻合。造园若被对称规则所束缚，一味追求整齐，"若夫枝叶相当，红白相配，此省曹墀下树，墓门华表也，恶得为整齐哉？"又如北京某侯家十景园，事事求"整严"，"树亦分行次"，整齐是整齐了，而于艺术则相去千里。园林艺术贵在于整齐中求不整齐，参差不伦，又一切显得那么自然。《瓶史》不同于一般重在讲知识和技术的花卉著述，它注重谈人生，谈鉴赏，谈美学，切近园林审美，是雅致优美的小品散文。

袁中道：园据水胜，大有幽意

袁中道（1570—1623），字小修，号凫隐。少负才名，长随两兄游京师。万历四十四年（1616）始举进士，授徽州教授，历国子博士，官至南京吏部郎中。有《珂雪斋集》。袁中道科途迟滞，两兄皆腆仕，而早逝，悲伤郁积于胸。性豪迈好游，"泛舟西陵，走马塞上，穷览燕赵齐鲁吴越之地，足迹几半天下"①。尝具一舟，曰"泛凫"，漂流栖泊江湖溪泽间，自万历三十六年（1608）以后六年间，"率常在舟""一舟敝，复治一舟"，舟中读书"沉酣研究，极其变化"，作诗则"诗思泉涌"②，"当其波光皓淼，远山点缀，四顾无际，神闲意适"③，皆舟游之快适。所作单篇游记甚多，又有旅游日记集《游居柿录》十三卷。

袁中道也有园林嗜好，游园治园之投入不让其兄宏道。他有闲时光，又豪奢，但囊中羞涩，在构园上却舍得花钱。在老家公安曾购得杜园，故主竹亭翁善治生，手植松竹多百年物，其子孙不肖，以鬻中道。中道"家贫性奢，好招客"，遂倾力纳之，整治一新。"园周围可二里许，有竹万竿，松百株，屋六楹"，门外有塘，塘外有湖，"若夫听松涛，玩竹色，奇禽异鸟，朝夕和鸣，则固幽然隐者之居也"④。在公安，中道还有一座更心爱的园林，名叫"筼筜谷"，居家时，或外出归里，大都栖息于此。此园原名"小竹林""香光林"，为袁氏亲友公安举人王承光（字官谷）所有。袁宏道于万历二十八年（1600）告病由京师返里，时常游小竹林，与主人过从甚密，作诗多首，如云："疏黄浓碧里，一树石楠红。""竹子一万梢，

① 《列朝诗集小传》丁集中《袁仪制中道》。
② 《珂雪斋集》卷一六《后泛凫记》。
③ 《珂雪斋集》卷一五《前泛凫记》。
④ 《珂雪斋集》卷一二《杜园记》。

十里屯秋碧。""君看竹多处，无阴云亦满。""立窗石皴瘦，困雨竹㿱颓。""江花排岸出，泚水到门回。"其诗均载《潇碧堂集》，可见小竹林之清韵。及承光卒，乃为袁氏所有。中道记其事云：

> 甲辰（万历三十二年），下第归来，无居处，适中郎宅后油水之畔，有一园，名为小竹林，乃予姻友王官谷名承光读书处也。有竹数万竿，梅桂柑橘之属具备，竹中列垣墙，置宅宇，极精整。官谷韵士，排当极有方略。官谷去世，此园转鬻于王秀才世胤，世胤偶有家讼，一夜愤然欲鬻此园。中郎一闻，急令予成之。予亦爱其竹树，乃倾囊并以腴田百亩鬻得，遂移眷属其中。中郎易名为"篔筜谷"。①

袁中道不惜以百亩良田易此三十亩园林，与其兄中郎"相视点缀"，细加修治，"数年间遂成佳丽"。在保留旧园格局和风貌的前提下，凸显了竹的主题，也更见精雅清逸，是旧园改新园的成功范例。主人从中充分领略到竹之美："予耳常聆其声，目常揽其色，鼻常嗅其香，口常食其笋，身常亲其冷翠，意常领其潇远，则天下之受享此竹，亦未有如予若饮食衣服纤毫不相离者。"② 此园旧名"小竹林"，似太直太俗，别名"香光林"，仍嫌俗而艳，与竹之清韵不合，故经中郎斟酌，乃易为"篔筜谷"，题名也有出典，而非杜撰。苏轼姻友文同以擅画墨竹名世，曾任洋州（今属陕西）知州，其地多竹，竹之大者曰篔筜，置园池，凡三十景，其中一景即为"篔筜谷"。苏轼应园主之约，作《和文与可洋州园池三十首》，其《篔筜谷》诗云："汉川修竹贱如蓬，斤斧何曾赦箨龙？料得清贫馋太守，渭滨千亩在胸中。"又作《文与可画篔筜谷偃竹记》一篇，记云："元丰二年正月二十日，与可没于陈州。是岁七月七日，予在湖州，曝书画，见此竹，废卷而哭失声。"袁宏道取以为园名，典而文雅，表达了主人对竹的情愫，也含有对旧主王官谷这位昔日好友的忆念，亦见袁氏兄弟深于朋友情谊。后请名士、书家王穉登字百谷题写园名，《游居柿录》卷三："王百谷以八分书'篔筜谷'三字见寄。"王百谷、王官谷、篔筜谷，人名、园

---

① 《珂雪斋游居柿录》卷八。
② 《珂雪斋集》卷一二《篔筜谷记》。

名同取一"谷"字，偶然巧合耶？抑或其间有缘耶？园林题名殊非小事，关系到园林的品味、标志和影响。

袁宏道以故里公安遭水患而迁居沙市，得旧楼曰砚北，又建新楼曰卷雪，考虑到兄弟分居两地，遂劝中道也迁沙市。中道如命，适遇有人"以一园鬻者，其地稍僻，而其直甚省，且有花木园亭之娱，遂欣然成之"，"乃除瓦砾，剪草莱，去承溜阴翳之宇"，经过一番剪除修治，尽显佳胜。

> 前有桂一株，虬龙矫矫，上干云霄，每开香闻数里。后有藕花堂可百亩，水气晶晶。临水有台，可亭。中有书屋二，竹柏杂花具备。而门临长渠，桃花水生如委练，垂柳夹之，可以荡舟。①

继建"楮亭""西莲亭""瓶隐斋""珂雪斋"，园中老桂尤奇崛，因名"金粟园"。袁中道在家乡拥有的三座园林，即杜园、笯篁谷、金粟园，都是根据旧园改建，保留原来优质元素而去其秽杂，依据原生态小环境而稍加疏治，有增有减，既保持旧园的佳貌，又显示经过修治后的新颜和园主的个性、审美趣味，而且省工省费，确是旧园重建的成功事例。中道称其兄构园架屋"排当极有方略"，他自己何尝不然。袁中道亲自参与改建三座自家私园，得了构园的实践经验，又游赏长江中下游和燕齐北京诸多名园，丰富和深化了他的园林审美经验。

楚为泽国，楚人习水，对水有特殊的感情。公安滨临大江，袁氏昆仲生于斯、长于斯，天性习水爱水，对水之变态奇观备览深会，发于诗文极态尽妍。宏道云："夫余水国人也，少焉习于水，犹水之也。已而涉洞庭，渡淮海，绝震泽，放舟严滩，探奇五泄，极江海之奇观，尽大小之变态，而后见天下之水无非文者。"② 文者，水文也，文理也，文章也，一言以蔽之曰：美。中道表白更直截了当："予性嗜水，不能两日不游江上，尝醉卧沙石间，至夜犹不去。"③ 他多观天下胜水，如长江、澧水、洞庭、彭泽、大明湖、趵突泉等等，谓泛舟作水上游"亦大快事也"④"听水声，看

---

① 《珂雪斋集》卷一四《金粟园记》。
② 《袁宏道集笺校》卷一七《瓶花斋集之五·文漪堂记》。
③ 《珂雪斋集》卷一二《远帆楼记》。
④ 《珂雪斋集》卷一三《东游记一》。

水色，是又一快事也"①。此类观水赏水文字比比皆是。他观览园林之美也特重水景："大都置园以水为主，得水始可修治。"评沙市吴氏园，"园后台上，白水一湖，澄人心脾""此地据水之胜，为可喜也"。又记宏道来此园，"坐台上，谓大有幽意"②。外出每逢依水得胜的园墅往往赏叹留连。东游镇江，舟过丹阳，应贺虚谷邀游篑川园，园去城里许，"弥望皆水""水色澹澹"。泛小楼船游湖上，过"月榭"，"远望朱栏若鱼网曲折水上"③。篑川园水面开阔，依湖上高地用土石堆叠岛屿，楼阁稀疏，临阁凭轩可观鱼游，可听鸟鸣，可眺水外长堤梧桐、芙蓉，又从外远望，"朱栏若鱼网曲折水上"，一派水乡风光。以鱼网比喻水上曲折的朱栏，新奇绝妙。这座水上园林淡远雅致，如一幅云林湖上晴波图。北京城内少水，王公贵戚宦官显要皆争占水滨地构园建宅。位于城北积水潭的定国公园，为明开国功臣徐达后裔所建。有关记述、题咏甚多，袁中道也有简要记载："定国公园，门前即后湖水入宫道也。中有大堂，后瞰湖，见湖中芙蓉万朵。前列垂杨三株，婆娑袅娜。有方塘五六亩，种莲花。左有台，望西山了了。"寥寥数笔，点出此园佳胜：园外借后湖一泓之水，园内别开方塘，湖上芙蓉与塘上莲花互映；主建筑大堂，为湖塘一前一后所拥，堂前三株垂杨，风姿翩翩；登堂左高台，可远眺西山景色，历历在目。此园至简至朴，而饶幽致远意，审美意韵悠长。于城郊最赏米万钟海淀勺园："京师为园，所艰者水耳，此处独饶水，楼阁皆凌水，一如画舫。莲花最盛，芳艳消魂。有楼可望西山景色。"④唯对城南李戚畹新园褒中带贬："送客至李戚畹园，颇多奇花美石，惜布置太整，分行作对，少自然之趣耳。"⑤这同其兄宏道批评成国公十景园"侯家事整严，树亦分行次"的批评，忌对称死板，但求整齐，而贵乎"参差不伦，意态天然"的美学观是一致的。

袁宏道、袁中道的长兄袁宗道（1560—1600），字伯修，号石浦。万历十四年（1586）举会试第一，选庶吉士，授翰林院编修，充东宫讲官，

---

① 《珂雪斋集》卷一五《玉泉拾遗记》。
② 《珂雪斋游居柿录》卷四。
③ 《珂雪斋游居柿录》卷三。
④ 《游居柿录》卷一一。
⑤ 《游居柿录》卷一一。

至右庶子，终于官。有《白苏斋类集》。"为人修洁，生平不妄取人一钱"①。性恬淡，生平慕白居易、苏轼，名所居曰"白苏斋"，虽身处清贵，而素怀归山之志。他"耽嗜山水"，京郊山川古刹皆穷其胜。也好治园亭，公安故居曰石浦山房，在石浦河西，因以得名，有忆诗云："竹里罗棋局，篱边费酒筹。"② 为京官时购一宅，"阶上竹柏森疏，香藤怪石，大有幽意"③，筑一水亭。其弟宏道记云：

> 伯修寓近西长安门，有小亭有抱瓮，伯修所自名也。亭外多花木，正西有大柏六株，五六月时，凉阴满阶，暑气不得入。每夕阳佳月，透光如水，风枝摇曳，有若波纹，衣裳床几之类皆动。梨树二株甚繁密，开时香雪满一庭。隙地皆种蔬，瓜棚藤架，菘路韭畦，宛似村庄。……凡客之至斯亭者，睹夫枝叶之蓊郁，乳雀之哺子，野蛾之变化，胥蝶之遗粉，未尝不以为真老圃也。④

作者于抱瓮亭建筑构架未着一笔，重在渲染小亭环境的洁净、凉爽、清华和隙地菜圃"宛似村庄"所透露出的一种朴野自然的气息。其时主人任东宫讲官，身居清要，却持有清恬修洁的品格和归山之志，朋友们戏称他是"真老圃"，一语道破其中机关。此园寄意遥深，凡是高雅的文人园林总能体现园主的性格和志趣，抱瓮亭其一也。

钟惺：文理思致，静者领之

钟惺（1574—1624），字伯敬，号退谷，湖广竟陵（今湖北天门）人。万历三十八年（1610）进士，授行人，寻改南京礼部主事，曾奉使入四川、山东、贵州，官至福建提学佥事。与同里解元谭元春共定《诗归》，名声大噪，人称"竟陵派"，是继公安派之后又一晚明文学革新流派。著有《隐秀轩集》。钟、谭美学思想也属主情派，其论情又强调"独""孤"

---

① 《坷雪斋集》卷一七《石浦先生传》。
② 《白苏斋类集》卷四《马上起忆石浦山房》。
③ 《坷雪斋集》卷一二《白苏斋记》。
④ 《袁宏道集校笺》卷一七《瓶花斋集之五·抱瓮亭记》。

"幽深""冷峭"，从自己的情思中抽绎出一种旁人未尝触及的一丝"单绪"，而其表情达意则主张曲折、生冷，而忌直露浅俗。公安、竟陵都是尊情派，但在情的理解和表情方法上存在差异。两派代表人物又都酷爱山水，钟惺引其师公安派名士雷思霈语云："人生第一乐是朋友，第二乐是山水。"① 其诗亦云："人生客游何者美，其一友朋一山水。"② 可见在他们心目中山水之与人生是多么重要了，晚明才俊谈及人生观与山水观的关系大致皆然。

钟惺观照山水深细精妙，尤其注重洞见山水之理。在他看来，山水形象的构成在空间、时间、形质、景境诸方面都存在某种美学法则，此即所谓"理"，或"思理""情理""妙理""至理"。《新滩》诗云："吁嗟平陂理，真宰难思议。"又《飞云岩》："石飞云或住，动定理难诘。"《寄吴康虞》："友朋山水理，言下特津津。"《过溪至万年宫》："登山从水始，此理有难言。"《出山十里访水帘洞》："各自成思理，耻为武夷隶。"《自仙人桥观于舍身崖》："不独高深理，河山之所盘。" 观山水者，须深心领略方得其理，否则不能，"山水说理学，浅人不知"③。钟惺是山水解人，游赏各地名胜辄得山水理趣。如游四川眉山中岩记云："诸峰映带，时让时争，时违时应，时拒时迎，衰益避就，准形匠心，横竖参错，各有妙理，不可思议。"④ 其中"让"与"争"、"违"与"应"、"拒"与"迎"、"衰"与"益"、"避"与"就"、"横"与"竖"，还有记中所举"向背""往复""亏蔽"等，以及《修觉山记》中山径石磴之"乱整枉直"，江流行于碛渚间之"或圆或半，或逝或返"，都是讲山水布置的妙构，将种种对立因素结合为统一和谐的奇胜，而与艺理美学暗合，"甚有思理""各肖其理"。用现代美学审视，山水之理乃是山水审美对象的"形式因"和审美主体的心理结构互相交流感应而产生的美学范畴，山水妙理的发现离不开主体的思想情趣，所以钟惺再三指出，心浮气躁的人虽身在山水中也不得其理。他以武夷山水帘洞为例：

① 《隐秀轩集》卷三五《题胡彭举画赠张金铭》。
② 《隐秀轩集》卷五《暂驻蒌州》。
③ 《诗归》卷一〇。
④ 《隐秀轩集》卷二〇《中岩记》。

拾级凭栏，如人执喷壶。往来绝顶，飘洒如丝，东西游移，或东西分，弱不能自主，恒听于风。洞以水得石，峰势雄整，而水之思理反细。声光微处，最宜静者，非浮气人听睹所及也。①

唯心静者能见山水思理妙趣，"静者领斯山，意匠妙经营"②"静者夜居高，睹闻自孤远"③。心境，审美心态，对观照山水乃至欣赏各种艺术，都至关重要。

看山观水要能领会其中理趣，赏园造园亦然。钟惺观赏园林与观照山水一样也注重发现、抉发其中思理。《游梅花墅》："动止入户分，倾返有妙理。"《返赵凡夫寒山所居》："吁嗟志气一，思理为之通。"《访邹彦吉先生于惠山园》："选声穷静理，结构换清思。"许多咏园诗虽字面上未见"理"字，细味其词，实含构园妙理。如咏苏州文震亨香草垞，有句云："一厅以后能留水，四壁之中别有香。"④厅后凿池可观水，四壁藏书册挂字画可闻香，设计布置亦具新裁，而见主人修养。咏福建曹学佺园居："扁舟转见山多面，一水围周阁数巡。"⑤曹氏园倚山傍水，泛舟园中，能见山之面面，楼阁为水环绕，在舟中能数见其丽观。如此巧构，也见主人"意屡新"之匠心。范允临，字长倩，号长白，吴县人。万历二十三年（1595）进士，官至福建布政司参议。善书画，晚筑别业于天平山之阳，名天平山庄，为苏州名园之一。钟惺有题咏一首：

> 始吾来此地，祇作范家园。是日登临半，兹山本末存。天将全物与，人许凤怀敦。径借廊分合，岩随树吐吞。会心频拜石，寻响或逢源。孤月照登阁，千峰生闭门。高深如一气，坠倚互为根。自幸游皆静，秋冬事不烦。⑥

分与合，吐（显）与吞（藏），高与深，坠与倚，家园与山林，人工

---

① 《隐秀轩集》卷二〇《游武夷山记》。
② 《隐秀轩集》卷三《钦山鱼仙洞》。
③ 《隐秀轩集》卷四《月宿天游观》。
④ 《隐秀轩集》卷一一《过文启美香草垞》。
⑤ 《隐秀轩集》卷一一《访曹能始园居》。
⑥ 《隐秀轩集》卷一二《游天平山范长倩园居》。

与天巧，种种对立同一因素，结成一体，贯通一气，范园之经营布置深契造园妙理。天平山泉石美，范园建构美，长白人亦美，"天将全物与，人许夙怀敦"，老天将整个天平山赐予主人，而主人之雅怀高韵又得众人赞许，因而范氏园成了苏州西郊的一处佳胜。福建武夷山乃天下名胜，长乐人陈省，嘉靖三十八年（1559）进士，官至兵部右侍郎，晚归，在武夷山笋峰下筑山庄"云窝"。钟惺游其地，称赏备至："接笋峰雁次相缀，书院（朱熹所构）在峰前，而云窝在其后。云窝者，陈少司马省所营，公长乐人，住山十二年，因崖割胜，居处庐旅，部署历历，法趣相生，使后至者有鸠借鹊巢之思焉。"① "云窝"佳构在于主人精于选胜，接笋峰山水，人文环境俱美，陈氏又谙构园之道，善于布置，"部署历历，法趣相生"八字，正指构园妙道。"法趣"即"法味"，借用佛家语，亦即造园之思理、妙理；"相生"者，言其层出迭见。山水之理与造园之理也相因相生，从本源上说，造园之理来自对自然山水的审美感悟，园林艺术产生于人对山水审美的需要，园林造景是对自然山水的创造性模仿和缩微。因此造园家多善山水画，必明山水画理，常观真山真水。钟惺所举山水景观中种种矛盾统一因素，例如横竖、平陂、向背、偃仰、迎送、揖避、升降、蔽亏、纡直、高深、吞吐、倚坠、断续、离合等等，这些空间部署位置的自然法则、妙趣，与园理、画理、书道等艺术美学都是相通的，互相影响，互相借鉴。钟惺称述安庆浮渡山景观布置之胜："大抵浮渡无岩不树，无径不竹，无石不苔，无涧不花。"② 岩树、径竹、石苔、涧花，自然景物配置之妙，为园林构景提供了绝佳样本。

钟惺写了不少园林诗，而《隐秀轩集》仅收园林记一篇，即《梅花墅记》，却是一篇精心结撰之作，美学意蕴深长。以构园思理解构梅花墅，又通过对梅花墅的记述提点园林美学，洵为理、识、情、文俱到的园林记佳作。主人许自昌（1578—1623），字玄佑，长洲甫里（今苏州甪直）人。许氏为一方巨富，尝以赀授文华殿中书舍人，人称"许秘书"。其为人略见友人李流芳所记："中书虽以赀为郎，雅非意所屑，独好奇文异书，手自雠较，悬自国门。暇则辟圃通池，树艺花竹，水廊山榭，窈窕幽靓，不

---

① 《隐秀轩集》卷二〇《游武夷山记》。
② 《隐秀轩集》卷二〇《游浮渡山记》。

减辋川、平泉。而又制为歌曲传奇，令小队习之，竹肉之音，时与山水映发。"① 梅花墅位于甫里水网地带，丰富的水资源是其得天独厚的环境条件，许氏可以充分利用优越的水环境，做足水的大文章，但是弄得不好，也可能成为局限性，园内人造水景与园外天然水景一模一样，那么所构之园便不会给人带来异样的感觉、独特的审美享受。梅花墅的独特之处在于，虽以水取胜，而其景观与三吴地区常见水景有别，"玄佑之园皆水，人习于亭阁廊榭，忘其为水"。园中丰富的水体从何而来？不是开凿明渠直接引流入园，而是通过涵洞导入。"墅外数武，反不见水，水反在户以内，盖别为暗窦，引水入园"，园址附近不见水，水反在户内，引水之妙出人意料。由于水源丰富，可以源源不断流进，供营造水景之需。构园者偏不营构汪洋浩荡的大面积水景，此类水景在三吴地区、甫里左近有的是，而且此园广达百亩，完全可以造一个人工大湖。他没有这样做。而是通过修廊、围墙对园区水体进行巧妙分隔，"廊周于水、墙周于廊"，其间建筑除亭、阁、廊、榭之外，又有堂、斋、石洞、门洞、桥梁、浅滩、假山等等，经营部署，"往复曲折""钩连映带""隐露断续"，皆妙合构园之道。亭阁远近，墙廊内外，竹树表里，所见迥异，景观丰富多彩，变幻莫测。墙外，"林木荇藻，竟川含绿，染人衣裾，如可承揽，然不可得即至也"；水外，"竹树表里之，流响交光，分风争日，往往可即，而仓卒莫定其处"；阁外，"林竹则烟霜助洁，花实则云霞乱彩，池沼则星月含情"。景景互借，物物相映，非深谙园理者莫能办。故钟惺认为此园可与吴地其他名园媲美。

> 予游三吴，无日不行园中，园中之园，未暇遍问也。于梁溪，则邹氏之惠山；于姑苏，则徐氏之拙政，范氏之天平，赵氏之寒山。所谓人各有其园者也，然不尽园于水，园于水而稍异于三吴之水者，则友人许玄佑之梅花墅也。

三吴之地水源丰饶，水景与人文景观交相辉映，是天造地设之特大园林，"其象大抵皆园也""无日不行园中"，指此。"园中之园"指在天然

---

① 《檀园集》卷九《许母陆孺人行状》，文渊阁《四库全书》影印本。

大园中另辟私家园林。吴地名园大都善用水源、善营水景，又非都以水景称胜。如无锡邹迪光惠山愚公谷、苏城拙政园（始造者王氏，后归徐氏）、苏郊天平山范允临山庄、支硎山赵宦光寒山别业，这四座吴地名园或在城中，或在山麓，有水泉之胜，毕竟水源欠丰，"不尽园于水"。唯许氏梅花墅依水构园，又与园外大片水景"稍异"，这是它的独特审美个性。体现审美个性的园林才有存在传世的价值。此又取决于主人心境之静，"静者能通妙理""高人有静机"①"情事频生静者心"②。心之静乃能见物之理，凡百诸事，莫不皆然，不独造园也。

刘侗：朴野疏淡，妙境天成

刘侗（约1594—约1637），字同人，号格庵，湖北麻城人。崇祯初，捐资入太学。六年（1633）举顺天乡试，明年成进士，授吴县令，取道金陵，未及赴任，卒于维扬舟次。与竟陵派首领谭元春友善，在京师五年，与宛平人于奕正（1597—1636）游，合作编写《帝京景物略》。"奕正职搜讨，侗职摘辞"，刘侗同乡好友周损负责采集有关诗歌，"三人挥汗属草，研冰而成书"③，八年（1635）刊于金陵。《帝京景物略》是一部关于明代北京的地理游记著作，内容丛杂，详于山水、园林、寺观、风俗，于史可资参证，于文可供欣赏。论竟陵派散文成就，刘侗不逊于钟惺、谭元春，三人并成鼎足。

明中后期北京私家园林繁盛，园主多为皇亲、贵戚、宦官、大臣，园址多分布在湖滨水边。例如城北之积水潭，又称海子、北湖，崇文门东城角之泡子河，右安门外一里之草桥，左安门外二里之韦庄，都是园林、寺庙密集的地带。邻近皇城南接西苑的北湖（什刹海），水质清甘，飞鸟翔集，园亭相望。

> 沿水而刹者、墅者、亭者，因水也，水亦因之。梵各钟磬，亭墅各声歌，而致乃在遥见遥闻，隔水相赏。立净业寺门，目存水南；坐

---

① 《隐秀轩集》卷八《喜邹彦吉先生至白门》。
② 《隐秀轩集》卷一一《茅止生五龙潭新居》。
③ 《帝京景物略》刘侗序，北京古籍出版社1982年版。

太师圃、晾马厂、镜园、莲花庵、刘茂才园，目存水北。东望之，方园也，宜夕；西望之，漫园、湜园、杨园、王园也，望西山，宜朝。①

每年七月中元节之夜，水上有放河灯的民俗，还放烟火，"作凫雁龟鱼，水土激射"。冬季水面结冰，则有"冰床""溜冰"之戏。② 刘侗曾乘醉试坐过冰床，还写了一首诗，附载《帝京景物略·水关》后，题曰《醉后据冰床过后湖》："立春冰未觉，尚可数人航。固结深冬力，熹微寒日光。坐观思解泮，中渡且康庄。醉里知前岸，侤侤语复长。"他是一个有趣的文人，所以能捕捉到许许多多饶有生活情趣的人与事，并栩栩如生地形诸笔墨文字，而这些是道学先生不屑一顾的。良好的水环境是营构园林需要特别留意卜择者，水能给人们带来无穷的欢乐。北京西郊群峰耸翠，山泉涌流不歇，提供了丰富清洁的水源，水急而清的高粱河，从碎石细沙、绿藻翠荇间流过的玉泉，汇诸泉为巨浸的西湖，沼泽与水田相间的海淀，水体形态多样，都是卜居构园的胜地。

在京旅居游学五年期间，刘侗游过的园林（包括寺园）盖不下数十处。其中王公贵幸之家园林大都富丽豪华，步武皇家宫苑建筑式样，缺少山水田园风味，正如王世贞所批评，"有廊庙则无山林"。万历末年举人嘉兴沈德符幼随在京为官的祖与父，习闻前朝掌故，京师山川人物，时事风俗，他对北京贵戚园亭也持批评态度，所见与王世贞相同，"大抵气象轩豁，廊庙多而山林少"③。与此有关的另一个缺点就是太重雕饰，太讲整齐对称，而乏天然之致，诚如袁宏道所讥评，如衙门前两行树木，"墓门华表"。这与晚明士流崇尚真朴自然的审美思潮格格不入，作为竟陵派重要成员的刘侗也深受浸染，但带有地志性质的《帝京景物略》不能不记北京贵家园林，且其中也有不乏审美价值者。如位于北湖的定国公园：

环北湖之园，定园始，故朴莫先定园者，实则有思致文理者为

---

① 《帝京景物略》卷一《水关》。
② 《帝京岁时纪胜》："寒冬冰冻，以木作床，下镶钢条，一人在前引绳，可坐四五人，行冰如飞，名曰拖床。""冰上滑擦者，所着之履皆有铁齿，流行冰上，如星驰电掣，争先夺标取胜，名曰溜冰。"作者潘荣陛，清初人。
③ 《万历野获编》卷二四《畿辅》，中华书局1959年版。

之。土垣不垩，土池不甃，堂不阁不亭，树不花不实，不配不行，是不亦文关乎？

园在德胜桥右，入门，古屋三楹，榜曰"太师圃"。自三字外，额无扁，柱无联，壁无诗片。西转而北，垂杨高槐，树不数枚，以岁久繁柯，阴递满院。藕花一塘，隔岸数石，乱而卧。土墙生苔，如山脚到涧边，不记在人家圃。野堂北，又一堂临湖，芦苇侵庭除，为之短墙以拒之。左右各一室，室各二楹，荒荒如山斋。西过一台，湖于前，不可以不台也，老柳瞰湖而不让台，台遂不必尽望。盖他园，花树故故为容，亭台意特特在湖者，不免佻达矣。

园左右多新亭馆，对湖乃寺。万历中，有筑于园侧者，掘得元寺额，曰"石湖寺"焉。①

明开国功臣徐达次子增寿死于"靖难之役"，后追封武阳侯，复进封定国公，子孙袭爵，居北京。增寿五世孙徐光祚于嘉靖五年（1526）加官太师，故其北湖别业榜曰"太师圃"。主人乃功勋世臣后裔，地位显赫，然其园毫不张扬，一扫富贵炫耀习气，唯存一"朴"而已，简朴，朴素，古朴，拙朴，"故朴莫先定园者"，凸显了定园最显著的特色。土垣，土池；古屋三间，仅有题额"太师圃"三字，无匾，无联，无诗屏，不加任何装饰，不显富丽堂皇气象；临湖一堂，邻接芦苇，其室二楹，荒落如山斋。太简朴了！但朴非卑陋，非平庸，朴中含大雅，蕴大美。朴者，回归本真自然也。在皇城根下，在金碧辉煌的建筑群包围中，而在定园，却闻到了泥土芳香，为荒野留下了些许空间，让芦苇侵入庭阶，为老柳让路。数石令其乱而卧，土墙令其生青苔，"如山脚到涧边"，小小布置亦有讲究。堂前左右不建阁与亭，植树不花不实，不配不行，不是特意追求美观，而令"花树故故为容"，自自然然便是美。刘侗觑见定园背后有位高人妙手，由他设计、修治而成，"实则有思致文理者为之"。"思致文理"，就是钟惺常说的"思理""妙理"，就是美学法则、艺术思维、造园妙道。在京师贵家园林竞尚富丽轩豁气象，"廊庙多而山林少"氛围下，定园能以朴名世，保留了一点山林野味、自然色调，难能可贵，亦见构园艺匠之

① 《帝京景物略》卷一《定国公园》。

良苦用心。

英国公新园也近北湖，靠银锭桥。清乾隆间浙江仁和人吴长元云：
"银锭桥在北安门海子三座桥之北，城中水际看山第一绝胜处。"[1] 主人为
永乐间英国公张辅后裔。其赐第在东城，有宅园，宏丽繁富，俗称张园。
吴长元载"园亭之在东城者，曰梁氏园，曰杨舍人泌园，曰张氏陆舟，曰
恭顺候吴国华为园，曰英国公张园"。又有成国公适景园、万驸马曲水园、
冉驸马宜园。[2] 刘侗详记其园。后来张氏又于银锭桥在什刹海之前海与后
海交界处购得观音庵土地之半，构新园，故称"英国公新园。"此园规模
狭小，至简，"一亭、一轩、一台耳"，但其地适在观景"绝胜处"。其南，
邻近西苑，"望云气五色长周护者"，即太液池中万岁山；其东，是一片稻
田，"春夏烟绿，秋冬云黄"；其北，万家烟树，"烟缕上而白云横"；其
西，可远眺西山，"层层弯弯，晓青暮紫，近如可攀"。[3] 此园二面环湖，
湖滨古木古寺，人家园亭，若己所有，四周胜景，万千气象，尽收眼底。许
多显贵斥重金营造宏丽的园林，"长廊曲池，假山复阁"，构造齐全精美，但
是巡游周遍，仍不得山水之趣，"杖履弥勤，眼界则小矣"，反不如这一亭一
轩一台的小小园墅之可人意。此园于至简中而揽全胜，正合芥子纳须弥的园
林审美理念，然而运用之妙存乎一心，亦见主人与匠师之文理思致。

位于东城的万驸马曲水园，主人万炜娶神宗同母妹瑞安公主，崇祯时
官至太傅。此园以水竹胜，"燕不饶水与竹，而园饶之"。其水汲引于外
河，因善于疏导调节，水质澄鲜，水流曲折而长，竹径随之。沿曲水构曲
廊，构亭，构台，亭台之间，竖松化石，"肤而鳞，质而干，根拳曲而株
婆娑，匪松实化之，不至此"[4]。园以曲水名，非虚，又得稀世奇石点缀，
增胜不少。万驸马在西直门外白石桥北另辟墅园白石庄，因得西郊山水之
助，疏旷清幽，别具远韵。

　　　　白石桥北，万驸马庄焉，曰白石庄。庄所取韵皆柳。柳色时变，
　　闲者惊之；声亦时变也，静者省之。春，黄浅而芽，绿浅而眉，深而

---

① 《宸垣识略》卷八《内城四》，北京古籍出版社 1982 年版。
② 《宸垣识略》卷六《内城二》。
③ 《帝都景物略》卷一《英国公新园》。
④ 《帝都景物略》卷二《城东内外》。

眼，春老，絮而白。夏，丝迢迢以风，阴隆隆以日。秋，叶黄而落，而坠条当当，而霜柯鸣于树。

柳溪之中，门临轩对。一松虬，一亭小，立柳中。亭后，台三累，竹一湾，曰爽阁，柳环之。台后，池而荷。桥，荷上之。亭，桥之西，柳又环之。一往竹篱内，堂三楹。松亦虬。海棠花时，朱丝亦竟丈。老槐虽孤，其齿尊，其势出林表。后堂北，老松五，其与槐引年。松后一往为土山，步芍药牡丹圃良久，南登郁冈亭，俯瞰月池，又柳也。[①]

白石庄亭台堂阁诸建筑分布稀疏，无华贵缛丽之气，简简单单，一点也不显山露水。假山以土堆成，不为怪石奇峰。为水有溪有池，溪畔植柳，池种荷花。园中植物，柳树之外则松与槐，皆入老年，令人尊仰。有竹一湾。花则芍药、牡丹、海棠，也是常见品种，唯海棠花朱丝长丈许，算是珍品了。此园最大特色是以柳为主题，以柳作为构园的基本要素，亭台楼阁、径桥溪池，皆以柳环之、缀之，全园呈现了一派柳色。柳是易生易长的寻常树种，以之作为构园的基本要素，成为园林的主色调，并产生审美奇效，且与北京郊野景色、自然环境非常协调。其时过白石桥的游客诗人或称"野人"，远眺西山景色曰"野望"，而把疏旷简淡柳色满园的白石庄叫作"野圃"。这野圃竟成一座名园，而且拔乎同类，"名园迥不群"[②]。个中原因耐人寻味。柳所以能成为北方一座名园的主题、主色调，还因为它给人带来独特的美感。白石庄是一座柳园，荟萃了柳之美，而刘侗对此感悟尤其细致入妙。于柳之色之声之形之态，又柳之芽之絮之丝之叶之条之柯，观察描摹无微不至，如在目前。文字省俭活泼，诚获妙悟而具妙手。而能感悟、捕捉到柳之美者，不得不归之于"闲者""静者"。闲静是一种审美心态，是一种人生境界，是竟陵派首领钟惺和谭元春经常提及的审美范畴，也适用于观照园林。后继者刘侗心悦诚服地接受了。

白石庄西北，是一片广大的湿地，大湖小溪稻田沟塍，林木翳然，水草丰茂，俗称海淀，"水所聚曰淀"。北为北海淀，南为南海淀。遥见西山

---

① 《帝京景物略》卷五《白石庄》。
② 《帝京景物略》卷五《白石庄》附吴惟英诗。

诸峰，碧树参差。"盖神皋之佳丽，郊居之选胜也"①。其名园巨墅有二：一为明神宗生母之父武清侯李伟之李皇亲园，在南淀；一为太仆少卿、书画名家米万钟之勺园，在北淀。李园乃贵戚别业，规模宏大，占地十里，建构奢丽，"每一石辄费数百缗购得之"②，而灵壁、太湖、锦川诸种奇石以百计，又"乔木千计，竹万计，花亿万计"③。在广阔的水面上，筑岛屿百座，乘舟皆可达。如此奢华，然布置精善得法，叠假山，"剑芒螺蠹，巧诡于山""则又自然真山也"。飞桥之下，金鱼如"锦片片花影中，惊则火流，饵则霞起"。高楼之上，"平看香山，俯看玉泉，两高斯亲，峙若承睫"④。此戚畹巨园亦必有"思致文理者"为之。勺园主人米万钟（1570—1628），字仲诏，号友石，北京人。万历二十三年（1595）进士，历江西按察使，至太仆少卿。善书画，与董其昌齐名，人称"南董北米"。性嗜奇石成癖，又好构园，有漫园在北湖，湛园近西长安门，以海淀勺园最为时人称道。此园体量巨大，广达百亩，弥望皆水，种白莲花。堂楼亭榭多临水而构，有径可达，无径以舟，无舟以渠，渠上架木为阁道，曲曲折折，水陆引导尤其别致。时人题诗云："堤绕青岚护，廊回碧水环。""家在濠中人在濮，舟藏壑里路藏河。""到门惟见水，入室尽疑舟。"⑤ 勺园与李皇亲园都是水景园，各具特色。勺园不如李园豪华富丽，亭榭楼台不密，松竹槐柳也很平常，而经营布置多有创意，其水上长廊蜿蜒曲折最足称赏，也最得水之趣。刘侗引大学士叶向亭的评语来标示二园的特色："李园壮丽，米园曲折，米园不俗，李园不酸。"⑥ "不俗"谓有创意而不落俗套，"不酸"谓宏丽中含精雅而去陈腐之气。俗与酸并为造园之病，不俗不酸，近雅，始得园林真趣。

《帝京景物略》叙事记物，态度客观持平，如实书写，但字里行间仍透露出作者的思想倾向、审美情趣，正如于奕正书前《略例》所说："比事属辞，不置一褒，不置一讥。习其读者，不必其知之，言外得之。"刘侗描述园林真切细微，尽量不作评论，而其园林审美态度、审美观念，细

---

① 《长安客话》卷四《郊坰杂记》，北京古籍出版社1982年版。
② 《长安客话》卷四《郊坰杂记》。
③ 《帝京景物略》卷五《海淀》。
④ 《帝京景物略》卷五《海淀》。
⑤ 《帝京景物略》卷五《海淀》附诸家诗。
⑥ 《帝京景物略》卷五《海淀》。

细寻绎，可从"言外得之"。其园林审美取向，尚简淡朴野，贵天然本真，也不摒弃宏丽、奇巧，重个性，能包容，关键在于要有文理思致，契合构园妙道。

公安三袁、竟陵钟谭及麻城刘侗等荆楚名士，深受晚明士林风气影响，鼓之扬之。曾游览诸多名园，三袁还有构园实践经验。其园林观注重因借、逼肖自然界真山水，崇尚天成、天工而忌雕饰太重，要求匠心独运而能妙合物理天趣，是其美学思想组成一部分，与其文学观相通。其时园林艺术高度繁荣，吴地则冠绝天下，研究成果最丰；荆楚也有长足发展，唯研究不够。本文稍稍及之，浅尝而已，希望引起更多学者关注，并有高文宏论面世。

The Relationship Between the School of Gong'an and Jingling on the Garden Art

Xia Xianchun

Abstract：The phenomenon that literati loved nature and gardening landscape was prevalent in the late Ming Dynasty, which includes famous writers from the school of Gong'an and Jingling in Jingchu Area. The famous literati such as Yuan Zongdao, Yuan Hongdao and Yuan Zhongdao from Gong'an, Zhong Tan from Jingling and Liu Dong from Ma Cheng were deeply influenced by the intellectual atmosphere which was encouraged and advocated in the late Ming Dynasty. Yuan Zongdao, Yuan Hongdao and Yuan Zhongdao also had practical experiences on garden construction due to their experiences of visiting numerous well-known gardens. Their garden value emphasizes on facsimileing the nature and avoiding too much carving decorations while requiring the application of the unique innovation into the physical construction, which was a part of their aesthetic thoughts as well as their literature view. In the late Ming Dynasty, the development of gardening art was highly prosperous and Wu Area was the most famous place of this kind of art. Therefore, there were the most research findings in Wu Area. Jingchu Area also developed fast but there were less research findings. This paper is going to discuss Yuan Hongdao, YuanZhongdao, Zhong

Xing and LiuDong's interest on visiting gardening landscape, enjoying constructing gardens and their aesthetic thoughts on gardening art.

Keywords: The school of Gong'an, The school of Jingling, The interest on gardening, Gardening aesthetics

Author's Introduction:

Xia Xianchun (1938 −), Researcher in the Institute of Literature in Shanghai Academy of Social Sciences. Research directions: the literature and culture in Ming Dynasty, Shanghai literature and culture in Ming and Qing Dynasties, and Chinese landscape aesthetics. Monographs: *The Intellectual Atmosphere and Literature in the Late Ming Dynasty*, *The Conflicts Between Sense and Sensibility*: *The Life Experience of Literary Intellectuals in Ming Dynasty* and so on. E-mail: 15721311660@163. com

论汤显祖与泰州学派

韩 晓*

内容提要： 泰州学派是阳明心学的一个分支流派，人物众多，思想复杂。然相较于其他流派，其学术特色可以归纳为：在人性问题上提倡自然人性，在人欲问题上正视人情物欲。汤显祖与泰州学派的许多人物以及思想倾向接近于泰州学派的有识之士关系亲厚，尤其是罗汝芳、李贽、达观，等等。与他们的交游往来，使汤显祖真切而具体地接受了泰州学派的影响。当然，汤显祖亦非任何一位心学人物的翻版，与思想界的交往砥砺只是促进汤显祖形成了自己的哲学倾向和戏剧观，《牡丹亭》的成功，恰恰验证和彰显了汤显祖哲学倾向与戏剧观的先进性。

关键词： 汤显祖　泰州学派　交游　戏剧观

余香满口的词句，生死不渝的痴情，一部《牡丹亭》令多少观众魂牵梦绕、心荡神摇。《牡丹亭》不仅是一段优美畅快的青春恋曲，更是一篇具有厚重哲学底蕴的"情"之礼赞。《牡丹亭》的思想底蕴直接源于其作者汤显祖的哲学思想和戏剧理念，其中亦不乏泰州学派的影响。泰州学派是阳明心学的一个分支流派，其学术特色则主要体现为：在人性问题上提倡自然人性；在人欲问题上正视人情物欲。作为晚明之际的一股狂潮，泰州学派对当时的许多作家都产生了深远的影响。考察汤显祖的交游、思想与创作，亦可以明显捕捉到泰州学派的印记。

---

* 韩晓（1976—），湖北大学文学院副教授，博士，研究方向：元明清文学。主要著述：《心学与文学论稿》（合著）、《中国古代小说叙事三维论（空间卷）》等，并在《复旦学报》等刊物发表论文 50 余篇。电子邮箱：hanxiaowm@163.com。

一 汤显祖与泰州学派的交游

汤显祖，生于明嘉靖二十九年（1550），卒于万历四十四年（1616），字义仍，号若士，江西临川人。江西在中国思想史、哲学史的发展进程中占据着重要席位。宋代理学的集大成者朱熹和心学的开创者陆九渊均出自江西。迨至明代，江西亦与阳明心学的发展关系密切，成为心学人物讲学授业的重要场所，许多杰出的心学人物，如颜钧、罗汝芳、邹元标、罗大纮、祝世禄、章潢等，也都出自江西。汤显祖身处其中，挟天时地利之便，可谓近水楼台，除了与上述江西籍心学人物保持着较为密切的关系外，还与非江西籍的李贽、耿定向、管志道、焦竑、潘士藻、陶望龄等交往频繁。而这些与汤显祖关系亲厚的心学人物，大多数又属泰州学派，如罗汝芳、李贽、杨起元、焦竑、潘士藻、祝世禄、陶望龄等，与他们的交游往来，使汤显祖真切而具体地接受了泰州学派的影响。

对汤显祖的思想影响最深的是泰州学派的重要人物罗汝芳。罗汝芳（1515—1588），江西南城人，字惟德，号近溪，死后门人私谥明德。汤显祖常以"吾师"呼之，尊称其"明德先生"或"明德夫子"。罗汝芳于嘉靖三十二年（1553）中进士，知太湖县，擢刑部主事，后迁云南副使，转参政，著述较多，有《近溪子集》《近溪子续集》《近溪子文集》等。罗汝芳是颜钧颜山农的弟子，是泰州学派的重要人物。罗汝芳的弟子杨起元在《近溪子集序》中总结其学术思想特点说"其言一宗孔子，归之于天命，证之于赤子，而无他说焉"[1]。陶望龄评价罗汝芳云："新建之道，传之者为心斋、龙溪。心斋之徒最显盛，而龙溪晚出，尤寿考，益阐其说，学者称为'二王先生'。心斋数传至近溪，近溪与龙溪，一时并主讲席于江左右，学者又称'二溪'焉。友人有获侍'二溪'者，常言：'龙溪笔胜舌，近溪舌胜笔。'"[2]

嘉靖四十一年（1562），十三岁的汤显祖便游学于罗汝芳门下，颇受罗汝芳器重，罗汝芳曾为之题诗相赠。

---

[1] 杨起元：《近溪子集序》，《证学编》卷四，明万历四十五年余永宁刻本。

[2] 陶望龄：《近溪先生要语序》，载方祖猷等编校整理《罗汝芳集》附录三，凤凰出版社2007年版，第959页。

　　君寄洞天里，飘飘意欲仙。吟成三百首，吸尽玉泠泉。①
　　之子来玉泠，日饮泠中玉。回首别春风，歌赠玉泠曲。②

　　这段在罗汝芳身边度过的少年时光对汤显祖而言，的确是如沐春风，由衷欢愉而印象深刻的。汤显祖后来曾这样回忆罗汝芳对他的教育和影响："盖予童子时从明德夫子游，或穆然而咨嗟，或熏然而与言，或歌诗，或鼓琴。予天机泠如也。"③万历十一年（1583），汤显祖进士及第，安排在北京礼部观政。大约在此期间，写有《奉罗近溪先生》一文。

　　受吾师道教，至今未有所报，良深缺然。道学久禁，弟子乘时首奏开之，意谓吾乡吏者当荐召吾师，竟尔寥寥。知我者希，玄涤所贵。云南进士张宗载时道吾师毕节时化戢莽部，干羽泮宫之颂不诬矣。京师拥卧无致，小疏一篇附往。④

　　由此文可知，汤显祖曾向礼部推荐罗汝芳。虽然此事终是不了了之，但是从中不难看出汤显祖对罗汝芳的眷念牵挂以及对罗汝芳讲学的认同。万历十四年（1586）夏，罗汝芳至南京讲学，此时汤显祖已在南京任太常寺博士。在南京的一段时间，汤显祖或非议当局，或寄心创作，在罗汝芳的点拨下，汤显祖加强了对心性修养和政治事功的思考。"十三岁时从明德罗先生游。血气未定，读非圣之书。所游四方，辄交其气义之士，蹈厉靡衍，几失其性。中途复见明德先生，叹而问曰：'子与天下士日泮涣悲歌，意何为者，究竟于性命何如，何时可了？'夜思此言，不能安枕。久之有省。知生之为性是也，非食色性也之生；豪杰之士是也，非迂视圣贤

---

①　罗汝芳：《汤义仍读书从姑赋赠》，载方祖猷等编校整理《罗汝芳集》，第 807 页。
②　罗汝芳：《玉泠泉上别汤义仍》，载方祖猷等编校整理《罗汝芳集》，第 803 页。
③　汤显祖：《太平山房集选序》，《玉茗堂文》之三，徐朔方笺校《汤显祖诗文集》卷三十，上海古籍出版社 1982 年版，第 1037 页。
④　汤显祖：《奉罗近溪先生》，《玉茗堂尺牍》之一，徐朔方笺校《汤显祖诗文集》卷四十四，第 1244 页。

之豪。"① 罗汝芳一生致力于讲学，其宦辙所致总以学为政，更曾在家乡江西南城从姑山创建从姑山房专心教授学徒，汤显祖早年便曾在从姑山随之学习。汤显祖曾作《奉怀罗先生从姑》一首表达对罗汝芳的敬仰和思念："杖底山河数点烟，真人气候郁罗天。蓬壶别贮生春酒，京洛传看小字笺。鹤唳月明珠树里，渔歌风色杏坛前。也知姑射能冰雪，谁道汾阳一窈然。"② 万历十六年（1588），罗汝芳逝世，学生门徒为之举行了大规模的葬礼，各地学者也纷纷前来吊唁。万历十九年（1591）汤显祖因上《论辅臣科臣疏》贬官广东徐闻，中途绕道游罗浮山，触发思念先师之情，挥毫而作《罗浮夜语忆明德师》："夜乐风传响，扶桑日倒流。无人忆清浅，夫子在南洲。"③ 万历二十五年（1597）《明德罗先生诗集》刊行，时任遂昌知县的汤显祖为之作序。在这篇序言中，汤显祖以无比叹惋的笔调表达了对先师的深挚怀念，颂扬了罗汝芳的忠厚长者风范及其仁爱思想，描绘了自己与先师的融洽关系。

　　明德夫子之巧力于时也，非所得好而私之。其于先觉觉天下也，可谓任之矣。而冲焉若后觉者。其所与人，盖已由由斯，而又非有尔我不相为浼之意。殆时尔耶。吾游夫子之世矣。所至若元和之条昶，流风穆羽，若乐之出于虚而满于自然也，已而瑟然明以清。夫子归而弟子不得闻于斯音也，若上世然矣。夫子在而世若忻生，夫子亡而世若焦没。吾观今天下之善士，不知吾师，其为古之人远矣。今之世诵其诗，知其厚以柔。而师之卒也，以学《易》。其静以微，亦非世所能知也。静故厚，微故柔。虽然，论其世知其人者，亦几其人哉。则亦诵其诗而可矣。④

---

① 汤显祖：《秀才说》，《玉茗堂文》之十，徐朔方笺校《汤显祖诗文集》卷三十七，第1166 页。
② 汤显祖：《奉怀罗先生从姑》，《玉茗堂诗》之五，徐朔方笺校《汤显祖诗文集》卷十，第349 页。
③ 汤显祖：《罗浮夜语忆明德师》，《玉茗堂诗》之六，徐朔方笺校《汤显祖诗文集》卷十一，第421—422 页。
④ 汤显祖：《明德罗先生诗集序》，《玉茗堂文》之五，徐朔方笺校《汤显祖诗文集》卷三十二，第1084 页。

至于罗汝芳对汤显祖的影响，汤显祖《太平山房集选序》曰：

> 中庸者，天机也，仁也。去仁则其智不清，智不清则天机不神。
> ……盖予童子时从明德夫子游，或穆然而咨嗟，或熏然而与言，或歌
> 诗，或鼓琴。予天机泠如也。后乃畔去，为激发推荡歌舞诵数自娱。
> 积数十年，中庸绝而天机死。盖晚而得见公文，乃始憬然叹曰，是何
> 仁者之心而智者之言。如相马者，吾今犹未能定其色，知其人之天而
> 已。公固谓予曰："非子莫为序吾文者。"因为欣言之如此。固将有事
> 乎此而就正焉，非如世所云以托公千秋之名而已也。①

从此段话语可以看出：其一，由于早年就接受罗汝芳之学且终其一生
对罗汝芳敬爱有加，罗汝芳对汤显祖的影响是极为牢固而深远的。这不仅
表现在汤显祖对其世界观、价值论等思想理论的接受上，同时也表现为汤
显祖在待人行事等多方面会自觉或不自觉地以罗汝芳为标杆。其二，相比
罗汝芳的"中庸"，汤显祖显得更为激进与富于激情，毕竟比之于罗汝芳，
汤显祖更是文学家而非哲学家。然而，必须明确，汤显祖的激进在某种程
度上也是循着罗汝芳所开拓的门径，若无"解缆放船""纵横任我"，焉能
在天机的得失之间往来自如？

对汤显祖的思想影响深刻的人物还有李贽。李贽是继罗汝芳之后对汤显祖
的思想认识和戏剧创作起到重大作用的导师。李贽的《焚书》刚刚出版之时，
与李贽尚未谋面的汤显祖就急切地致信友人求访此书，"有李百泉先生者，见
其《焚书》，畸人也。肯为求其书寄我骀荡否？"② 或许正是在仔细阅读了李贽
的著作之后，汤显祖对其学识人品都愈发钦佩，思想上也收获良多。李贽倡导
"童心说"，汤显祖则大谈"直心是道场，正不必作涉世观也"③ "直心是道场。

① 汤显祖：《太平山房集选序》，《玉茗堂文》之三，徐朔方笺校《汤显祖诗文集》卷三十，第 1037 页。
② 汤显祖：《寄石楚阳苏州》，《玉茗堂尺牍》之一，徐朔方笺校《汤显祖诗文集》卷四十四，第 1246 页。
③ 汤显祖：《答沈湛源》，《玉茗堂尺牍》之六，徐朔方笺校《汤显祖诗文集》卷四十九，第 1429 页。

道人成道，全是一片心耳。"① 反对道学家烦琐生硬的伦理教条，与李贽的"童心说"有异曲同工之妙。汤显祖还结合现实，指出"世之假人，常为真人苦。真人得意，假人影响而附之，以相得意。真人失意，假人影响而伺之，以自得意。……大势真之得意处少，而假之得意时多。"② 这里讥刺了毫无主见而依附寄生的虚妄"假人"，与李贽的"童心说"一样，都显示了一种反对虚伪礼教和荒唐社会、崇尚自我个性和独立人格的要求。汤显祖对李贽思想的折服也表现在对其称谓的变化上，从一般性的"李百泉先生"而升格为尊敬而亲近的"卓老""卓翁"。如，汤显祖曾写过一首《卓翁缝衣妓》："木兰衣色本希微，何用求他针缝衣。会是半眉看不见，一时天女散花归。"③ 诗中透露的与其说是对缝衣者的关注，还不如说是与"卓翁"的亲厚。万历三十年（1602），李贽在北京监狱自杀，汤显祖作《叹卓老》以示哀悼，诗云："自是精灵爱出家，钵头何必向京华？知教笑舞临刀杖，烂醉诸天雨杂花"。④ 对于李贽和达观的惋惜与思念，时时萦绕于汤显祖的笔底心头。如《噍五交，哀二禅，送客自嘲》："送客无端祇自嘲，楚江烟雨寄蘅茅。达公卓老寻常事，生死无交胜绝交。"⑤ 再如《寄董思白》："卓达二老，乃至难中解去。开之（冯梦桢）、长卿（屠隆）、石浦（袁宗道）、子声（王一鸣），转眼而尽。董先生阅此，能不伤心。莽莽楚风，难当云间只眼。披裂唐突，亦何与于董先生哉？"⑥ 汤显祖辞官闲居时，曾读袁宏道的《锦帆集》，又勾起对李贽的怀念："世事玲珑说不周，慧心人远碧湘流。都将舌上青莲子，摘与公安袁六休。"⑦ 诗中表达了他对袁宏道《锦帆集》的赞赏，更吐露了对李贽的崇敬。

---

① 汤显祖：《答诸景阳》，《玉茗堂尺牍》之四，徐朔方笺校《汤显祖诗文集》卷四十七，第1343页。
② 汤显祖：《答王宇泰太史》，《玉茗堂尺牍》之一，徐朔方笺校《汤显祖诗文集》卷四十四，第1236页。
③ 汤显祖：《卓翁缝衣妓》，《玉茗堂诗》之十六，徐朔方笺校《汤显祖诗文集》卷二十一，第904页。
④ 汤显祖：《叹卓老》，《玉茗堂诗》之十，徐朔方笺校《汤显祖诗文集》卷十五，第583页。
⑤ 汤显祖：《噍五交，哀二禅，送客自嘲》，《玉茗堂诗》之十四，徐朔方笺校《汤显祖诗文集》卷十九，第774页。
⑥ 汤显祖：《寄董思白》，《玉茗堂尺牍》之三，徐朔方笺校《汤显祖诗文集》卷四十七，第1343页。
⑦ 汤显祖：《读〈锦帆集〉怀卓老》，《玉茗堂诗》之十四，徐朔方笺校《汤显祖诗文集》卷十九，第768页。

在汤显祖的师友之中，很多人都与李贽交往密切，汤显祖也很有可能通过这些师友了解李贽的思想，间接接受李贽的影响。与汤显祖同年中进士的湖北麻城人梅国桢、梅国楼兄弟与李贽交情匪浅。汤显祖的朋友、泰州学派的陶望龄等人也与李贽有交情。汤显祖的老师罗汝芳与李贽相识于南京，彼此之间交往频繁，在思想上也有切磋交流。李贽将比自己大十二岁的罗汝芳尊称为"近老"，对其学说亦十分赞赏，曾云："近老解经处，虽时依己见，然纵横自在，固无一言而不中彀率也。虽语言各别，而心神符契，诚有德之言，俾孔孟复起，岂不首肯于百世下耶。"① 汤显祖与李贽的学生袁宏道兄弟的关系也十分密切，彼此间常称兄道弟，有时更相互戏谑。这从汤显祖的《寄袁中郎》《答袁中郎铨部》《怀袁中郎曹能始二美二首》《与袁六休》以及袁宗道、袁宏道分别所写的《与汤义仍》、袁中道的《游居柿录》等诗文信札中可以得到证实。汤显祖与"公安三袁"在文学立场上，都极力反对"后七子"的复古论调，堪称同道。

对汤显祖产生较大影响的还有高僧达观。达观（1543—1603），名真可，号紫柏，俗姓沈，江苏吴江人，是晚明著名禅僧，著有《紫柏老人集》等。明代心学与禅宗关系密切，身为僧人的达观在其思想当中也显示出不少"心学"特色。在《栖霞寺定慧堂饭僧缘起》一文中，达观开篇即曰："佛法者，心学也。然绍隆佛法者，僧也。故薄僧者，非薄佛，薄自心也。夫自心者，圣贤由之而生，天地由之而建。光明广大，灵妙圆通，不死不生，无今无古，昭然于日用之间。"② 罗汝芳等泰州学派众人往往借禅学而弘扬心学，高僧达观的做法却正相对，即以儒教之伦理而传佛法，二者皆强调对本体心性的重视，由此便带来自我修为的主动性提升。而就达观之本体心性认识的先验性和主观性色彩而言，亦与心学思想并无二致。如其关于"性情"的一段论述："夫理，性之通也；情，性之塞也。然理与情而属心统之，故曰心统性情。即此观之，心乃独处于性情之间者也，故心悟则情可化而为理，心迷则理变而为情矣。若夫心之前者，则谓之性，性能应物则谓之心。应物而无累，则谓之理。应物而有累者，始谓

---

① 李贽：《评近溪子集》，《罗汝芳集》附录三，方祖猷等编校整理《罗汝芳集》，第 935 页。

② 释真可：《缘起》，《紫柏老人集》卷之七，明天启七年释三炬刻本。

之情也。"① 达观身在禅门却关注时政，俨然以红尘为道场，其狂放不羁的行为与李贽也较为接近，故而也曾蒙受与李贽相似的诬告指责，连最后的结局竟也与李贽相仿佛，均是以言论文字获罪而死于狱中。汤显祖正是在与达观的反复切磋论辩中，启发、促进自己将罗汝芳、李卓吾的思想学说融会贯通而提出自己的情理观。

达观与汤显祖的交往极富传奇色彩。明隆庆四年（1570），达观在南昌西山云峰寺看见汤显祖偶因发簪落入莲池而在石壁上题咏的诗句，便立意点化汤显祖出家。万历十八年（1590），达观与汤显祖在南京邹元标家中初次会面。万历十九年（1591），大约因汤显祖染疴而达观前来，二人在南京又再次会面。这一年汤显祖一连写了《报恩寺迎佛牙夜礼塔，同陆五台司寇达公作》《江东神祠夜听达公赞呗》《达公过奉常，时予病滞下及绝，七日复苏，成韵二首》《苦疟问达公》《高座陪达公》《苦滞下七日达公来》《代书寄可上人》《送乳林赍经入东海见大慈国，寄达师峨嵋》《高座寺怀可上人》等许多诗篇，显示出与达观的情好日密。汤显祖量移遂昌知县后，与达观亦曾有过会面。万历二十六年（1598），汤显祖弃官回乡。同年十二月，达观也从庐山来到临川，特意去探访汤显祖，二人又得重逢。达观在临川等地盘桓了数十天，汤显祖一度同游。第二年正月，达观前往南昌，汤显祖则一路相送，依依不舍，还陪同达观前去老师罗汝芳的故居悼念。其诗《达公忽至》《达公舟中同本如明府喜月之作》《己亥发春送达公访白云石门，过盱吊明德夫子二首》《达观过盱便云东返，寄问贺知忍》《达公来自从姑过西山》《得冯具区祭酒书示紫柏》《拾之偶有所缠，恨不从予同达公游，为咏此》《达公来别云欲上都二首》《谢埠同紫柏至沙城，不肯乘驴，口号》《别达公》《章门有客问汤老送达公悲涕者》便是这段经历的描画。达观的《游飞鳌峰悼罗近溪先生》诸作应亦写于此期间。汤显祖与达观分别后，返回临川。他将心中对达观的思念和离别的惆怅，凝结成诗：

> 无情当作有情缘，几夜交庐话不眠。送到江头惆怅尽，归时重上去时船。②

---

① 释真可：《法语》，《紫柏老人集》卷之一，明天启七年释三炬刻本。
② 汤显祖：《归舟重得达公船》，《玉茗堂诗》之九，徐朔方笺校《汤显祖诗文集》卷十四，第531页。

无情无尽恰情多，情到无多得尽么。解到多情情尽处，月中无树影无波。①

水月光中出化城，空风云里念聪明。不应悲涕长如许，此事从知觉有情。②

此外，《思达观》《奉和吴体中明府怀达公》《奉怀开府曾公河南四十韵并怀达公》《怀达公中岳因问曾中丞》《寄曾开府并问达公》等，也都反映了汤显祖对达观的相思慰问之情。达观立意度脱汤显祖，可是他自己却徜徉于世俗之中。他为民请命，奔走南北，抵制矿税，宣扬己说，甚至于指摘帝王，被当局视为异端"李贽"一党。万历三十一年（1603），即李贽自杀于狱中的次年，达观终于被当局借口牵连"癸卯妖书案"逮捕入狱，旋即死去。汤显祖闻讯后，作《西哭》三首及《念可公》等诗以悼之。

汤显祖对达观景仰有加，称他是"吾所敬爱学西方之道者也"③，还谦虚地说自己"一生疏脱。然幼得于明德师，壮得于可上人"④。汤显祖受到了达观禅学思想的影响，也从达观关于心、理、情三者关系的论述中得到启示。达观早年便欲度脱汤显祖，及见其命途多舛、身心俱疲，更加坚定此想，屡屡向汤显祖宣讲情与理的悖离，希望汤显祖能看破世情四大皆空而早脱苦海。"日用何往而非情，圣人了知心外无法，则心无所待，所以我随理化而物亦无待，故物物皆我，我我皆物，以物通物，以我通我，理彻而情空，则何情不可通？"⑤"此理皎如日星，理明则情消，情消则性复，性复则奇男子能事毕矣。"⑥ 对此，汤显祖有如下回应：

---

① 汤显祖：《江中见月怀达公》，《玉茗堂诗》之九，徐朔方笺校《汤显祖诗文集》卷十四，第531页。
② 汤显祖：《离达老苦》，《玉茗堂诗》之九，徐朔方笺校《汤显祖诗文集》卷十四，第532页。
③ 汤显祖：《寿方麓王先生七十序》，《玉茗堂文》之一，徐朔方笺校《汤显祖诗文集》卷二十八，第997页。
④ 汤显祖：《答邹宾川》，《玉茗堂尺牍》之四，徐朔方笺校《汤显祖诗文集》卷四十七，第1352页。
⑤ 释真可：《皮孟鹿门子问答》，《紫柏老人集》卷十一。
⑥ 释真可：《与汤义仍》，《紫柏老人集》卷十二。

情有者理必无，理有者情必无。真是一刀两段语。使我奉教以来，神气顿王。谛视久之，并理亦无，世界身器，且奈之何。以达观而有痴人之疑，疟鬼之困，况在区区，大细都无别趣。时念达师不止，梦中一见师，突兀笠杖而来。忽忽某子至，知在云阳。东西南北，何必师在云阳也？迩来情事，达师应怜我。白太傅、苏长公终是为情使耳。①

耿介不羁的达观虽具有一定的反理学思想，但是他在此所言的"理"更多的是基于佛理，而与程朱理学所言外在约束之"理"是有区别的。但是达观反复拈出"情""理"二字，使得一直以来处于天人交战的汤显祖更为彻底地明了情与理的对立关系，于是豁然开朗。汤显祖虽然有不少"向佛"的表示，甚至曾对达观表示过出家的意愿，然而他始终无法做到舍情而就理，终究没有剃度出家。对于情的难以割舍，很大程度促成了其"以情抗理"思想的形成。从这个意义上可以说，与达观的交往对汤显祖以情抗理哲学思想的形成起到了关键作用。而他与达观的交往，与其说是对他进行了佛学的洗礼，倒不如说由此一番磨砺促使他真正认识了自己。"生而有情"的汤显祖，永远不会属于梵殿，只属于为情而歌唱的剧坛。无独有偶，达观反复劝汤显祖打破情关，汤显祖总无法从命；汤显祖反过来屡屡劝达观"披发入山"以绝他人疑忌，达观亦断然拒绝。二人皆欲度对方出苦海，谁知彼此皆执着于自我。

除了罗汝芳、李贽和达观，汤显祖还与泰州学派的耿定向、潘士藻、祝世禄、陶望龄、焦竑、管志道等人也有较为密切的来往。总体来看，汤显祖对他们还是较为推崇的，这种推崇也在一定程度上表明了汤显祖对泰州学派思想的认同。例如，汤显祖在给管志道的一封信中，不仅表达了对管志道的钦佩，还指出罗汝芳、李贽、达观对自己产生的重大影响，以及自己对他们的敬仰和赞誉。

不佞非有凤慧，然能读门下应制之文，觉有殊诣，非时人色泽而

---

① 汤显祖：《寄达观》，《玉茗堂尺牍》之二，徐朔方笺校《汤显祖诗文集》卷四十五，第1268页。

已。后知门下摄心三一，而不佞亦且从明德先生游。后稍流浪，戏逐诗赋歌舞游侠如沈君典辈，相与傲睨优伊。成进士，观政长安，见时俗所号贤人长者，其屈伸进退，大略可知。而默数以前交游，俊趣之士，亦复游衍判涣，无有根抵。不如掩门自贞。得奉陵祠，多暇豫。如明德先生者，时在吾心眼中矣。见以可上人之雄，听以李百泉之杰，寻其吐属，如获美剑。方将籍彼永割攀缘，而竟以根随，生兹口业。不思谭局之易，而题鼎位之痴；不谅挥金之难，而怪锁郎之墨。"修憩辨惑"，先师之戒虚矣。不谓门下长者乃亦漫以为然。捧读大章，可谓焦原有险，曲突无择。其中画一，多有名言，照晻丹青，垂俟来俊。若不佞所指，似有发蒙振落之姿；不佞所当，似是回飙末引之势。岂敢附君厨之后，为经营世业之伦哉！[①]

从上面的尺牍可以看出，无论汤显祖交友如何广泛，罗汝芳、李贽、达观仍是对其思想和行为产生重大影响的三个导师。需要指出的是，这三人的思想虽不完全一致，但也有相通之处。譬如，罗汝芳的"赤子之心"论与李贽的"童心说"明显就有相通之处。他们都肯定人的原初本质，罗汝芳侧重"仁"，李贽则强调"真"。再如，罗汝芳借助禅学，将思想阐发和道德修养宗教化，这一点李贽和达观就毋庸多言了。当然，宗教色彩的浓厚一贯也被认为是泰州学派的特点之一。我们在汤显祖的戏剧作品之中也会时时感受到某些宗教气息。此外，相对李贽和达观，罗汝芳的思想言行似乎更为中庸，但实际上，罗汝芳也是个性十足的。他的奔走江湖、执着讲学以及不惮于触怒张居正这样的权贵，都是典型的例证。从王心斋、何心隐、颜山农、罗汝芳、李贽等泰州学派人物来看，强烈的个性色彩几乎成为共性，导致其个性鲜明的原因是否多少源于其派之学说？汤显祖那毫不掩饰自我个性的做法是否也与此相关呢？值得思考。

二　汤显祖的哲学倾向

与泰州学派诸人物的普遍交游，使汤显祖不可避免地接受泰州学派思

---

① 汤显祖：《答管东溟》，《玉茗堂尺牍》之一，徐朔方笺校《汤显祖诗文集》卷四十四，第 1229 页。

想的影响，从而形成汤显祖的哲学倾向。这种倾向集中体现在以下两个方面。

（一）贵生与平等

在泰州学派的影响下，汤显祖形成了自己的平等思想。汤显祖接受了罗汝芳"天性自然"的观点，认为"天道阴阳五行，施行于天，……吾以摄之于心，运之于掌。所以观而执之，天机也。天机者，天性也。天性者，人心也"①"天命之成为性，继之者善也。显诸仁，藏诸用，于用处密藏，于仁中显露"②。要使人的善性彰明，只须循其天性本心而动。"吾人集义勿害生，是率性而已。"③ 汤显祖所言之"明复"，就是要导引人发现自己的天然善性，从而达到人生修为的理想境界。"何以明之？如天性露于父子，何必为孝慈。愚夫愚妇亦皆有此，止特其限于率而不知。知皆扩而充之，为尽心，为浩然之气矣。……故养气先于知性。至圣神而明之，洗心而藏，应心而出。隐然其资之深，为大德敦化；费然其用之浩，为小德川流。皆起于知天地之化育。知天则知性而立大本，知性则尽心而极经纶。此惟达天德者知之。"④ 在《东莞县晋黄孝子特祠碑》中，汤显祖也有类似的论述："然而接神明，感天性，乃在于其根本至德也与。《诗》云：'天生烝民，好是懿德。'言此烝民是天生而然，孝德者，所以不忘其生，故烝民感动尤至，岁月之所不能沫，地界之所不能分。……惟孝以忠，神明是与。遥遥参山，气郁且明。其类维何，楼观苍苍。冠带怆怏，蛮夷有风。我爱为铭，以感人心。"⑤ 包括忠孝等在内的"德"正是人生而有之的，是人的天性。人既然有"德"的天性，就可以加以感召和教化，使人发扬其天性而形成德行。由此，汤显祖提出"贵生"一说。他在《贵生书

① 汤显祖：《阴符经解》，《玉茗堂文》之十五，徐朔方笺校《汤显祖诗文集》卷四十二，第 1207 页。
② 汤显祖：《明复说》，《玉茗堂文》之十，徐朔方笺校《汤显祖诗文集》卷三十七，第 1164 页。
③ 汤显祖：《明复说》，《玉茗堂文》之十，徐朔方笺校《汤显祖诗文集》卷三十七，第 1164 页。
④ 汤显祖：《明复说》，《玉茗堂文》之十，徐朔方笺校《汤显祖诗文集》卷三十七，第 1164—1165 页。
⑤ 汤显祖：《东莞县晋黄孝子特祠碑》，《玉茗堂文》之八，徐朔方笺校《汤显祖诗文集》卷三十五，第 1134—1135 页。

院说》中指出"天地之性人为贵，……孟子恐人止以形色自视其身，乃言此形色即是天性，所宜宝而奉之。知此则思生生者谁。仁孝之人，事天如亲，事亲如天。"① 汤显祖所言之"贵生"，既主张自贵，更主张众生皆贵。"大人之学，起于知生。知生则知自贵，又知天下之生皆当贵重也。"② 这与他所言"愚夫愚妇亦皆有此"思路相通，都带有泰州学派平民化的烙印。汤显祖进而主张"君子学道则爱人""有位者能为天地大生广生"③，要求君子"爱人"，要求当政者关心百姓生计，造福黎民。

汤显祖也将自己的思想贯彻到自己的政治实践之中。汤显祖因上《论科臣辅臣疏》被贬官蛮荒偏僻的广东徐闻。为了使"轻生，不知礼仪"④的当地人重视生命的意义，他创建了贵生书院，以其"天地之性人为贵"的主张教化众生。这项施政举措，正是汤显祖"仁爱""贵生"等思想的直接显现。万历二十年（1592），汤显祖量移浙江遂昌知县。他在这个"浙中最称僻峭"的遂昌，建立相圃书院，以"天性大义"⑤ 教化百姓。同时，更以对黎民苍生的殷殷关爱之情，采取种种政策为百姓的生存和发展营造良好环境：清政简刑，不以繁务扰民；抑制豪强兼并土地；消灭虎患加强治安；抵制矿使的搜刮民财；等等。此外，汤显祖还实行了除夕假释囚犯回家过年、元宵准许囚犯在河桥观灯两项措施。汤显祖的种种努力果然使得遂昌境内社会稳定，百姓安居乐业，呈现出一派太平景象。遂昌百姓对汤显祖本人也十分爱戴，即便在他离任之后也依旧如故。官民之间的这种良性互动，也与其师罗汝芳的为政理想合拍。

（二）以情抗理

泰州学派大力阐发天性之合于道德，敢于认同普通人的正当欲求，将

① 汤显祖：《贵生书院说》，《玉茗堂文》之十，徐朔方笺校《汤显祖诗文集》卷三十七，第 1163 页。
② 汤显祖：《贵生书院说》，《玉茗堂文》之十，徐朔方笺校《汤显祖诗文集》卷三十七，第 1163 页。
③ 汤显祖：《贵生书院说》，《玉茗堂文》之十，徐朔方笺校《汤显祖诗文集》卷三十七，第 1163 页。
④ 汤显祖：《与汪云阳》，《玉茗堂尺牍》之五，徐朔方笺校《汤显祖诗文集》卷四十八，第 1407 页。
⑤ 汤显祖：《答吴四明》，《玉茗堂尺牍》之二，徐朔方笺校《汤显祖诗文集》卷四十五，第 1271 页。

道德伦理和个体欲望关联并举，这已经为汤显祖对"情"的褒扬作了铺垫。仅以罗汝芳为例，他论述"天性自然""赤子之心"的主要目的是导引主体内在的情感意志趋向"仁"的境界。在这一人生修养问题的内层，包含了考察问题的基点和价值取向的标尺由外而内，由客体到主体，由僵化的规范准则向感性的思想情绪的转变。因此，罗汝芳虽是谈"性"，言已涉"情"。况且，对于人最初的"赤子之心"的张扬，本身也包含了对于自然人性的肯定，即便是各种自然欲望。泰州学派的这一思想推动着汤显祖去探求人的内心世界，尤其是人的主观情感的分量，并提出"以情抗理"思想。"事固有理至而势违，势合而情反，情在而理亡。"① 这样惊世骇俗的论断，无疑包含着明显的叛逆因素。

汤显祖以巨大的激情和热忱实践着贵生与仁爱的主张，守节操、抗权贵、恤黎民。然而，黑暗残酷的政治局势让他屡次碰壁，饱受挫折。汤显祖逐渐清楚地认识到当时的社会状况与自己所设想的秩序井然、充满温情关爱的理想社会，距离甚远，就像两个截然不同的世界。

> 世有有情之天下，有有法之天下。唐人受陈隋风流，君臣游幸，率以才情自胜，则可以共浴华清，从阶升，娀广寒。令白也生今之世，滔荡零落，尚不能得一中县而治。彼诚遇有情之天下也。今天下大致灭才情而尊吏法，故季宣低眉而在此。假生白时，其才气凌厉一世，倒骑驴，就巾拭面，岂足道哉？②

"情"与"法"的矛盾，在哲学上，就是"情"与"理"的对立。汤显祖将"情"作为社会的中心，以豪情纵横的李白为参照，肯定了对个体自由和情感欲望的追求，表达了对扼杀才情、束缚人性的现实社会的不满。他向往"有情"的唐代，贬斥以吏法束缚才情的"今天下"，已经具有了"以情反理"的意味。汤显祖提出"有情之天下""人生而有情"③，

---

① 汤显祖：《沈氏弋说序》，徐朔方笺校《汤显祖诗文集》卷五十补遗，第 1481 页。
② 汤显祖：《青莲阁记》，《玉茗堂文》之七，徐朔方笺校《汤显祖诗文集》卷三十四，第 1113 页。
③ 汤显祖：《宜黄县戏神清源师庙记》，《玉茗堂文》之七，徐朔方笺校《汤显祖诗文集》卷三十四，第 1127 页。

主张"性无善无恶，情有之"①。将"情"提升到"性"的地位，以此来强调"情"与"性"一样是天生自然而不可遏抑的，以回击程朱理学论证"性"善"情"恶而对一切情欲的否定。汤显祖认为这自然流露的"情"乃是充塞世界、引领万物的原动力。"世总为情，情生诗歌，而行于神。天下之声音笑貌大小生死，不出乎是。因以憺荡人意，欢乐舞蹈，悲壮哀感鬼神风雨鸟兽，摇动草木，洞裂金石"②，他甚至将情与道相提并论，"道心之人，必具智骨；具智骨者，必有深情"③。汤显祖还以圣王之道阐明"情"的合法存在，"圣王治天下情以为田，礼为之耜，而义为之种"④，隐喻了"情"所蕴涵的伦理内容。

汤显祖认为"情"是天生即有的，"情"的自然流露是不可抑制的，可加以教化使之向善，同时要保有至真之情又必须反对腐朽生硬的伦理教条，即"情之必有，理之所无"。达观明言"情之有者理必无，理之有者情必无"，指出了情与理的对立。汤显祖依然选择"情"，实则表现了对"理"的挑战。他在《牡丹亭记题词》中深沉地呼喊："第云理之所必无，安知情之所必有邪"⑤，则是更为鲜明地亮出了以"情"抗"理"的旗帜。这既是汤显祖思想的进步，更是具有强烈的任自然、反束缚倾向的泰州学派思想冲击沉积的结晶。

三 汤显祖的戏剧观

作为一个杰出的戏剧家，汤显祖能够将哲学上的领悟转变成指导创作的具体理论。汤显祖的戏剧观充分反映了其颇具哲学色彩的思想倾向。了解汤显祖的戏剧观，可以更靠近这位伟大戏剧家的内心世界。总体而言，

---

① 汤显祖:《复甘义麓》，《玉茗堂文》之四，徐朔方笺校《汤显祖诗文集》卷四十七，第1367 页。

② 汤显祖:《耳伯麻姑游诗序》，《玉茗堂文》之四，徐朔方笺校《汤显祖诗文集》卷三十一，第1050 页。

③ 汤显祖:《睡庵文集序》，《玉茗堂文》之二，徐朔方笺校《汤显祖诗文集》卷二十九，第1015 页。

④ 汤显祖:《南昌学田记》，《玉茗堂文》之七，徐朔方笺校《汤显祖诗文集》卷三十四，第1117 页。

⑤ 汤显祖:《牡丹亭记题词》，《玉茗堂文》之六，徐朔方笺校《汤显祖诗文集》卷三十三，第1093 页。

汤显祖的戏剧观主要包括以下几个内容。

第一，从戏剧发生学的角度出发，主张"缘情"。

汤显祖认为："人生而有情。思欢怒愁，感于幽微，流乎啸歌，形诸动摇。或一往而尽，或积日而不能自休。盖自凤凰鸟兽以至巴渝夷鬼，无不能舞能歌，以灵机自相转活，而况吾人。"① 情是人天生就有的自然之物，情可以主宰人的思想心理，可以影响山川鸟兽，具有非常强大的力量。"情致所极，可以事道，可以忘言。而终有所不可忘者，存乎诗歌序记词辩之间。固圣贤之所不能遗，而英雄之所不能晦也。"② "歌舞者，吾人之情也。"③ "因情成梦，因梦成戏。"④ 人们正是为了宣泄情感才进行文学创作，由于情感的驱使而产生诗歌，产生歌舞，产生戏剧。既然文学创作是由情而推动引发的，那么文学作品就自然会表现情、描绘情，甚至张扬情、赞美情。

中国传统的文艺理论中，一直就有"言志"与"缘情"两大思想派别。虽然二者都注重作品的思想性，但是差距也十分明显。一般说来，"言志"者偏重表达道德教化和政治理想，如《毛诗序》云"诗者，志之所之也"；而"缘情"者则强调传递自我的情感思绪，如陆机《文赋》提出"诗缘情而绮靡"。汤显祖以诗歌之"缘情"推衍出戏剧之"缘情"，从而将诗文理论引入通俗文学领域，无疑具有一定的进步意义。他的"临川四梦"也都从不同的侧面，在不同的程度，涉及了"情"的内涵。直到逝世的前两年，他总结自己仍是"岁之与我甲寅者再矣。吾犹在此为情作使，劬于伎剧。"⑤ 既然，程朱理学以"存天理，灭人欲"为宗旨，用刻板僵化之伦理禁锢正常情欲，那么，汤显祖的主张"缘情"则是反对伦理束缚、归返自然情欲的大胆举动。从"缘情"出发向前迈进，汤显祖还提出

① 汤显祖：《宜黄县戏神清源师庙记》，《玉茗堂文》之七，徐朔方笺校《汤显祖诗文集》卷三十四，第1127页。
② 汤显祖：《调象庵集序》，《玉茗堂文》之三，徐朔方笺校《汤显祖诗文集》卷三十，第1038页。
③ 汤显祖：《渝水明府梦泽张侯去思碑》，《玉茗堂文》之七，徐朔方笺校《汤显祖诗文集》卷三十五，第1149页。
④ 汤显祖：《复甘义麓》，《玉茗堂尺牍》之四，徐朔方笺校《汤显祖诗文集》卷四十七，第1367页。
⑤ 汤显祖：《续栖贤莲社求友文》，《玉茗堂文》之九，徐朔方笺校《汤显祖诗文集》卷三十六，第1161页。

要表现"至情"。他的《牡丹亭》正是描写"至情"的经典之作。在《牡丹亭记题词》中，他阐发了"至情"一说："情不知所起。一往而深，生者可以死，死可以生。生而不可与死，死而不可复生者，皆非情之至也"。① 由此可见，所谓"至情"，也就是"情至"。情的最高境界就是一种"一往而深，生者可以死，死可以生"的至情。戏剧作品的最高境界则是表现这种"至情"。"至情"既然能使人超越生死、摆脱万物，当然也就能使人蔑视礼教、冲破天理。汤显祖提倡戏剧要表现这种对纲常礼教具有极大的破坏性而对主体意识具有极大解放性的"至情"，恰恰代表了他以情抗理的一贯精神。

第二，在作家与作品的关系上，主张"真"和"奇"，即要求作品不拘一格，不落俗套，具有真情实感、真知灼见。

汤显祖主张作家应以真情实感创作作品，而文学作品则应带有作家独特的才情禀赋和个性意识的印记，不能人云亦云，剽窃模拟，千篇一律。汤显祖的性格之中原本就有"真"的因素，无论交友处世，都不乏真诚直率。由于这样的心理基因，他更易吸收罗汝芳"赤子之心"的观点和李贽的"童心说"，在"真"的道路上越走越稳。他曾经半是伤感半是自诩地说："某少有伉壮不阿之气，为秀才业所消，复为屡上春官所消。然终不能消此真气。"② "我平生只为认真，所以做官做家，都不起耳。"③ 与注重人情，崇尚个性，率性而为的思想密切配合，他认为文学作品"不真不足行。"④ 他在《焚香记总评》中谈道："其填词皆尚真色，所以入人最深，遂令后世之听者泪，读者嚬，无情者心动，有情者肠裂。何物情种，具此传神手！"⑤ 此段论述道出了戏剧必须靠真挚的感情方能打动人、感染人的道理。而他自己也是真诚创作的典范，在撰写剧本时，他往往全神贯注，

---

① 汤显祖：《牡丹亭记题词》，《玉茗堂文》之六，徐朔方笺校《汤显祖诗文集》卷三十三，第 1093 页。
② 汤显祖：《答余中宇先生》，《玉茗堂尺牍》之一，徐朔方笺校《汤显祖诗文集》卷四十四，第 1244 页。
③ 汤显祖：《与宜伶罗章二》，《玉茗堂尺牍》之六，徐朔方笺校《汤显祖诗文集》卷四十九，第 1426 页。
④ 汤显祖：《答张梦泽》，《玉茗堂尺牍》之四，徐朔方笺校《汤显祖诗文集》卷四十七，第 1365 页。
⑤ 汤显祖：《焚香记总评》，徐朔方笺校《汤显祖诗文集》卷五十补遗，第 1486 页。

真情投入。因此，所写的作品才会那么逼真传神，感人至深，"笑者真笑，笑即有声；啼者真啼，啼即有泪；叹者真叹，叹即有气。"①主张创作要从"真"出发，自然就会反对模拟他人、拾人牙慧。由此，在诗文创作方面，他严厉斥责后七子等人缺乏个性的拟古之作是伪赝之文，"我朝文字，宋学士而止，方逊志已弱，李梦阳而下，至琅邪，气力强弱巨细不同，等赝文尔。"②在自己的创作中，汤显祖实践了这一观点，并因此获得"过人"的评价："他人拟为，先生自为也。拟为者学唐学宋，究竟得唐宋而已。自为者性灵发皇，天机灭没，一无所学，要以自得其为先生。此先生所以过人"。③反映真情实感，于文可激发生机活力，于人可防止失却本心，实在是一举两得。

作家在创作作品时要有真情实感，这一观点在文学史上早已屡见不鲜。但是，汤显祖的独特之处在于，他于尚"真"之外，又提出了"灵气"和"奇士"的概念。

> 世间惟拘儒老生不可与言文。耳多未闻，目多未见。而出其鄙委牵拘之识，相天下文章。宁复有文章乎。予谓文章之妙不在步趋形似之间。自然灵气，恍惚而来，不思而至。怪怪奇奇，莫可名状。非物寻常得以合之。苏子瞻画枯株竹石，绝异古今画格。乃愈奇妙。若以画格程之，几不入格。④

汤显祖所讲的灵气、灵机并非等同于现代意义上的"灵感"，也不是仅仅停留于真情实感的流露，而是更强调一种不受牵拘束缚的精神状态。汤显祖认为："天下文章所以有生气者，全在奇士。士奇则心灵，心灵则能飞动，能飞动则上下天地，来去古今，可以屈伸长短生灭如意，如意则可以无所不如。"⑤换句话说，只有"奇士"才有"灵心"，不受牵拘束缚

① 王思任：《批点玉茗堂牡丹亭叙》，徐朔方笺校《汤显祖诗文集》附录，第1543页。
② 汤显祖：《答张梦泽》，《玉茗堂尺牍》之四，徐朔方笺校《汤显祖诗文集》卷四十七，第1365页。
③ 丘兆麟：《诗集原序》，徐朔方笺校《汤显祖诗文集》附录，第1531页。
④ 汤显祖：《合奇序》，《玉茗堂文》之五，徐朔方笺校《汤显祖诗文集》卷三十二，第1078页。
⑤ 汤显祖：《序丘毛伯稿》，《玉茗堂文》之五，徐朔方笺校《汤显祖诗文集》卷三十二，第1080页。

的精神状态只能存在于"奇士"的心胸之中。汤显祖所说的文学创作领域
的"奇士"，是指与见识鄙陋迂腐的"拘儒老生"相反的，思维活跃、想
象丰富、创意新奇、别具一格之士。"奇士"一说的提出，其实亦是汤显
祖自身狂放性格的反映。汤显祖自称"一世不可余，余亦不可一世"①"士
有志于千秋，宁为狂狷，毋为乡愿"②。被指为"异端"的李贽，汤显祖则
称他"畸人"。"有李百泉先生者，见其《焚书》，畸人也"③。这里的"畸
人"、"异端"与"奇士"有着相通之处。因此，从意识形态的角度而言，
奇士就是指行事言谈不合于正统礼法纲常，不同流俗、不循常理的怪诞之
人，又别称为"畸人""狂狷"。他们的"狂"常常也源于对现实的种种
不满。《论语·子路》有云"不得中行而与之，必也狂狷乎！"汤显祖也对
那种不尽合中庸之道的行为做了如下解说：

> 然则稗官小说，奚害于经传子史？游戏墨花，又奚害于涵养性情
> 耶？东方曼倩以岁星入汉，当其极谏，时杂滑稽；马季长不拘儒者之
> 节，鼓琴吹笛，设绛纱帐，前授生徒，后列女乐；石曼卿野饮狂呼，
> 巫医皂隶徒之游；之三子，曷尝以调笑损气节，奢乐堕儒行，任诞妨
> 贤达哉！④

可见，奇士并不是无道德，只是因为现实礼法与自己所向往的理想的
道德相去甚远，而这些奇士又多是保持"童心"的"真人"，他们不屑于
委屈初衷，"变心以从俗"，为了表示对现实礼法的不满，固守内心的理想
追求，便任性而为，不中绳墨，为奇为狂。奇士是不拘礼法率性而为之
士，灵气则是奇士的"最初一念之本心"。奇士既有破坏和冲击道德规范
的一面，也有建构和完善道德规范的一面。在现实礼法已经变得虚伪矫情
的时候，奇士的率性而为不拘格套，恰恰具有了合于道德修养的意味。汤
显祖的这一观点，与从自己的本心出发理解"天命之为性，率性之谓道"

---

① 汤显祖：《艳异编序》，《汤显祖诗文集》第五十卷补遗，第 1503 页。
② 汤显祖：《合奇序》，《玉茗堂文》之五，徐朔方笺校《汤显祖诗文集》卷三十二，第
 1078 页。
③ 汤显祖：《寄石楚阳苏州》，《玉茗堂尺牍》之一，徐朔方笺校《汤显祖诗文集》卷四十
 四，第 1246 页。
④ 汤显祖：《点校虞初志序》，徐朔方笺校《汤显祖诗文集》卷三十二，第 1482 页。

的心学思维模式，以及"率性而行即是从容快活也"等泰州学派的思想论调，就在某种程度上达到了契合。

有奇士，则有奇事、有奇文。奇士既能率性不拘，在创作构思中就能"心骛八极，神游万仞"，创造出千变万化、汪洋恣肆，具有强烈浪漫主义精神的奇事、奇文。汤显祖不仅在谈论诗文和绘画时强调"奇"，更认为戏剧和小说作为通俗文学尤其应该打破限制，千变万化，具有浪漫主义的特点。他总结戏剧的一大特点就是"生天生地生鬼生神，极人物之万途，攒古今之千变。一勾栏之上，几色目之中，无不纡徐焕眩，顿挫徘徊。恍然如见千秋之人，发梦中之事"①。而小说的首要任务就是写奇事，"小说家唯说鬼、说狐、说盗、说黥、说雷、说水银、说幻术、说妖道士，皆厥体中第一义也"②。汤显祖对这种奇事奇文常常是盛赞不已："奇物足拓人胸臆，起人精神。"③"以奇僻荒诞，若灭若没，可喜可愕之事，读之使人心开神释，骨飞眉舞。"④汤显祖自己更是"文章好惊俗，度曲自教作"⑤，他的绝世佳作《牡丹亭》也被吕天成《曲品》高度评价为"杜丽娘事，甚奇。而著意发挥，怀春慕色之情，惊心动魄。且巧妙叠出，无境不新，真堪千古矣"⑥。汤显祖对奇士、奇文的呼唤，对任意驰骋想象、自由激扬文字的倡导，表现了他任个性、反束缚的思想倾向，亦是其剧作新奇动人不落俗套的动因之一。

第三，在作品形式与内容的关系上，注重作品内容，反对用形式制约内容，更反对用各种外在的形式规范来束缚作家的艺术个性。

> 凡文以意趣神色为主，四者到时，或有丽词俊音可用。尔时能一一顾九宫四声否？如必按字模声，即有窒滞迸拽之苦，恐不能成

---

① 汤显祖：《宜黄县戏神清源师庙记》，《玉茗堂文》之七，徐朔方笺校《汤显祖诗文集》卷三十四，第1127页。
② 汤显祖：《续虞初志评语·雷民传》，《汤显祖诗文集》第五十卷补遗，第1483页。
③ 汤显祖：《序虞初志评语·月氏使者传》，《汤显祖诗文集》第五十卷补遗，第1483页。
④ 汤显祖：《点校虞初志序》，《汤显祖诗文集》第五十卷补遗，第1482页。
⑤ 汤显祖：《京察后小述》，《玉茗堂诗》之三，徐朔方笺校《汤显祖诗文集》卷八，第243页。
⑥ 吕天成：《曲品》，中国戏曲研究院编《中国古典戏曲论著集成》第六册，中国戏剧出版社1959年版，第230页。

句矣。①

汤显祖在《答吕姜山》一文中提出"意、趣、神、色"四个衡量戏剧作品的指标。汤显祖在讨论包括戏剧在内的各种文学作品的创作要素时，有时亦谈到"神、情、声、色"② 四条，有时又举出"风、神、气、色、音、旨"③ 六项。它们与"意、趣、神、色"一样，主要是对作品整体风貌的一种概括与提挈。赵景深先生曾将汤显祖的这句话理解为："戏曲应该以内容（意和趣）、风格和精神（神和色）为主。因此，在兴到时，或者有了好句子的时候，就顾不到九宫和四声。"④ 汤显祖此言主要是针对作品内容与形式的关系而发的。作品内容源于作家的创作意图，而作家的创作意图正是作家精神风貌和思想情感的流露。所以，"意趣神色"侧重指的是作品内在的思想、精神、风格等整体内容，它们是由包括思想意识、精神情感和才情禀赋等在内的作家的艺术个性所决定的。汤显祖非常重视作家的艺术个性，不希望外在的声腔形式成为剧本内在精神的桎梏。因此，汤显祖反对以沈璟为代表的吴江派戏曲家们对格律声腔的过分关注，对沈璟"宁协律而不工，读之不成句，而讴之始协，是曲中之工巧"的论调极为反感。他曾经十分激愤地说"不妨拗折天下人嗓子"。这位一贯要求冲破束缚和解放个性的剧作家，对于无视其独特个性，曲解其创作意图，随随便便篡改其剧本的做法非常讨厌，尤其对为了格律声腔而改动其剧本的行为，更不能忍受。在给"二拍"的作者凌濛初的一封信中，他不无嘲讽地说道："不佞《牡丹亭》记，大受吕玉绳改窜，云'便吴歌'。不佞哑然失笑曰：'昔有人嫌摩诘之冬景芭蕉，割蕉加梅，冬则冬矣，然非王摩诘冬景也。'其中骀荡淫夷，转在笔墨之外耳。"⑤ 当然，汤显祖只

---

① 汤显祖：《答吕姜山》，《玉茗堂尺牍》之四，徐朔方笺校《汤显祖诗文集》卷四十七，第 1337 页。
② 汤显祖：《答王澹生》，《玉茗堂尺牍》之一，徐朔方笺校《汤显祖诗文集》卷四十四，第 1234 页。
③ 汤显祖：《答徐然明》，《玉茗堂尺牍》之四，徐朔方笺校《汤显祖诗文集》卷四十七，第 1362 页。
④ 赵景深：《曲论初探》，上海文艺出版社 1980 年版，第 23 页。
⑤ 汤显祖：《答凌初成》，《玉茗堂尺牍》之四，徐朔方笺校《汤显祖诗文集》卷四十七，第 1345 页。

是反对将格律形式作为作家创作个性的桎梏，并不反对自然而然的音律之美，更不是真要以捩嗓为奇。这一点，冯梦龙也曾在其《〈风流梦〉小引》之中为之稍加辩护。不过，要真切地展现自己与众不同的创作意图，就难免会与既定的普遍的创作规则有所出入。当表现作家独特的情感思想与声腔格律的一般规范发生冲突时，作家就必须随顺自己的主观愿望，让自己内在的情感意识自然无碍地流淌喷涌，决不可因为服从外在的"九宫四声"，压制自我的艺术个性，丢失了作品的"意趣神色"。戏剧家只有不为外在的格律形式所拘，保持自我的艺术个性，才有可能写出不平庸、不俗套、不枯燥的好戏。从这个角度也可以说，汤显祖注重作品的内容，注重作家艺术个性的表达与保持，与其重视艺术创作的"真"与"奇"的观点也是一致的。

总体来看，汤显祖认为：其一，戏剧作品的思想内容、精神主旨和风格特点是作家本人的思想意识和气质性格的显现，注重作家的艺术个性，同样必须注重戏剧作品内在的精神主旨和风格特点。其二，作品必须注重内在的思想意蕴和风格精神，不应使之受到声腔格律、音韵宫调等外在规范要求的严格束缚，如此方能确保作家艺术个性的自由挥洒。透过汤显祖的这些观点，依然可以感受到汤显祖那真率自然的个性，感受到由程朱理学到泰州学派所发生的关注焦点从客体到主体、从外在到内在的深刻转变。

第四，强调作品的社会功能。

汤显祖认为戏剧是情感的乐章，具有打动人心的艺术力量，可以发挥出启迪心智、道德教化等多种作用。在阐述其戏剧理论的名篇《宜黄县戏神清源师庙记》一文中，汤显祖用了大量的篇幅，极力渲染了戏剧强大的社会功能：

> 使天下之人无故而喜，无故而悲。或语或默，或鼓或疲，或端冕而听，或侧弁而咍，或窥观而笑，或市涌而排。乃至贵倨弛傲，贫啬争施。瞽者欲玩，聋者欲听，哑者欲叹，跛者欲起。无情者可使有情，无声者可使有声。寂可使喧，喧可使寂，饥可使饱，醉可使醒，行可以留，卧可以兴。鄙者欲艳，顽者欲灵。可以合君臣之节，可以浃父子之恩，可以增长幼之睦，可以动夫妇之欢，可以发宾友之仪，

可以释怨毒之结，可以已愁愦之疾，可以浑庸鄙之好。然则斯道也，孝子以事其亲，敬长而娱死；仁人以此奉其尊，享帝而事鬼；老者以此终，少者以此长。外户可以不闭，嗜欲可以少营。人有此声，家有此道，疫疠不作，天下和平。岂非以人情之大窦，为名教之至乐也哉。①

　　戏剧能够给人巨大的精神感染，能鼓舞人们张扬自我个性，追求美好未来。"无情者可使有情，无声者可使有声。寂可使喧，喧可使寂，饥可使饱，醉可使醒，行可以留，卧可以兴。鄙者欲艳，顽者欲灵。"戏剧能让世人被埋藏、被约束的心性情智和生命活力重新舒展开来。这样鲜活灿烂的人生与礼教约束下郁闷沉重的人生，恰恰形成对比。戏剧不仅是汤显祖怡情遣兴的娱乐方式，还是他对抗社会现实的武器，他正是以此来达到反对"有法之天下"，复归"有情之天下"的目的。

　　汤显祖一方面强调戏剧能够激发人的情感、智慧和生命活力，一方面又将这些内在的东西和外在的道德伦理联系在一起。必须明确，汤显祖反感的只是虚伪残酷、僵化刻板的礼法教条，而并非道德伦理本身。其实，他力图找到一个兼顾社会道德规范和个体自我欲求的理想途径，促使开发出来的"有善有恶"的"情"走向良好的发展轨道，希望人的心性情志既可以自由流露随意而为，又可以最终被社会所接受和认可，也只有这样，人的心性情志的自由流露随意而为才能真正成为理直气壮的正当要求。当然，这样的构想在实际操作中未必容易，因为它在很大程度上依赖于社会历史的整体前进和人类文明的全面发展。汤显祖之所以提出"以人情之大窦，为名教之至乐"，也许是因为，在全新的理想轨道还未确立之前，旧有的轨道仍然具有一定的参考价值。况且，汤显祖强调戏剧的伦常教化功能，也为戏剧这样的通俗文艺提供了合理合法的存在依据。

　　汤显祖的戏剧观，是其在泰州学派思想倾向的浸润下所形成的思想观念的集中体现，而他的戏剧观又作为一个重要中介，将他在泰州学派思想的浸润下所形成的思想观念灌注到其戏剧作品之中。汤显祖自言"平生四

---

① 汤显祖：《宜黄县戏神清源师庙记》，《玉茗堂文》之七，徐朔方笺校《汤显祖诗文集》卷三十四，第 1127 页。

梦，得意处唯在《牡丹》"。《牡丹亭》是最能体现其哲学观点的作品，是其"以情抗理"的思想在戏剧创作领域中的成功运用。《牡丹亭》的情爱颂歌包括两个核心，即情爱的萌发和情爱的实践。首先，《牡丹亭》用非常细腻的笔触展现出，杜丽娘的情爱主要源自于她的内心，是一种最原始、最自然的本能，完美诠释了"人生而有情"的观点。其次，《牡丹亭》还展示了杜丽娘的自然情欲如何最终得到现实社会的承认，即男女自然情爱在封建社会的执着实践，这种实践本身就意味着情欲对礼教纲常的战胜，表明了"以情抗理"的成功。当某些作家还在热衷于展示欲望的放纵与宣泄的时候，汤显祖已经在深入思考如何为宣泄与放纵的情欲找一个理想的归宿。于是，在汤显祖的导演下，杜丽娘的情欲不是徒然的宣泄，而是落实在圆满的结局。能够兼顾社会道德规范和个体自我需求，最终有一个踏实而美满结局的，岂非"情"的最高境界？然而，理想与现实总是存在距离。戏里，人的本能让杜丽娘的情欲觉醒；戏外，现实社会却没有杜丽娘生存的空间。"牡丹亭"中的旖旎缠绵，只存在于那些"有情""至情"的女性们的梦想乐园之中。但是，恰恰因为如此，《牡丹亭》才有了"先知先觉"的进步意义，《牡丹亭》也在一切不幸女性那痛苦的泪水和希冀的笑声中，闪烁着永恒的艺术光辉。

Discussion on Tang Xianzu and Taizhou school

Han Xiao

Abstract：Taizhou school is a branch of Wang Yangming's psychology. This group has a lot of people, and their thoughts are complicated. However, compared with other genres, its academic characteristics can be summarized as follows：on the question of human nature, they advocated the natural human nature；on the question of human desire, this genre emphasized people's material desire and passion. Tang Xianzu had closely related to many members of Taizhou school. Tang Xianzu had also closely related to many people whose thoughts were close to the ideas of Taizhou school, especially Luo Rufang, Li Zhi, monk Da Guan, and so on. And their relationship made Tang Xianzu to accept the influence of Taizhou school. And communications with these thinkers, had promoted

Tang Xianzu to form his own view of philosophy and drama. The success of *The Peony Pavilion*, just verified and highlighted the advanced nature of Tang Xianzu's philosophy thoughts and drama theory .

Keywords: Tang Xianzu, Taizhou school, Communication, Concept of drama

Author's Introduction:

Han Xiao (1976 −), Ph. D. , Associate Professor in School of Chinese Language and Literature, Hubei University. Research directions: ancient Chinese novel and drama in Yuan、Ming and Qing Dynasty. Monographs: *Psychology and Literature* (co-author), *Three dimensional narrative theory of ancient Chinese Novels* (*space volume*) . Academic essays: more than 50 essays have been published in academic journals such as *Fudan Journal* (*Social Sciences Edition*) . E-mail: hanxiaowm@163. com.

《拊掌录》的编撰者、认识
价值及艺术手法

宋　扬[*]

内容提要：《拊掌者》的编撰者，有两种说法，一为宋代邢居实，一为元代元怀。根据相关文献和内证材料，本文认为《拊掌者》的编撰者是元怀。在内容上，《拊掌录》表现了宋代文人的戏谑调侃与诗酒生活，并对当时附庸风雅、沽名钓誉的社会风气和黑暗腐败政治现实进行了讽刺与批判。在艺术上，《拊掌录》运用反讽、谐音和语义曲解等艺术手法，以达到引人发笑的喜剧效果。

关键词：《拊掌录》　邢居实　元怀　认识价值　艺术手法

一　《拊掌录》的编撰者

关于《拊掌录》的编撰者，有两种说法，一为宋代邢居实，一为元代元怀。

据王利器、王贞珉选编的《中国笑话大观》："拊掌录，《雪涛谐史》本题'宋邢居实撰、陶宗仪辑'。"① 根据《雪涛谐史》本的题署，王利器、王贞珉先生把《拊掌录》的作者定为宋代的邢居实。陈维礼、郭俊峰主编的《中国历代笑话集成》，沿袭了王利器、王贞珉的说法。关于邢居

---

* 宋扬（1987—），湖北大学文学院 2014 级博士研究生，研究方向：中国古代文学。电子邮箱：411185863@qq.com。

① 王利器、王贞珉编《中国笑话大观》，北京出版社 1995 年版，第 120 页。

实其人，历代文献多有记载，其中如马端临《文献通考》卷二百三十七：

> 邢敦夫《呻吟集》一卷：晁氏曰："邢居实，字敦夫，和叔之子也。年十四赋《明君引》，苏子瞻见而称之，由是知名。未几，和叔贬随州，敦夫侍行，病羸呕血。一日，有铃下老卒骄慢应对不逊，敦夫怒而击之，无何卒死。和叔怒以敦夫属吏，以故疾日侵而夭。故黄鲁直为之挽云：'眼看白璧埋黄壤，何况人间父子情！'盖隐之也。集后有子瞻、鲁直、无咎诸公跋。陈氏曰："幼有俊才，名声籍甚，一时前辈皆爱之，年十九而卒。宣仁之诬谤恕为之也。居实未死，或能当不义而争万一，有补于世道，是以诸贤尤痛惜焉。"晁以道迫为其墓表，尤反复致意。山谷黄氏序："阳夏谢师复景回，年二十，文章不类少年书生语言，尝序其遗稿云：'方行万里，出门而车轴折，可谓蹇滞！'今观邢敦夫诗赋，笔墨山立，自为一家。甚似吾师复也。秀而不实，念之令人心折。"东坡苏氏跋："敦夫自为童子，所与交者皆诸公长者，其志岂独以文称而已哉！百不一见，遂与草木俱腐，故鲁直、无咎诸人哭之，皆过期而哀。"江南李泰伯自述其文云："天将寿我欤？所为固未足也。不然斯亦足藉手以见古人矣。"吾于敦夫亦云。"①

又如洪迈《容斋随笔》卷十六：

> 王逢原以学术，邢居实以文采，有盛名于嘉祐、元丰间。然所为诗文，多怨抑沉愤，哀伤涕泣，若辛苦憔悴不得其平者，故皆不克寿，逢原年二十八，居实才二十。天畀其才而啬其寿，吁可惜哉！②

由上述文献可知，邢居实，字敦夫，为北宋诗人，有《呻吟集》，主要活动在北宋嘉祐、元丰年间，与苏轼、黄庭坚同时，年二十而卒。但根据现有材料，无论是邢居实的相关记载，还是《拊掌录》的内证材料，均

---

① 马端临：《文献通考》，上海商务印书馆1936年版，第1886—1887页。
② 洪迈：《容斋随笔》，上海古籍出版社1978年版，第211—212页。

不支持《拊掌录》为邢居实所撰。

先看对邢居实的相关记载。关于邢居实生平的记载，除上引马端临的《文献通考》、洪迈的《容斋随笔》外，还有陈振孙的《直斋书录解题》、刘埙的《隐居通议》、脱脱等的《宋史》卷二百八之《艺文七》、迈柱等的《湖广通志》、厉鹗的《宋诗纪事》等，上述文献均未提及邢居实著有《拊掌录》一书。《雪涛谐史》本"宋邢居实撰"《拊掌录》，仅仅是孤证而已。

再从《拊掌录》的内证材料看。如前所述，邢居实与苏轼、黄庭坚同时，主要活动在北宋嘉祐、元丰年间，且年二十而卒。而《拊掌录》中，不少作品出现在北宋嘉祐、元丰以后，有的甚至是记载南宋时期的故事。如"王锡老没字碑"一篇，事在南宋绍兴九年，出自南宋周辉《清波杂志》。又如《贼诗》所记郑广故事，也在南宋绍兴六年之后。这些作品绝不可能出自邢居实之手。

《拊掌录》的编撰者，排除了宋代的邢居实，自然为元代的元怀。这可以从以下几个方面得到证实。

首先，从《拊掌录》的序言来考察。陶宗仪《说郛》卷三十四下收录有《拊掌录》，其作者署为元怀。且前有序言云：

> 东莱吕居仁先生作《轩渠录》，皆纪一时可笑之事，余观诸家杂说中，亦多有类是者，暇日裒成一集，目之曰《拊掌录》。不独资开卷之一笑，亦足以补《轩渠》之遗也。延祐改元（1314 年）立春日颟然子书。[1]

一方面，陶宗仪《说郛》卷三十四下收录的《拊掌录》，其作者署为元怀；同时，颟然子的《拊掌录序》又自称"余观诸家杂说""暇日裒成一集，目之曰《拊掌录》"。如此看来，元怀即颟然子。故《四库全书总目》云：

---

① 颟然子：《拊掌录序》，陈维礼、郭俊峰主编《中国历代笑话集成》第一卷，时代文艺出版社 1996 年版，第 138 页。

《拊掌录》一卷：旧本题元人撰，不著名氏。后有至正丙戌华亭孙道明跋，亦不言作者为谁。《说郛》载此书题为宋元怀，前有自序，称延祐改元立春日，韠然子书。盖元怀自号也。此本见曹溶《学海类编》中，失去前序，遂以为无名氏耳。书中所记皆一时可笑之事，自序谓补东莱吕居仁《轩渠录》之遗，故目之曰《拊掌录》云。①

《四库全书总目》认为"韠然子"乃"元怀自号"。故根据陶宗仪《说郛》的记载及《拊掌录序》，《拊掌录》的编撰者，应为元怀。从上述记载可以看出：元怀，号韠然子，宋末元初人，于延祐改元（1314 年）完成《拊掌录》的编撰。

其次，从《拊掌录》编撰者的相关文献记载来看。陶宗仪《说郛》收录的《拊掌录》其编撰者题为元怀。自此之后，相关文献多将《拊掌录》归于元怀名下。但由于《拊掌录》所载主要为宋代故事，且元怀又是宋末元初人，后人又将元怀误称为"宋元怀"。如清高宗敕撰《续文献通考》卷一百八十："宋元怀《拊掌录》一卷，元怀延祐時人。"② 清高宗敕撰《续通志》卷一百六十："《拊掌录》一卷，宋元怀撰。"③ 清张英、王士祯等撰《渊鉴类函》卷三百五十七："宋元怀《拊掌录》曰：绍兴中，河南往来客商携长安秦汉间碑刻求售于士大夫，多得善价。"④ 上述文献记载说明，《拊掌录》的编撰者是元怀。不过《续文献通考》等文献将元怀误称为"宋元怀"而已。

二 《拊掌录》的认识价值

据王利器、王贞珉选编《中国笑话大观》及陈维礼、郭俊峰主编《中国历代笑话集成》所辑，《拊掌录》现存笑话作品计 50 篇。据元怀《拊掌录序》，《拊掌录》是从"诸家杂说中""暇日裒成一集"。《拊掌录》中的笑话作品，主要来源于晚唐、宋代的笔记小说。这些笔记主要包括：唐代

---

① 永瑢等撰《四库全书总目》，中华书局 1965 年版，第 1133 页。
② 清高宗敕撰《续文献通考》，上海商务印书馆 1936 年版，第 4248 页。
③ 清高宗敕撰《续通志》，上海商务印书馆 1925 年版，第 4210 页。
④ 张英、王士祯等撰《渊鉴类函》，上海古籍出版社 2008 年版，第 991—551 页。

刘恂《岭南录异》、孟琯《岭南异物志》、孙光宪《北梦琐言》，宋代王铚《默记》、朱彧《萍州可谈》、范镇《东斋记事》、无名氏《道山清话》、范公偁《过庭录》、胡仔《苕溪渔隐丛话》、李廌《师友谈记》、沈括《梦溪笔谈》、周辉《清波杂志》、文莹《湘山野录》、释惠洪《冷斋夜话》、张端义《贵耳集》、王谠《唐语林》、张师正《倦游杂录》等。《拊掌录》选录的笑话作品着重表现宋代文人的可笑故事。其中涉及的文人有：王溥、石延年、司马光、叶涛、王安石、费孝先、米芾、石中立、欧阳修、刘攽、张耒、黄庭坚、苏轼、赵抃等。因而，《拊掌录》对于认识宋代文人生活具有重要价值。

《拊掌录》的主要内容首先在于表现宋代文人的戏谑调侃与诗酒生活。如：

> 欧阳公与人行令，各作诗两句，须犯徒以上罪。一云："持刀哄寡妇，下海劫人船。"一云："月黑杀人夜，风高放火天。"欧云："酒粘衫袖重，花压帽檐偏。"或问之，答曰："当此时，徒以上罪亦做了。"①

"持刀哄寡妇，下海劫人船。""月黑杀人夜，风高放火天。"均可以判罪徒刑。而欧阳修所作的两句诗"酒粘衫袖重，花压帽檐偏"，从表面上看，与犯罪并无关联，而欧阳修的解释是，由于饮酒过度，粘惹风月，"徒以上罪亦做了"。又如：

> 石曼卿隐于酒，谪仙之才也，然善戏。尝出游报宁寺，驭者失控，马惊，曼卿堕马，从吏遽扶掖升鞍。市人聚观，意其必大诟怒。曼卿徐着鞭谓驭者曰："赖我是石学士，若瓦学士，岂不破碎乎？"②

石曼卿出游报宁寺，驭者失控，致使其堕马。当大家认为石曼卿"必大诟怒"之际，而石曼卿却自我解嘲地说："赖我是石学士，若瓦学士，

---

① 邢居实：《拊掌录》，载陈维礼、郭俊峰主编《中国历代笑话集成》第一卷，第141页。
② 邢居实：《拊掌录》，载陈维礼、郭俊峰主编《中国历代笑话集成》第一卷，第144页。

岂不破碎乎?"表现了石曼卿滑稽诙谐的性格。又如:

> 沈括存中方就浴,刘贡父遽哭之曰:"存中可怜已矣。"众愕问,
> 曰:"死矣盆成括也。"①

"死矣盆成括",语出《孟子·尽心》,这里的"盆成括"本是人名。
沈括的名中有一"括"字,且在盆中沐浴,正好形成"盆盛括"。刘贡父
运用谐音的方式,就"沈括存中方就浴"进行调侃,显示了刘贡父诙谐善
谑的性格。

与表现文人的戏谑调侃与诗酒生活相关联,《拊掌录》还对当时附庸
风雅、沽名钓誉的社会风气进行了讽刺。如:

> 李廷彦曾献百韵诗,干一上官,其间有句云:"舍弟江南殁,家
> 兄塞北亡。"上官恻然悯之,曰:"不意君家凶祸,重并如此!"廷彦
> 遽起自解曰:"实无此事,但图对属亲切耳。"上官笑而纳之。②

"舍弟江南殁,家兄塞北亡",确实是足以令人同情的家庭不幸。然
而,这并不是事实,只不过是李廷彦为对仗工整以讨好上官的一种杜撰。
对李廷彦为讨好上官,不惜以诅咒兄弟,以求作诗对仗工整的行为进行嘲
讽。又如:

> 哲宗朝,宗子有好为诗而鄙俚可笑者。尝作《即事》诗云:"日
> 暖看三织,风高斗两厢。蛙翻白出阔,蚓死紫之长。泼听琵梧凤,馒
> 抛接建章。归来屋里坐,打杀又何妨。"或问诗意,答曰:"始见三蜘
> 蛛织网于檐间,又见二雀斗于两厢廊,有死蛙翻腹似出字,死蚓如之
> 字,方吃泼饭,闻邻家琵琶作凤栖梧,食馒头未毕,阍人报建安章秀
> 才上谒,迎客既归,见内门上画钟馗击小鬼,故云打死又何妨。"哲
> 宗尝灼艾,诸内侍欲娱上,或举其诗,上笑不已,竟不灼艾而罢。③

---

① 邢居实:《拊掌录》,载陈维礼、郭俊峰主编《中国历代笑话集成》第一卷,第139页。
② 邢居实:《拊掌录》,载陈维礼、郭俊峰主编《中国历代笑话集成》第一卷,第140页。
③ 邢居实:《拊掌录》,载陈维礼、郭俊峰主编《中国历代笑话集成》第一卷,第143页。

　　某宗子喜好作诗，但这首《即事》诗，令人不知所云。而经该宗子解释之后，实在"鄙俚可笑"。作品对这位附庸风雅的某宗子进行了讽刺。又如：

> 张丞相好草圣而不工，流辈皆讥笑之，丞相自若也。一日，得句，索笔绝书，满纸龙蛇飞动；使其侄录之，当波险处，侄罔然而止，执所书问曰："此何字？"丞相熟视之，亦自不识，诟其侄曰："胡不早问，致我忘之？"[①]

　　这位张丞相"好草圣而不工"。尽管其书法"满纸龙蛇飞动"，但自己写是什么"亦自不识"。难怪"流辈皆讥笑之"。

　　《拊掌录》作为对宋代文人生活的记录，也表现了作者对当时政治现实的态度。如：

> 章子厚与苏子瞻少为莫逆，一日，子厚袒腹窗下卧，适子瞻自外来，摩其腹以问子瞻曰："公道此中何所有？"子瞻曰："都是谋反底家事。"子厚大笑。[②]

　　元祐党争是北宋时期发生的重大政治事件，这一事件在《拊掌录》中也有所体现。这则笑话虽然描写的是苏轼和章惇之间的戏谑调侃，但反映的却是旧党和新党之间的矛盾。又如：

> 王荣老尝官于观州，罢官，渡江，七日风作，不得济。父老曰："公箧中蓄奇物，此江神极灵，当献之得济。"荣老顾无所有，有麈尘尾，即以献之，不可；又以石砚献之，不可；又以宣尼虎帐献之，亦不验。夜卧念曰："有黄鲁直草书扇题韦应物诗云：'独怜幽草涧边生，上有黄鹂深树鸣，春潮带雨晚来急，野渡无人舟自横。'"即取视，惝恍之间曰："我犹不识，彼宁识之乎？"持以献之，香火未收，

---

① 邢居实：《拊掌录》，载陈维礼、郭俊峰主编《中国历代笑话集成》第一卷，第144页。

② 邢居实：《拊掌录》，载陈维礼、郭俊峰主编《中国历代笑话集成》第一卷，第141—142页。

天水相照，如两镜对展，南风徐来，帆一饱而济。吾意江神必元祐迁客鬼为之，不然，亦何嗜之深也。书此，可发一笑。[1]

王荣老渡江而七日风作不得济，先后以玉麈尾、石砚、宣尼虎帐祭献江神而不灵。卧念元祐旧党人物黄庭坚"草书扇题韦应物诗"，即献之，于是风平浪静，"帆一饱而济"。作者议论说："吾意江神必元祐迁客鬼为之，不然，亦何嗜之深也。"这则笑话也表现出对元祐旧党的同情。

在《拊掌录》中，还有一些作品对当时的黑暗政治和官场腐败进行了讽刺与批判。如《贼诗》：

> 闽地越海贼曰郑广，后就降补官，官同强之作诗，广曰："不问文官与武官，总一般。众官是做官了做贼，郑广是做贼了做官。"[2]

郑广本为海贼，后招安为官。故其诗曰："众官是做官了做贼，郑广是做贼了做官。"其中"众官是做官了做贼"，谴责了当时的官场腐败。

三 《拊掌录》的艺术手法

作为一部笑话专集，《拊掌录》在艺术表现上继承了《笑林》《启颜录》以来的传统，通过多种艺术手法，以达到引人发笑的喜剧效果。

反讽手法的运用，是《拊掌录》在艺术手法上的一个重要特点。"反讽是以揭示对象的急功近利而形成的矛盾倒错来显示出不合情理、荒谬的形象显示人的不自由。反讽所指向的是人性或社会的某些弱点，而且由于这些弱点滑稽人物把缺点倒错为优点，不合规律的东西被倒错为合规律的东西。"[3] 如：

> 许义方之妻刘氏，以端洁自许。义方尝出，经年始归，语其妻曰："独处无聊，得无与邻里亲戚往乎？"刘曰："自君之出，惟闭门

---

① 邢居实：《拊掌录》，载陈维礼、郭俊峰主编《中国历代笑话集成》第一卷，第144页。
② 邢居实：《拊掌录》，载陈维礼、郭俊峰主编《中国历代笑话集成》第一卷，第150页。
③ 张玉能等：《新实践美学论》，人民出版社2007年版，第222页。

自守，足未尝履阈。"义方咨叹不已。又问："何以自娱？"答曰："惟时作小诗以适情耳。"义方欣然命取诗观之，开卷第一篇题云"月夜招邻僧闲话"。①

"许义方之妻刘氏，以端洁自许"。刘义方外出多年，刘氏自谓"惟闭门自守，足未尝履阈""作小诗以适情耳"。而其诗作的第一篇，标题即为《月夜招邻僧闲话》。作者以冷静的态度，反讽的手法，客观的描写，对表面上以"端洁自许"，实际上有违妇道的刘氏进行了讽刺，从而使人会心一笑。

运用语义曲解的方式，对描写对象进行讽刺是《拊掌录》在艺术手法上的另一特点。语义误解是人物无意识地错误理解语言含意。在《拊掌录》中，通常通过人物对经典无意识地错误理解以达到引人发笑的效果。如《讲论语》：

魏博节度使韩简，性粗质美，对文士不晓其说，心常耻之，乃召一孝廉讲《论语·为政篇》。翌日，语从士曰："近方知古人淳朴，年至三十，方能行立。"闻者大笑。②

对《论语·为政篇》中的"三十而立"，韩简的理解是："年至三十，方能行立。"作品通过语义曲解的方式，对不学无术的韩简进行了嘲讽，以达到引人发笑的效果。

运用语义误解的方式，以制造滑稽效果也是《拊掌录》在艺术手法上的一个特点。语义误解是对语言含意作出错误的理解。在《拊掌录》中，通常通过对人物语言含义的错误理解以达到引人发笑的效果。如《署吏为圣人》：

自广南际海中数州，多不立文宣庙。有刺史不知礼，将释奠，郡署二书吏为文宣王、亚圣，鞠躬于门外不进，不知仪，即判云："文

① 邢居实：《拊掌录》，载陈维礼、郭俊峰主编《中国历代笑话集成》第一卷，第141页。
② 邢居实：《拊掌录》，载陈维礼、郭俊峰主编《中国历代笑话集成》第一卷，第146页。

　　宣王、亚圣各决若干。"①

　　这里被判各决若干的文宣王、亚圣，本意指扮演孔子、孟子的书吏。但由于表述严谨，让人误解为要打孔子和孟子，从而产生滑稽的效果。

　　运用谐音的方式，制造喜剧效果，也是《拊掌录》在艺术上的重要手法。柏格森在《笑》中，分析了谐音和滑稽效果之间的关系。"在同一句话当中两套概念的相互干涉是滑稽效果的取之不竭的源。要制造这样的相互干涉，也就是在同一句话当中插入两种交错的互不相关的意义，办法是很多的。最容易的办法是同音异语。在同音异语中，仿佛是同一句话表示两种不同的意义，然而那只是表面现象，实际上还是由不同的词构成的两句不同的句子，只是人们利用它们听起来音相同而硬要把它们混淆起来罢了。从同音异语可以逐步过渡到真正的文字游戏。在文字游戏中，同一句话当中当真包含两套不同的概念，而用的也是同样的一些词。这时所利用的是一词多义现象，特别是从本义到转义的转变。"② 柏格森所说的"同音异语"，即是汉语中的所谓谐音。如《茶》：

　　　　王濛肃客必以茶，人语今日有水厄。东坡昔窘客，语茶主人曰："所谓老婆子涂面。"主人不晓，搽了又搽。③

　　苏轼"所谓老婆子涂面"是一种调侃。这种调侃包含着两种艺术方式。一是歇后，"老婆子涂面"其歇后为"搽了又搽"；另一种是谐音，"搽了又搽"谐音"茶了又茶"。

　　《拊掌录》在描写宋代文人戏谑调侃与诗酒生活的同时，又表现出对当时政治现实的批判，并在艺术表现上取得了较大的成就。在继承《笑林》《启颜录》等笑话思想艺术传统的同时，又推动了古代笑话的发展。

---

① 邢居实：《拊掌录》，载陈维礼、郭俊峰主编《中国历代笑话集成》第一卷，第 147 页。
② 柏格森：《笑》，徐继曾译，北京出版社 2005 年版，第 81—82 页。
③ 邢居实：《拊掌录》，载陈维礼、郭俊峰主编《中国历代笑话集成》第一卷，第 150 页。

Fuzhanglu's Compiler,
Recognition Value and Art Technique

Song Yang

Abstract: When it comes to the writer of *Fuzhanglu*, some people think the compiler is Xing Jushi of Song Dynasty, when others think the compiler is Yuan Huai of Yuan Dynasty. According to relevant records and materials, this paper believes that the writer of *Fuzhanglu* is Yuan Huai. *Fuzhanglu*'s exhibited literati's banter and experiences of writing poems and drinking wine in Song Dynasty, and exhibited their satire and critique general moods towards society and political reality. The compiler of *Fuzhanglu* utilized irony, homophonic, distort semantics and other art skills to reach comedy effect of making people laugh.

Keywords: *FuZhangLu*, Xing Jushi, Yuan Huai, Recognition value, Art technique

Author's Introduction:

Song Yang (1987 –), Ph. D. Candidate in School of Chinese Language and Literature, Hubei University. Research directions: Chinese ancient literature. E-mail: 411185863@qq. com。

对当代旧体诗词写作热的反思

张三夕　王兆鹏　裴　涛[*]

内容提要： 当代旧体诗词，是我国文学遗产形式的新体现，具有现代性，应该纳入中国现当代文学史范畴。中小学语文教材应增加现当代旧体诗词作品以扩大其影响。作为历史留存，应注意收集和整理当代旧体诗词的文献。针对不同的创作主体与读者受众，当下旧体诗词写作可以有不同的格律宽严要求，但都需要表达真情实感，体现时代特色。

关键词： 旧体诗词　现代性　时代性　文学史

当下旧体诗词创作相当热络，特别是互联网兴起以来，旧体诗词的传播越来越方便，传播的便捷，也带来旧体诗词创作的蓬勃气象。如何评价当下的旧体诗词创作，学界有不同的看法。本刊就这个议题，邀请华中师范大学张三夕教授、中南民族大学王兆鹏教授和网络知名诗人、诗评家裴涛就此议题进行学术对话，交流看法。

一　如何评价当代旧体诗词写作热？

张三夕： 我们先从如何评价当代旧体诗词写作热这个问题开始吧。我

---

* 张三夕（1953—），华中师范大学文学院教授，博士，文学研究所所长。研究方向为中国古代文学、古典文献学、学术思想史，已出版《诗歌与经验》等学术著作多部，发表《论苏诗中的空间感》等论文百余篇。电子邮箱：zhangsx718@ sina. com。
王兆鹏（1959—），中南民族大学文学与新闻传播学院教授，博士，中国词学研究会会长。研究方向为词学、文学传播、文学计量。已出版《宋南渡词人群体研究》等专著 10 多部，发表《论东坡范式》等论文 200 多篇。电子邮箱：wdwzp@ yeah. net。
裴涛（1979—），网络诗人，著有《网络诗坛点将录》。

觉得有几个不同的评价视角。新文学史的研究者对当代旧体诗词基本上持否定态度。我们看现在通行的中国现代、当代文学史，基本上没有旧体诗词的一席之地，它实际上被新文学排斥在外了。这显然是不对的。因为，旧体诗词写作是当今时代的一种非常活跃的诗歌创作活动。现代、当代文学史家对当今旧体诗词的态度是存有偏见的。无论如何，我们应该给予当今旧体诗词写作以积极评价。但是，从什么角度进行积极评价？这还是一个问题。当今旧体诗词写作，至少给部分文学爱好者找到了一种大家喜闻乐见的方式来抒发创作主体在当代社会的各种情感。旧体诗词写作，即使在五四运动以来的屡次重大文化运动的冲击下，从来没有中断过。它有独特的表达形式。而且，在一些很有名的学者那里，比如说陈寅恪、钱锺书，当他们要表达朋友之间非常复杂的情感或者是在像"反右""文革"那样的特定时期的情感、态度，需要隐晦地表达的时候，旧体诗词是首选方式，在他们那里，新诗是无法深刻表情达意的。另外，20世纪伟大的政治家、诗人毛泽东，他对旧体诗词是很青睐的。虽然，他自己说，不提倡青年人写旧体诗词，这个很难。我们说毛泽东是20世纪最伟大的中国诗人，实际上是指从事旧体诗词写作的伟大诗人。

裴　涛：现代社会，对于旧体诗词的运用也是很多的。比如，我们现在生活中的节日祝福短信，很多人都会用旧体诗词。这个现象说明了旧体诗词写作在当今社会活跃度很高，旧体诗词的使用面很广。不过，最大的问题是，这些旧体诗词短信，可能90%都不能叫诗词。人们想利用这种形式，可是大部分人不能正确使用。又如，最近有两个网络公司吵得很热闹，小米和乐视——两个现在都是市值超千亿资产的公司，它们前不久有一个骂战，用的是藏头诗的形式，但在写作上依然有很多问题。这说明了两个问题：第一，旧体诗词在被大家广泛使用，甚至在某些正式场合使用，并且还用的是比较独特的藏头诗的方式。第二，现在的旧体诗词的问题很多，像这样的大公司，却难以找到能真正懂得旧体诗词的人！大家现在都在用，在读，在传承，这是毫无疑问的，偶尔也会写。而现在面临的最大的问题是，大家并不是真的会写。

张三夕：像裴涛说的这个问题，说明了我们在评价当今旧体诗词的时候，要注意现在旧体诗词作品其实是泥沙俱下、鱼龙混杂的。很多作品格调不高，甚至不懂旧体诗词基本格律的作者，却在大量写作旧体诗词。

王兆鹏：这就像打羽毛球，有专业球员，也有业余玩的。业余者，根本不讲比赛规则，不讲出界不出界。所以，我们在评价当今旧体诗词作品的时候，要注意将这两种作者分清层次。当今旧体诗词，本是整个中国文学史的有机部分。整个中国诗歌史，就像一条大江，从《诗经》以来，一直延续到现在，从来都没有中断过，无论是改朝换代，是战争，还是和平。到了五四运动时期，尽管那些新文化运动的主将都否定传统诗词，但实际上，他们个个都写旧体诗词。像叶圣陶那样反对旧体诗词非常激烈的作家，到了晚年，差不多无一例外地都回到旧体诗词写作的道上。这说明旧体诗词有无法抗拒、无法摧毁的魅力、魔力。尽管当时他们站在新文化运动的立场反对旧体诗词写作，但最终还是抵挡不住这种体裁的魅力和优越性。中国诗词的民间基础、活力，当今时代并不逊于古代。旧体诗词的文化生命力，不是任何个人、文化和政治力量能够阻断得了的。现在的诗坛状况已经证明了这一点。新文化运动当时那么激烈，"文革"当时也是那样激进，但是当今旧体诗词写作的人越来越多。甚至在海外，如果你能写旧体诗词，就表明你是一个有文化的中国人，旧体诗词已经成为一种文化身份的标志。

裴　涛：在学界，研究旧体诗词的学者可能有一种顾虑，那就是他们可能更倾向研究更古老的文学作品，因为那些已经成为历史。而当今旧体诗词，因为很多因素都在变化，比如说用词等等，所以有一种研究风险。

二　旧体诗词与"现代性"及中国文学史

张三夕：关于裴涛说的这个问题，我认为，现当代文学史不把近现代旧体诗词活动写进去，还有一个原因是研究现当代文学的学者本身就不是特别懂旧体诗词。此外，他们还有别的理由，如旧体诗词没有现代性，而新诗具有现代性。

王兆鹏：《中国韵文学刊》等刊物曾专门组织刊发过有关此问题的争鸣文章。现在基本上是古代文学界的学者支持旧体诗词进中国文学史，而现当代文学界的学者，大多不支持。以现代性为标准决定旧体诗词收不收入中国文学史，我觉得这个准入条件是不能成立的。新文学史里面的诗歌作品都具有现代性吗？鲁迅的诗大家都认可，可鲁迅的诗是不是都有现代性呢？胡适、郭沫若等，既写新诗又写旧体诗，只承认他们的新诗有现代性，而说旧体诗没有现代性，是很荒谬的。我们姑且不谈现代性这个标准对不对，旧体诗词的创作是客观存在。写文学史，先要做事实判断，然后才是价值判断，不能用价值判断代替事实判断。旧体诗词，你可以不喜欢，可以评价很低，但你不能否认和无视它的存在。文学史首先应反映客观的文学存在，然后才进行主观的评价。

关于旧体诗词，无论是名家、学者，还是民间写手，都有大量的作品，也有不少优秀的作品。当代旧体诗词作者，不一定都是文学家，也不一定是专门的诗词创作者。写一首诗，不一定就是诗人；写了一部小说，不一定就是作家。我们需要一个判断数量与质量的标准。那些既没有技术含量，也没有艺术和思想含量的作品，不能算是一种文学意义上的创作。我们评价当下旧体诗词的时候，要注意那些大量的不专业的作品。

这里有一个传播方式的问题。从表面上看，新诗好像得到了比较普遍的身份认同，其实新诗作品不照样是泥沙俱下吗？当年新诗兴起的时候，有刊物把关，发表的新诗基本上都在一定的水准线之上。能得到专业刊物认可的作品基本上是比较好的。所以，在我们的印象中，新诗的水平都比较高。这是因为我们看到的，都是质量比较好的作品，质量低劣的作品大多被挡在门外，没有进入大众传播的视野。现在情况不同了，传播方式多元化，特别是网络和自媒体传播，未经专业诗人或编辑把关，大量业余作者的业余作品、大量水平不高的作品一并进入各种传媒，冲击着人们的阅读视野，以致很多优秀作品被淹没、被遮蔽。因而，对当下旧体诗词作品的评价，就产生了两种截然对立的观点。有的只注意到那些质量不高的业余作品，说现在的旧体诗词写作水平江河日下；有些人则盯着优秀作品，说当下旧体诗词创作进入新的繁荣期。现在确实有一批人，如一些网络高手、民间高手，他们是把旧体诗词写作当作一种事业来做，当作一种文化来传承与担当，当作一种人生价值实现的方式。就像南宋杨万里说的那样"不留三句五句诗，安得千人万人爱"。尽管这些人并没有专业的诗人身份，也没有得到像作协那样的官方机构的认可，没有得到主流话语的认同。要是在过去，裴涛绝对是能被称为诗人的人，可现在，大家认可他的身份是企业家。在当前这种语境下，我们需要从学理的层面，考虑用什么标准来评价当下的旧体诗词作品。

张三夕：网络传播方式的导向作用已经远远超过以前的纸质传播方式，势必导致评价的多元化。现在有没有像《天安门诗抄》那样脍炙人口的作品？就拿裴涛《网络诗坛点将录》来说，在网上发布之后，有没有很多点击量，或者是跟帖之类的？网络传播有自己的特点。

王兆鹏：从传播的角度来说，现在网络上的这些诗词作品，大多是网友之间的评价，没有一个公认的学术标准，更没有社会公众的认可。在专业刊物上发表出来的作品，未必是最好的，但是大家会觉得，既然是刊物发表出来的，应该是比较好的。而在网络上发表的，尽管有些作品也会有一些专家来点评，《网络诗坛点将录》做的就是这样的工作，但人们似乎总觉得这些未必就是好诗，因为真正懂诗的人、能从审美的角度做出价值判断的人比较少。没有有效的评价机制和体系，也影响了大众对网络诗词的认同度。近年，有些机构在做筛选和评论工作，比如中华诗词学会、中国诗词研究院等。

裴　涛：网络上也有评选机制，把一些优秀作品，通过相对严格和可观的途径筛选出来。在我们这个圈子里，很少有大家都认可的职业评论家。没有标准，没有身份。目前倒是有几个职业评论家，以此为专业，不做其他事情。比如说有一个叫李子的诗人，真名叫曾少立，现在只在网上开课，闲下来就写诗，生活很纯粹。

王兆鹏：对当下民间的旧体诗人，缺乏现当代文学专业期刊那样的身份认同。

三　中小学教材与现当代古典诗词作品

张三夕：我认为，这种身份认同和中小学教材是否收录有一定的关系。诗歌、散文或者微型小说作品，一旦被收录到了中小学教材，这种身份认同就会马上形成。故而，现在的中小学教材，要适当增加当代旧体诗词作品。

王兆鹏：的确，现在很多人所受到的古典诗词的教育，都是从中小学教材开始。毛主席的诗词作品入选了中小学教材，当下的优秀旧体诗词作品也应该进入教材。这样就更能有效地提升旧体诗词在当下人们心目中的地位。

裴　涛：就在这两年，当今旧体诗词作品好像就有进入中小学教材的。

王兆鹏：进入中小学教材的旧体诗词作品，不光是在技术层面要过关，还要有深厚的思想情感，要有比较强烈的社会关怀，要能够感动人心，是真正能够传世的作品。

张三夕：还有一点就是，当代高校中文系对古典诗词写作教育不足。不少高校并没有设立相关课程，一些大学生是自己通过读王力的《诗词格律》来学习写作旧体诗词的。而不少老师在讲古典诗词的时候，基本上只是对作品进行文本赏析，很少有格律、用韵规则的讲解。所以，大学诗词教育的地位应该提高、加强。当前，就连中文系的研究生，大多都不会写作旧体诗词。显然，这方面中文系的教育是有问题的。历史系的情况同样如此。以前的历史学家，像陈寅恪，旧体诗词写得极好。还有，旧体诗词也应该作为一种宝贵的文学遗产来提倡。这也是一种非物质文化遗产，不只是传统节日、传统技艺才算作非物质文化遗产。

裴　涛：我曾经问过文化部的工作人员，为什么不设一个中国诗人的非物质文化遗产。他们没答复，因为他们就没有这个意识。

王兆鹏：可能是因为传统诗词并没有面临濒临灭绝的问题。旧体诗词这种文体形式在中国已经延续了几千年，站在人类文化的角度来看，一种形式能够延续几千年，是多么的了不起！昆曲已经申遗成功，但是昆曲才几百年。中国旧体诗词形式可以也应该申遗。

张三夕：旧体诗词是一种文学遗产，也是当代文学的重要组成部分。

王兆鹏：确实，因为过去宣传、挖掘不够。在网络媒体兴起之前，旧体诗词写作基本上是一种私人化写作，很多作品都没有公开出版，除了国家领导人和一些有特殊身份的人能公开出版发行之外，一般都私下印制流传。这就限制了它的传播。它没有通过一种公共的传播渠道来得到社会的认可，以至造成当代诗词没有什么好作品的印象。

四　旧体诗词的文化因子与当下旧体诗词的文献清理

王兆鹏：旧体诗词是一种非常有意味的文学形式。它体现的文化因素非常丰富，既有汉语的美感，又蕴含中国文化的和谐观念——变中有不变，对立中求统一。比如对偶，诗词的对偶本来是一种固定的模式，可是同样一个句子，七个字，它组合的方式、句型，又是在变化的。词的格律是固定的，每句的字数也一定，但是句型不固定，这就是和而不同，稳定的结构中蕴含着多种变化。看似极端严格的形式，里面却有很大的自由舒展变化的空间。就像中国书法一样。

五四时期的学者写文学史的时候，是从古代一直写到当下的文学。比如小说，那些写新文学史的新文学家，并没有说当时的小说不是文学，很当然地就把当时的小说纳入文学史中。我们今天写文学史，旧体诗词的进入反而成了问题。是我们的思维方式有问题，还是文学观念有偏失？

张三夕：文学史的真实存在，不是哪位文学史家的观念能够左右的。现代的许多文学观念都是西方的。

裴　涛：《网络诗坛点将录》中的排名，有很多不同意见，除了老大"种桃道人"大家基本公认。这种网络形式的评价，达成共识是很困难的。我写点将录的主要动机，是想留存一段诗坛的历史，因为那一批人我太熟悉了，他们不久就要退出了。网络诗人更新非常快，有些人是将自己几十年压箱底的东西，一下子抛到网上，后来没有新作了，也就退出网络了。网络诗词作者，其实并不能算是一种身份。很多人都是在底下打磨了许多年，通过网络的方式发出来而已。我只是总结了十年的网络诗词创作的成果。

王兆鹏：《网络诗坛点将录》有文学史清理的作用。元好问的《中州集》，是金代灭亡后对金代诗史的一种刻意传存。网络资料也很容易流散，通过整理的纸质文本能相辅相成。做文献积累和保存工作十分必要。像金代的诗歌，如果不是元好问的整理，很多作品早已亡佚。网络诗词也有些类似，如果裴涛不做清点的工作，很多也会流散湮没。我认为，诗史和词史，是诗人、词人和学者共同创造的。没有学者的整理，很多诗词作品早都被历史的尘埃湮没了。如果不是萧统《文选》的留存，我们现在可能无法知晓世界上有所谓《古诗十九首》的存在；如果不是明代胡震亨当年的努力，唐诗很多优秀的作品，我们今天也无法看到。所以，我们要注意对网络诗词的收集整理，不管今人怎样评价，且留下属于我们这个时代的作品，让后人去评说。

裴　涛：这个现象在互联网时代也是存在的。早期的那些网络上的诗词爱好者的作品都不存在了。特别是后面的大量更新，像泥沙一样把前面的覆盖了。很可惜。

五　旧体诗词写作应注意的问题

张三夕：既然是写旧体诗词，首先就必须守律。这是最基本的要求，包括平仄、用韵、对仗等。写旧体诗词的基本格式要求不能变。在守律这点上，还有些问题需要讨论，比如说，押韵是用平水韵还是新韵。很多老辈诗词作者都是严守平水韵的。但语言是随着时代发展而变化的。平水韵反映的是唐宋时期的语音状况，与当前的语音状况不一样。所以，我认为，今天我们可以用新诗韵。

裴　涛：就我知道的，截至目前，已经有三波声势较大的"新韵革新宣言"，有几百人签名。上海古籍出版社也出了《诗韵新编》等。

张三夕：我们现在的语音实际上已经和平水韵有很大区别，比如说"东、冬""江、阳"，以前分属于不同的韵部，但是现在同部了，所以我是主张用新韵的。

裴　涛：的确有这种问题。"三江""七阳"是这样的情况。但也有一些若即若离的状态，比如说入声字。北方人对入声字是很难判断的，我也不是特别熟悉入声字。但是，入声字真的是有韵味，有些地方，用不用入声字，声韵效果大不一样。

王兆鹏：我的态度是要有统一性。也就是在同一首诗或同一首词中，要么统一用平水韵，要么统一用新韵。古韵和新韵都可以用，但不能在同一首作品中混杂使用。个人创作的时候，可以随意选择。但比赛的时候，就要按照规定来，要遵守规则。

张三夕：这里还有个问题，就是有些群体的写作，因为水平低下，格调不高，引起人们的反感，比如所谓"老干体"。读者看到这些作品，就会认为当下旧体诗词就是这样的水平，又都是歌功颂德的，从而形成了一种以偏概全的认识，认为这并不是文学作品。

王兆鹏：现当代，除了大家公认的毛主席那样的大手笔，也出现了很多优秀的诗人词人。

张三夕：对，像聂绀弩、郁达夫、启功这样的诗人。

　　王兆鹏：像陈寅恪的诗，太学者化。诗本有多种，有诗人之诗、学者之诗、才子之诗。像陈寅恪这类学者之诗，难读懂，受众太小，很难为一般读者所理解。不过，也有相当一部分作品，既好懂，内蕴又很丰厚。

　　张三夕：当代旧体诗词写作除了要注意守律，还要在情感上表现当代生活的内容，反映时代感。当代古诗词写作，在语词和意象方面，也可以找到结合点。

　　王兆鹏：我们提倡尽可能将语言和意象与现代社会结合，尽可能镕铸使用有现代生活气息的语言。当然也可以用典，因为用典是古典诗词的特质之一，是诗词语言的传承性体现。书法也是一种极有意味的艺术形式，它的用笔，是讲究传承的，一点一画，要有来历。诗歌用典，也是这样。旧体诗词的传统，既体现在文体形式，如平仄格律、用韵对偶方面，也体现在语言的使用方面。诗词的语言不用典，容易流于平淡寡味，没有历史感，不能唤起读者对过去相关历史人物事件情景的想象与回味。古典诗词的奥妙之一，就在于它的语言具有传承性和历史感，语言既是自己的，又是别人的。语料是别人的，创造出的诗句却是自己的，能让人产生由此及彼的联想与想象。

　　张三夕：用典的问题，我认为，有时候需要根据读者对象而采取变通。如果是给一般的大众看，就需要通俗易懂，少用典，但格调要高，像元白诗歌那样。像黄庭坚那样用典太多，受众肯定就很少。

　　王兆鹏：新诗，在很大程度上是没有边界的，因为它没有统一的固定的形式规则，什么是新诗、什么不是新诗，没有标准来判断。前几年出现的所谓"梨花体"，就出现了是不是诗的争论。旧体诗词就不存在这个问题。因为旧体诗词有统一的形式规则。有了规则，就有了边界，就能区分是和不是。合乎规则的就是，不合乎规则的就不是。

　　张三夕：意象问题，有些不太好处理。现代社会的新意象放在旧体诗词里，显得韵味不那么纯正。

　　王兆鹏：也有写得比较好的，如所谓"实验体"。聂绀弩、启功的诗，就用了很多新意象、新词语。虽然他们有些作品像打油诗，但有韵味。意象需要锤炼。在同一首诗歌里，不能头上戴瓜皮帽身上穿西装。和谐是诗词的基本要求。我的观点是，提倡用当今时代人们熟悉的语言和意象。

　　张三夕：在旧体诗词中，意象在很多时候古今能够统一起来。可以直接继承前人诗词里的意象。比如说"斜阳"，它的意韵自古至今都有共通之处，我们今天还是可以用。沈祖棻先生的名句"有斜阳处有春愁"。"斜阳"是古人常用的意象，在当下也是能够表达个体情感的。人同此心，心同此理，我们可以借用古人的语句、意象来表达我们类似的情感。自然意象，很多都是永恒的。

王兆鹏：有些随着时代产生或者消亡的意象，就必须注意时代性，比如说油灯，古人说"闲敲棋子落灯花"，如果你现在还用这些意象，那就不像是今人写的诗。因为现代人早已不用油灯而用电灯了。旧体诗词，体式是旧的，但情感和语言要新，要有时代感。旧体诗词要能让人一看就知道是今人写的当下的生活、情感，而不是仿古人的语言和情感，不是仿制的古董。21世纪的人写的诗，不宜看上去像是唐人宋人写的。可以用旧的意象、典故，但要切合当下人的情感思想、生活状况。现在飞机、高铁都已经普及，如果还写骑驴骑马去远行，那就完全不伦不类了。当然，作为个人习作、训练，可以用模仿的方式来写诗词，全部用古人的意象、语句，那没有问题。但是，作为一种创作，那要求就不一样了。我的老师唐圭璋先生当年在词社里学写词的时候，基本上模拟古人的用韵、语言、风格，后来写的作品就比较有时代感了，特别是他在抗战期间写的词，特别感人，那是真正的文学作品，可以载入史册，进入现代词史的。

张三夕：在特殊时代，对特殊的人群来说，情况有些特别，比如陈寅恪这样的学者诗人。每个人都有自己的艺术追求，但是总体上来说，人生活在这个时代里面，是不能够离开时代的耳濡目染，所以写出来的诗歌，必须自然地表达真实的生活。

王兆鹏：写诗，完全可以面对小众，自我化。但是，如果作者想要创作传世的文学作品，还是要有广泛的、不同层次的读者群接受你的作品。要广大的读者接受你的作品，就必须考虑到接受者的水平、趣味。陈寅恪的诗歌，如果连学者都读不懂，那就根本没办法在大众中流传。不同的文学来自于不同的社会阶层，也作用于不同的社会阶层。所以，我们提倡多元化。每个人在写作的时候，心中都应该有潜在的读者对象，要注意是给什么人、哪些群体看的。写论文也一样，写给报纸的是一种风格，写给专业期刊的又是一种风格。

张三夕：不同的写作方式，对不同的作者有不同的效用，陈寅恪写这样的诗也是根据他特定的表达需求而写的。在特殊时期，他不得不把诗写得很隐晦，因为他只想让特别的人读懂。文学作品的这种性质，也是有传统的，比如说李商隐的诗歌，不同的读者有不同的感受，有人说他这是政治话语，也有人说他这是诗人话语。

今天的对话暂时到此为止。为了展现当下旧体诗词的水平如何，我们选择了十多首诗词附录在后面，以尝鼎一脔。

附录：

汉宫春·南　园
蔡世平

搭个山棚，引顽藤来来，跃跃攀爬。移栽野果，而今又蹿新芽。锄他几遍，就知道，地结金瓜。乡里汉，城中久住，亲昵还是泥巴。　　难得南园泥土，静喧嚣日月，日月生花。花花草草，枝枝叶叶袅娜。还将好景，画图新，又饰窗纱。犹听得，风生水上，争春要数虫蛙。

生查子·江上耍云人
蔡世平

江上是谁人？捉着闲云耍。一会捏花猪，一会成白马。　　云在水中流，流到江湾下。化作梦边梅，饰你西窗画。

贺新郎
胡云飞（胡僧）

（先外祖母病笃时，神明既衰，亦不言语，唯两手皆需儿孙紧握之，不则呻吟不安。吾岁暮归省时侍之。）

握此嶙峋手。是曾经，引儿学步、喂糜儿口。夏扇凉风冬暖脸，此手何温且厚！今忽似，星寒骨瘦。白发不念生死事，但儿孙、榻畔需相守。手紧握，夜复昼。　　北风兀兀频推牖。更如潮、前尘后想，拘人如圖。姬不能言儿无语，对听时钟滴走。便愿听、须难听久。听到黄昏终诀别，算重来、还得重逢否？放手去，数回首。

鹧鸪天
曾少立（李子）

生活原来亦简单，非关梦远与灯阑。驱驰地铁东西线，俯仰薪金上下班。　　无一病，有三餐。足堪亲友报平安。偏生滋味还斟酌，为择言辞久默然。

淡黄柳·城市夜游者

曾峥（独孤食肉兽）

霓虹闪处，城市西风紧。写字楼前游片警。巷口谁拉长影。万刃霜灯刺衣领。梦初醒。堤栏不堪凭。最潮湿，旧情境。似雨跳春伞人同听。十载江关，老钟谁拨，夜夜双针自并。

马尼拉大雅湖乘螃蟹舟看睡火山

熊东遨

地底千秋火，酣然睡未醒。是伊存直道，容我独横行。夷汉双边合，湖天一色清。何时同此景，四海不言兵。

咏史

宗金柱（李梦唐）

高阁垂裳调鼎时，可怜天下有微词。覆舟水是苍生泪，不到横流君不知。

寄 人

李广法（落花风雨）

檐下生涯东复西，少年筋骨老来疲。只有双眉如铁铸，至今不肯向人低。

秋 蛾

刘 芳

元知一灸即身死，君若怜时许一亲。便抱焰心成永梦，烛灰埋我不须坟。

谒卓刀泉黎元洪墓

裴 涛

春寒寂寂石边回，一卷传奇读巳灰。半树桃花虚照壁，百年心事漫漫苔。

帝秦帝楚终无策，斯世斯人并可哀。风雨能知黎掌国，从来过访未相猜。

夜登大熊山

寤　堂

寻古萌幽思，登山暂放情。星光皆堕水，峰势欲倾城。片石斑斓血，千年战伐腥。倚凭试孤望，一发暮烟横。

（记录整理：陈亮亮　罗昌繁）

A Reflection on Current Enthusiasm for Old-Style Poetry and Lyrics Writing

Zhang Sanxi, *Wang Zhaopeng*, *Pei Tao*

Abstract：Contemporary old-style poetry which possesses modernity is the new embodiment of our country's literature heritage and should be incorporated into the category of modern and contemporary Chinese literature history. The number of modern and contemporary old-style poetry works should be increased as the teaching material of primary and secondary schools in order to expand its influence. As a historical heritage, we should pay more attention to collecting and organizing contemporary old-style poetry works. For different writers and readers, in current time, the old-style poetry writing can have different rules and requirements on rhythm, but still need to express true feelings and reflect the era characteristics.

Keywords：Old-style poetry and lyrics, Modernity, Contemporaneity, Literary history

Author's Introduction：

Zhang Sanxi (1953 －), Ph. D., Professor in School of Chinese Language and Literature and Director of Institute of Literature in China Central Normal University. Research directions：Chinese ancient literature, classical philology, academic intellectual history. Monographs：*Poetry and Experience* and so on. Academic essays：more than 200 essays have been published such as *Discussion on the Sense of Space in Su Shi's Poems*. E-mail：zhangsx718@sina. com.

Wang Zhaopeng (1959 －), Ph. D., Professor in School of Literature and

Journalism, South-Central University for Nationalities. President of China Association of Study on Ci Poetry. Research directions: study on Ci poetry, literature communication, quantitative study on literature. Monographs: more than 10 monographs have been published such as *Research on Nandu Poets in Song Dynasty*. Academic essays: more than 200 academic essays have been published such as *Discussion on Su Dongpo's Paradigm*. E-mail: wdwzp@yeah. net.

Pei Tao (1979 −), net poet. Monographs: *Famous People in Net Poetic Circles.*

旧体新咏焕新生

——当代旧体诗词写作热概说

罗昌繁[*]

内容提要：当下旧体诗词写作热现象，主要体现在如下几方面：社会力量推动程度前所未有；诗词组织的成立与日俱增；作者构成多元，诗词活动频繁；诗词发表、结集出版持续升温。诸现象体现了传统文化的生命力与当代意义，我们应冷静审视诗词热。

关键词：传统文化　旧体诗词　写作热

约从百年前"新文化运动"开始，新、旧体诗（词）就有了二元对立的说法与存在，两者文体对立，有着不可逾越的鸿沟。虽然新中国成立后曾有毛泽东、董必武、聂绀弩等人的旧体诗词被认可，但整体而言旧体诗词却一直被排除在主流文学之外。改革开放以来，旧体诗词开始复苏，尤其是 20 世纪 90 年代以来，随着"国学热"现象的出现，旧体诗词的写作更是呈现复兴之貌。时至今日，说旧体诗词日臻兴盛应不为过。总体来说，旧体诗词的发展态势喜人，我们可以从不同层面对当今旧体诗词写作热进行了解。

一　社会推动程度前所未有

2011 年，中华诗词研究院成立，它隶属于国务院参事室与中央文史研

---

[*] 罗昌繁（1984—），华中师范大学文学院讲师，博士，研究方向：古典文献学、汉魏六朝唐宋文学。在《光明日报·国学版》《文献》《中山大学学报》等报刊发表论文近 30 篇。电子邮箱：siyanghe@ aliyun. com。

究馆，这意味着政府已将继承、弘扬传统优秀诗词文化纳入了文化战略体制。2014 年，中国作家协会主管、中国作家出版集团主办的《诗刊》的增刊《子曰》宣布，设置年度诗人奖，以人民币 30 万元奖励旧体诗词创作者一名，另设年度青年诗人奖两名，奖金各 5 万元。如此重奖旧体诗词创作，这是新中国成立以来前所未有的。由于《诗刊》与《子曰》归属于中国作家协会，此举一定程度上代表了文学权威对旧体诗词的认可。同样是2014 年，第六届鲁迅文学奖揭晓，周啸天以《将进茶——周啸天诗词选》获得诗歌奖，鲁迅文学奖乃中国具有最高荣誉的文学大奖之一，这是它首次对旧体诗词颁奖。依旧是 2014 年，国家主席习近平考察某高校时说"我很不赞成把古代经典诗词和散文从课本中去掉"。如此种种现象，说明了社会各界对旧体诗词的关注已今非昔比。

中华诗词学会是国家级学会，是以促进传统诗词发展，弘扬优秀传统文化为目的的专业学术机构，它具有官方或准官方性质。近十年来，中华诗词学会在全国命名了一些诗词之乡（含县、市、区）、诗教先进单位（含学校、企事业单位）。诗词之乡如江西省安义县、河北省昌黎县、湖北省广水市、湖南省衡阳市、山西省晋城市、湖北省长阳县等。诗教先进单位如江苏省淮安市城管局、山东省青岛开发区教师进修学校、湖北省武穴市实验小学、江西省靖安县中心小学等。2008 年，中华诗词学会还授予了孙轶青、霍松林、叶嘉莹、刘征、李汝伦终身成就奖，由时任国务委员兼国务院秘书长马凯亲自颁奖。诗词之乡、诗教先进单位的命名，诗词终身成就奖的颁发，都体现了政府对旧体诗词复兴的大力推动。

二 诗词组织的成立与日俱增

如果将中华诗词研究院与中华诗词学会视为官方机构，将各地的诗词学会、诗词研究会、诗词楹联学会（许多诗词学会与楹联学会二者合一）视为民间诗词文化团体的话，则这一类民间文化团体遍布神州大地，甚至海外华人也成立了这一类组织。新时期以来，诗词学会如雨后春笋般出现，粗略统计，目前民间的旧体诗词社团组织达两千多个。可以说，几乎每个市、县、区都有诗词学会。除此之外，许多行业和企事业单位也有自己的诗词学会，一般以老干部为主。

高校一直是旧体诗词书写的重镇。新时期以来，高校古典诗社越来越多，从部属的老牌名校到地方高校，都有诗社或学会的影子。尤其是到了2014年，由北京大学北社（2002年成立）、中山大学岭南诗词研习社（2005年成立）、武汉大学春英诗社（1998年成立）、复旦大学古诗词协会（2007年成立）等高校诗词文学社团联合成立了"长安诗社"（非指湖南岳阳临湘市同名的长安诗社），成员除了内地高校，还有港台高校与海外高校，高校诗社大有结盟之势。各地诗词学会的纷纷成立与高校诗社的大联盟，一定程度上是旧体诗词复兴的象征。

三 作者构成多元，诗词活动频繁

据统计，中华诗词学会会员约两万人，加上各省、市、县级的诗词学会，会员人数超过百万，这还不包括数量众多的网络诗词爱好者。如此庞大的诗词写作队伍，可以说是当代旧体诗词写作热不断增强的最直观显现。随着"国学热"的兴盛，学作旧体诗词的人越来越多，涉及各行各业。当下旧体诗词的作者构成较为多元，凡对其有爱好者，皆是旧体诗词的作者。如书画家、高校师生（以文科为主）、中小学教师、其他企事业诗词爱好者（如以老干部为主的老年大学基本都开设旧体诗词课程）、网络诗词爱好者（此类作者多用网名）、自由职业者等。值得一提的是，较之古代，由于新职业的出现，一些新的诗词书写内容与特色登上诗坛。如魏新河，乃空军特级飞行员，天空飞行使得他有一种古人从未有过的视野，所以诗词中有格外的大气磅礴之势，这是作者职业身份对于诗词发展的影响。学人之诗近年来见诸报端有增加趋势。如《诗潮》2015年先后刊发莫砺锋、尚永亮、胡可先、曹旭、程章灿等高校中文系教授的作品。民间诗词爱好人士中，亦不乏诗词高手。从年龄上来看，霍松林、叶嘉莹、王蒙等成名较早的学者、诗人仍然笔耕不辍，常有新作见诸报刊。年轻一辈的诗词爱好者更是数不胜数，不少年轻作者也偶有佳作。

随着诗词学会的增多，诗词作者自然相应增多，相关的诗词活动比比皆是。随意浏览中华诗词学会官网，近几年发布的诗会、笔会、诗词赛事公告不少。而民间各地诗词学会每逢节假日，举行的诗会、笔会、茶话会、诗词比赛等，更是多如牛毛，参与人次达数百万。各地诗词比赛的通知信息，时时见诸《诗刊》《诗潮》等刊物。如"世纪颂""龙腾杯""李杜杯""茅台杯""中国梦·深圳杯""人防杯""黄鹤楼""国诗大赛"等诗词比赛，不少比赛已经连续举办多届，这其中还不乏有一定商业行为的悬赏诗词歌赋活动。除了民间的地方诗词学会时常举行诗词活动外，校园诗词大赛也是旧体诗词活动的重要组成部分。如中山大学"蒹葭杯"，已连续举行十届，乃专门的诗词比赛。而持续举行30多年的武汉大学樱花诗赛（1983年发起）、华中师范大学的"一二·九"诗歌散文大赛（1984年发起），也频频出现旧体诗词参赛并获得好评的情况，而且这种趋势愈发明显。中华诗教学会主持的中华大学生研究生诗词大赛，近年来影响日广，这是迄今唯一覆盖大中华文化圈的高校传统诗词大型比赛。此外，如中山大学近年举行的有关诗词研究与传承的暑期学校，也获得了年轻学子的好评。

四 诗词发表、结集出版持续升温

由中国作家协会主管，中华诗词学会主办的权威性诗词刊物《中华诗词》，创刊于1994年，2003年由双月刊改为月刊，发行量继续增加，已居国内外所有诗词报刊之最。同样由中国作家协会主管的《诗刊》，据其编辑说，近几年来，旧体诗词的创作人群后来居上，编辑部里旧体诗词的来稿堆积如山。2013年，《诗刊》为刊载旧体诗词而专设增刊《子曰》，为的就是满足众多诗词作者的发表愿望，以此推进、提升旧体诗词创作。《中华诗词》出版周期的缩短，《诗刊》编辑部收到数量惊人的旧体诗词，《子曰》的设立，都是当下诗词发表热潮的体现。

各地诗词学会一般都办有会刊，既然民间诗词学会日渐增多，那么相应的刊物也会增多，则对内对外刊发的诗词数量也非此前可比。诗词发表方面，传统的纸质出版物，除了《中华诗词》长期雄踞诗词刊物的榜首外，地方诗词学会主办的刊物也有声有色。如广东中华诗词学会主办的《当代诗词》、江苏诗词协会主办的《江海诗词》、吉林诗词学会主办的《长白山诗词》等，都是较有名气的诗词专刊。至于各市、县级的诗词学会所办的诗词刊物，则数量众多，定期或不定期予以公开或内部发行的至少数百种。据当代诗词研究专家王同书的统计，仅北京、广东、湖南、湖北、浙江、江苏、四川、安徽八省市的当代诗词刊物即达两百余种。纸质出版物，还有如《中华诗教》《中华诗词报》《诗词》等报纸也定期刊载旧体诗词。而以刊登新诗为主的著名刊物，如《诗刊》《诗潮》等，也都定期或不定期刊发旧体诗词。自2002年起，《诗刊》由月刊改为半月刊，每月上半月刊，一般都辟有"诗词翰墨""本期聚焦""诗林撷英"专栏，专门刊载旧体诗词，每期刊载量从40多首到60多首不等。月刊《诗潮》每期基本都设有"古韵新声"专栏，刊登旧体诗词亦从30多首到60多首不等。另外，《扬子江诗刊》也设有"旧体新韵"栏目。《诗林》《芳草》等新文学刊物，都专门或不定时刊发旧体诗词。

数字传媒的流行为诗词的发展提供了更为广阔的空间，网络诗词由此成为诗词公开发表或内部发行的一大重镇。网络诗词中，有相当部分品质不错。由于数字传媒的自由性、实时性、易操作性，网络诗词的发行量不在少数。网络诗词社团、论坛或诗词爱好人士的博客（包括微博）、QQ空间等，都成了发表或发行旧体诗词的平台。如前几年，苏无名（真名裴涛）曾编写《网络诗坛点将录》，引起较大关注。最近几年，由于微信的出现，更催生了旧体诗词的微信平台传播，如"长安诗社公众号"。该诗社利用当下流行的微信通讯工具，开辟了微刊物《长安诗社》，每周更新数次，设有《长安电台》、《命题诗词会》等栏目。如此更新频率，大大超过了传统的纸质出版物。值得一提的是，《诗行天下》《诗词中国》《唐之韵》等纪录片的出现与热播，也是诗词热的侧面反映。超星学术视频网、国家精品课程资源网、各高校精品课程网上，王步高、尚永亮、王兆鹏、张海鸥、彭玉平等教授关于诗词的讲授，也为诗词写作与学习起到了指导作用。

至于当下诗词结集出版的情况，较之新中国成立至改革开放前，则要多出不少。这其中既有诗人结集，又有学者结集，还有不少是民间诗词爱好者自行印制诗词集。仅以21世纪以来的十几年为例，先后就有郑欣森、赵京战、杨逸明、杨金亭、周笃文、欧阳鹤、星汉、李树喜、鲍思陶、周兴俊、李文朝、刘梦芙、王亚平、蔡世平、郑伯农等较有名气的诗人公开出版诗（词）集。除此之外，诗词爱好者自行印制用以内部交流的集子则更多。

如今，20世纪诗词是否应该写入文学史已经纳入了学理探讨。基本能达成共识的是，写作旧体诗词不能简单等同于有着绝对的文化保守主义价值取向，旧体诗词蕴含着浓厚的文化情感认同，我们写作旧体诗词既需要继承"旧"的成分，又要反映"新"的事物、情感，即旧体新咏应咏出真情实感，旧体诗词的写作需要有言志意识与缘情意识。虽然当下不少人对诗词写作抱有很高的热情，但我们应该时常冷静审视诗词热，不能让苍白、空洞的诗词如流水线上的产品一样成为旧体诗坛的主调。

Contemporary Old-Style Poetry and Lyrics Writing Displaying a New Face

——The General Introduction of Contemporary Old-Style Poetry and Lyrics Writing Booming

Luo Changfan

Abstract：The heat wave of contemporary old-style poetry and lyrics writing is mainly embodied in the following several aspects：an unprecedented degree which comes from national approval, the establishment of the poetry organizations growing with each passing day, multi-constitutions of the authors which bring out frequent activities about poetry, and heating-up publication of poems. These phenomena all show the vitality and contemporary significance of traditional culture, so we should treat the prosperity of the old-style poetry and lyrics with a rational attitude.

Keywords：Traditional, Culture old-style poetry and lyrics, Writing booming

Author's Introduction：

Luo Changfan (1984 -), Ph. D. , Lecturer in School of Chinese Language and Literature, China Central Normal University. Research directions：classical philology, the literature works of Han Wei and Six Dynasties, and the literature of Tang and Song Dynasties. Accademic essays：nearly 30 essays have been published on journals such as *Guangming Daily · Studies of Chinese Ancient Civilization*, *Wen Xian*, and *Academic Journal of Sun Yat-sen University*. E-mail：siyanghe @ aliyun. com。

汉剧研究学院派成果的重大收获

——读朱伟明《汉剧史论稿》

谭邦和[*]

内容提要：汉剧研究过去较少受到学院派的关注，作为湖北学者的朱伟明教授及其学术团队责无旁贷地站在了汉剧研究的学术前沿。《汉剧史论稿》是汉剧研究学院派的重大成果，充分体现了学院派研究的文献学意识，具有注重学术规范、讲究学理探讨、坚持系统思维的学术特色，其中若干专论研究了汉剧史和汉剧发展的一些重要问题。这项成果还昭示着一支汉剧研究的学院派队伍正在成长。

关键词：朱伟明 《汉剧史论稿》 学院派研究 学术团队

朱伟明教授的《汉剧史论稿》完成付梓，我得以先睹为快，深感荣幸。阅读下来，一个非常强烈的感觉，这是汉剧研究学院派成果的重要收获和重大突破。

被定名为通俗文艺的中国古代戏曲，曾长期遭受正统文化的压制，也一直不受文人士大夫和学术界的重视，这种状况一直延续到王国维先生的《宋元戏曲史》问世才获得改变，故古代戏曲的学院派研究自王国维始。当年王国维开拓元曲研究的学术领域，首先得把元曲定位为可以与楚骚、汉赋、六代之骈文、唐诗、宋词并列的"一代之文学"，是元代文学的最高成就和代表性文体，这样似乎才有了重视和研究的理由，在他的引领

---

* 谭邦和（1955—），华中师大文学院教授，文华学院湖北省非遗研究中心主任，主要研究方向为元明清文学。主要著作有《明清小说史》《在文学与文化之间》等。电子邮箱：tbhxrm@163.com。

下，元曲的意义和价值不断被发掘出来，并从此成为中国学术的一个重要领域。此后以《牡丹亭》《长生殿》《桃花扇》等名著为代表的明清传奇也被重视起来，学院派的中国古代戏曲研究于是蔚然成风，方兴未艾，中国现当代学术史上因而出现了一大批以戏曲研究为主要工作的著名专家。湖北大学的朱伟明教授，秉承王陆才、李悔吾先生的衣钵，就是活跃在这个领域里很有建树的一位女学者。

学院派的戏曲研究无疑促进了中国戏曲的进步发展，但 20 世纪特别是 50 年代以后，面对戏曲园林演变为京昆为主、地方戏各擅胜场百花齐放的状态，戏曲研究的学院派却多数停留在王国维及稍后的一批大师已经开拓出来的元明清戏曲的传统学术领域，很少关注地方戏乃至京剧的研究，也不太关注当下戏曲的发展状况，高校的围墙隔开了大学戏曲教授与地方剧种的关系，文化管理体制也似乎让学术界难以插足，戏曲演艺界和戏曲学术界重新进入了比较隔膜的状态。在我看来，戏曲演艺界主要是在从北京到地方的文化领导部门指导下工作，他们与学术界、与高校的关系远不如与政界来得密切。

这种状况自然并不利于中国戏曲特别是地方戏曲的发展进步，而学术界在当下戏曲与地方戏研究中的缺位也是不尽责任的行为。幸好还是有些学者能够意识到当下中国戏曲研究的学术价值，例如已故著名学者吴小如先生就曾长期坚持以学院派观念关注京剧，他曾广泛搜集京剧老唱片，大量积累原始音像资料，并用学院派方法进行分析研究，成为京剧学的开拓者之一，为京剧史研究做出了独特贡献。[①] 不过像吴小如先生这个年辈的学者，他们旧学较深，熟悉剧场，往往能以票友这样的身份介入戏曲，对戏曲的表演艺术也能身体力行，所以他的著作《台下人语》说的都是内行话，并且能够对京剧角色行当唱腔做分类细致的研究，写出《京剧老生流派综说》这样的著作来，而 20 世纪 80 年代以后进入学术界的中青年学者，普遍都没有这种功底，如果他们成为中国古代戏曲的研究者，多半是在前辈已经划定的元明清戏曲的传统疆域里耕作，很少越出界外去关注地方戏曲的现状和发展。

汉剧与学术界的关系同样处于这种状况，而且可能是学界更少涉足的

---

① 邵岭：《票友吴小如，用治学态度研究京剧》，《文汇报》2015 年 11 月 25 日。

剧种。恰如武汉大学程芸教授所言："或许是囿于荆楚在政治、经济、文化方面长期的'非中心'地位，汉剧的相关研究并没有受到足够重视，不仅远远落后于京剧研究，甚至落后于豫剧、黄梅戏、婺剧等地方戏的研究，点检相关文献，清末以来针对汉剧的著作可谓屈指可数。"① 汉剧作为有着悠久历史和独立影响，并且对京剧形成发挥过重要作用的一个地方大剧种，对其的学术研究的薄弱状况与其重要的历史地位是很不相称的。所幸的是时来运转，借传统文化和非物质文化遗产受到国家高度重视的东风，地方剧种的学术研究也获得了发展的契机，渐渐进入高校，受到学院派学者的重视。

汉剧在武汉，汉剧研究自然首先应该在武汉，湖北学者责无旁贷地应该站在汉剧研究的学术前沿。朱伟明教授长期在湖北大学工作，从事古典戏曲研究三十余年，在戏曲史、戏曲文学文本解读尤其是古典喜剧研究方面卓有建树，当仁不让地应该挑起汉剧研究的学术重担。2009 年，她申报的国家社科基金（艺术类）项目"汉剧的发展历史与艺术形态研究"被批准立项，此后六七年，她的学术工作就主要放在了汉剧研究方面。她以其深湛的学术功力，带着她的硕士生、博士生，在这块前人有所用力而明显不足的土地上精耕细作，终于完成了这部凝聚心血的《汉剧史论稿》，作为国家社科基金（艺术类）项目"汉剧的发展历史与艺术形态研究"的最终成果，这部著作实现了汉剧研究的重大突破，是汉剧研究学院派成果的重大收获。

之所以把这部著作定位为汉剧研究学院派成果的重大收获，我想应有之义是在下列几个方面。

第一，这项研究充分体现了学院派研究的文献学意识，建立在扎实的文献史料搜集整理工作的根基之上。课题总体计划中研究资料的搜集被置于首要位置，从 2010 年开始，朱伟明知其学术团队着手进行汉剧研究资料的搜集、整理与汇编工作，用两年多时间完成了近百万字的《汉剧研究资料汇编》，于 2012 年由武汉出版社出版，立即受到学术界的普遍关注。《文艺研究》2013 年第 2 期发书讯介绍，该书 2015 年荣获湖北省第七届优

---

① 程芸、胡非玄：《戏曲史料建设的可贵探索——〈汉剧研究资料汇编：1822—1949〉评介》，《湖北大学学报》2013 年第 2 期。

秀社科成果三等奖和武汉市十四届优秀社科成果二等奖。没有《汉剧研究资料汇编》以及相关的文献资料搜集工作做铺垫，这部史论性的著作是不可能完成的。不仅如此，这些文献资料的搜集整理工作，还将继续支撑汉剧研究的可持续发展。

第二，这部著作很好地体现了学院派研究注重学术规范、讲究学理探讨、坚持系统思维的学术特色。作为一部史论结合的汉剧研究著作，作者把梳理史实、厘清源流作为自己的首要任务，从汉剧形成前湖北地区的戏剧活动开始，仔细找寻汉剧在荆楚地区发展的历史基因，确认清乾隆时期汉剧在楚调的基础上正式形成，在有清一代又历经演变，然后把20世纪至今的汉剧发展历程分成了黄金期、低谷期、复兴期、变革期四个大的历史阶段，分别进行描述，清晰地勾勒了汉剧萌生成型演变发展的历史轨迹。在纵向描述的基础上，这部著作又点面结合地对汉剧的表演形态、艺术流派、剧目剧本、经典个案做了横向的分析探讨，从各个层面帮助我们把握这个剧种。

第三，这部叫作史论的著作理论的色彩也是比较强烈的，其中有对汉剧史和汉剧发展重要问题的若干专论。如对早期汉剧剧本"楚曲29种"做了专题解读，从题材来源、叙事结构、语言风格、剧本形态、音乐体制等各个方面进行深入探讨，为阐释汉剧艺术独特风貌的形成做了良好铺垫。另如汉剧艺术与近代汉口都市文化，汉调、汉剧与其他剧种的互动关系，这些专题的研究，都是汉剧史研究必须进入的思考领域，都有比较令人信服的成果。

第四，也是特别应该指出的，这些年来，朱伟明教授一边自己为汉剧研究竭尽心力，一边为汉剧研究培养新人。最近数年她所带的硕士生、博士生，几乎清一色地在做汉剧研究，一篇篇硕博论文，都是汉剧研究的崭新成果。一支汉剧研究的学院派队伍也在这个过程中成长起来，其中有的已经在戏曲研究的学术领域崭露头角，如陈志勇等青年后劲，已经可以预料他们将为戏曲研究做出更大的学术贡献。

读完这部著作，十分感慨，受荆楚大地好山好水的滋育，依托着大武汉的城市繁荣，汉剧曾经创造过属于自己的历史辉煌，但在艰难的发展中也不断经历坎坷。初期的筚路蓝缕，抗战时期参加抗日宣传活动造成大批汉剧人才的义勇牺牲，"左"的思潮泛滥时期曾经创作过一些思想艺术浮烂的作品，走了一段艺术的弯路，"文革"浩劫中汉剧遭受史无前例的粗暴摧残，汉剧大师陈伯华被野蛮揪斗，吴天保、胡桂林甚至被迫害致死，进入 20 世纪 90 年代以后，汉剧艺术又遭遇了市场经济大潮的冲击，使这样一个优秀剧种濒临绝境。直到进入 21 世纪，国家重视传统文化的传承，非物质文化遗产概念下的保护工作开展起来，2006 年 6 月汉剧首批列入国家非物质文化遗产保护名录，并得到湖北省政府的保护性政策和专项基金，汉剧才又重逢生机。非常希望：借此东风，汉剧演艺界、地方文化领导部门和文化研究机构与汉剧研究的学院派精诚合作，携起手来，共同促进汉剧的传承与重新繁荣，也希望这部学术著作不仅为汉剧已经走过的历史留下剧照，也为汉剧在舞台上开出新生面做出学术性的历史贡献。

从《汉剧史论稿》所打开的学术领域来看，汉剧史的研究还有很多工作要做，很多专题都有待展开，朱伟明教授所代表的汉剧研究的学院派势必还会在这块土地上继续耕耘，不断推出新的学术成果。我们期待着。

The Academic Achievements of Research on the Han Opera

——A Review of *Thesis Draft of the Han Opera History* from Zhu Weiming

Tan Banghe

Abstract：Since Han Opera had been received few attentions from academic researchers in the past, Hubei scholar professor Zhu Weiming and his academic team take the responsibility of doing Han Opera research and working in the academic frontier. His book *Thesis Draft of the Han Opera history* is a major achievement of Han Opera studies, fully embodies the philological sense of academic studies, with a focus on academic norms and theoretical explorations, adhering to the academic features of systematic thought. Some of the monographs have discovered many vital issues in the history of Han Opera and its development. This achievement also indicates the development of an academic research group on Han Opera studies.

Keywords: Zhu Weiming, *Thesis Draft of the Han Opera History*, Academic studies, Academic research group

Author's Introduction:

Tan Banghe (1955 −), Professor in Central China Normal University, Director of Hubei Province Non-Material Cultural Heritage Research Center, Wenhua College. Research directions: Literature in Yuan, Ming and Qing Dynasties. Monographs: *History of Fictions in Ming and Qing Dynasties* and *In the Middle of Literature and Culture*. E-mail: tbhxrm@163. com.

五四研究

Study on May 4th Period

借之"提劲"

——漫谈我的"五四"研究

陈占彪*

内容提要：没有现实环境的刺激和催化，就没有思考和选题。当代中国社会中，往昔知识分子那种指点江山、关怀世事的情怀在今天的读书人身上消失殆尽，而淑世意识，恐怕是五四一代知识分子身上最显著的特征。对个人而论，探讨"五四精英的知识分子观"的意义不只局限于其学术意义，更在于从对五四知识分子的使命感的回溯中汲取力量，借之"提劲"，重建知识分子与当代中国的联系。对"民国时期"和"台湾地区"的五四事件稀见材料加以搜集和整理，加上我们能够看到的中华人民共和国成立后的五四事件叙述，大概就能构成一个"相对完整"的五四事件叙述。

关键词：知识分子 淑世意识 五四情怀 五四事件

像这样的问题我一定是不会，也没理由想到，那就是"谈谈您研究'五四'的缘起、经历及体会"。当《中文论坛》的聂运伟先生要我写一个对自己以往的五四研究的经历和体会时，我方才明白原来他发现并试图诠释、理论提升一种有别于前辈学者和海外学者五四研究的一种"五四研

---

* 陈占彪（1976—），博士，上海社科院文学所研究员。研究领域为近现代思想文化研究、当代文化研究、汉文化圈国家与中国关系研究。专著：《五四知识分子的淑世意识》《自由及其幻象：当代城市休闲消费的发生》。编：《清末民初万国博览会亲历记》《思想药石：域外文化二十家》《五四事件回忆（稀见资料）》《三岛蜷伏，日月重光：抗战胜利受降现场》《四一七国耻：马关谈判实录》《从琉球国到冲绳县：琉球亡国史料辑录》《清季琉球悬案始末》；整理：《琉球国志略》；主编：《琉球文献新辑》文献丛书。电子邮箱：chenzb1911@126.com。

究的新路径"，而这种"新路"体现在一些相对年轻的学人的研究成果中。这自然是要对五四研究的历史和现状有所把握和研究才可以作如此判断。人一旦听到别人说到自己，往往容易特别在意，我也是。我辈只顾埋头拉车，向不看路，至于走的是羊肠小道，还是康庄大道，路况如何，又通往何处，当局者迷，旁观者清。因此倘当一个人从旁告诉你走的这条路是什么，并提出中肯的批评，就自然是一件特别期待的事。

聂先生可能是鼓励我，就说，你看当年胡适那干人，动不动来个"四十自述"的。胡适四十就自述，在今天确是不可思议。"小胡同志，你这是要'风口飞猪'吗？"其实，在他那个时代里，四十就自述，似也不难理解。

原因有二：一曰文盲太多。当时中国"识字的却大概只占全人口的十分之二"①，遍地文盲，又喝了几天"洋墨水"，他自然可以视天下为"无人"，今天，倘起自诩"懂英文的"志摩诗人于地下，他还敢如当年那样牛哄哄地放言"你们没有到过外国、看不完全原文的，当然不配插嘴，你们就配扁着耳朵悉心的听"？只怕要被今人骂"脑子有病！"吧。二是寿命太短。当时中国人平均寿命多少，没找到确切数据，但从五十来岁的鲁迅被人骂为"世故老人"便可知年届四十岁的胡适已跨入中老年阶段了，倚老卖老，有何不可？可是在"八十九十不稀奇，六十七十小弟弟"的今天呢，当年的五十老叟鲁迅先生恐怕只能算是"小小弟"了。总之，"四十自述"，不是他多"张扬"，而是在当时社会中，他可以这样做。

一　红楼添饭香，鲁迅助眠安

"作法不自毙，悠然'到'四十"。研究虽微不足道，凡事却总有原因，既然抬举，"不如从命"。临近交稿之日，我可是再三思想，夜不能寐，说起对五四感兴趣的原因，说出来恐怕有些"扫兴"：那就是为了"补课"，而不是为学术。也就是说，"学习第一，学术第二"。

由于鄙人情况特殊，大学学理，"半路出家"，没受过正规人文学科的

---

① 鲁迅：《且介亭杂文·中国语文的新生》，见《鲁迅全集》第六卷，人民文学出版社 2005 年版，第 118 页。

科班教育。更不用说，祖上既非状元进士，家中又无万卷藏书，加之长年苦战应试，无暇兴趣，要说人文基础，无非是高中以前的语文课本。知识的可怜和浅薄，可想而知。好，你现在头脑发热，改理从文，又"应试"到中国现当代文学专业，你连"五四"时期的经典文本都没好好读过，混什么混嘛！

于是只得读书补课，至于读什么书呢，那当然是读经典，这很重要！朱光潜谈到读书时就说："走进一个图书馆，你尽管看见千卷万卷的纸本子，其中真正能够称为'书'的恐怕又难上十卷、百卷。你应详读的只是这十卷、百卷的书。在这些书中间，你不但可以得较真确的知识，而且可以于无形中吸收大学者治学的精神和方法。……你与其读千卷万卷的诗集，不如读一部《国风》或《古诗十九首》，你与其读千卷万卷谈希腊哲学的书籍，不如读一部柏拉图的《理想国》。"① 而贾宝玉同学说得还要绝，他曾放言，"除'明明德'外无书，都是前人自己不能解圣人之书，便另出己意，混编纂出来的"。可见，绝大多数书都是价值不大，不必读的，读了会浪费你的生命。

"吾生有涯而知无涯"。"阅读经典"有效地解决了"有涯的生"和"无涯的知"的矛盾。试想今天的学生将多少宝贵的时间浪费到那些价值不大，甚至是无价值的书上。说到这，我不得不说，我对有些老师把自己的著作推荐给学生读的做法颇不以为然。先生，你那些书多是为了获得文凭，为了评职称，为了拿课题套现金用的，奈何在别人"吃肉长身体"的时候却让人家"喝汤啃骨头"？何况对教师本人来说，咀嚼"甘蔗渣"，不仅无趣，而且没劲。人家"芝加哥大学社会思想委员会"培养博士生的一个最重要、最有效的方法就是"由独当一面、世界性的、在自己专业中有重大贡献的一流学者带领学生精读有深度、浓度与内涵的经典巨著"。因为一部作品之所以能成为经典，在于"这些经典著作都有一项辩证的统一性：它们都是对其著成时代之具体问题有感而发的著作，而它们的内容却又都有超时代、永恒的意义。"② 经典不仅风靡于当世，引导潮流，而且启发于后世，历久弥新。

---

① 朱光潜：《谈读书》，载胡适等《怎样读书》，北京三联书店2013年版，第88页。
② 林毓生：《思想与人物》，台北联经出版事业公司1983年版，第298、300页。

现代中国其实距离我们不过百年，哪些是经典，哪些是伪经典，哪些其实不过是垃圾，一时半会还鱼龙混杂着，恐怕还得一百年的时间再去"淘淘"，但不管怎么说，有一个文本恐怕是不需要再"淘"了，那就是《鲁迅全集》。试想，如果没有鲁迅，无论我中国出了多少巴金、老舍、茅盾（并不是说他们不行），中国现代文学要逊色多少？古人云，"天不生仲尼，万古如长夜"，我们似也可以说，"天不生鲁迅，百年无滋味"。对一个要了解现代中国思想、文学、文化的人来说，你不好好读《鲁迅全集》，恐怕是说不过去的。

于是乎，在研究生时候，我经常是"吃饭读《红楼》，睡前翻《鲁迅》"（我喜爱的另一个经典就是《红楼》，1995年我负笈求学时，行囊里就只带了一本《红楼》，带在身边踏实）。这个习惯是有道理的，边喝稀饭边看《红楼》有味道啊，我们不是就有"太羹有味是诗书"的说法吗？临睡前翻两篇《鲁迅》，闭上眼睛想一想，容易入睡。《红楼》添饭香，《鲁迅》助眠安，吃得香，睡得好，节约了时间，读得了经典，四全其美，不亦乐乎。

可是，为什么喜欢读他的作品？当年有一位青年读者对"胡适们"说，"读《独立评论》，总觉得不过瘾！"胡适说，哼，我们本来就"不供给青年过瘾的东西"。可是与胡适的文章相对的是，鲁迅的文章会让人"上瘾"的。郁达夫就说读者读了鲁迅的文章"会感到一种即使喝毒酒也不怕死似的凄厉的风味"①。魅力之大可见一斑。就连鲁迅本人也对他的文章的威力感到"害怕"了，他就不无担心地说，"我就怕我未熟的果实偏偏毒死了偏爱我的果实的人"。可见，对他的文章，傻子才不喜欢呢。

可是，他的人格及他的文章的魔力何在？

鲁迅其实已经告诉我们了，"盖人文之留遗后世者，最有力莫如心声"②。那就是"真"，或者说"诚"。因为"只有真的声音，才能感动中国的人和世界的人"③，这便是他的文章的魅力产生的根源所在。我们读他

---

① 郁达夫：《鲁迅的伟大》，《回忆鲁迅·郁达夫谈鲁迅全编》，上海文化出版社2006年版，第111页。

② 鲁迅：《坟·摩罗诗力说》，见《鲁迅全集》第一卷，人民文学出版社2005年版，第65页。

③ 鲁迅：《三闲集·无声的中国》，见《鲁迅全集》第四卷，人民文学出版社2005年版，第15页。

的文章，可以说是无一字不是"心声"，自然，在他看来，他其实"也未尝将心里的话照样说尽，大约只要看得可以交卷就算完"①。即使如此，我们已经过瘾了。正因为他的文章是发自内心的"真话"，才吸引、感动和感染着我们。

和很多作家不同的是，他的文章，有"小"有"大"，既有芝麻又有西瓜。我们读他的作品，常能看到两类性质的词汇和内容，即"小我"和"大他"。很多文章，他都是以"我"为身份来叙述"自己"的事情和思想，一会和这个打笔仗，一会和那个闹别扭，事无巨细，无不如实书写。"我时时说些自己的事情，怎样地在'碰壁'，怎样地在做蜗牛，好像全世界的苦恼，萃于一身，在替大众受罪似的"②。虽是私事小事，然并非无益，他自己也说了这些个人私事的意义所在，"即使所讲的只是个人的事，有些人固然只看见个人，有些人却也看见背景或环境"③。所谓袖里有乾坤，滴水见世界也。

除过"小我"，还有"大他"。就是我们常能在其文章中能见到"中国""民族""国民性""青年""改革""未来"之类的"宏大叙事"，这便是知识分子最可宝贵的淑世意识和社会关怀。今天的人们已经对这样的宏大叙事避之唯恐不及，这不就是因为今之人们的胸襟不及他之浩荡吗？当然，当他谈这些"大词"时，他仍是以真诚而谦卑的态度来讨论，而非以"导师"的面目来指点。当然，不只是鲁迅，这种关怀世事的知识分子根性在五四一代知识分子身上体现得极为明显，只不过有的是斗士，有的是诤臣，方式不同，本质相同耳。

朋友，不要小看这两点，他的这两点今天没人做得到，因为你"戴着面具"，所以没有"小我"；因为你没有情怀，所以没有"大他"。

有阅读，自然就有思考。这期间写了一些长短不一的文章。一个是《〈野草〉与〈梦十夜〉比较论》，五万多字。鲁迅是了解夏目漱石及其作品的，鲁迅的《野草》与夏目漱石的《梦十夜》两组散文诗的文本内容和形式

① 鲁迅：《坟·写在〈坟〉后面》，见《鲁迅全集》第一卷，人民文学出版社2005年版，第299页。
② 鲁迅：《二心集·序言》，见《鲁迅全集》第四卷，人民文学出版社2005年版，第195页。
③ 鲁迅：《三闲集·我的态度气量和年纪》，见《鲁迅全集》第四卷，人民文学出版社2005年版，第113页。

都有相似的"气味",复旦大学李振声老师最先提到学界没注意到的这一点，受他启发，我较仔细地比较了一下这两个文本，不过，这种文章不过是公说婆说，自圆其说就OK。一个是《论五四时期的"语言文字革命"》。我们常说"文学革命"，其实"语言文字"革命才是"文学革命"的第一步，这个文章主要考察五四精英们对中国语言文字的思考评价、理论探索和改革思路。还有一个文章是《论鲁迅早年的"三步走"思想体系》。我们一向强调鲁迅早期思想中的"立人"思想，但似乎没注意到立人的前提和目的。"张启灵明"是立人的前提，"缔造人国"是立人的目的。我说的就是这个意思。此外还有一些小文章，这里就不必啰嗦了。

二　"有劲"的学术

学术的价值和意义在于"创新"，引经据典未必不能创新，但往往很难创新。这"难"的原因有二：一是该说的人家都说了，无话可说了；二是大家对于经典一般来说比较熟悉，如果你不是真的有想法、有新意的话，要忽悠人相对困难。因此，作学术最讨巧莫过于在犄角旮旯找点名不见经传、无人关注，自然也多是不重要的材料，别人都不了解，随便你说。

总得要混张文凭。正好如拉塞尔·雅各比所说，"博士学位论文是获得一个重要学术地位、过上知识分子生活的资格证书"。于是就面临着博士论文选题的难题了。

人总是生活在现实中，特别是对我自己来说，没有现实环境的催化和刺激，就没有思考和选题。五四一代知识分子的淑世意识恐怕是他们这代知识分子最显著且最迷人的特征了，特别是生活在当代中国，我突然发现，往昔知识分子那种指点江山、关怀世事的情怀在今天读书人身上消失殆尽，中国知识分子向来存在着那种"家事国事天下事，事事关心""士不可以不弘毅"的传统在今天社会很难存续。这是我直观的、明显的感受。这恰如殷海光所哀叹的："知识分子是时代的眼睛。这双眼睛已经快要失明了。我们要使这双眼睛光亮起来，照着大家走路。"①

于是，我尝试解释这种现象，我认为这与当代知识分子学院化生存、

---

① 殷海光：《中国文化的展望》，上海三联书店2003年版，第543页。

后现代社会思潮、网络言论空间的打开等因素相关。在学院的象牙塔之中,知识分子的公共性逐渐被专业性代替,民生关怀为学术研究代替,激情被冷静代替。在后现代社会中,知识分子已经由过去的"立法者"身份转变为现在的"阐释者"身份。网络社会新舆论空间的形成和"新舆论阶级"的兴起终结了知识分子的"代言者"身份。当然,在广大知识分子偃旗息鼓的同时,自然也有不甘心这种状况的知识分子,他们寻求新的出路,在当代中国,"文化研究"很大程度上已经成为当代敏感的人文知识分子,以学术的方式立足当下,观察中国,批判现实,介入社会,以实践其批判意识的新面向。

在知识分子批判精神衰落的过程中,也有昙花一现的时候。2004 年,《南方人物周刊》"学步"同年英国的《前景》(*Prospect*)和美国的《外交政策》(*Foreign Policy*)杂志在全球范围里发动评选 100 位"最有影响的公共知识分子"活动,推出评选中国的"公共知识分子 50 人"活动。该杂志列举了三条评选标准,分别为:"一是具有学术背景和专业素质的知识者;二是对社会进言并参与公共事务的行动者;三是具有批判精神和道义担当的理想者"。这虽然不是西方定义的"公共知识分子"的原意,但不是更接近五四一代知识分子的本性吗?这一文化事件本身在当时也触发了官方、社会和人们对知识分子这一概念的思考和讨论。这也触发我在思考"何谓知识分子",即"什么样的人才算是知识分子"这样的问题。关于当代知识分子批判性衰落和何谓知识分子,不管成熟与否,我都陆续写成论文发表出去。

"理想中的学者,既能博大,又能精深。精深的方面,是他的专门学问;博大的方面,是他的旁搜博览。博大要几乎无所不知;精深要几乎惟他独尊,无人能及。"这道理谁都懂,可有几人做得到?适逢博士论文选题之际,这方才感到读书太少。一个人如果选题有困难,那多数是知识面太狭所致。当初我的博士生导师唐金海先生拿古今中外名著"考问"我,谁谁谁的什么什么看过没有,我只得装着说"哦,看过,看过"。看过才怪呢,要是真看过就好了。

既然当时社会上文化事件触发了我对"何谓知识分子"的兴趣,那么,五四精英眼中的知识分子应是什么,即"五四精英的知识分子观"是什么?一天中午,我在摇晃的公交车上突然想到索性就做这样的题目罢,随后，我到唐老师府上汇报选题，我们不约而同地提到同样的题目，这就叫不谋而合。

这样的题目，从学术的角度，未必有多少"新意"，对别人来说，也未必"有趣"，但对自己来说，却是"有劲"。从学术评价来看，"创新"是检验一项学术工作是否有价值的唯一标准。从个人来看，有趣往往是学术的动力。"趣味是活动的源泉，趣味干竭，活动便跟着停止。"梁任公先生是主张趣味主义的一个人。他就说："倘若用化学化分'梁启超'这个东西，把里头所含一种原素名叫'趣味'的抽出来，只怕所剩的仅有个零了。"① 但对我来说，这些都不是我从事学术研究之动力，我的动力在于看一个题目是否对自己来说"有劲"。一个题目能调动起你的热情，让你做起来不觉枯燥和疲倦，就算"有劲"。唯有襟宇疏亮，才能过都历块。

对自己来说，这样的题目不只"有劲"，而且"提劲"，即还能给你以力量。我从公共性（公共关怀）与专业性（知识探求）来定义知识分子，并回顾了这一历史传统。具体到五四一代，"关怀世事"是他们的共性，但这共性之下在不同层面又有不同方式和姿态。而鲁迅、胡适、郭沫若这三人具有典型性和代表性，他们的全集都摆在那里，材料又不难找。我又从知识分子与政治（这里政治不只是狭义的政治活动）、学术与政治、创作与政治来挖掘并构建五四精英的知识分子观。具体内容在此不必详说。要说的是，通过完成这个题目与其说是在作学术，勿宁说是在"朝圣"。

我当然知道写论文前对已往研究文献进行梳理和综述的至关重要，因为你的创新和价值正建立在此基础之上，可是我不太喜欢看别人的研究，又偏偏相信即使同一题目不同人写起来定是不同的，连一个人都"不能两次踏进同一条河流"，那"两个人能同时踏进同一河流"乎？因此，我往往是论文写成后，再倒过来写文献综述和创新价值，"按既定规范办"，好在这并不难。

2009 年 2 月的一天，适逢五四九十周年，我忽然接到商务印书馆的丁波兄的电话，他说是看到《中华读书报》上我发表的一个整版文章《胡适的叫局与吃花酒》（这个闲文原题为《胡适狂窑子考》，怕是嫌俗了，就改

---

① 何仲英：《中等学生的国文学习法》，载范寿康编《我们怎样读书》，当代中国出版社2013 年版，第 81 页。

成这个），由是又在知网上查到我的关于五四的博士论文全文，问是否能放在商务出版？闻讯之后，我自然欣喜，商务印书馆可是中国出版的创始老店，平时摸不到门，今天，"朱门今始为君开"，焉能不高兴？只是，遗憾的是，我这书老早就交给河南某大学出版社好久了，对方也已同意出版，我不能见异思迁嘛。当初为了能出版，我还拉了两位前辈大家的书稿"狐假虎威"，组成一套书一起出版，可是，自交了书稿给出版社约一年过去了，数次催问，只说可出可出，却迟迟不见动静，加之别人的书稿也不便久等，于是我只得再移师商务，这便是后来商务印书馆于 2010 年出版的《五四知识分子的淑世意识》一书。

三　从细节看"五四事件"

要说五四，不能不提 1919 年 5 月 4 日北京学生为反对日本强占我山东权益的爱国游行。今天的"五四运动"这个概念是以当年的"五四事件"为原点，不断丰富、不断拓展起来的一个概念。用周策纵先生的话来说，就是"它是一种复杂的现象，包括新思潮、文学革命、学生运动、工商界的罢市罢工、抵制日货以及新式知识分子的种种社会和政治活动"。

一次，我在图书馆翻旧报刊，翻到《晨报》1919 年 5 月 5 日的一个文章《山东问题中之学生界行动》。这是 5 月 4 日当天去中央公园游览，路过天安门广场的《晨报》记者，他正好遇到学生游行，于是将自己在现场的亲见亲闻发表在第二天的报上。这个报道速度之迅速，现场之真切，描述之客观，都远非此后那些把"五四运动神圣化"后的回忆文章可比。

看了这个文章，印象最深刻的是描述那个后来被称为"杀人不眨眼的"步军统领李长泰。李乘车赶到现场，劝说学生不要前往使馆区游行，学生称这位步兵统领不是"长官"，不是"老爷"，而是"老前辈"，这种称呼让人感到新鲜。这时有学生"大呼卖国贼"，李说，"汝们有爱国心，难道我们做官的就不爱国，就要把地方让给别人么？不过总统之下还有我们各种机关，汝们如有意见，尽管由我转达，若是汝们代表要见总统，我也可以替汝们带领，反正总有办法，不能这种野蛮的"。这些细节与长期以来形成的对五四中军警的"刻板印象"是冲突的，我感受到了历史叙述中细节的魅力和力量，于是，我想到五四事件中军警的表现，按一般的叙述，军警与学生是对立的，凶神恶煞，参考了其他能看到的五四回忆，方才弄明白五四当日军警和学生心其实一致的，且"无所作为"。

再细看这个现场观感，还有几个细节吸引了我，一个是"昨日为星期日，天气晴朗"。一个是"见有大队学生个个手持白旗"。平时我们不注意这些细枝末节，但是"细思极趣"，当找出其他回忆文章参考时，就明白了，当时 5 月的北京天气是燥热，穿长衫学生心中更是燥热，又因为是星期日，学生利于集合，然又因为是星期日，美国公使芮恩施正好去门头沟旅游，前往美使馆的学生寻求帮助未果，学生没尽兴，拐向赵家楼，看来，那天发生的事，既是必然，也是偶然。至于学生为何要"手持白旗"，是因为他们在天安门游行是为"卖国贼"出丧来的。

1979 年，在中国社科院组织的"五四"六十周年座谈会上，当年的"五四青年"杨东莼先生说："社会科学院写一本历史书，给青年人看看，但不要写八股文。现在有人还写八股文，写来写去还是那么几句，历史书要有事实，有形象，感染、教育青年人。"[1] 像这样的文章不正是"有事实，有形象"的历史文献吗？这个文章并不难找，但似乎未被关注过。

于是，我就写了《五四细节》一个长文来"微言大义"。说了四个细节：一、"晴朗的星期天"。是说五四事件与当时的天气状况和星期休息是有关的。二、"老前辈"。是说五四中军警的表现是可圈可点的。三、"白旗"。是说曹陆章的"卖国贼"称号是值得商榷的。四、"火柴"。说火烧赵家楼是经过事先谋划的，进而认为五四当日事件前半段是北大傅斯年等学生主导，后半段则是北京高等师范学校匡互生等学生主导。全文五万多字，分别发表在《新文学史料》（2009 年 9 月）、《历史学家茶座》（2009 年 5 月）等几个报刊上。

由此一文章启发，我又在图书馆的台湾书籍和民国书籍中时不时看到一些不常见到的回忆五四事件的材料和五四文献，随手收集起来。其实关于五四回忆，1979 年，五四运动六十周年之际出版的《五四运动回忆录》（上、下、续）（中国社会科学出版社），可以说是五四回忆的集大成者，当然还有其他书。但这些材料缺乏两块内容：一是居留台湾的"五四青

---

[1] 《五四时期老同志座谈会纪录》，载中国社科院近代史研究所编《五四运动回忆录》（上），中国社会科学出版社 1979 年版，第 10 页。

年"的五四事件回忆，二是新中国成立前报刊档案中的五四事件叙述。这些"民国时期"和"台湾地区"对五四事件的叙述，再加上我们能够看到的新中国成立后对五四事件的叙述，大概就能构成一个相对完整的五四事件叙述。

2014 年，五四运动九十五周年之际，在我的两位学生的帮忙下，将这批材料整理出来，随后，生活·读书·新知三联书店出版了《五四事件回忆（稀见资料）》这本书。论理，著述重于文献，郭沫若不是就说"创作是处女，翻译是媒婆"吗，这是对的。但是我却相反，我向来看重材料甚于看重著作，因为著作是材料基础上的诠释，因此，我宁愿看材料，而不是著述。

四 装腔作势，装神弄鬼的文风

上面说到，我之"半路出家"的坏处在于基础较差，但是，有好处吗？以前常有人问我"你以前学理科对你现在学文科有什么帮助"这样的问题。直到最近一次，职称评定中，一个评委老师还在问我这样的问题。拜托，你问我这问题的时候，我大学毕业都十六年了，还问？我坦率地答他，"没有帮助"。其实，客观地说，学理科对现在从事人文研究也不是没有好处，如果要说有，那就是幸亏我大学没有读中文。此话咋说？

我发现，没读过中文往往还能"好好说话""会说话"。一旦读过中文就"不好好说活""不会说话"了。上大学时，老实说，内心是瞧不起中文系学生，你说你爹妈送你来中文系都学啥子嘛，你平时看的那些东西，凡有"井水"的地方，哪个不懂？今天还专门读中文，有必要吗？可是，不久，我就从中文系的一个女生身上领教到学中文的"厉害"，我们是同乡，所以认识。有次，她将她写的作业——大概是评论陈染的小说吧——给我看。咱这一看，顿时吸了一口冷气，傻眼了，字全认识，却几乎没有一句话能明白说的什么意思！这时才对学中文的人"肃然起敬"，虽然多是对自己理解能力感到惭愧，可是间或又怀疑她是不是"神经病"，你说你能把一篇文章说得让一个正常人一句话都读不懂，你不是神经病是什么？

由于中文好糊弄人嘛，就考取了研究生。哼！这次，我非要搞出个让人读了稀里糊涂、云里雾里的"东东"来，看看我的厉害！一天，我的硕士导师王文英老师把叫我到办公室，指着我的作业说："你这是怎么回事？"因为为了"下决心不要人看"（毛泽东语），我可是使出浑身解数：将"常用词"换成"非常用词"，将具体的变成抽象的，将简单的变成复杂的，"生造除自己之外，谁也不懂的形容词"（鲁迅语），这还不够，还加长句子，转折、让步、条件……从句套多句，以至有时甚至几行都无标点。显然王老师被"吓"着了。我只得讪讪地说，我是看复旦的某某老师的文章就是这样的。她大概不好说某某不好，且见我能认识到错误，就让我走了。

看看，本来好好的青年一入中文门就学坏了，那大学没学中文，岂不阿弥陀佛？你明明会说话，能说清楚，却要装腔作势，装神弄鬼。可是，学中文的人为什么要这么做？其实鲁迅、胡适早有解释。鲁迅说："文字难，文章难，这还都是原来的；这些上面，又加以士大夫故意特制的难，却还想它和大众有缘，怎么办得到。但士大夫们也正愿其如此，如果文字易识，大家都会，文字就不尊严，他也跟着不尊严了。"① 人家不懂，才有尊严，要人不懂，就"故意特制的难"。胡适也称这种人是"文妖"。他说："这两种文妖，是最反对那老实的白话文章的。因为作了白话文章，则第一种文妖便不能搬运他那些垃圾的典故，肉麻的词藻；第二种文妖便不能卖弄他那些可笑的义法，无谓的格律。并且若用白话作文章，那会作文章的人必定渐渐的多起来，这些文妖就失去了他那会作文章的名贵身分，这是他最不愿意的。"② 看来，"文妖"向来就有，不惟今日。

本来，说话作文，就是为人听，叫人看，诚实发言，明白写出，惟恐人不能懂，然而，我看到的却是装腔作势，装神弄鬼，唯恐人能懂。这种现象于今为烈！问题是，你回头是岸，洗面革新，好好说话不就行了吗？可是，你不玩这套自欺欺人的把戏，编辑首先不答应！我认识一个朋友，他说他每次投稿前，都要将自己的论文改写一遍，改得更易为人懂，因为他的论文实在太"难"读了，连编辑都读不懂！不改不行。我和他完全相反，每次投稿前，也要将自己的论文改写一遍，改得更难为人懂，因为我

① 鲁迅：《且介亭杂文·门外文谈》，见《鲁迅全集》第六卷，人民文学出版社 2005 年版，第 95 页。
② 欧阳哲生主编《胡适文集》第九卷，北京大学出版社 1998 年版，第 65 页。

的论文太"易"读了，编辑往往觉得浅薄。我以前常会遇到一些好心的编辑指导我说要我将文章改得"学理性强一点""规范一点"，改得"像学术论文"。我一听就明白，这好办，换点生僻的、抽象的词，实在没有，就生造，将句子变长，删掉举例……一言以蔽之，就是把让人"一看就明白"的文字统统改成让人"一看就糊涂"的文字。更不可思议的是，一家报纸的编辑也向我提出类似建议，这让我很不解，难道现在的报纸也跟着学坏了？为了能发表嘛，我只好忍辱陪他们玩，一起糊弄人！可是，这样改出的文章就是"学术论文"，"学理性"就强了？呸！好在，我从此不再愿意"折节"玩这种游戏了。

可是，不玩归不玩，但"二装"（装腔作势，装神弄鬼）现象在学界还是普遍存在着的。有时想想就冒冷汗，每年我们发表多少论文，出版多少专著，其中有多少是在"装学术"，自欺欺人呢。今天我们应当好好做一篇"学术改良刍议"，应当好好做一篇"反对学八股"。总之，好好说话，说明白话，才是正理。

略能令人慰安的是，虽然从书中改出的论文发表时都"被阉割"过，但在书中基本上还是保留了"好好说话"的原貌。

《五四知识分子的淑世意识》的主角是"先生"，《五四事件回忆（稀见资料）》的主角是"学生"，先生们在书房笔耕，学生们在街头行动，无论是先生，还是学生，他们共同的愿望和使命无不是为了国家、民族的生存、发展和复兴而呐喊和奋斗，促成一个"美好中国"的实现。

如果从"学术"意义上看，成绩可怜，可是，从精神上论，意义重大。通过这个研究，我来到这个圣地洗礼过了，来到这个源头涵泳了，并从他们身上汲取了力量，而正是这种力量支配和推动着我的其他工作。

后来，我没再继续五四研究，而转向其他题目，诸如博士后项目"当代城市'消费性休闲'的发生机制"（这便是2015年商务印书馆出版的《自由及其幻象：当代城市休闲消费的发生》一书）、国家社科基金项目"当代娱乐文化的伦理危机"（将以《低俗文化论》为名由商务印书馆出版）、创新工程"琉球认同与文献整理与研究"（主编、整理的大型琉球文献丛书《琉球文献新辑》正由商务印书馆出版）等，并编了几本自己想编的书。所有这些工作，虽与五四无关，但何尝不是对"五四情怀"的一种致敬。

年届八旬的天津大学日本研究院的米庆余教授时不时打电话，关心我的琉球文献整理工作。每次他都会慨叹道："咱们这些读书人只能如此，才算是为国家出点力了。"我忙不迭地附和道："是的，是的。"

Drawing Strength
——A Discussion on My Research on the May 4th Period

Chen Zhanbiao

Abstract：There is no thinking and selected topic without the stimulation of current environment. In contemporary China, intellectuals' passion for the world and the society has been faded away, but the emotion of saving society was a typical feature of intellectuals in the May 4th period. At the personal level, the discussion on the intellectuals' values in the May 4th period not only has academic influences, but also can rebuild the relationship between intellectuals and contemporary China by drawing strength from intellectuals' sense of mission in the May 4th period. By collecting and summarizing the rare materials of May 4th Movement in the Republica Period and Taiwan Area, and reading the description of May 4th Movement after the founding of the People's Republic of China, we can form a "relatively complete" description on May 4th Movement.

Keywords：Intellectuals, Emotions of saving society, May 4th Spirit, May 4th Movement

Author's Introduction：

Chen Zhanbiao（1976 −）, Ph. D. , Researcher in the Institute of Literature in Shanghai Academy of Social Sciences. Research directions：Chinese modern and contemporary ideological and cultural study, contemporary cultural study, study on the relationship between countries in the Chinese culture circle and China. He has taken charge of one national research project. and has the following two monographs：*Intellectuals' Emotions of Saving Society in the May 4th Period* and *Freedom and Vision*：*Emergence of Contemporary Urban Leisure Consumption*. Besides, he has complied the following seven books：*Present at the World's Fair in the Late Qing Dynasty and the Early Republic Period*, *Ideological Medicine*：*Twenty Ideolo-*

gists of Exotic Culture, A Memoir of the May 4th Event (Rare Materials), Concealed within Japan Before, Revealed to the World Now: the Scene of the Surrender Ceremony after the Victory of Anti-Japanese War, National Humiliation of the April 17th Event: A Memoir of Shimonoseki Negotiation, From Ryukyu to Okinawa: Complies of Historical Records on How Ryukyu was Perished, and The Whole Story of Ryukyu's Case of Pendency during the Qing Dynasty. He has also collated A Brief History of Ryukyu Kingdom and has been the chief editor of Collections of Ryukyu Documents Series. E-mail: chenzb1911@126. com.

江山代有才人出

——读陈占彪的五四研究

聂运伟*

内容提要：上海社会科学院的陈占彪研究员 2010 年出版的《五四知识分子的淑世意识》一书，以五四时期的知识分子三个典型人物胡适、鲁迅、郭沫若为中心，条分缕析地分析了五四知识分子丰富多样的淑世意识。此书厚达七百余页，五十余万字，既有鲜活的个案剖析，又有抽象的理论提升，既有主观的热情，又有客观的冷静，所涉学科甚多，领域颇广，思想敏锐，视野开阔，结构严谨，资料扎实，立论客观，行文畅快，是近年来不可多得的学术收获。本文从五四研究史的角度，对陈占彪的五四研究作了推介性的评述。

关键词：陈占彪　《五四知识分子的淑世意识》　五四研究史

《中文论坛》本辑的"五四研究"栏目刊发了上海社会科学院研究员陈占彪先生谈他与五四研究的一篇文章。作为编辑和约稿人，首先要感谢占彪的赐稿。缘何要在《中文论坛》持续开设五四研究的专栏，缘何与素昧平生的占彪有了笔缘往来，缘何占彪一步步走进五四研究并有了不俗的成果，借用陈平原先生的一段话，似乎就说清了一切："'五四'新文化运动，对我来说，既是历史，也是现实；既是学术，也是精神；既是潜心思索的对象，也是自我反省的镜子。问学二十几年，经历诸多曲折，'五四'

---

*　聂运伟（1955—），湖北大学文学院教授，研究方向：美学、文学理论、思想史。著有《爱因斯坦传》《思想的力量》等。

始终是我'最佳对话者'——其具体思路及举措，不无可议处；但作为整体的生气淋漓与丰富多彩，至今仍让我歆慕追慕不已。"① 占彪给本刊撰写的文章名为《借之"提劲"——漫谈我的"五四研究"》，"提劲"一词恰好道出五四让一代代中国知识分子"歆慕追慕不已"的精气神。

我没有陈平原先生那么高的学识，但我懂他心中的五四情怀。五四的身影，在中国社会百年来的前行历程中，并未渐行渐远，相反，五四所蕴含的历史与现实意义，如同陈年佳酿，越来越醇厚，向有迷人的魅力。逢十便来一次的隆重纪念，由学术会议、学术专著、学术文章累积而成的五四研究史已然成为五四研究的一大重镇。鉴于五四百年纪念日益临近，《中文论坛》常设的五四研究栏目拟从五四研究史的角度组织文章，让不同时期的研究者展现自己与五四研究交汇的精神轨迹，由此观照五四研究史中某些个性化的细节，丰富我们对五四研究史的认识。基于这样一个设想，我便致函陈占彪，请他为我们撰文。虽至今未曾与占彪谋面，但在关注五四研究的过程中，知其大名已有好几年了，这是互联网时代的好处。对占彪言说五四的几篇文章发生兴趣后，便在网上查了一些他的信息，留下较深的印象：年轻有为，不仅在五四研究方面不断推出成果，而且对当下社会、文化现象高度关注，常常发出有使命感的批判声音。

在致占彪的约稿函里，我谈了一些研习五四研究史的感想："这两年仔细检索五四研究文献时，我忽然发现近十年内如阁下一般的新锐阐释者，已悄然形成一种新的阐释路径，已有别于王富仁、钱理群、陈平原、汪晖等60—70岁左右的著名学者，也有别于海外汉学家的五四言说，该如何判断这种'新'的言说，鄙人虽在知网上浏览了阁下诸多大作，但一时还无法从理论上说清一二，只是觉得阁下言说五四的重要性已是不容忽视的，我将尝试撰文从五四阐释史的角度分析这一新的走向，有鉴于此，很想请先生为《中文论坛》第5辑撰稿一篇，谈谈您研究五四的缘起、经历及体会，既为我们五四研究栏目开拓一个新的视角，亦是给鄙人理解、学习新锐学者的一个难得的机会。"

说占彪对五四的研究值得关注并非我的发明，早在2010年11月，作为商务印书馆的"重点图书"，《五四知识分子的淑世意识》一问世便备受

---

① 陈平原：《〈触摸历史与进入五四〉自序》，《博览群书》2003年第6期，第77页。

思想文化界关注，《中国青年报》《中华读书报》《南方都市报》《解放日报》《文汇读书周报》等国内有影响的报刊陆续作过深度报道和评论。

2011年8月18日，在上海展览中心的书展上，商务印书馆邀请上海鲁迅纪念馆馆长王锡荣教授、复旦大学段怀清教授及作者本人，就"五四知识分子的当代意义"进行了学者对话活动。

2011年，辛亥革命100周年之际，商务印书馆将此书列为中国出版集团"向海外推荐的五十部优秀著作之一"，在北美、日本、台湾地区进行"精品图书联展"，巡回展出推介。

2012年，《五四知识分子的淑世意识》被评为上海市第十一届哲学社会科学优秀成果著作三等奖。

在《五四知识分子的淑世意识》一书的诸多评论中，我挑选了两段话。"此书厚达七百余页，五十余万字，既有鲜活的个案剖析，又有抽象的理论提升，既有主观的热情，又有客观的冷静，所涉学科甚多，领域颇广，思想敏锐，视野开阔，结构严谨，资料扎实，立论客观，行文畅快，是近年来不可多得的学术收获。"① 这段话是商务印书馆文津文化总编辑丁波说的，作为一位职业编辑，对一本书做出这样全面的肯定，实属不易。其实，早在出版界给予好评之前，占彪著作的前身，即作为博士学位论文的《"五四"一代知识分子观研究——以鲁迅、胡适、郭沫若为中心》，就引起学界的关注与好评，如中国社会科学院文学研究所研究院张梦阳就说："虽然尚未见到正式出版的书，但是从打印稿已经可以看出潜力的是《社会科学报》编辑陈占彪博士著的《'五四'一代知识分子观研究——以鲁迅、胡适、郭沫若为中心》。该书涉猎甚广，很有理论性，扎实、丰厚、深刻。作者对中西方理论著作都有所研读，从文学、历史学、哲学、法学、社会学、政治学等诸学科领域归纳、梳理了各方面的思想资源，对什么是知识分子这一时代课题做了科学的辨析。更可贵的是，他深入到'五四'的历史语境中去，重点探求了鲁迅、胡适、郭沫若的知识分子观。通过出与入、人与政、学与政、文与政四个方面的分析、比较，和条分缕析、追根溯源、反复推敲、仔细估衡的理论剖析，富有层次感地凸现出了

---

① 丁波：《五四知识分子的自我体认——评陈占彪先生的〈五四知识分子的淑世意识〉》，《郭沫若学刊》2011年第3期，第62页。

鲁迅、胡适、郭沫若这三位中国现代文化巨人的知识分子观和他们各自的特点。使得'五四'一代知识分子的知识分子观得以'出土'，为知识分子理论建设新添了一种资源。因而，作者达到了在绪论中所预期的目的：通过'五四'一代知识分子的知识分子观的梳理，一方面给当代知识分子以示范和激励，另一方面给当代知识分子以警示和反思。特别是那种独立精神之自我放弃、党派利益的高度维护的主张与实践，更是给后世知识分子留下了一份难得的教训。占彪博士没有过多的主观论断，而多的是客观地展示与理论的梳理，然而读者却从中汲取了更为深刻的教益。"① 一位职业编辑，一位资深学者，两人不同视域中的相同评价，分明道出了占彪五四研究的不菲分量。

对《五四知识分子的淑世意识》一书给予好评的文章，多从中国文化和中国现代文学的角度予以评说，但仅囿于这样的视角，似乎还难以在更深层次彰显出占彪五四研究的特点与意义。丁波认为："这本书应当放置在中国思想史，而不是在中国文学史中来考量它的价值。"② 我赞成思想史的解读视角，但不仅仅是中国思想史，而应该延伸为世界思想史。如北京大学德语系教授张玉书先生说："《五四知识分子的淑世意识》以五四时期的知识分子三个典型人物胡适、鲁迅、郭沫若为中心，条分缕析地分析了五四知识分子丰富多样的淑世意识。的确，中国的知识分子，尤其是经历了'五四'这一历史转折时段的知识分子，几乎都会在'知识探求'与'公共关怀'两者之间权衡较量、徘徊踌躇。然而，在这往来于书斋与社会之中，他们既有伟大和优长之处，又有渺小和缺陷之处，既为后世知识分子树立了榜样，也为后世知识分子留得了教训。读过之后，真是感慨万千。"张玉书先生从事德语文学研究近半个世纪，是目前国内德语文学界屈指可数的元老级人物，大概歌德身上的伟大与渺小，在五四一代知识分子身上的重演，使他的"感慨"无比沧桑，其思其呼，都可见出他对占彪一书主题的高度认同："我以为，知识分子应该是时代的先驱，应该是盗取天火赠与世人的普罗米修斯式的人物。应当是在众人皆醉之时我独醒，众人皆浊之时我独清，而不是随波逐流、趋炎附势……无论在怎样严厉的

---

① 张梦阳：《新世纪鲁迅学的新人新作述评（上）》，《西南民族大学学报》2009 年第 6 期，第 242 页。

② 丁波：《五四精英是怎样看待知识分子的?》，《中华读书报》2011 年 1 月 26 日，第 10 版。

政治环境之下，他都能保持独立不旁的风骨和飙发凌厉的批判姿态。"① 张玉书先生 20 世纪 50 年代在北京大学开始学术之旅时，德国启蒙主义的狂飙运动已过去了 200 年，五四新文化运动也有了近 40 年的历程，当张玉书先生为占彪的书而感慨的时候，时间又过去了 60 年，人类的文化列车在时间隧道里迂回行进，废墟与辉煌交替出现，又反复绞杀，启蒙运动彰显的知识、理性与历史进程的巨大悖论，都迫使我们像张玉书先生一样去思考知识分子的使命。占彪著作的前身，即作为博士学位论文的《"五四"一代知识分子观研究——以鲁迅、胡适、郭沫若为中心》，出版时易名为《五四知识分子的淑世意识》，就鲜明地突出了其研究内容所必然包含的历史深度。知识分子不能回避现实的苦难，知识分子该以什么样的姿态回应时代的问题，是占彪著作的核心话题，也是五四一代知识分子、现代中国知识分子，乃至全球知识分子都必须直面的问题。2013 年，占彪编辑出版了一本书，名为《思想药石：域外文化二十家》，便是从全球知识分子的视角回应他在五四研究中提出的知识分子如何处理"知识探求"与"公共关怀"之间的关系。在此书后记《学术与现实》里，占彪借用马克思"问题是时代的口号"一语，透视了 20 世纪以来知识分子的立场、学术思想与现实之间的关系："如果没有上世纪三十年代以来纳粹德国的独裁政治、二战爆发、种族灭绝政策、集中营、斯大林主义、流放、大清洗等这些人类曾经历过的黑暗和残暴，没有文化大家对这种现状分析和反思，哈耶克的自由主义理论、阿伦特的极权主义批判、索尔仁尼琴的'古拉格群岛'等，诸如此类的理论、学说、小说将有多大可能得以产生呢？""面对极权政治和社会，哈耶克将这一时代问题归结为'个人自由与整体社会秩序间关系以及秩序与规则间关系'这一'终身问题'，他关于'自由主义社会理论和法律理论的论述可以看成是对所体认到的时代问题的回应'。同样，面对类似的时代背景和社会现实，阿伦特则给自己提出的问题是'黑暗是如何降临的'？她的主要的理论贡献就是回答这一问题，即探讨极权主义的起源。而对于小说家索尔仁尼琴来说，他的任务就是用他的小说创作'传达那个社会的痛苦和恐惧'，'对威胁着道德和社会的危险及时发出警告'。不同类型的'大家'在各自的领域里，从不同的角度对他们所身处

---

① 张玉书：《知识分子不是政治"仆臣"》，《南方都市报》2011 年 4 月 17 日，GB22 版。

的时代提问，并以不同的思想成果来回应、解答这一提问，从而形成了他们的学术的、思想的、艺术的伟大成就。"①

以一种批判性的伦理立场关注现实，直面现实，发出改造现实的呼声。这是否就是占彪的结论呢？我不敢断言，读者可从占彪的文章里寻求答案。

占彪的五四研究之所以能在比他年长 40 多岁的张玉书先生那儿引起一种共鸣，倘若占彪的研究没有世界思想史的维度，对于学贯中西且有着丰厚历史体验的张玉书先生而言，这种共鸣恐怕难以如此强烈。所以我以为这种世界思想史的维度是占彪五四研究中一个很鲜明的特点，也是他不同于前人研究的一个地方：开放性的思维与言说。

老一代学人对此深有感触。"所以新世纪鲁迅学的新秀，对于我们这一代和我们上一代的鲁迅研究学者来说，一个最大的优势，就是没有我们那么多的思想包袱和思维禁锢。你们可以轻装前进，不必环顾左右而踌躇，时时要看权势者的眼色做文章。"② 开放性的全球视野和开放性的言说方式必然引发重新审辨研究材料的兴趣。就五四研究而言，2005 年陈平原在《触摸历史与进入五四》一书中以一场运动（五四运动）、一份杂志（《新青年》）、一位校长（蔡元培）、一册文章（章太炎的白话文集）以及一本诗集（胡适《尝试集》）等作为切入焦点，主张"借助细节，重建现场；借助文本，钩沉思想；借助个案，呈现进程"。陈平原先生的主张意味着学术方法从陈旧思想禁锢中的突围，也意味着诚实的学者须付出更艰辛的劳动，在历史的沉疴与故纸堆里去探寻历史的真相。占彪以坚韧的毅力和求真的精神出色地做到了这一点，他对五四运动中诸多场景、人物、事件的考证，还有大量阅读原始史料，践行"论从史出"的治学路径，既收获了学术创新的快乐，又为五四研究史增添了许多珍贵的史料图书（如《五四事件回忆（稀见资料）》，生活·读书·新知三联书店 2014 年版）。

占彪的五四研究还有一个鲜明的特征，即这部书看似是本严肃的学术专著，却有着一副不严肃的面孔，书中随处可见调侃语、口语、俏皮话、时尚话，可以看出，作者写作时信手拈来，任意行文，而读者阅读时就会

---

① 陈占彪编《思想药石：域外文化二十家》，上海辞书出版社 2013 年版，第 329—330 页。
② 张梦阳：《新世纪鲁迅学的新人新作述评（上）》，《西南民族大学学报》2009 年第 6 期，第 236 页。

感到生动有趣，轻松好玩。① 我并不以为这种"生动有趣，轻松好玩"仅仅是一种书写风格，其中包含着一个现代学者对文化的全部理解。占彪在《借之"提劲"——漫谈我的"五四研究"》一文里，对这个特点有着生动的叙述，不用我多言了。引用一位学者的话可做佐证："我一直有个看法，最好的学者一定是最好的文人。现在的学者写作风格太单一，只会写八股式的学术论文，让他写个稍微轻松点的东西，就不会了，而且还酸酸地说不屑于写。实际上，你看近代以来几乎所有的大学者都是出色的文人，像胡适、鲁迅、陈寅恪、钱锺书，包括社会学家费孝通，都能写出非常漂亮的文字，费孝通的《乡土中国》文字多漂亮啊。所以不要把'文人'和'学者'对立起来，好像大学者写随笔就是罪过，文笔好是罪过，写的论文越枯燥越学术规范才是最好的东西，我特别反感这种心态。写随笔也是我自己对写作心态的调整，从文字里你可能会发现另外一个自我，有时候，自己要和自己搞决裂。我有本论文集叫《昨日之我与今日之我》，意思是要向梁任公学习，任公做永远之中国少年，咱们也可以学学他老人家，这样学术界才能真正有点多样的色彩，而不是单一的八股文章的天下。"② 1949年后的学术有着种种严肃，甚至肃杀的面孔，返回历史现场的旨趣让新一代学人脱去了繁多的外在束缚和内在压抑，鲜活的历史和生动的现实形成了趣味盎然的对接，"生动有趣，轻松好玩"的语言风格应运而生当属必然。

2013年，钱理群总主编的《中国现代文学编年史——以文学广告为中心》出版后，在一次座谈会上，陈平原认为此书是"一代学者的谢幕之作"。他认为："学术史上，早就到了更新换代的时候了。以这三卷大书的主编（第一卷钱理群，第二卷吴福辉，第三卷陈子善）为代表，上世纪八十年代登上舞台的学者们，至今仍在中国学界'引领风骚'，这绝对是个'奇迹'。或者说，是不太正常的现象。因为，这意味着下一代学者没有真正准备好，以至，上一代人还有充分的理由'赖'在台上，继续表演并收获掌声。改革开放初期，三代学者挤在同一个舞台上，那是特殊年代才有的风景。一般而言，下一代学者的学术理念及研究范式一旦成熟，且有一定数量的代表作问世，上一代学者自然而然地就会'淡出'。这么说有点

---

① 丁波：《五四知识分子的自我体认——评陈占彪先生的〈五四知识分子的淑世意识〉》，《郭沫若学刊》2011年第3期，第64页。

② 杨念群：《最反感将"文人"与"学者"对立》，《羊城晚报》2013年11月17日，B3版。

严酷，但事实上，每代人都有自己的责任及机遇，只有'你方唱罢我登场'，这文化或学术才能生生不息，向前推进。"① 长期浸淫学术史研究的陈平原，睿智而含蓄地提出一个尖锐的问题：老一代学人即将谢幕退场，新一代学人，你们准备好了吗？

这是一个很难一概而论的问题。我们可以说，江山代有才人出，是一个无法否认的历史规律，但20世纪以来，随着大学人文社会系科的建立和发展，学者拥有越来越好的学术阵地、生活保障，并通过发达的传播媒介发挥影响力，这使得20世纪的学者能够在健在时就看到成就被社会认可。有学者通过数据分析证明社会学家知名度百年来有着明显加快的趋向："马克思逝世于1883年，而他的词频快速增长在其辞世20年后的20世纪初才出现。韦伯1922年去世，他的声名鹊起，恰恰从其去世后才开始。其他三位出生在19世纪的大师涂尔干、齐美尔和马尔库塞，前两位未能在身前看到自己声名鹊起，马尔库塞也仅仅在去世前10年名声大噪。生于20世纪的晚辈社会学家们则幸运得多。例如，帕森斯在40年代就开始快速成名，其时不过40多岁，而吉登斯也在不惑之年开始成名。哈贝马斯和布迪厄相对属于大器晚成者，但其词频比例在他们50岁之后也即80—90年代开始快速增加。而且，他们至今仍然健在。"② 今日中国学界各个领域里，40—50岁的一代人其实引领风骚已久了，但"学术理念及研究范式"是否"成熟"？是否像当年的胡适们，开启一个崭新的学术新天地？我想，这是学术史留给占彪的课题，我，只有真诚地期待。

"Each Generation Produces Its Own Outstanding Talents"

—— A Review of Chen Zhanbiao's Research on the May 4th Period

Nie Yunwei

Abstract：Chen Zhanbiao, a researcher of Shanghai Academy of Social Sci-

---

① 陈平原：《代际交流的接力棒》，《文学评论》2013年第6期，第10—11页。

② 陈云松：《大数据中的百年社会学》，《社会学研究》2015年第1期，第34页。

ences, has published a book named *Intellectuals' Emotions of Saving Society in the May 4th Period* which focuses on Hushi, Luxun and Guo Moruo — three typical intellectuals in the May 4th Period — and detailedly analyze the intellectuals' different emotions of saving society in the May 4th Period. This book has more than 700 pages with more than 500000 words, which has both vivid case analysis and abstract theoretical improvement. It shows subjective passion as well as objective calmness. It is a rare academic achievement in recent years which involves a range of relevant subjects with a sharp mind, broad vision and precise structure. Besides, it is also supported by abundant materials and objective opinions, which makes it coherent to read. This article is going to do an introductory and review on Chen Zhanbiao's research of the May 4th Period.

Keywords: Chen Zhanbiao, *Intellectuals' Emotions of Saving Society in the May 4th Period*, Research history of the May 4th Period

Author's Introduction:

Nie Yunwei (1955 −), Professor in School of Chinese Language and Literature, Hubei University. Research directions: aesthetics, literature theory and intellectual history. Monographs: *The Biography of Einstein*, *The Power of Thinking* and so on.

热情挚感启民智

——评廖名缙演说启蒙思想的时代特征

丁　楹[*]

内容提要：廖名缙先生的演说思想、演说风格和时代风云有着密切联系。我们在演说思想方面，着重从其思想启蒙的角度切入，探讨廖先生演说思想启蒙的因素，对中国明清之际启蒙思潮的继承与发展；在演说风格方面，我们强调廖先生热情挚感的禀赋特征，并将其与当时的时代氛围和那一时期读书人的精神气质结合起来探讨，力求公允地评价这种演说风格的价值与意义之所在。

关键词：廖名缙　演说　启蒙　思想

基金项目：肇庆学院教学研究项目"高校文学艺术类通识教育的探索与实践"（JXGG201328）

关于中国现代学术演说与白话文学的关系，通过陈平原、季剑青等学者的研究，现在已为人们所关注。① 但与中国文明现代化进程关系密切的廖名缙先生的学术演说，同样有着很明显的启蒙思想和时代特征，至今未见有人提出来并加以阐述。这是中国现代文明进程中的一个重要现象，关系到对辛亥革命先驱者的精神境界、人生态度和人格个性的评价问题，要

---

[*] 丁楹（1976—），博士，肇庆学院文学院副教授，力行书院院长，主要从事词学研究，主要著述：《南宋遗民词人研究》《文化视野下的南宋干谒风气与文学创作研究》。电子邮箱：452920511@ qq. com。

① 详参陈平原《学术讲演与白话文学——1922 年的"风景"》，《作为学科的文学史》，北京大学出版社 2011 年版，第 112—150 页；季剑青《大学视野中的新文学——1930 年代北平的大学教育与文学生产》，博士论文，北京大学 2007 年，第一章"大学文学课程与文学想像"。

是不认真去梳理阐述，给以允当的评价，对于中国现代文明及许多优秀作家、作品的研究来说，无疑有遗珠之憾。

一

廖名缙，字笏堂，公元 1867 年（清同治六年）四月生于泸溪县浦市镇。这是一个盛产英雄豪杰与智谋之士的时代。陈寅恪先生曾说，评论古人"应具了解之同情，方可下笔。盖古人著书立说，皆有所为而发。故其所处之环境，所受之背景，非完全明了，则其学说不易评论"①。对于廖名缙先生的演说活动，其思想启蒙与文化传播价值的判定，也牵涉到环境、背景等方面的因素，而了解之同情的态度尤其重要。正如宗白华先生所说："汉末魏晋六朝是中国政治上最混乱、社会上最苦痛的时代，然而却是精神上极自由、极解放，最富于智慧、最浓于热情的一个时代，因此也就是最富有艺术精神的一个时代。"② 我们认为，廖名缙先生所生活的清末民初时代，也是中国历史上最混乱、社会上最痛苦的时代。廖先生早年参加救亡图存的辛亥革命，为民请命、为国图强。当革命的理想渐为泡影，百姓庶民更陷于贫穷、战火灾难之中，生灵涂炭、民不聊生。此时廖名缙先生陷入了反思，产生了以道德、文化教育救国救民的思想情怀，遂从官场全身而退，与刘人熙等志同道合者于 1914 年 6 月 14 日在长沙创办了"船山学社"，刘人熙、彭政枢、廖名缙、石广权为社长。第二年，即 1915 年 8 月 20 日，在刘人熙、曹佐熙、徐明谔、彭政枢、廖名缙等人倡议下，创办了《船山学报》（现名《船山学刊》，是全国少有的百年名刊）。《船山学报》的出版刊行情况如下。

1915 年 8 月 20 日出版第一卷第一期，同年 9 月 20 日出版第二期，10 月 20 日出版第三期，11 月 20 日出版第四期，12 月 20 日出版第五期。从该年各期的出版日期来看，一至五期为月刊。1916 年 1 月 20 日出版第六期，从时间上来推算，紧接上年 12 月 20 日，这当然也是月刊。1917 年 4

---

① 陈寅恪：《冯友兰中国哲学史上册审查报告》，《金明馆丛稿二编》，上海古籍出版社 1980 年版，第 247 页。

② 宗白华：《论〈世说新语〉和晋人的美》，《美学散步》，上海人民出版社 1981 年版，第 117 页。

月 20 日，出版第七期，同年秋 8 月 30 日，出版第八期。

《讲演》栏是刊登船山学社的讲演文章，自第一期至第八期共刊出过 36 篇。计有刘人熙、廖名缙、彭政枢、王瀚声等的讲演稿。这些演讲大概是在 1915 年至 1917 年，正当中国辛亥革命后五四运动前，这是中国近现代史上新旧鼎革、波澜壮阔的时期，也是中国历史上各种政治势力、学术思想、人生观念大冲突、大碰撞、大裂变、大整合的时期。这些演说稿真实地反映了廖先生在这场民主革命运动中的思想观念和启蒙意识，直接或间接地折射出当时读书人的人格个性和人生态度。作为辛亥革命的先驱，廖先生在演讲中表现出的思想启蒙，在当时新旧交替时代的读书人中具有一定的典范性，其演讲稿是珍贵的史料，从中可以感受到当时的时代气息。我现在读到廖名缙先生在《船山学报》的八篇讲演稿，真是灵采焕发、新见迭涌，深具慧眼，读之想见其人。

当时的精神领袖梁启超在《自由书·传播文明三利器》中把"演说"当作"传播文明三利器"之一（其余两利器是学校、报纸）[1]，蔡元培先生也十分热衷于演说[2]，与蔡元培、梁启超同时的辛亥革命先驱廖名缙先生的演说同样具有时代特征，他将自己身上具有的才子气与当时革命者与启蒙者的思想融为一体，很能够体现他个性丰富多彩的侧面。

首先我们来看在当时环境背景下廖先生对演说的看法：

> 近日文明各国以演说为专门之学。凡大宗教家、大政治家其事业之成功，莫不得力于演说。盖人类联合，恃其热情与挚感。未有无联合人群之力而能建树事业者，未有无热情挚感之表示而能联合人群者。而热情挚感之表示，又非文字歌谣所可尽。故演说之鼓舞所以不容或已也。[3]

我们注意到廖名缙先生在谈到演说重要性的同时，也探究演说成功的一个重要因素：热情与挚感。这种注重热情挚感的思想在其演说中时有流露，体现了那个时代读书人有热情、有斗志、有干劲、有热血的精神特质。据档案记载，"当袁世凯接受日本提出的灭亡中国的二十一条的消息传

---

① 梁启超：《饮冰室合集·专集》第二册，上海中华书局 1936 年版，第 41 页。
② 蔡元培：《市民对于教育之义务》，《蔡元培全集》第四卷，第 300 页。
③ 廖名缙：《读正蒙注·神化篇》，《船山学报》第一卷，第五期。

到长沙后，船山学社组织会讲，声讨袁世凯的卖国和日本的侵略，听讲者数百人。廖名缙讲演，声泪俱下，场内为之抽咽。"① 古往今来，人同此心，心同此理，故"夫缀文者情动而辞发，观文者披文以入情。沿波讨源，虽幽必显。世远莫见其面，睹文辄见其心。"② 场内为之抽咽的民众，正是被廖先生这种热情与挚感所感动了的反应。他还在讲演中说："船山曰：'天能生之，地能成之，而斟酌饱满以全二气之粹美者，人之能也。'……格致而后意诚，必先致格，内与外交相为用，大学之言视美儒尤精。贤者仕禄非迫于饥寒，不恭莫甚焉。船山曰孔子为委吏、乘田，免于饥寒则去之，此伶官非以贫故，而谓世不足与有为，仕于卑贱不恭之甚矣。尝怪古人为贫而仕之义，以为果其为贫，商可也，工可也，农可也，奚其仕，仕而为贫，不几以官为市乎？继而思之，古者四民分业，而士以仕为事，得时大行其夙愿也。若夫巷遇无期，时乎！有待又不能改其志业，则唯以自食其力，为养晦俟时之计。"③ 这同样是一段充满激情的言语。

那是一个激情燃烧的岁月，无论新旧人物大都充满热情挚感，如1915—1918 年在北京大学读哲学的冯友兰，在《三松堂自序》中说："当时北大中国文学系，有一位很叫座的名教授，叫黄侃。他上课的时候，听讲的人最多，我也常去听讲。他在课堂上讲《文选》和《文心雕龙》，这些书我从前连名字也不知道。黄侃善于念诗念文章，他讲完一篇文章或一首诗，就高声念一遍，听起来抑扬顿挫，很好听。他念的时候，下边的听众都高声跟着念，当时称为'黄调'。在当时宿舍中，到晚上到处都可以听到'黄调'。"④ 梁启超"先生的讲演，到紧张处，便成为表演。他真是手之舞之足之蹈之，有时掩面，有时顿足，有时狂笑，有时太息。听他讲到他最喜爱的《桃花扇》，讲到'高皇帝，在九天，不管……'那一段，他悲从中来，竟痛哭流涕而不能自已"⑤。还有，黄节（1873—1935）原名晦闻，

① 田奉婴：《在纪念辛亥革命百年之际怀念我的外祖父廖名缙》，辛亥革命网，http://www.xhgmw.org/html/houyi/wangshi/2014/0716/5158.html？1421042520，2011 年 9 月 23 日。
② 刘勰：《文心雕龙·知音》，见周振甫注《文心雕龙注释》，人民文学出版社 1981 年版，第518 页。
③ 《船山学报》第一卷第六期，"船山学社讲演集"第五，上海中华书局 1915 年版。
④ 冯友兰：《三松堂自序》，北京三联书店 2009 年版，第 37 页。
⑤ 梁实秋：《记梁任公先生的一次演讲》，见夏晓虹《追忆梁启超》，中国广播电视出版社1997 年版，第 310—312 页。

字玉昆，广东顺德人，清末参与创办《国粹学报》，1917年受聘为北京大学教授，专授中国诗学。后曾担任过一年广东省教育厅厅长。1934年，在国难当头之际，黄节在北京大学讲明季之顾亭林的情景："黄先生的课，我听过两年，先是讲顾亭林诗，后是讲《诗经》。他虽然比较年高，却总是站得笔直地讲。讲顾亭林诗是刚刚'九一八'之后，他常常是讲完字面意思之后，用一些话阐明顾亭林的感愤和用心，也就是亡国之痛和忧民之心。清楚记得的是讲《海上》四首七律的第二首，其中第二联'名王白马江东去，故国降幡海上来'，他一面念一面慨叹，仿佛要陪着顾亭林也痛哭流涕。我们自然都领会，他口中是说明朝，心中是想现在，所以都为他的悲愤而深深感动。"① 这种热情挚感启发后学的拳拳之心，令人不期然地想到了廖名缙先生在船山学社的演说，黄节与廖名缙先生在演说时讲明季王船山的精神一样，都属于借古讽今借题发挥，借明清之际士大夫的酒杯浇自己胸中之块垒。

廖名缙先生的演说，具有强烈的时代特征：激情而理性。他在《读正蒙动物篇注》中说："天下治乱之故，万变不穷，而其要可两言以括之，无他，即：人与人互相损而天下乱；人与人互相益而天下治是矣。亘古以来，治日常少，乱日常多，亦以人类之好为相损者多，而好为相益者少耳。虽然，此非人类本然之性也。宇宙既启太虚健顺之德，其在于天者，显而为元亨利贞之理，其降于人者发而为仁义礼智之性。性善之说所以亘古今而莫之能易，其有时蔽于气质而不能无戾者，则皆后起之事不能诬其本原之所在，故圣人之教天下，其事不外乎继善而成性，其理实本诸斯人之吾与……夫人生所需曰真与美。非真则世界无由开，非美则世界无由明。"② 将世界的开明进步与人生的真与美结合起来，可以说是相当进步的思想启蒙。由此来看，蔡元培先生在德育、智育、体育之外还提倡美育，王国维先生撰写了《孔子之美育主义》，并在其《论哲学家与美术家之天职》一文中说："天下有最神圣、最尊贵而无与于当世之用者，哲学与美术是已。天下之人嚣然谓之曰无用，无损于哲学、美术之价值也。至为此学者自忘其神圣之位置，而求以合当世之用，于是二者之价值失。夫哲学与美术之所志者，真理也。真理者，天下万世之真理，而非一时之真理

① 张中行：《黄晦闻》，《负暄琐话》，黑龙江人民出版社1986年版，第7—8页。
② 《船山学报》第一卷第三期。

也。其有发明此真理（哲学家），或以记号表之（美术）者，天下万世之功绩，而非一时之功绩也。唯其为天下万世之真理，故不能尽与一时一国之利益合，且有时不能相容，此即其神圣之所存也。且夫世之所谓有用者，孰有过于政治家及实业家者乎？世人喜言功用，吾姑以其功用言之。夫人之所以异于禽兽者，岂不以其有纯粹之知识与微妙之感情哉。至于生活之欲，人与禽兽无以或异。后者政治家及实业家之所供给，前者之慰藉满足非求诸哲学美术不可。就其所贡献于人之事业言之，其性质之贵贱，固以殊矣。至就其功效之所及言之，则哲学家与美术家之事业，虽千载以下，四海以外，苟其所发明之真理，与其所表之之记号尚存，则人类之知识、感情由此而得其满足、慰藉者，曾无以异于昔。而政治家及实业家之事业，其及于五世、十世者，希矣。此又久暂之别也。然则人而无所贡献于哲学、美术，斯亦已耳，苟为真正之哲学家、美术家，又何慊乎政治家哉。"① 这种观点，与廖先生演讲时所表现的思想可谓是不谋而合。

廖名缙先生的演说以真为贵，以美为贵，而更值得一提的是廖先生将美与真联系在一起，这种联系体现了廖先生的才子文士气。廖先生被誉为湖南的唐伯虎，其才子文士气是很浓厚的。我们知道，文学艺术的基本内容就是表现人的生命与情感，用优美的形式表现真实的情感。廖先生的可贵之处在于将属于文学艺术范畴的美感和属于科学道德规范的真实结合起来。王国维在《人间词话》中说：

"昔为倡家女，今为荡子妇。荡子行不归，空床难独守"、"何不策高足，先据要路津？无为守穷贱，轗轲长苦辛"，可谓淫鄙之尤。然无视为淫词、鄙词者，以其真也。②

顾随说：

稼轩性情、见解、手段，皆过人一等。……凡过人之人，不独无人可以……共事，而且无人可以共语。以此心头寂寞愈蕴愈深，即成

① 于闽梅编《大家国学·王国维》，天津人民出版社2009年版，第47页。
② 王国维：《人间词话》，上海古籍出版社1998年版，第16页。

为悲哀与痛苦。……稼轩手段既高，心肠又热，一力担当，故多烦恼。英雄本色，争怪得他？陶公是圣贤中人，担荷时则搧起便行，放下时则悬崖撒手。稼轩大段及不得。试看他《满江红》词句："天远难穷休久望，楼高欲下还重倚"，提不起，放不下，如何及得陶公自在。这及不得处，稼轩甚有自知之明，所以对陶公时时致其高山景行之意。一部长短句，提到陶公处甚多。只看他《水调歌头》词中有云："我愧渊明久矣，犹借此翁渧洗，素壁写《归来》。"真是满心钦佩，非复寻常赞叹。……稼轩作词，语语皆自胸臆流出。深知自家与陶公境界不同，只管赞叹，并不效颦。所以苦水不但肯他赞陶，更肯他不效陶，尤其肯他虽不效陶，却又了解陶公心事。此不止是人各有志，正是各有能与不能，不必缀脚跟，拾牙慧耳。①

这两位与廖先生同时或稍后的文学研究者，可以说是从文学家的角度进一步阐述了上述廖先生的观点，是他启蒙思想在文学创作方面的最佳注脚。

二

从廖先生的演说中，我们发现他不是一般的才子文士，他是在热情奔放中又具有启蒙思想的才子文士，他的诗人气质和哲人风度融为一体，体现了王国维先生所说的："诗人对宇宙人生，须入乎其内，又须出乎其外。入乎其内，故能写之。出乎其外，故能观之。入乎其内，故有生气。出乎其外，故有高致。"②纵观廖先生的一生，可以说正是"生气"与"高致"的融合，致使他的启蒙思想更具深度和力度。廖先生一整套的政治构想，就是通过他演说时的滔滔雄辩和严密逻辑体现出来的，既有激情又有理性。试看：

国家与社会，其组织同于有机体之生物。此今日研究国家社会学

---

① 顾随：《顾随全集·著述卷》，河北教育出版社 2000 年版，第 14—16 页。
② 王国维：《人间词话》，上海古籍出版社 1998 年版，第 15 页。

者所公认也。生物之发达，循序渐进。然或六气之淫，四时之变，与为缘感，而生物以病，病不可无以药之。俞跗扁仓种种之方剂起焉。故方剂者，所以药生物之病，畀之，复于健康者也。

国家社会之发达，循序渐进。然或奇衺之论，狂婧之俗，与为缘感，而国家社会以病，病不可无以药之。圣哲仁贤种种之学说兴焉。故学说者，所以药国家社会之病，畀之，复于宁谧者也。

船山先生生明清改革之交，目睹当时国家社会之惨黩，发愤著书。冒大难犯大险而不辞。其学说皆患难生死之余，创钜痛深，如布帛菽粟之直质，如雷霆猋霰之惊悚。遗书数十百种，有清中叶以前无敢刊布一二者。发乱既平，禁网稍疏，遗书渐出。中国学者始知濂溪而后湘衡，停峙间复产命世之大儒，湖表人士景慕邦贤。读船山书，因而摹想其为人。故清季国俗媮靡，而湘士用倔强闻，皆渐濡先生之化于不自觉耳。

国体改变，是我国无上光荣之事。然弊亦乘之。六籍泥涂，五经刍狗，家习强权之说，人师蹻跖之行。沧海横流，陆沉无日。我辈逃山窜海之余，追忆先生遗书，愈觉鞭辟向里。施之今日，尤为针对时病之方剂。此蔚庐先生所以有开社讲学之举也。缙虽谫陋无似，然幼诵先生遗书，忾慕殷拳，今日勉厕社员，谨犕举先生著书行事之最足拯救时弊者，得四事焉，贡诸同社，傥荷切劘，匡所不逮，有厚幸焉。

四事维何。一曰砺廉耻；一曰明责任；一曰惩慆逸；一曰袪顽旧。曷言乎砺廉耻也？共和初建，开国之勋，震耀中外，固已揭日月以行矣。然暴徒乘之争权夺利，廉耻道丧，此固为仁人君子之所哀悼。南北统一，宜若可与更始矣。然而附羶之徒，蚁聚蜂屯，赇托钻营之旧染，仍未能一律湔除。哀哉！民国宁堪此辈更破坏耶？惟我船山守贞抱义，甘伏岩阿，新丰折臂，卻蒲轮以自残；谢女沉江，演龙舟而为剧。救人道于不敝，留国维之一线。肃霜识羽，劲草知风，是之谓矣。假令今日热中靦颜之夫，因先生之遭逢，想先生之志行，廉顽立懦，其庶几乎。此吾社表章先生之所以刻不容已也。

曷言乎明责任也？自俗士误读进化论及天演之学说，以人为脊椎之动物，上祖猨狙，吾人失其自尊自重之心。视先圣位育参赞之说为虚诞。于是秉彝攸好，含醇负性之人类，仅与羽毛蠕动者同为肉体生活之竞争，弱肉强食，浸致有今兹社会凶惨之现象。严复氏近乃极力主张学校读经之说，其贼我民国不少也。船山之学，根本张子乾坤中处民胞物与之旨，信之甚笃，而执之极坚，吾辈社员苟能阐先生之遗说，知吾人受命于天，畀以完全之性灵，应自负完全之责任。小之基于洒扫应对，大之极于位育参赞，不外尽吾性中所固有。庶几正学复昌，重离再曤，禹域神州五百年名世，或有绝而复续之望乎。

曷言乎惩惰逸也？晚清之季，异说丛兴，又有为今日厉阶之一者，则文明程度愈进，生活程度愈高之说是也。此其结果在于社会为浮华、为奢逸、为最后之贫竭。十年前梁启超倡之尤力，今其结果一一实现矣，又不得谓非通人之弊也。船山先生当末世，转徙穷乡，艰辛刻苦，实见明季国亡由于患贫，患贫之祸，则又中叶以还宫廷之土木游幸，士大夫之书画骨董逸游玩愒有以致之。故其尚论古人，虽以苏轼氏之贤责备引戒无少假借。盖书画骨董之苏轼固有与船山并世者，钱谦益、吴伟业皆其人也。船山惟深鄙钱吴，故不惜藉苏氏发愤耳。今民国之患贫，社会之惰逸，安得起船山而一救之。

曷言乎祛顽旧也？世界进化必由革新，此自东西历史之公例。十九世纪列强锐意变革，中国以顽旧自封，独落文明潮流之后。庚子以来，亦既认鼎新为国，是故近十稔间，国势虽一落千丈，民智实一日千里。善因时者，在因其所长舍其所短，不可矫枉过正而适得其枉，推极端复旧者之用意不过惩前此暴徒之败耳。不知暴徒之败，以暴败非以新败也，以伪新败非以真新败也。船山先生祖孔孟而宗宋儒，浅夫目论荒经蔑古，或妄谓笃于守旧矣。岂知先生通达治体，崇尚日新，实为古今儒者所仅见。观其论史之文于唐之王伾王叔文有平议焉，于宋之王安石吕惠卿无苛词焉，可以窥其用意所在矣。我辈今日讲学以旧道德为本根，以新政艺为筏杮，庶其能得先生之意乎。

要之，国家之病患常因时势而发生，集社讲学者之立言贵因时势而施治，我辈今日以救时为目的。船山学说实目今救时之良方。盖一代改革之初，武力所慑，廉耻道丧，正学沦淹，得志者多惰淫而逸乐，失志者率坚守以自全。古今虽异，其揆一也。然则本社于国家改革之初，所以阐扬船山学说者，岂徒以其为乡邦先贤礼，宜崇信而已哉。

抑更有进于诸君者。国家社会同为法人，法人之有生命也，与自然之个人等。个人卫生之法，衣食起居，运动之贵得其宜是矣。国家社会卫生之法，法律政治教育之贵得其宜是矣。顾个人卫生纵曲尽调摄，极其生命之期，不过百年上下止尔。国家社会之卫生，苟夫其宜，剿而绝之可也。伊古灭国灭种之事，史不绝书也。苟得其宜，则法人生命之延，实可终天地而无纪。是故，古之圣贤豪杰、志士仁人，处天步艰难国势漂摇之秋，往往捐弃个人以拯此国家社会于危亡。彼固深思熟虑，知其所失者眇而所全者钜也。读船山诗"七尺从天乞活埋"之语，盖庶几乎？盖庶几乎！①

"中国明清之际出现过启蒙思潮或者叫早期启蒙思潮。"② 生活在清末民初之际的廖名缙先生，以渊博的传统文化底蕴，融通中西文化，探求救国救民、振兴国家社会之路，不仅梳理中国明清之际王船山的理想人格，剔抉其精神境界，更注重将王船山的启蒙思想与当时的历史文化背景结合起来，即："我辈今日讲学以旧道德为本根，以新政艺为筏枻，庶其能得先生之意乎。"表达了廖先生在当时特定环境下的人生思考和人生态度，如其中所说："船山先生生明清改革之交，目睹当时国家社会之惨黩，发愤著书。冒大难犯大险而不辞。其学说皆患难生死之余，创钜痛深，如布帛菽粟之直质，如雷霆焱霾之惊悚。遗书数十百种，有清中叶以前无敢刊布一二者。发乱既平，禁网稍疏，遗书渐出。中国学者始知濂溪而后湘衡，停峙间复产命世之大儒，湖表人士景慕邦贤。读船山书，因而慕想其为人。故清季国俗媮靡，而湘士用倔强闻，皆渐濡先生之化于不自觉耳。"廖先生和王船山一样身处国家易代之际，国家社会的混乱是他们那个时代的特征。王船山的许多思想，正可谓是廖先生心情的写照。当年王船山也如廖名缙先生这般，基于严峻的历史使命感，对华夏文明的沦落有着深沉的关注，他们的学说都反映了那个时代的特征，表达了他们振兴中华的精神毅力。廖名缙先生由于投身过救亡图存的辛亥革命，那个时代的广大读

---

① 《船山学报》第一卷第一期，"船山学社讲演集"第一。
② 庞朴：《方以智的圆而神》，《传统文化与现代化》1996年第4期。

书人的启蒙意识在他身上就体现得非常明显。他在演说中启迪民众确切理解王船山原著思想的同时，进一步思考如何把握当下，建立健全的国家社会制度以复兴中华文化。这种启蒙思想对于我们当下的教育实践仍有着广泛深刻的意义，正如陈平原先生所说："我想象中的大学教授，除了教学与研究，还必须能跟学生真诚对话，而且，有故事可以流传，有音容笑貌可以追忆。我相信，我们的科研经费会不断增加，我们的大楼会拔地而起，我们的学校规模越来越大，我们发表的论文也越来越多；我唯一担心的是，我们这些大学教授，是否会越来越值得学生们欣赏、追慕和模仿。"[1] 写到此，我们不禁想起了陈寅恪先生的感慨："呜呼！神州之外，更有九州。今世之后，更有来世。其间傥亦有能读先生之书者乎？如果有之，则其人于先生之书，钻味既深，神理相接，不但能想见先生之人，想见先生之世，或者更能心喻先生之奇哀遗恨于一时一地，彼此是非之表软？"[2]

三

民国时期还较少有人把儒家思想和宗教信仰联系起来进行对比研究，较早且较深入将两种思想提出来进行比较研究的人，就是廖名缙先生。廖名缙先生对儒家思想的研究和评述，早岁已曾着手，但较全面地将儒家思想与西欧国家的宗教思想结合起来展开论述，则是在船山学社的演说中。通过他的演说稿，可见他自具独识，对耶之博爱，释之慈悲，儒之忠恕的评说，准确、深刻、迥出时流，有自己精辟的见解，他在演说中还热情洋溢地宣讲我国传统的儒家思想，讲得很专业、很细致，也很生动感人。

中国儒家文化发展了几千年，是今日世界上流传下来最久远的文化传统，这种文化是很有价值的。现在，已有学者看出了我们传统儒家思想的价值所在，如鲍鹏山先生说："由于孔子丰富的文学情怀，他把人格修养的最高境界理解为一种自由的艺术境界，而不是严谨的道德境界。在这一点上他又和后世的道德家们大相径庭。我们也一直没注意这一点。孔子在

---

① 陈平原：《大学何为》，北京大学出版社 2006 年版，第 158 页。原刊《教育学报》2005 年第 1 期。

② 陈寅恪：《王静安先生遗书序》，《金明馆丛稿二编》，三联书店 2001 年版，第 247 页。

道德的熔炉里冶炼自己，而最后出炉的结果却大出我们意料：他熔炼出的不是森森剑戟，而是更加的幽默生动。真让我们喜出望外。"① 还有金庸先生也说："古今中外的哲人中，孔子是最反对教条、最重视实际的。所谓'圣之时者也'，就是善于适应环境、不拘泥教条的圣人。孔子是充分体现中国人性格的伟大人物。孔子哲学的根本思想是'仁'，那是在现实的日常生活中好好对待别人，因此而求得一切大小团体（家庭、乡里、邦国）中的和谐与团结，'人情'是'仁'的一部分。孟子哲学的根本思想是'义'。那是一切行为以'合理'为目标，合理是对得住自己，也对得住别人。"② 鲍鹏山和金庸先生的这种观点与廖先生接近，所用方法很可能是受了廖先生的启发，或者可以说是英雄所见略同。

但是从"五四"运动以来，"五四"时期的读书人面对国难，对传统文化采取了一种全盘否定的、过激的态度，甚至于鲁迅先生也说：

> 我看中国书时，总觉得就沉静下去，与实人生离开；读外国书——但除了印度——时，往往就与人生接触，想做点事。
>
> 中国书虽有劝人入世的话，也多是僵尸的乐观；外国书即使是颓唐和厌世的，但却是活人的颓唐和厌世。
>
> 我以为要少——或者竟不——看中国书，多看外国书。
>
> 少看中国书，其结果不过不能作文而已。但现在的青年最要紧的是"行"，不是"言"。只要是活人，不能作文算什么大不了的事。③

廖名缙先生对传统文化的态度却与鲁迅先生不同，他热爱中国传统文化，不仅是由于它有价值，更由于他生在这种文化氛围中，读了很多中国书，特别是《四书》《五经》《唐诗宋词》，乃至《船山遗书》，对中国传统的儒家文化有一种潜意识的珍惜。所以廖先生和当时一般批判旧传统的五四新文化人物不同，他将宗教思想与儒家思想结合起来讨论，视野要比同时代诸多宣讲宗教思想的演说者宽阔得多，观点也要通达得多，其见解也已超过了前人和时贤，即使从我们今天的社会要求和思想高度来看，仍

---

① 鲍鹏山：《风流去》，中国青年出版社 2009 年版，第 33 页。
② 金庸：《金庸散文集》，作家出版社 2006 年版，第 247 页。
③ 张国功编《大家国学·鲁迅》，天津人民出版社 2008 年版，第 25 页。

给人耳目一新之感，很有价值，很有启发性，对于我们批判地继承传统文化乃至进行现代社会的精神文明建设，仍具有重要的参考价值。试看这段演说稿：

前次会讲，闻蔚庐先生以仁存心以礼存心之说。归后，涵泳紬绎，若有启发，今特就教诸公，倘荷匡建，所深幸焉。

蒙以四端之性，发自子舆氏。孔门教人，只是言仁言礼。然仁礼又非二事。论语言克己复礼为仁。一日克己复礼，天下归仁焉。中庸言仁者，人也。亲亲为大；义者，宜也，尊贤为大。亲亲之杀，尊贤之等，礼所生也，依此看去，克己复礼而仁归，仁亲尊贤而礼生。孔门教人，归究止是一仁字。礼也者，又不过求仁之途术耳。传称群言淆乱，折衷于圣。《论语》为诸经中纯粹以精之书。《学而》一章，孔子自叙，犹之迁史之有叙传，其下二章，一反一正，均系言仁，明明揭出孔教真正宗纲矣。

天命谓性，率性谓道，道之大，原虽出于天，而其发现则自人，与人相见始（此汉儒相人偶之通义）。尧桀之仁暴亦殊矣，今使彼二君者，独生深山穷谷孤岛绝屿之中，自幼少以至老死，曾无与接为缘之一人，则善恶之性无所表，即仁暴之行无所区，唯自人与人相见而施受取与生焉，施受取与生而厚薄温冷之情起焉。由是而演为一群之治乱，成为一国之存亡者，胥系此也。

人为自营之动物，充其自营之量可以人人皆化为豺虎，原人之社会，盖即未离此态矣。然而天生人类，原畀以主宰万物之权，即赋之主宰万物之性。（此不仅维皇降衷推理的论说可谓证据，近日欧西进化论僵石史中，实见地层构造，当人类未生数期以前，即生出种种人类应用之物，亦若造物真主创造世界，预定稿本，某期应令何物出生、某期应令何物出生，要皆以备未后人类之应用，然则谓人类降生，一出自然之演进，造物真主初无物别之意，可乎？）有圣人出，本天所以赋我之性，行天所以畀我之权，于是离万物而建人类独有之社会，役万物而供人类共用之生活，然后群治兴焉，国家立焉，遂以成今日之世界矣。

夫所谓本天赋之性，行天赋之权者，何也？仁是也！

今人读书，病在不加体贴仁智等字，随口滑过，以为不过道德之名词。其实，仁字之义，至精至湛，就其先天而言，仁者，壬也。草本秋蠖，结为仁实，胚毳外被，中含一点，么匿微妙，而造物大生广生之意于是焉寓此么匿微妙之一点。梏之剥之，可以尽戕生机绝天理而使熄滋之长，可以发皇美满，成干霄之茂阴，而益衍其大生广生之传，此犹于穆之精，圆颅同秉，而或桀或尧，则亦听其自为矣，就其后天而言，仁者，人也。二五灵淑所以异于翾飞蠕动之伦者，盖在乎此。（昔欧人某氏研究伦理学，为人下一定义，曰："人者，两足而无毛之动物也。"德国大学教授某氏讲授心理学时，持一去毛之鸡，举示生徒，曰"诸生视吾此物，与某氏所言之人，何似乎？"全场生徒不觉同时失笑。）耶之博爱，释之慈悲，视吾儒之忠恕，虽醇驳有间（忠恕即仁之妙用，故孔子之道，以仁为本，而一贯之传，又曰忠恕），要其窥见天之所以畀赋吾人之性与权者，则无不同耳（耶、释知仁，而不知所以推行此仁之途术，故修齐治平之序，位育参赞之功，为吾儒所独有）。

近日嗜新忘本之士，动曰中国社会之腐败，由无宗教上之信仰。孔子非宗教之说，浅夫瞀士，一倡百和。其言以为凡言宗教者，必抱悲欢主义，必舍现在而为身后之希望。耶之末日审判，释之天堂地狱，回之古兰经所言悉此义也。孔子为乐天的为现世主义。观其与仲由语生死人鬼之辞，其不能成为宗教章章矣。噫！是何言欤？（此对外国宗教而言）

夫宗教云者，可以其行可宗仰而言足垂为教训也。耶释欲用其仁而择术未审。故不免借永生极乐之说欣动众生，彼其视众生皆以为轮转五浊，可悲可悯，故非以我出世必不能救在世之人类。是犹视众生与我为二物，是其所谓仁者，犹属在我一隅，而徐待扩及众生也。吾儒之道，一视同仁，无间物我，故孔子斯人吾与，孟子万物皆备，张子言民吾同胞，盖知仁之为仁，弥纶六合，为圣为愚，无乎不在修齐治平，不过尽其推暨之力，位育参赞，曾非越乎性量所有。故修身可以俟命，尽己即以事天，其为道也大，中而至正，其为教也，易知而简，能异日大同实见，放乎东海，放乎西海，天覆地载，血气之伦，莫不感教化而同宗仰，尚何宗教不宗教之足议耶。①

　　我们之所以不惮辞繁地引录上述材料，一方面旨在对民国初期演说启蒙之风盛行一时的具体情况作尽可能切合实际的历史还原，以描述清楚当时革命者思想家的主体人格和审美情趣形成的环境和原因；另一方面也实在是因为这一大段文字蕴含了大智慧，既滔滔雄辩而又生动有趣，很能够说明廖先生的演说风格。像这样对宗教有着如此通透的见解，决不是一辈子皓首穷经、困死书斋的老朽宿儒说得出来的，也决不是一味崇洋媚外奴颜媚骨的新学士子所能道其万一，只有能入能出的人，既精通传统文化，又吸收外来学说的通达之士才能达到这种思想高度。这是洞察力、才子气与思想家、革命家的气质融会贯通所产生出来的一种精神境界。

四

　　退出政界后的廖先生，谢绝参加政治活动，淡泊名利，常以琴棋书画自娱。晚年笃信佛教，从事佛学研究，兼任九世班禅大师额尔德尼·曲吉尼玛秘书长。中国传统文化下的读书人大多在位则按儒家修齐治平、立德立功的积极进取原则立身行事，以"穷则独善其身，达则兼济天下"②"用之则行，舍之则藏"③作为进取思想的调节，隐居不仕时则易接受佛家出世、道家遁世的哲学思想。儒家入世，佛家出世，道家遁世，三种思想因素大都同时交错融化于士人的人生观，表现为这三种思想因素的互相调节与转化。如宋元易代之际，佛道自然闲逸、清静超脱的思想，就十分自然地符合在山林田园隐居的士人的心理需要。如卢熊说宋遗民郑思肖入元后"无定迹，吴之名山、禅室、道宫，无不遍历"④。郑思肖自述也是这样，他说，"幼岁，世其儒，近中年，闯于仙；入晚境，游于禅"⑤"始于儒，

① 《船山学报》第一卷第二期，"船山学社讲演集"第一。
② 《孟子·尽心上》，见（宋）朱熹撰《四书章句集注》，中华书局1983年版，第351页。
③ （元）卢熊：《苏州府志》，引自《宋遗民录》卷十三《郑所南小传》，《丛书集成新编》第101册，第95页。
④ （元）卢熊：《苏州府志》，引自《宋遗民录》卷十三《郑所南小传》，《丛书集成新编》第101册，第628页。
⑤ （宋）郑思肖：《三教记序》，《郑思肖集》，上海古籍出版社1991年版，第277页。

中于道，终于释"①。可谓是他们的普遍经历。在隐居生活时，易代之际的宋遗民参禅悟道，把道、释思想巧妙地融合起来了，他们在"读佛氏书"时，"参以老氏之学"，认为"佛说皆出老庄"②，从哲学思想的角度来看，佛、老思想确有内在契合之处，即都是通过遁世无闷、无心无为来消解现实生活中的矛盾痛苦。作为读传统古书长大的廖名缙先生对这些思想染濡既深，把它们融会贯通起来，兼采并用，体现在演说思想中，就形成了其"热情挚感""博大精深"，"生气"与"高致"相融合的鲜明时代特征。

左思诗云"功成不受爵，长揖归田庐"（《咏史》），可以说很好地表达了古代读书人最理想的归宿。一个人在人世间留下了一些功业，然后功成身退，正是用出世的精神来干入世的事业，入世是为了实现自己的人生价值，完成事业后的出世又体现了自己的潇洒高致。民国十六年（1927）3 月廖名缙先生在北京地安门外法通寺街本宅病逝。熊希龄为廖名缙先生卟文照片题词：

> 六十一年此幻身，生生灭灭劫中尘。君今已证菩萨果，犹显金身慰故人。

他对生命意义有了透辟的了解，对人类自身终极关怀有了深刻领悟，可以说廖先生完美地走向了自己生命旅途的终点，他有个很好的完成。

王国维先生在《人间词话》中说：

> 中今之成大事业、大学问者，必经过三种之境界："昨夜西风凋碧树。独上高楼，望尽天涯路"，此第一境也。"衣带渐宽终不悔，为伊消得人憔悴"，此第二境也。"众里寻他千百度，回头蓦见，那人正在灯火阑珊处"，此第三境也。③

在结束此文时，我脑海里蓦然闪出了上面和廖先生同时代的王国维先生的这么一段话。

---

① （宋）郑思肖：《三教记序》，《郑思肖集》，上海古籍出版社 1991 年版，第 293 页。
② （宋）连文凤：《百正集》卷下《潜谷说》，《丛书集成新编》第 65 册，第 187 页。
③ 王国维：《人间词话》，上海古籍出版社 1998 年版，第 6 页。

Inspiring the Wisdom of the People through Warm Speeches

——Evaluation of Liao Mingjin's Speech Enlightenment

Ding Ying

Abstract: Mr. Liao Mingjin's speech thought, speech style and the times are closely linked. We discuss his speech thought, focusing on the perspective of ideological enlightenment to explore the factors of Liao's speech enlightenment. His enlightenment is the inheritance and development of the Ming Dynasty and Qing Dynasty China enlightenment; in speech style, we emphasize the character of Mr. Liao, enthusiastic, and the atmosphere of the times and the period of reading people's spiritual temperament combined to explore, to the value and meaning of fair evaluation of his speech style.

Keywords: Liao Mingjin, Speech, Enlightenment thought

Author's Introduction:

Ding Ying, Ph. D. , Associate Professor in School of Chinese Language and Literature, Zhaoqing College. Dean of Practice College. Research directions: the study of Ci Poetry. Monographs: *Southern Song Dynasty Poet*, *From the Perspective of Culture: the Southern Song Dynasty Ganye Atmosphere and Literary Studies*. E-mail: 452920511@qq. com.

西方古代美学研究
Study on Western Ancient Aesthetic

【 "西方古代美学研究" 编者小引】

众所周知，德国哲学家鲍姆加登最初命名了 aesthetics（ "感性学" 或者 "美学"）这个学科。在新兴的德意志理性哲学系统内，鲍姆加登将 aesthetics 的 "感性学" 与基于概念推论的理性认识论相区分。一方面，他希望借助古希腊语当中这个表示感知的词汇，重返柏拉图与亚里士多德区分感知和理智的框架，建构一种涵盖感性认知与理性认知的理性哲学系统；另一方面，他又将 aesthetics 与艺术和审美关联起来，希望将其应用到对艺术和审美的探讨之中。但是在古希腊哲学的语境里，对于感知的探讨其实与艺术创作、审美等所谓美学问题的关系并不大，古希腊的上述区分主要还是在灵魂学说当中，对人不同层次的认知能力及其与德性的关系进行探讨，而并非对于审美感性活动问题的讨论。

古希腊罗马时代确乎没有美学专门领域的知识探求，但是却在诗学、修辞学、政治学、不同文明间的相互批评、医学、建筑甚至形而上学探讨之中都涉及了文艺创作及其功用的问题，尽管并没有形成有体系的、具有严格规定的概念及其推论系统，但是其有关创作与欣赏的基本观念、立场乃至倾向都对西方后来的专门美学探讨奠定了基础。

不过即使在今天，西方学界的美学研究尤其是古希腊罗马美学研究，其主力既不在语言文学专业，也不在哲学专业，而是在艺术史以及古典学等专业。类似于中国曾经的文史哲不分家，西方的古典学在神话与宗教、哲学、文学、历史、考古乃至科学文献的背景中，考察与艺术和审美相关的古代材料、文献及其观念，但是很难说有一种专门领域的美学甚至古代美学研究。即使从近现代美学理论出发对古代作品及其审美问题进行的研究，大量成果也不是出自传统的哲学研究领域，而是广泛分布在古典学、文学史、艺术史有关神话与宗教观念、修辞与公共交往、知识探究与精神陶冶的探讨之中，或者是对于古今观念演变的思想史研究当中。所以当我们探讨所谓古希腊罗马美学问题的时候，无须去建构一种古代美学的知识系统，也很难站在当今美学理论的基础上，通过对西方古代哲学与文学作品的阐释，通过对古人艺术创作与欣赏的分析，来构建出涵盖西方古代艺术成果之感性活动方式、审美功能与价值、其对人类心灵的影响等诸多方面的所谓古代美学的理论体系。因为，对古代思想文本不管是进行美学或者任何其他领域的讨论，都不能严格局限于现代学科的划分。

朱光潜先生的《西方美学史》在国内具有筚路蓝缕之功。该著依据通常的西方哲学史序列首次在国内系统介绍了西方哲学美学的发展历程，向国人展示了西方特有的"美学"（Aesthetics）学科及其主导思想的发展历程。在古代美学部分，朱光潜先生着力介绍了柏拉图论艺术的功能与价值、柏拉图与亚里士多德论诗歌与艺术的"摹仿"等直至今天依然处于核心位置的美学问题。与之类似，很多中外美学史著作都用大量篇幅描述了柏拉图、亚里士多德的美学思想，我们也认为西方自古希腊就产生了美学。但是我们同样也知道，"美学"一词作为学科用语晚至德国近代才出现，而且，其实古代的柏拉图要将诗人赶出理想国，建立了诸多知识系统的亚里士多德在美学领域也仅仅只讨论过悲剧摹仿对于人类心灵的陶冶作用，我们看不出古希腊对于美学的系统知识表达。直至今日，牛津、剑桥、布莱克威尔等著名出版社的西方古代哲学导引著作，不论是有关古代哲学整体或者柏拉图、亚里士多德的专题研究导论里面，大多数都没有为美学设置独立章节。这是否可以看作哲学领域内部对于西方古代是否存在美学知识体系问题的一种基本态度？而另外，假设我们承认西方古代确实已经存在非常全面、整体、深入的美学探讨，可是如同哲学在西方与中国的差异那样，既然中国在文明开源之初同样有着丰富和精湛的文艺创作，同样有着伟大的艺术作品流传后世，而且对于文艺作品的品鉴与重视一点也不亚于西方，可是为何中国却没有在文明之初孕育出横跨哲学与文艺而又能够沟通彼此的一种独立学问？

这其实可以给我们两点启示。首先当然就是，或许西方如同中国一样，并非自古以来就有成熟抑或独立的美学；其次，即使我们认可西方自古希腊开始确乎就有丰富的美学理论，但我们还是要将所谓西方古代美学放在古希腊理性精神尤其是哲学发展的背景下来考量，在古希腊文明自身走向理性的哲学进程中去理解美学问题的起源与发生。

　　本辑"西方古代美学研究"专栏的几篇文章,一篇来自美国杜肯大学 (Duquesne University) 荣休教授、现北京大学哲学系人文讲席教授 (Distinguished Humanities Chair Professor, Peking University) Tom Rockmore。众所周知,柏拉图认定艺术摹仿不能显示真实、真相,因而鄙薄艺术,要将艺术家从理想国驱逐出去。Rockmore 认为,基于《纯粹理性批判》当中对知性的规定,康德仍然像柏拉图那样依据理性的概念认识来规范审美判断,依据认知进行真假判断的客观性来要求审美认识,从而延续柏拉图认为艺术摹仿不能表象真的主张。但是《判断力批判》却提供了一种非认知的审美判断方式,Rockmore 认为实际上康德提出了一种不同于第一批判乃至柏拉图认识论的审美认知方式,它不依赖于客观的证明,而是一种实践性的解释学推论,从而能够为我们探讨艺术与真的关系提供一种摆脱形而上学认识论的路径。希腊化时期的美学发展向来是我国美学研究较为薄弱的领域,一般只在美学史中从少数几位代表性人物的哲学主张出发描述其可能的美学立场,在美学思想上基本只关注"崇高"和"摹仿"概念。常旭旻博士的论文在整体上评述了希腊化时代美学思想流变,勾勒了这一时期美学思想的主要代表人物及其基本主张,并提示了他们与希腊古典时期美学的继承与发展关系。何博超博士的论文乍一看去并不像是"美学"领域的论述,但却是具有浓厚西方古典学背景和意味的论文,颇类似于古典学与西方文学专业的文本批评或者文学批评,而其关注的灵魂问题也是当代西方古典研究当中方兴未艾的主流话题。在进行详尽文本阐释的基础上,何博超对荷马史诗当中的灵魂问题进行了剥丝抽茧般的解读,并与柏拉图《理想国》的灵魂观念进行了比较,着重分析了灵魂与身体、灵魂与死亡等古希腊人精神与日常生活中的核心问题。这对于我们理解古代希腊史诗、神话、哲学等诸文本当中一以贯之的灵魂问题思想有着深远意义。当然较为遗憾的是,这一辑我们缺少有关古代修辞学方面的文章,而这方面的研究其实在西方学界非常接近于现代文艺美学对于话语理论及其功能的探讨,只能留待以后有机会再补上这个缺憾。

晚期希腊美学观念的分化与流变

常旭旻*

内容提要：希腊古典时期将诗歌与艺术的"摹仿"技艺作为求真的反面，认为摹仿导致虚构和幻象，从而起到妨碍公民德性养成与城邦健康的负面社会作用。希腊化直至晚期希腊，不再将"摹仿"与求真截然对立，强调想象力在"摹仿"技艺当中的重要性，奠定了想象在艺术创作当中的基础地位；进而着重从感官活动出发阐释了诗与艺术的怡情功能，伊壁鸠鲁学派强调诗歌的快乐感受，斯多亚学派则强调各门艺术在审美功能上理智认知与怡情德化的统一。总之，晚期希腊美学思想当中"摹仿"不再成为思想中心，而是从感官活动出发深入、细致探讨了诸多审美细节问题。

关键词：晚期希腊　摹仿　想象　审美功能

对于西方古代美学思想，我们最为熟悉的就是柏拉图基于理念论的艺术"摹仿说"（mimesis）及其对艺术家、诗人的贬低，此外就是亚里士多德同样持有的戏剧"摹仿说"以及悲剧的净化和宣泄功能。他们理论的共同前提都是将"真"作为诗歌、艺术品的衡量标准，由此展开与艺术创作、欣赏有关的技艺、审美价值与功能等问题的讨论。鉴于国内对希腊古典时期的美学思想已经有了较为丰富的研究与评介成果，本文将聚焦于希腊化时代乃至古代晚期的哲学文本，探讨晚期希腊美学对古典时期柏拉图、亚里士多德的美学思想做出了什么样的反应？做出了哪些推进或者改

---

* 常旭旻（1973—），博士，华侨大学哲学与社会发展学院哲学系讲师。主要研究古希腊哲学，特别是早期希腊哲学、宗教、亚里士多德哲学及其希腊文注疏，以及德国哲学、当代形而上学与认识论。电子邮箱：xumin. chang@ hqu. edu. cn。

变？在与艺术和审美有关的问题上提出了哪些更具有美学意义的思想？

希腊化时代一般从亚历山大大帝于公元前 322 年暴毙算起，一直延续到公元 1 世纪。在这一时期，希腊文明包括其精神因素向东、向南、向西持续扩展，和耶和华以及基督信仰融合，再与罗马的经济与政治实力结合，逐渐演进成为希腊—罗马文明，成为西方古代文明的尾声。希腊古典时期对于艺术摹仿的态度、对于艺术与美的基本观念和批评依旧延续到这一时期，在艺术创作上，雕塑、建筑更为成熟、发达，但是文学创作的形式及其内容、题材几无更新，而就哲学上的思考而言，从道德、价值角度进行审美思考的风气成为主流，使得这一时期的审美观念主要与人生态度、生活方式结合在一起，在哲学思潮上主要体现为斯多亚学派的禁欲主义和伊壁鸠鲁学派的快乐主义，具体到美学观念上，就体现为前者的美感认知倾向与后者的感性享乐倾向的分野。

将希腊化时期的美学与希腊古典时期的美学相对照，我们可以着重在艺术的目的与功用、对摹仿又继承又创新的发展、审美快感的深入探讨等几方面，来概括并突出希腊化时期美学思想演进的特点。鉴于贺拉斯、朗吉努斯一直是朱光潜先生《西方美学史》以及国内西方美学史研究、讨论希腊罗马美学的重点对象，文献与成果较多，因此，本文将对其他希腊化直至罗马早期的希腊语美学文献及其美学思想的重点内容做重点研究。当然，这并不意味着否认或者削弱贺拉斯、朗吉努斯美学思想在这一时期的代表性及其重要性。

一 摹仿技艺与艺术功能——希腊古典时期的核心审美问题

我们首先回顾一下希腊古典时期有关艺术与审美的两个核心问题及其争论。一个是诗的摹仿技艺与哲学的求真之争，另一个是艺术的功能问题。

不管荷马还是苏格拉底、柏拉图，都承认诗人的技艺来自于神。例如《奥德赛》第八卷，奥德修斯称赞歌者得摩多科斯，说是缪斯或者阿波罗赋予了他吟唱的技艺，他歌唱的也是英雄世家们在神的护佑下攻打特洛伊的伟业。但是自早期希腊开始，哲人通常都贬低诗人的技艺。现存多个残篇表明，赫拉克利特认为荷马、赫西俄德尽管博学，但是并没有智慧，因为他们不能洞察神圣的真相，也没有掌握洞察真相的技艺、能力，所以他们既没有掌握逻各斯的语言，也不能传达逻各斯的真理，而只能受到蒙蔽并将假象、虚幻传达给世人。① 《斐多篇》当中，苏格拉底自述当神要求他作诗的时候，他自认为没有诗人那样虚构的技艺，自己只会做出哲学的论证，而哲学才是最高的技艺。② 柏拉图在《理想国》第二、第三卷里认为艺术是机械的摹仿，艺术是现实世界的影子，现实世界是理念世界的影子，所以艺术离真理隔着三层。由此，柏拉图责难诗人所创造的都是幻象，并造成欺骗，并得出结论，哲学求真，而诗歌却败坏人的心灵。③

但是亚里士多德对迄至柏拉图贬低艺术"摹仿"的观念提出了挑战。《诗学》认为诗歌、戏剧不仅摹仿现实活动，更能摹仿假设的、理想的活动，从而表达应然的真理。《诗学》第 7 章认为美是各部分彼此之间井然有序且大小适中，他还认为应把诗歌形式的统一作为理解事物的原则。所以亚里士多德认为诗与哲学都追求真，诗尽管作为摹本反映真实事件，但可以体现出人类经验得出的必然性。他认为历史描述已经发生的实然，诗歌、戏剧尤其是悲剧则追求事件的应然，也就是说，历史和诗歌同样追求真，只是不同模态的真，或者说分工负责追求真之整体里面的某一方面的真。④ 但诗歌应该表达真的观念在古希腊也并非始自柏拉图与亚里士多德。在《神谱》开篇，赫西俄德自述缪斯女神对他这个诗歌的创作者表示："我们知道如何把许多虚构的故事说得像真的，但是如果我们愿意，我们也知道如何述说真事。"⑤ 缪斯对于诗歌的描述表明，诗述说过去、现在、

---

① 参见第尔斯（H. Diels）辑录的前苏格拉底思想家文献中的赫拉克利特部分即 DK 22，包括证言 A22 以及残篇 B22、B56、B57 等。按照 DK 本顺序排列残篇的中译本见〔加〕罗宾森：《赫拉克利特著作残篇》，楚荷译，广西师范大学出版社，2007 年，也请参见基尔克等著、聂敏里译《前苏格拉底哲学家》的第 6 章"爱菲斯的赫拉克利特"，华东师范大学出版社，2014 年。此外克塞诺芬尼、毕达哥拉斯也提出过与赫拉克利特类似的看法，参见该著第 5 章、第 6 章。

② Phaedo, 61b, see Plato, *Complete works*, p. 53, edited by John M. Cooper, Indianapolis: Hackett Publishing Company, 1997

③ 参看 Plato, *Complete works* 或 *Greek and Roman aesthetics* 的《理想国》章节。

④ ed. & tr. by Oleg V. Bychkov, *Greek and Roman aesthetics*, Cambridge University Press, 2010, pp. 79 – 106

⑤ 赫西俄德：《工作与时日　神谱》，张竹明、蒋平译，商务印书馆，1996 年，27 页。

未来的事情，诗是赞颂神的，诗是能使人愉悦的。文中还附带提到，缪斯女神赋予凡人中的统治者巴西琉斯以言语能力，他们的言语优美，能够公正地判断并用恰当的话语表达裁决。因此尽管诗歌技艺表现为虚构作假、以假乱真，但这种技艺首先是来自神的，虽然诗歌的描述不是实事本身，但诗歌表达的就是事情的真实。

但是诗人或者艺术家以"摹仿"为技艺，这本身确实就会制造虚构，智者高尔吉亚就把戏剧描述为欺骗。① 所以苏格拉底和柏拉图从城邦政治与公民德性的塑造出发，会以这一诉求为尺度来衡量诗歌、戏剧因为"摹仿"的虚构而产生的社会功能，并最终对艺术做出负面评价。

柏拉图认为诗人把恶行乃至不道德的品质描写到诸神身上，这会败坏青年，不利于公民的教化与养成，为了营建理想国，所以要将展示神灵恶行、败坏青年心灵的诗人逐出城邦。通常我们会将柏拉图这种对待艺术与诗人的态度视作一种外在于艺术的判断，认为柏拉图主要从艺术作品的社会功能来评判艺术，并过多注重城邦公民德性的养成，而忽略诗歌的特殊艺术性与审美功能。但我们需要注意的是，并非柏拉图刻意忽略艺术的内在价值，而是在古希腊，诗歌从其口传形式直至成文史诗尽管具有审美功能，但其本身并不是首先作为艺术作品来创作的。古代希腊留给今天的最早文献就是经由荷马、赫西俄德用文字记载下来的口传诗歌，公元前 8 世纪文字出现，直至公元前 6 世纪散文文体全面盛行发达，散文才取代了口传诗歌，承担起保存古希腊过去历史和解释当时城邦社会的功能。但是各种歌咏与史诗一样，作为公共表达的工具其首要功能都是为了反映当时古希腊的社会样貌，所谓文学意义上的抒情诗要晚于赞颂诗与教谕诗的出现。所以不管是在口传还是直接进行文字创作的相当长时间内，古希腊的诗歌本来就不是作为现今意义上的艺术创作而存在的。早期希腊最初可称作艺术品的就是颂歌②，包括汇集为荷马史诗的许多段落篇章都是如此，由诗歌作品与宗教仪式结合而后出的戏剧，本身也是为了歌颂神、歌颂英雄。所以古希腊史诗、戏剧这些被我们视为最伟大的古代艺术作品，在当时社会条件下，本来也不是首先作为艺术品产生、存在并发挥作用的，当

---

① *Greek and Roman aesthetics*, pp. 3 – 4.
② 〔英〕奥斯温·墨里：《早期希腊》（第二版），晏绍祥译，上海人民出版社 2008 年版，第 11—17 页。

然它们确实具有审美功能。

尽管柏拉图、亚里士多德的"摹仿说"都认为艺术与哲学的求真并不一致，但从"摹仿说"的虚构出发，古典时期的哲学家还是揭示出了诗艺的独特审美特性。高尔吉亚认为诗歌的欺骗反而使得被欺骗者比清醒的人更聪明。悲剧和绘画尽可能多地欺骗人们投身于真实的行动，反而可以培育最好的人。他的《海伦颂》认为诗歌可以通过情感战胜灵魂。由于想象力的作用，欣赏者将诗歌的文字化作脑中的形象，从诗歌描述的恐惧、遗憾和悲痛之情引发自己相似的情欲渴望，继而引起同情。柏拉图在对艺术社会功能做出负面评价的过程中，确实讨论并揭示了诸多诗歌、戏剧的审美特性，从而也才能将审美性与社会性对立起来。他认为神赐予诗人作诗的技艺，就是要诗人吟唱古人的光辉与神灵的快乐，通过摹仿真实而使人愉悦，诗歌被创作出来就是要表达神灵的快乐并让人也感到快乐，并且确实有让人忘记痛苦、忧伤的情感效果。当然由于这有违柏拉图理智约束欲望的德性要求，因此才成为诗人要被逐出城邦的根本原因。但是在《理想国》第十卷，柏拉图认为艺术可以表达生命，流放诗人有损于理性，摹仿虽可造假，但诗人也可以通过摹仿真实的形象去表达善，只要协调好诗与伦理养成的关系，就允许有利于理想国的诗人留在城邦生活之中。亚里士多德将诗歌界定为追求应然的真，这实际上已经暗含了诗歌本身对于真的追求就包含了价值取向。可以说柏拉图和亚里士多德都承认诗歌的目的是导向价值，而且同样认为其方式或者途径都是要表达某种真，只不过对于柏拉图，这种对于真的表达仅仅只是摹仿，而亚里士多德则认为诗歌对真的表达本身就属于真自身的表达方式之一。

二　"摹仿"与"想象"的交融

希腊化时期阐述艺术"摹仿"问题的美学探讨并不算多，而且几乎已经不再关注摹仿作为虚构是不是违背真、是不是不利于个人德性与城邦这一古典核心问题。可以说，从希腊化时期开始，从"摹仿说"出发而对艺术创作与欣赏、艺术品社会价值的美学争论便隐而不彰，直至文艺复兴时期才重新成为有关艺术与审美的主流话题。根据现有文献，希腊化时代并不拒绝柏拉图所界定的"摹仿"技艺，但是与柏拉图的区别在于，晚期希腊思想家不再强调"摹仿"附属于真的从属地位，而是一方面将摹仿纳入真之追求的形而上学之中，并着力对"摹仿"技艺本身做出界定与区分；另一方面将重心从"摹仿"技艺转换到对想象问题的探讨，进而为诗与诗人做出辩护。我们以菲洛斯特拉图斯（Philostratus）、普罗提诺（Plotinus）和普罗克洛（Proclus）为例来揭示希腊化时代美学思想的总体特征。

希腊古典时期对"摹仿"技艺的探讨几乎不涉及认知问题，而斯多亚学派和新柏拉图主义者却更注重从认识论角度对艺术创作活动的感知特征做出探讨，其核心就是创造性的想象，也即 phantasia（想象）。其中比较值得注意的是公元 3 世纪的菲洛斯特拉图斯，他在 *Life of Apollonius of Tyana*（6.19）当中讨论了 phantasia 不同于摹仿的创造方式及其价值。[①] 他认为，phantasia 产生出来的人为形式被赋予那些"从未见到过的事物"，而这恰恰是与摹仿最大的区别所在，因为摹仿出来的形式尽管出自技艺，但形式本身却并非人为，而是那些"已经被我们看见过的事物"的原本形式。就艺术技艺活动与作品形式的关系而论，这应该是古典希腊时代与希腊化时代晚期一个较大的不同之处。古典时代的"摹仿"并不一定就完全摹仿的是已知物，因为神赋予的灵感也会产生出诗人未见之物，将人可能未见的形象或者形式描绘出来，因此也就不能说摹仿不依赖想象或者完全没有创造性。例如柏拉图在《理想国》第五卷 472d 谈及对于理想化的美的描绘、亚里士多德在《诗学》第 25 章谈及对于不同事物的摹仿，其实都涉及了摹仿中的理想化、必然化因素，而不仅仅是对一个现存的实际事物或事情的严格描摹。但是菲洛斯特拉图斯的推进在于，他严格地将摹仿限制在根据已知经验内容进行再现的确定范围之内，而将带有想象性的形式创造与摹仿分离开来，从而将 mimesis（摹仿）与 phantasia 区分开来，认为这是艺术作品中神的形象的两个不同来源。虽然他的这一区分并不能直接等同于艺术创作手法或者不同审美方式的区分，但是他对这两个术语做出的基本思想界定，却是首次明确了摹仿和想象的不同。

此外，菲洛斯特拉图斯还认为摹仿能力不仅仅是诗人或者创作者的技艺。在前述著作的 2.22[②]，他还谈到摹仿作为一种基本的想象能力，也是

---

① *Greek and Roman aesthetics*, p.169.

② *Greek and Roman aesthetics*, pp.167–169.

观看者需要具有的一种技艺或者能力，观看者需要运用他们精神上的想象能力，将自己的构型或者形式化投射到所观看的作品上面，调用自己精神上形式化的摹仿能力去补充、完成所见作品的内容与意义。虽然我们不能时代错乱地将此等同于当代接受美学论及艺术作品由创作者和欣赏者共同完成的主张，但确实可以将此描述为一种在审美接受意义上的审美欣赏想象。不过虽然菲洛斯特拉图斯认为想象活动可能就是创作者在摹仿当中造成虚构的方式或者原因，但与柏拉图不同的是，菲洛斯特拉图斯回避了这种想象是否歪曲真实、是否对观看者形成欺骗的问题。因此之于古典摹仿观，他着重补充或者强调了摹仿当中想象能力的重要性，但是却不再提及想象是否会使得摹仿成为一种不求真的技艺。但就他对于摹仿对象之神圣性的强调来看，他并不认为摹仿会歪曲、弱化对象的神圣性，只是认为摹仿需要通过想象能力将不可见的神圣性赋予现实产品的形式当中，从而生产出依然保留神圣性的可见形象。

如果说菲洛斯特拉图斯着重从感知活动方面将想象问题纳入"摹仿"，那么同样是公元 3 世纪的新柏拉图主义者普罗提诺则确立了"摹仿"在形而上学构造中不可或缺的理性地位。

普罗提诺的《九章集》建构了一个统一但等级分明的宇宙整体，最高的"太一"逐级向下流溢而完成整个世界体系，而"摹仿"则描述了每一个下一层级对上一层级的关系，下一层级的构成物都摹仿、反映着上一层级的相应物，并力求保持相似乃至一致，因此摹仿使得下一层级的构成物成为对其上一层级对应物的形象表达。普罗提诺的这种"摹仿"理论很难说具有美学意义。但如果我们依然将摹仿视作一种技艺的话，他的描述却揭示了摹仿者与被摹仿物的反映关系，而更重要的是，摹仿使得某种低一级的潜在成为现实，尽管实现了的潜在只不过是被摹仿物的形象，但是这种形象却是通过摹仿而被实现的一种新的现实存在物，而且是一种能够独立存在的整体物，尽管在等级上有高低之分，在时空关系上有先后之分。这相对于柏拉图将摹仿物贬低为幻象，既非独立存在者又非真实物的规定来说，无疑确立了摹仿者以及摹仿物的真实性和独立存在。

在《九章集》的 5.8.1，普罗提诺将上述摹仿理论用于对理智之美的界定，但是和菲洛斯特拉图斯一样，普罗提诺引入摹仿者的主观心灵活动来解释雕像之美的来源及其获得方式。① 一座雕像的美是被制造出来的，雕像自身体现美的那个形式来自雕塑家精巧技艺的创作，但是这个美的形式在其被赋予雕像之前就存在于雕塑家的心灵之中，也就是说其技艺所造之美先于雕像之美，而且比具体雕像的现实之美更美。这种解释符合普罗提诺的形而上学，即每个创造者都先于、优于其创造物，就美而言，具体形象的可见之美来自于更高的美，又通过摹仿者和欣赏者将具体形象之美导向更高的美。与柏拉图的不同之处在于，首先，普罗提诺认为技艺的摹仿虽然还是对更高一级实在的摹仿，但其目的在于生产出与自然相符的产品而非幻象；其次，这种摹仿是要调动摹仿者的想象力，将先在之美赋予那个被创造出来的创造物，这种摹仿很难与柏拉图非真实的、制造虚幻的摹仿等同起来。所以在普罗提诺看来，摹仿技艺及其方式不是柏拉图所言非生产的、欺骗式的技艺，摹仿技艺的产品也不是简单的人为制成品，而是摹仿技艺者的心灵本有并赋予具体物的形象之美。可以说，与柏拉图的摹仿相比，普罗提诺赋予摹仿者的技艺更多的自主性，而且明确表明需要想象力的介入才能创造出一个美的具体形象，而且并不涉及所谓歪曲、欺骗、造假、败坏。普罗提诺在《九章集》5.8 中进一步认为，美可以引导灵魂进入更高的层次，艺术形式的描摹同样是哲学活动的方式，而不只是去描绘会变幻、消失的现象。因此，尽管普罗提诺并未放弃理念，甚至赋予其更高的实体性与神圣性，但与此同时并未贬低摹仿技艺，而是更深入地赋予摹仿一种理想化的、精神性的创造力与表现力。这样一种出自摹仿者自身想象力的摹仿，经由文艺复兴开启了近代德意志以及英国的浪漫主义的先声，直接影响近代文艺理论或者美学主张从摹仿自然转向情感摹仿，从自然之真转向情感之真，强调创造者自身艺术创造力对于形象美的决定作用。

如果说菲洛斯特拉图斯和普罗提诺将想象力引入摹仿，以摹仿活动及其产品的自主创造性改变了柏拉图摹仿说的方向，那么公元 5 世纪的普罗克洛则通过对摹仿技艺的严格区分，在诗与哲学之争中为荷马、为诗歌做出了更多的辩护，认为诗歌能够表达的不仅仅只有文学意义。在普罗克洛对《理想国》进行评注的著作里，他将柏拉图有关诗歌、文艺的一些概念

① *Greek and Roman aesthetics*, pp. 194 – 196.

予以重新整合，依据柏拉图灵魂三分的学说将诗歌区分为三种类型①：

1）基于灵感的（inspired）：能够通过象征以及寓意传达神圣真理；

2）基于知识的（knowledge-based）：通过理智本性的沉思能够教化灵魂；

3）基于摹仿的（mimetic）：对现象世界及其相关人类激情进行描绘的。

但是普罗克洛并未就其中所涉的不同诗歌特性进行说明，而主要是直接援引柏拉图对不同等级与身份的灵魂类型的解释来对诗歌进行一种对应区分。从中我们或许可以将不同灵魂类型对应于不同体裁的诗歌表达，但是灵魂的不同如何转化成为诗歌表达的不同特性，普罗克洛却并未作出进一步的解释，或者说，我们很难通过这种三分来理解诗歌的内在特性，至多只是断定了诗歌可能运用到的不同认知或者欣赏状态。而且，他依然认为摹仿就是诗歌最为基础的方式，即使基于灵感的诗歌也必须包含摹仿在内。基于此，普罗克洛认为柏拉图自己就是一个摹仿的创作者，在这一点上柏拉图与荷马并不存在什么分别。在他对《蒂迈欧篇》所做的评注里面提出，诗艺摹仿类似于宇宙论意义上的世界图景，是自然自身为超越的、永恒的最高实在赋予形象，形象与美既是大宇宙拥有的，也是雕刻家能够产生的。② 所以，他认为诗艺形象是对更高等级的大宇宙进行摹仿而产生的一个非常近似的、象征性的小宇宙。而这也非常类似现代自然主义文论里的两个世界理论，即文学艺术可以创造出一个真实的精神世界，它是对外在世界的摹仿，但却是具有独立性以及自身意义的艺术世界。

朗吉努斯对"崇高"的探讨也特别强调想象力的作用。他在《论崇高》第35章表示③，人被创造出来就被作为宇宙整体的观众，伟大的创作者就像神一样将其想象能力作为潜能发挥出来，并能激发他人也发挥想象力，直到最高等级。他特别指出，这种面对宇宙的想象能力区别于那种对宇宙进行沉思的能力。尽管朗吉努斯并未脱离古典时代对于人的理智能力的区分，但是他将这种想象能力从人的理智思想能力当中区分出来，并且

---

① Proclus, *Commentary on the Republic*, 1, 177.7 – 179.32, in *Greek and Roman aesthetics*, pp. 236 – 238.

② Proclus, *Commentary on the Timaeus*, 1, 265.18 – 26, in *Greek and Roman aesthetics*, p. 235.

③ *Greek and Roman aesthetics*, pp. 163 – 164.

认为这是一种能够比理智思想能力更有作为的心灵能力，甚至超出于思想之外。当然，崇高作为心灵的至高、至美状态与实现，都是心灵面对无限的宇宙整体，在心灵的有限空间内通过想象对于宇宙至高、至美状态的表达。这样一种超越的评价体现在朗吉努斯宗教式的半文学、半隐喻式的语言表达中，使其具有跨越希腊古典哲学与基督教信仰的神圣化特征，尤其崇高本身是创造性心灵的产物且是一种最高状态。从中我们也可以看到柏拉图既求真但又高度赞赏灵魂"迷狂"状态的双重影子，只不过在朗吉努斯这里，通过想象性语言能力的无限创造，将宗教冲动与审美感受融合为超越性的崇高品质及其心灵状态。

三 诗歌与美的怡情功能和教化功能

如果说对于"摹仿"的分析与希腊古典时期的美学探讨还具有直接承继关系的话，那么晚期希腊对于诗歌等艺术创作、欣赏当中情感特征、认知活动的深入挖掘则大大扩展了古典希腊美学理解的范围，而且，对于这类与审美活动直接相关主题的探讨，也使得晚期希腊对于艺术与审美功能、价值的看法更趋于以艺术创作、欣赏本身的感性特征为内在标准。下面我们着重讨论伊壁鸠鲁对于审美快感的讨论，以及斯多亚学派基于其自然哲学对于审美感知活动的认识论探讨，并进而以其伦理旨归对审美教化功能作出强调。

公元前 4 到公元前 3 世纪的伊壁鸠鲁基于其原子论的自然哲学发展了一种人生观哲学，认为人的唯一价值标准就在于快乐，快乐的底线标准就在于免于痛苦。与柏拉图截然相反，伊壁鸠鲁拒绝对于人的教化塑造，认为这无助于增进人的单纯快乐。这种观念影响了伊壁鸠鲁学派看待诗、音乐以及其他古典造型艺术的基本态度，使得快乐成为衡量艺术与美的核心标准。根据第欧根尼·拉尔修《名哲言行录》（10.120）的记载，伊壁鸠鲁认为有智慧的人才能正确地谈论诗歌和音乐，但是他们却并不进行诗歌创作。① 在对于早期史诗的态度上，一方面他继承了苏格拉底、柏拉图的基本判断，认为史诗、神话关于诸神的描述谬种流传，对人生没有什么积

---

① 第欧根尼·拉尔修：《名哲言行录》，徐开来、溥林译，广西师范大学出版社 2010 年版，第 1063 页。

极作用；另一方面，基于其唯物论的原子主义，他不认为人有来生，也不需要追求所谓的灵魂完善与不朽，死亡就是个体生活与意识的终结，所以记叙永恒神灵与英雄不朽业绩的神话对于增进人生快乐也没有什么作用。这使得伊壁鸠鲁快乐主义的人生观采取了与古希腊具有悠久传统的悲观厌世观念反其道而行之的路数，传统史诗、神话、悲剧里面宣扬的命运说和宿命论都是要引发人们对命运和死亡的恐惧，对于伊壁鸠鲁来说，艺术与审美的真正意义在于借助对快乐的追求来解除人对于死亡的恐惧。

但是伊壁鸠鲁学派的成员卢克莱修在其《物性论》当中将早期希腊的自然哲学思想嫁接到诗的形式当中，同时坚持自早期希腊直至柏拉图、亚里士多德的诗艺教益功能。他就诗歌与哲学的关系提出：其一，当诗歌可以予人审美快感的时候，并不是可以完全脱离哲学思想及其判断推论的；其二，哲学思想在通过诗歌形式予人审美快感的同时，可以完成道德和人生劝诫的哲学功用。所以和柏拉图一样，尽管伊壁鸠鲁学派是从外在功能出发来界定艺术与美，而且其重点在于提升人的快乐，但是在满足这个标准的意义上，艺术仍然是值得关切的。伊壁鸠鲁尽管同样并不高看诗歌、音乐的文化教养作用，但是和柏拉图鄙视对于美景丽音的爱好相反的是，伊壁鸠鲁认为真正的哲学家应该是一个能够沉醉并享受壮观表演场景的爱好者，例如狄奥尼索斯狂欢的仪式活动，例如戏剧表演活动等。①

公元前 1 世纪的伊壁鸠鲁学派成员费罗得穆斯（Philodemus）在其《论诗》（On Poems）残篇中，一方面坚持古典希腊对于诗艺价值与理智、道德价值的统一，另一方面却摆脱诗艺来自神授的经典认识，认为诗歌的形式自身就具有卓越性。费罗得穆斯延续伊壁鸠鲁的快乐主张，反对诗歌具有教育意义，但是他认为诗歌之所以能够予人快乐，在于精心拣选的思想内容与合辙符节的语言相统一，因此诗歌的风格与内容同等重要，必须结为整体。在费罗得穆斯另一部论辩集《论音乐》（On Music）当中，以音乐为核心，他更为明确地提出无内容、无意义的单纯审美快乐。从毕达哥拉斯学派最初对音乐的内在特征及其功能进行探索之后，古代希腊思想家都非常强调音乐的摹仿功能，强调音乐是以一种声音、听觉上的相似性

---

① 关于伊壁鸠鲁及其学派成员有关诗歌与审美问题的探讨，参看 E. Asmis, "Epicurean Poetics," *Proceedings of the Boston Area Colloquium in Ancient Philosophy*, 7, 1991, pp. 63 – 93.

或者音调与情感的相关性来构成、传达情感，并寓某种道德、价值与音声之中。但是费罗德慕斯认为，声音就是声音，音乐作为一种发声组合并不占有任何其他质料，也就不会有任何实在的内容意义，而仅仅只是某种对于听觉的感官刺激，不附带任何理智的内容。这就一反此前古希腊对于音乐的基本主张，否认了音乐本身可能带有的道德情感、价值内容乃至规范。而歌声作为音调与诗歌的结合，只要配伍协调，诗词内容及其包含的思想都不重要，歌唱本身激发的仅仅只是听者灵魂的情感呼应而已。因此对于费罗德慕斯来说，音乐予人的仅仅只是一种纯粹的听觉感官快乐，除此之外就没有能够超出音调声响本身之外的任何意义了。[①]

伊壁鸠鲁学派对于诗歌、音乐给予人情感快乐的主张，在西方美学史上第一次明确提出了艺术内在审美快感的系统表达，并且特别地强调了审美快感不依赖于外在因素的形式化来源及其感官特征。而同样以自然哲学作为道德伦理学说基础的斯多亚学派，则尤其在音乐审美主张上与伊壁鸠鲁学派的感官快乐主义针锋相对。但复杂之处在于，斯多亚学派也同样承认艺术审美的感官特性，但是认为音乐、诗歌以及绘画等艺术对实在既做出感官把握，也做出理智判断，审美经验也是一种认知经验，强调艺术和审美活动的观念、功能还具有更为丰富的认知内容。

与伊壁鸠鲁学派相比，斯多亚学派更注重道德教化，对于哲学思考及其方法做出了更宽泛的探索，将希腊古典时代神话被排除于哲学之外的很多方法例如寓意解释纳入其哲学思考当中，重新将类似人类形象的人格神与抽象的神意、神的观念统合起来，并且更为强调思想、思考的教化作用，因之更像世界的解释者与社会的教化者，对自然、社会乃至人生做出了更具断语式的判断和教导。在这一背景下，斯多亚学派从哲学目的出发更为强调诗教，或者说艺术的功用、效果，因此与柏拉图和亚里士多德相比，斯多亚学派对于艺术本身会更多地强调诗艺快乐与道德教益相生相协，而在哲学主张上则会强调艺术的认知与道德特性之于情感特性的优先性。

斯多亚学派并没有留存下来更多直接论述艺术的文本，但是我们可以

---

① 关于费罗德慕斯的这两部著作残篇，参看 *Greek and Roman aesthetics*，分别见 pp. 109 – 111 以及 pp. 112 –116.

从他们相对较为丰富的思想文本遗存当中勾勒其基本的艺术观与审美观。斯多亚的自然观与柏拉图《蒂迈欧篇》的描述大有渊源，认为可见世界由一个神圣工匠或者说造物主创造而来，不过是永恒本体的一个暂时的形象而已，宇宙整体（cosmos）是一个理性的、目的论的统一体，其间充盈着能动的、神意的"灵"（spirit），宇宙整体的观念不过是作为神圣技艺的作品，由造物主心灵中的观念创造而来。不管自然世界还是出自人类技艺的摹仿产品，都是对宇宙目的及其根本善的反映与表达。① 与伊壁鸠鲁学派对感官快乐的核心关注不同，斯多亚学派认为人类技艺的产品也是一种在目的论指引下的理性产物，兼有道德效用与美。只不过斯多亚学派以及其后的新柏拉图主义者都将这种推论扩展为一种观念论的形而上学美学观，认为人类生产品的意义如同宇宙自身的意义一样，不在于可感现象，而在于优美形式构成和传递出来的真，而且只能由被哲学调教出的心灵来解读，但是美作用于心灵，则既是理性观念也是感官活动的满足。所以对于斯多亚学派来说，美只能作为一个整体而被对待，是形象与意义的整合，而不能相互割裂。

这种和谐整体的世界观并非自斯多亚学派始有，亚里士多德就曾经直接表达过这种观点，但斯多亚学派对于这种观点的推进在于，他们将实在的宇宙大全整体之中的所有部分、方面都整合进一个单一物，并且是一个包含内在价值的可观物，其内容、价值之善与可观形象之美完整地统一于这个可观物之中。不过具体在美学思想方面，斯多亚学派对于亚里士多德思想的继承在于，如果坚持上述对美的观念界定，就必须要求美不仅能够是人的理智可以把握的思想甚至智慧，也是实践中可以依据并实行的价值标准和原则，同时也必须是可以被感官感觉得到的。西塞罗《论义务》（De officiis 1. 98 – 104）认为，美的理念无非是对部分进行的和谐统合，他进一步将斯多亚学派美的观念解释为一种可观看的东西，但是如果要能够看到这种美，除了视觉的观看之外，还必须完全、充分地占有智慧。因此，西塞罗实际上对美既赋予了观念形态又赋予了感觉形态。② 马可·奥勒留在《沉思录》（Meditations）第三卷中认为，对于那些对自然的统一性

---

① 这也是斯多亚学派中人普遍持有的基本世界观，例如参看塞涅卡《书信集》65 号（Seneca, *Epistles* 65），见 *Greek and Roman aesthetics*, pp. 141 – 143.

② 西塞罗：《论义务》，王焕生译，中国政法大学出版社 1997 年版，第 95—101 页。

有着深刻把握的人，也即具有真正理智能力的眼睛的人来说，所有的自然现象——包括那些单独看来丑陋而并不给人快乐的东西在内——都能够显现出某种特定的美、感染力或者某种迷人的品质；而且，这样的人即使面对再现这些自然现象的绘画或者雕塑作品，也能够从中感受到和来自自然事物一样性质的快乐。也就是说，这样的人如果在思想上对于自然本身达到了整体的理解，那么就既能够从自然事物本身，也能够从描绘这些自然事物的艺术作品那里把握并感知到美，同时获得快乐，这种快乐不在于声色、感官的现象之乐或者肉欲之感，而是一种对于和谐的整体自然的快感。①

在有关诗歌、悲剧、音乐等艺术形式的具体探讨中，斯多亚学派的诸多思想家都基于上述立场，从人的心灵当中理智与感官、情感相统一的角度出发提出了一些更为细致的美学思想。公元前后的斯多亚学派地理学家斯特拉波（Strabo）在其《地理学》（*Geography* 1.1 – 2）中认为，荷马史诗最基本的功能是提供历史、地理、政治以及其他各种领域的知识，而并不总是一种文学欣赏或者形象的描绘，阅读荷马史诗更像一种半哲学式的求实。但是他还是承认，诗歌、神话给予人的情感感染更适合于对于心灵的教导，而以纯粹形式进行的哲学知识推论反而更不适合。另一位斯多亚思想家克利安塞斯（Cleanthes，公元前 4 世纪末至前 3 世纪）对诗歌语言的特殊形式及其独特意义进行了发掘。他认为哲学散文能够充分陈述宗教真理，而诗歌则是另外一种语言表达形式，其节奏、音律构成能够促使心灵更为生动地沉思真理。他比斯特拉波更为强调艺术形式的独特性和自主性，而不仅仅把它当作附属功能。据塞涅卡《书信集》108.10 记载，克利安塞斯认为诗歌能够对心灵施加强化影响，悲剧能够特别地唤起人对痛苦与堕落的感受，这种感受既是审美的也是伦理的。不过另一位斯多亚思想家马可·奥勒留（Marcus Aurelius）在其《沉思录》第十一卷当中认为，悲剧对于人的灵魂来说是一种有害的治疗形式，爱比克泰德（Epictetus）在 *Discourses* 1.4.24 – 7 中也持同样看法。因此，斯多亚思想家在悲剧的审美功能上虽然都持一种类似于亚里士多德悲剧"净化"说的看法，但是这种"净化"本身对于斯多亚思想家的灵魂治疗来说是好是坏却没有统一意

———————————

① 马可·奥勒留：《沉思录》，何怀宏译，三联书店 2008 年版，第 18—27 页。

见，也就是说，到底是通过悲剧中的审美经历来超越苦痛和遗憾，还是说通过悲剧表现出来的错误伦理价值将导致痛苦？但无论如何，斯多亚思想家都将悲剧的情感功能与道德认知、灵魂教化联系在一起。① 朗吉努斯对"崇高"品质的界定也不脱离于斯多亚学派的形而上学和心灵活动之外，可以作为斯多亚学派上述审美主张的一个注脚。朗吉努斯认为崇高不限于题材类型，也不限于韵文或者散文的体裁差异，是可以沟通、共同作用于创作者与欣赏者心灵的一种伟大"共鸣"或者"回响"，但是崇高既可以为思想也可以为情感把握，体现为心灵中聚精会神、全神贯注的状态。所以他将崇高作为语言、思想与情感的共同品质。

小　结

纵观希腊化时代直至晚期希腊有关艺术与审美问题的探讨，我们可以发现，尽管来自古典时期"摹仿"与求真的对立并未在晚期消除，但这已经不再是晚期希腊美学思想当中的中心问题；而且，尽管对于"摹仿"是模拟、虚构的基本界定并未被否定，但是却更加强调想象力活动与摹仿活动的统一，强调摹仿、虚构当中想象力的重要性及其在艺术创作、审美活动中的独特作用，从而在希腊古典时期已经较为系统揭示了哲学论证、修辞劝服的方法论基础上，通过引入想象力，首次较为完整地解释了艺术与审美活动的独特方法，真正将哲学、修辞与艺术区分了开来。也就是前述所论，想象力不再使得艺术摹仿仅仅只是虚构、制造幻象甚至造假的活动，而是能够通过创造形象而介入人的感官活动，让艺术形象激发对于真、善乃至美的感官享受与认知把握。而且晚期希腊才真正开始从感官活动出发阐释诗与艺术的怡情功能，不论是伊壁鸠鲁学派对于诗歌之于感官快乐的强调，还是斯多亚学派诸多思想家对于各门艺术在感知怡情、理智认知与道德教化的细节探讨，这些在希腊古典时期都是没有真正展开的艺术与审美话题。因此，尽管"摹仿"在整个西方古希腊罗马时期都是美学与艺术创作、欣赏的核心话题，但是在西方古代尤其是晚期希腊时代，作

---

① 斯多亚学派思想家有关史诗、音乐、悲剧审美特性的详细探讨，参看 Stephen Halliwell, "Learning from Suffering: Ancient Responses to Tragedy", In *A Companion to Greek Tragedy*, J. Gregory (ed.), Oxford: Blackwell, 2005. pp. 394 – 412.

为"摹仿"技艺的艺术手法并未占据其美学思想的全部内容，而晚期希腊对于想象力的重视、对于艺术创作并不必然违背真实的基本判断，乃至对于艺术与审美的德化功能上的正面阐释，其实也形成了直至今天我们思考艺术与美学问题的基本领域。

The Differentiation and Evolution of
Late Greek Aesthetic Ideas

Chang Xumin

Abstract：Classical Greek aesthetics recognized mimetic poet and art as contradicting to the pursuing truth. By mimesis artists made things to resemble reality but was a kind of fictional and illusory deception. This belonged to an inferior part of the individual's and city-state's soul, thereby subverted the perfect soul and rule of reason and republic. But in the hellenistic period and beyond, the most important tendencies were from Epicureanism and Stoicism. The former suggested aesthetic hedonism and the latter believed aesthetic cognitivism. Mimesis was not the core idea of hellenistic aesthetics any more. Phantasia was playing a more and more important role in the art and perception of beauty. The function of Art was not only in the ethic dimension but also further for the emotional and spiritual expressiveness.

Keywords：Hellenistic period, Mimesis, Phantasia, Aesthetic function

Author's Introduction：

Chang, Xumin, born in 1973, Ph. D from Peking University with joint-program of Uni. Tuebingen, Germany. Assistant professor of School of Philosophy and Social Development, Huaqiao University, China. The core studying field is in classical philosophy, especially early Greek philosophy and religion, Aristotle and the tradition of doxagraphy; and German idealism, contemporary metaphysics and theory of knowledge. E-mail：xumin. chang@ hqu. edu. cn.

荷马的灵魂与死亡

——兼比较《奥德赛》Ⅱ 的地府和《理想国》的洞穴

何博超[*]

内容提要：作为诗人的荷马，他所理解的灵魂与哲学家柏拉图主张的灵魂截然不同。荷马将灵魂视为肉身的依附者，与之相应，身体性的心是人的主导。而柏拉图的灵魂则高于身体，其中摆脱了感觉的理智部分是核心。在《奥德赛》Ⅱ中，荷马按照自己的灵魂观描绘了奥德修斯游历地府的场景，他的地府与柏拉图的洞穴有颇多相似之处，但是，由于荷马与柏拉图的灵魂观有着截然的差异，因此，柏拉图的洞穴在哲学的意义上超越了诗学意义上的奥德修斯的地府。不朽的灵魂取代了依附于肉身的魂灵和身体性的内心。

关键词：灵魂　身体　心　柏拉图　荷马

基金项目：国家社科基金重大项目"希腊罗马伦理学综合研究"（13&ZD065）；国家社科基金青年项目"亚里士多德《修辞学》的哲学研究"（15czx032）

一

在荷马史诗[①]中，魂灵只是依附于身体的东西，它不像在柏拉图那里

---

[*] 何博超（1982—），博士，中国社会科学院哲学研究所副研究员，兼任清华大学"古希腊罗马哲学与宗教研究中心"和"景教与中国宗教研究中心"研究人员。研究方向：古希腊哲学，以亚里士多德修辞学和伦理学为主；也涉及亚里士多德学说在亚美尼亚、阿拉伯地区的传播和接受。主要著述：专著《无敌大卫及其古典美尼亚文〈亚里士多德前分析篇评注〉研究》，译著《修辞术的诞生》《心灵与自我的希腊模式》等。电子邮箱：fantasyfaye@163.com。

[①] 本文讨论荷马史诗使用的古希腊文本以牛津古典文本的《荷马集》（*Homeri Opera*）为准，评注见 Kirk, G. S., *The Iliad: A Commentary Volume I: books 1 - 4*, Cambridge University （转下页注）

具有超越肉身的精神性。克拉克（M. Clarke）概述得特别精确：

> 呼吸的生命在胸中渗透、流动和汹涌，它与胸中的器官都是动态的，而非静态的，因此它清楚而自然地表现了精神生命的流动，至少与我们文化中描述心灵的用语一样，既深刻又精微。荷马并没有将精神生活与身体的生活对立起来，而是认为这两者是没有差别的整体。那种"机器中的鬼魂"①是不存在的：荷马式的人并非拥有心灵，他的思想和意识与运动和新陈代谢一样，都是身体生活不可分割的一部分。②

这种理解合乎荷马史诗的文本。身体是灵魂的携带者，它才是中心，而行动都是这个心身整体做出的。③那么可以推断，至少在荷马时期的文化

（接上页注①）Press, 1985；及其 *The Iliad: A Commentary Volume II: books 5 - 8*, Cambridge University Press, 1990；Hainsworth, B., *The Iliad: A Commentary Volume III: books 9 - 12*, Cambridge University Press, 1993；Janko, R., *The Iliad: A Commentary Volume IV: books 13 - 16*, Cambridge University Press, 1991；Edwards, M. W., *The Iliad: A Commentary Volume V: books 17 - 20*, Cambridge University Press, 1991；Richardson, N., *The Iliad: A Commentary Volume VI: books 21 - 24*, Cambridge University Press, 1993 和 Latacz, J. ed., *Homers Ilias Gesamtkommentar*, Walter de Gruyter, 2009。一些具体词义的界定见 Autenrieth G., *A Homeric Dictionary for Schools and Colleges*, Harper and Brothers, 1891。关于荷马史诗的文献问题和流传问题，本文均不做讨论，而是立足于荷马史诗及其颂诗的文本进行分析。

① 这是吉尔伯特·赖尔（Gilbert Ryle）在其名著《心的概念》中使用的短语，用来描述笛卡尔的二元论。

② Clarke, M., *Flesh and Soul in the Songs of Homer: A Study of Words and Myths*, Oxford University Press, 1999. p. 115。最系统讨论这一现象的是朗（A. A. Long），*Greek Models of Minds and Self*, Havard University Press, 2014, 他也引述了克拉克的这段话。该书中文版《心灵与自我的希腊模式》由何博超译，刘玮编校，北京大学出版社 2015 年版，以下所引该著均取自中译文。

③ 如朗在《心灵与自我的希腊模式》第一章结尾所说："当我们说，我们'有'心灵或灵魂时，这个'有'与我们说有胳膊、有腿、有心脏、有大脑的'有'是一个意思吗？有些哲学家持肯定态度。尤其是笛卡尔，他相信心灵是一种特殊实体，它在身体中，却又是非身体的实体。而柏拉图和普罗提诺关于 psychē 的看法与此接近。……如果我们赞同吉尔伯特·赖尔（Gilbert Ryle）这样的现代哲学家以及他的《心的概念》（*Concept of Mind*）一书，认为笛卡尔式的心灵理论只是神话（赖尔尖刻地称之为'机器中的鬼魂'），那么，我们就会发现荷马没有主张这种二元论反而是应该大受欢迎的。按照赖尔的看法，根本没有心灵这种东西。相反，心灵的概念，如果正确理解的话，等同于包含在思考、感受和行动中的人类行为的范畴。赖尔认为，心灵是一种我们在说话、计算、选择等等行为中都会运用到的倾向性能力（dispositional faculty）。'心灵'这个词并不等同于一种特殊的、在我们物理结构内部的精神存在物，同时心灵又不能独立于物理结构存在。"（转下页注）

中，人们并不看重那种"控制"身体的理性的心智能力，或者说，身体不会首先遵从这种能力，这时的理性与后来柏拉图的理性截然不同，自然，两者在灵魂（ψυχή）观上也有所不同。如杰里迈亚（E. Jeremiah）所言，"灵魂在两首史诗中并没有成为个人的心理统一性的代表"，它只是被去除了"情感或认知能力"的"生命"，或者是个体的魂灵（shade），脱离身体就飞入了地府。[①] 如《伊利亚特》和《奥德赛》描述的，战士死亡之后，灵魂都飞入了哈迪斯那里；而且灵魂蠢笨毫无心智，完全是人死后的余烬。杰里迈亚引了一段布雷默（Bremmer）的经典论述，区分了"身体灵魂"（荷马的个人不是没有灵魂，而是以身体为精神和灵魂的标志）和"自由灵魂"（纯粹的灵魂，现代心理主体的源头），兹录如下：

> 在阿尔布曼（Arbman）的分析中，他区分了赋予身体以生命和意

（接上页注③）在荷马灵魂观问题上，值得注意的研究结论首先来自伯顿（Burton, E. D. , "Soul, Soul, and Flesh: I. πνεῦμα, ψυχή, and σάρξ in Greek Writers from Homer to Aristotle", *The American Journal of Theology*, Vol. 17, No. 4（Oct. , 1913）, pp. 563 – 598），他罗列了古希腊ψυχή的各种文本，在解释荷马时，他认为灵魂可以表示生命（如《伊利亚特》11. 332 – 334，与θυμός合用），离开灵魂人就死了。但我们需要强调的是，ψυχή的这层含义与后来作为灵魂主体的ψυχή截然不同，这种生命首先离不开身体。死后从嘴中呼出的气息变成了无形体的魂灵ψυχή，它只是生命的残余。

罗德讨论了灵魂不朽观在希腊人中的发展，他认为没有灵魂，身体不可能具有感觉和知觉等活动，但是这些活动的能力又不来自于灵魂。显然，这不同于柏拉图和亚里士多德对灵魂几种能力的划分，见 E. Rohde, Psyche, *The Cult of Souls and the Belief in Immortality among the Greeks*, Routledge, 1925, 2001。他注意到了荷马用身体指人自己（αὐτός），而不是用表示精神主体之类事物的词汇。也分析了荷马的人有两次存在，一次在可见的世界，一次在不可见的冥府（当然第一次才是有道德意义的存在）。

达科斯分析了ψυχή一词各种格位在荷马那里的用法，揭示了灵魂可以作为一种客体，被主体处理，仅当人死亡和昏厥后才会具有主动性或活动性，但仅仅是运动和简单的发声。在某些情况，如果身体没有焚毁，灵魂才可以具有一些感觉，甚至能说话（《奥德赛》11. 51 以下）。Darcus, S. M. , "A Person's Relation to ψυχή in Homer, Hesiod, and the Greek Lyric Poets", *Glotta*, 57. Bd. , 1. /2. H. （1979）. pp. 30 – 39.

更为详尽的论述来自杰里迈亚，他发展了上面罗德（Rohde）的看法，通过分析反身词αὐτός在荷马史诗中的使用，揭示了荷马时代是古希腊"自我"形成的开始，同时也阐述了荷马史诗的灵魂观，见下一注释文献。

① Jeremiah, E. , *The Emergence of Reflexivity in Greek Language and Thought: From Homer to Plato and Beyond*, Brill, 2012. p. 61。杰里迈亚引用了布雷默（Bremmer）对希腊灵魂概念发展的研究，布雷默立足于梵语学家恩斯特·阿尔布曼（Εrnst Arbman）对印度灵魂观的考察，将之对比了荷马的灵魂观。

识的"身体灵魂"与"自由灵魂",后者是无拘无束、代表个体人格的灵魂。当有意识的个体代替自由灵魂时,自由灵魂在无意识时具有主动性,在有意识时具有被动性。我们还不清楚被动的自由灵魂在身体的哪个位置。当有生命的个体在清醒的生活中时,身体灵魂就是主动的。与自由灵魂相反,身体灵魂通常分为若干部分。大别之有两种:一个是生命灵魂,往往等同于呼吸,是生命原则;另一个是自我灵魂(ego soul)。身体灵魂或它的若干部分代表了个体的内在自我。在吠陀的灵魂信仰的早期发展阶段中,自由灵魂和身体灵魂并不是一个统一体;后来,吠陀的自由灵魂概念 ātman 构成了身体灵魂的心理属性,这一发展趋势在很多人那里都可以看到。

以这些论述为基础,布雷默认为荷马的 ψυχή 类似于自由灵魂(只是近似,因为与现代的自由灵魂相交,在荷马这里,它的自由性并不体现在控制身体和身体灵魂上,而是体现于:它在无意识时或死后可以"自由"存在),而荷马的 θυμός(心气)和 νοός(心)类似于身体灵魂。前者的特性如下:

(1) 位于身体中的未定的部位;

(2) 当身体行动(active)时,是无行动力的(inactive)(也不会被提及);

(3) 在昏晕时,离开身体(睡梦中开始活动);

(4) 没有物理或心理上的联系;

(5) 不是生命持续的先决条件,在有生命意识时,它服从身体灵魂;

(6) 代表了死后的个体。①

我们也可以补充中国古代对于魂魄的理解,比如《左传·昭公二十五年》:"心之精爽,是谓魂魄;魂魄去之,何以能久?"又《昭公七年》:"人生始化曰魄,既生魄,阳曰魂;用物精多,则魂魄强。"孔颖达疏:"魂魄,神灵之名,本从形气而有;形气既殊,魂魄各异。附形之灵为魄,附气之神为魂也。附形之灵者,谓初生之时,耳目心识、手足运动、啼呼

---

① 把身体当作自我的现象,也接近于古犹太教的看法,另外还存在于布雷默提到的北美和欧亚大陆北部之外,也可见于杰里迈亚上引文献第 62 页、60 页补充的阿卡德语 etemmu 和丁卡人(Dinka)的 atyep 代表的灵魂观。这两个词在使用时都与荷马的 ψυχή 一样,当人死去时,成为主动的鬼魂,而当人活着时,并不表示统一的意识和人格。

为声，此则魄之灵也；附所气之神者，谓精神性识渐有所知，此则附气之神也。"这种理解中，魄（附形之灵，阴）看起来像是身体灵魂，魂（附气之神，阳）是自由灵魂；前者偏感觉和行动，后者偏智识。前者是人类之始，这合乎布雷默对荷马灵魂观的判断，而且魂的特征符合上述六点。更重要的是，阴阳二元结构很早就完成了他对两种灵魂的区分。

按照上述思路，我们可以再看看荷马史诗的文本。在荷马史诗中最能体现这种身体灵魂的"自我"的地方见《伊利亚特》1.3-4：

> 它［指愤怒］把许多强大的英雄的魂灵送到了哈迪斯那里，
> 将他们自身留给犬类吞食。
> (πολλὰς δ᾽ ἰφθίμους ψυχὰς Ἄϊδι προΐαψεν
> ἡρώων, αὐτοὺς δὲ ἑλώρια τεῦχε κύνεσσιν.)

这一段也是学者分析最多的。能看到，人分为了身体和灵魂（魂灵）两个部分，当说人的时候，荷马使用了反身代词指代"尸体"，也就是死去的"自我"，这非常明显地体现出了他的自我观，否则的话，他不会认为尸体是他们本人。他没有说魂灵是他们"自己"，相反，它只是自我在死后的剩余部分。虽然灵魂死后可以独立存在，但生命已经没有了，而且这种独立存在不能代表个体本身。

《伊利亚特》23.103-104：

> 啊，奇哉，在哈迪斯的府第里居然有这样的一个
> 魂灵和魂影，只不过其中完全没有心智。
> (ὢ πόποι ἦ ῥά τίς ἐστι καὶ εἰν Ἀΐδαο δόμοισι
> ψυχὴ καὶ εἴδωλον, ἀτὰρ φρένες οὐκ ἔνι πάμπαν.)

上面一段是正面描写，这一段则是反面来说。荷马称呼魂灵为τίς，即自由灵魂仍然具有个体性，但没有称之为"自身或本人"，因为它只是一个影像；虽然保持了原来的样子，但没有心智，也就没有个体的本质。

另一处常提的文字见《奥德赛》11.601-603①：

> 在他之后，我看到了赫拉克勒斯的强力，
>
> 一个魂影：但他本人却在不朽的神中
>
> 同享佳宴，开怀不已，身旁还有肢腕优美的赫柏。
>
> （τὸν δὲ μετ᾽ εἰσενόησα βίην Ἡρακληείην,
>
> εἴδωλον: αὐτὸς δὲ μετ᾽ ἀθανάτοισι θεοῖσι
>
> τέρπεται ἐν θαλίῃς καὶ ἔχει καλλίσφυρον Ἥβην.）

这一段中，赫拉克勒斯的魂影（εἴδωλον，影像）出现在地府，可是人由于神性，在众神那里。荷马同样没有称魂影是赫拉克勒斯本人。显然，魂影是没有神性的，而且和众神在一起的则是有神性的身体。普罗提诺在《九章集》1.1.12 专门评论说：

> 诗人看起来让赫拉克勒斯一分为二，在这两句话里，将他的形象（魂影）置于哈迪斯那里，把赫拉克勒斯本人放在诸神那里；他分居在诸神和冥府中。（Χωρίζειν δὲ ἔοικεν ὁ ποιητὴς τοῦτο ἐπὶ τοῦ Ἡρακλέους τὸ εἴδωλον αὐτοῦ διδοὺς ἐν Ἅιδου᾽ αὐτὸν δὲ ἐν θεοῖς εἶναι ὑπ᾽ λόγων κατεχόμενος᾽ καὶ ὅτι ἐν θεοῖς καὶ ὅτι ἐν Ἅιδου· ἐμέρισε δ᾽ οὖν.）

由此，他得出了一个结论：

> 我们的理智就是如此［一分为二］，因为当灵魂运用理智时，当努斯在我们当中活动时——努斯也是我们的一部分，我们朝着它上升——灵魂就是理智性的，理智就是更好的生活。（Καὶ ἡ νόησις δὲ ἡμῶν οὕτω᾽ ὅτι καὶ νοερὰ ἡ ψυχὴ καὶ ζωὴ κρείττων ἡ νόησις᾽ καὶ ὅταν νοῦς ἐνεργῇ εἰς ἡμᾶς· μέρος γὰρ καὶ οὗτος ἡμῶν καὶ πρὸς τοῦτον

---

① 这一段自古就有争议，因为出现了看似矛盾之处，同一个赫拉克勒斯不可能分居两处。现代学者往往认为是后来加入的，为了渲染赫拉克勒斯。但其实与荷马的灵魂观毫无违和，因为身体在上，灵魂在下，恰恰相反于柏拉图（比如《斐德若》）的观点。

ἄνιμεν.)

但是他颠倒了荷马的身心次序，像柏拉图一样，让灵魂和理智在上，身体在下。但是在荷马那里，快乐的身体在上，毫无心智的灵魂（鬼魂）在下。

这就又引出了一个问题，在荷马那里，如果没有抽象的 νόησις 和精神，那么他用什么表示身体灵魂呢？仅仅使用身体这个词吗？其实稍加考察，就会发现，在荷马那里，有一串区别于自由灵魂、表示身体灵魂的词。后来属于自由灵魂的各种功能，比如情感，都存在于其中，中文或现代西文都可以译为"心/heart"，虽然带有一定的生理学色彩，但又不是完全唯物和没有精神性，见下表。

θυμός	心气	表示生命、气息、活力
φρήν	心膈，心腹，多用复数	情感，也就是 θυμός 所在之处①
νόος	心思	感知和思考
καρδία	心气，心性	情感和感觉所在之处
στῆθος	心胸，总用复数②	胸部，情感和思想所在之处
ἦτορ	心脏，用单数	对应了生理学意义上的心脏器官
πεπνυμένος	具有心气③	具有意识，显然与来自身体的呼吸有关

注：①参见 Koziak, B., "Homeric *Thumos*: The Early History of Gender, Emotion, and Politics", *The Journal of Politics*, Vol. 61, No. 4 (Nov., 1999), pp. 1068–1091。

②荷马用过一个 στέρνον，仅仅指胸，后来的诗人用来指心胸。

③来自动词 πνέω（吹，呼吸），名词是 πνεῦμα，也表示灵魂，但荷马没有用过后者。

有时，ψυχή 也表示身体灵魂，如《伊利亚特》5.296，11.334（与 θυμός 连用）。上述这些词往往也有交集，有的常用复数，这就不再表示生理器官，而是内在的区域或活动。但在荷马之后，ψυχή 将上述这些词都涵盖在内。将身体灵魂和自由灵魂联系在一起，自由灵魂越来越取代身体灵魂，承载了人的各种精神功能（知情意），人的内在世界才彻底打开。比如柏拉图《理想国》441b（也见390d）就引用了《奥德赛》20.17的"奥德修斯捶打胸膛，自责其心"（στῆθος δὲ πλήξας κραδίην ἠνίπαπε μύθῳ），然后评论说（441c）：

荷马清楚地描绘了两个部分，一个部分能用理性推理更好和更差的事情（τὸ ἀναλογισάμενον περὶ τοῦ βελτίονός τε καὶ χείρονος），它恰恰谴责另一个无理性地产生愤怒的部分（τῷ ἀλογίστως θυμουμένῳ）。

"产生愤怒的部分" 对应了 θυμός，这个在荷马史诗中的身体中心，在柏拉图成为了被控制者，控制它的就是自由灵魂的理性，而这在荷马那里位于身体之中，属于身体灵魂。上面引的那句之前的一段，奥德修斯的内心正好经历了知、情、意三个活动，荷马用了几个不同的"心"，它们都不像柏拉图说的那样属于自由灵魂，而是属于身体灵魂（《奥德赛》20.9 – 14）。

> 他［奥德修斯］的心气（θυμός）在他自己的胸中鼓起，
>
> 他在自己的心胸（φρένα）和心气（θυμός）之中掂量起来（μερμήριζε）
>
> 应该冲进去，宰了这群妇人呢，
>
> 还是让她们和那些放荡的求婚者再苟且最后一回呢？
>
> 他的心（κραδίη）狂吠起来，
>
> 犹如一只母犬，好像它在守护着无助的幼崽。

首先，θυμός 在这里相当于愤怒之情。而接着，掂量行为①属于理性，就是对更好和更差的选择的筹划（βουλεύεσθαι），仍然存在于心中，这是知。在《伊利亚特》2.3，这个行为也是由 φρένα 进行。最后是难以抉择，心中出现了一种焦虑感，侧面体现了奥德修斯的意志。所有这些都不是身体灵魂的各个部分，更没有什么谁控制或统治谁了。奥德修斯的这次道德行为（对利害和善恶等价值的掂量）完全由心决定，而不是理性。我们还可以再回想两个细节：魂灵如果喝血，就能恢复记忆和理智，可以与活人交谈；躯体在不焚毁的情况下，比如帕特洛克罗斯，相应的魂灵也可以具有生人的心智，在梦中出现与阿喀琉斯对话。这些都证明了，自由灵魂几乎没有任何现世的知情意的能力以及道德能力，身体以及身体灵魂才是这些能力的源头。

---

① 这个动词由两个"部分"（μέρος）一词构成，所以是对两种选择的掂量。

还有一处也典型地体现了心在道德行为中的各种功能。《伊利亚特》1.188 – 93：

> 痛苦（ἄχος）笼罩珀琉斯的儿子［即阿喀琉斯］，
> 他的心（ἦτορ）在他毛茸茸的胸膛里掂量起来（μερμήριξεν）
> 应该从大腿边拔出锋利的剑刺杀阿特柔斯之子［即阿伽门
> 农］呢？
> 还是中断会谈、克制自己的愤怒（θυμόν）呢？
> 当他的心胸和心气中（κατὰ φρένα καὶ κατὰ θυμόν）涌现这些
> 想法（ὥρμαινε）、
> 他正要从剑鞘中拔出大剑时，雅典娜从天而降。

首先是怒气（θυμός）这种情感，然后是理智的掂量，这种理智是身体灵魂的活动，最后他在心中形成了自己的意志，决定要刺杀阿伽门农，此时神出现。我们不能说，这次刺杀决定是冲动所致，他肯定衡量了各种结果，但自己的尊严最重要，这是一次有利于个体的选择。所以我们也不能说理智没有控制住情感，因为这种情感就在做出"理智的"思考，这是一次自然而然的活动。我们也不能认为荷马在宣扬人的意志，因为阿喀琉斯并没有唯意志而行动。

理性并不属于自由灵魂，这从荷马对语言的处理上也能看出。他常用自己跟自己说话这种方式来描述内心独白。这个模式显然与《吉尔伽美什》有联系。① 具体的例子见《奥德赛》5.285 的 μυθήσατο θυμόν（对自己的心说），这是把 θυμός 当作一个客体，动词的主语就是奥德修斯自己，也就是 θυμός。在荷马看来，语言（λόγος，逻各斯）不是由抽象的理性能力控制，而是由身体灵魂掌管，他使用了与 μῦθος 同源的动词。

《奥德赛》5.298 也说：

---

① 布尔柯尔特也分析了其他文学程式，比如直接引语、对黎明的描写、明喻等，能看出，荷马明显借鉴了这部近东史诗。我们也能看出《吉尔伽美什》中的身心观与荷马有密切联系。见 Burkert, W., *Near Eastern Influence on Greek Culture in the Early Archaic Age*, Havard University Press, 1992. p.116。

奥德修斯的双膝一松，心魄尽散，

愤愤不已，对着自己强大的内心说：

(Ὀδυσσῆος λύτο γούνατα καὶ φίλον ἦτορ,

ὀχθήσας δ' ἄρα εἶπε πρὸς ὃν μεγαλήτορα θυμόν)

第一个松散的内心（表示恐惧情感）与下面自言自语的内心其实是一个东西，也许 θυμός 作为更本质的自我可以控制语言。我们看不到抽象的思维和心灵的内在空间，而是一个身体灵魂自己发话，自己接收。所以语言也无法成为抽象的理性。

可以断言，鲜活的身体、生理物质因素、身体灵魂才是荷马史诗中个体的本质，只有这样的个体才是道德行动的发起者，所有道德行动都不是由现代意义上的道德主体来负责；这些个体也会如此评价自己的道德能力。

二

如前所述，"魂灵"这个第二自我并没有任何生存和道德功能，一切有意义的事情只存在于现世，所以荷马并没有让它体现出多么积极的价值，何况在史诗中，荷马认为死亡毫无意义，甚至让人悲观，比如阿喀琉斯的亡灵就宁愿赖活，也不愿好死（《奥德赛》11. 589 - 590），所以现世比来世更重要。对来世的观念决定了现世的个体如何进行选择，如果来世非常痛苦，那么现世的快乐就是个体最为珍视的，如果来世比现世还美好，那么现世就值得舍弃。在荷马那里，人和身体灵魂是可朽的（βροτός，英文的 mortal 同源），死后的魂灵虽然继续存在，但它已经不是人本身了。所以荷马没有严格意义上的灵魂（自由灵魂）不朽的观念。

按照这一思路，我们可以从荷马的灵魂问题首先转向他的死亡问题，然后看一看《奥德赛》11 中对于地府的经典描述。

一提到死亡，人们立刻会想起《奥德修斯》11. 220 - 222：

这就是可朽者通常的下场，当他亡故时

筋腱不再抓紧血肉和骨头，

它们毁于强烈的火焰，

一旦心气离开了白骨，

灵魂就像梦一样飞离。

(αὔτη δίκη ἐστὶ βροτῶν, ὅτε τίς κε θάνησιν

οὐ γὰρ ἔτι σάρκας τε καὶ ὀστέα ἶνες ἔχουσιν,

τὰ μέν τε πυρὸς κρατερὸν μένος αἰθομένοιο

δαμνᾷ, ἐπεί κε πρῶτα λίπη λεύκ᾽ ὀστέα θυμός,

ψυχὴ δ᾽ ἠΰτ᾽ ὄνειρος ἀποπταμένη πεπότηται.)

δίκη 表明了死亡的过程在伦理生活中是应当的习惯而且普遍被人接受，只要反对这种看法，就是违背习惯，甚至对道德是一种损害，较之于此，后来苏格拉底宣扬灵魂不朽，死亡是永生的过程就是"不正当的"了。在死亡时，两个灵魂存在如同交接一般，身体灵魂在现世的物质世界中消亡，当口中呼出心气（θυμός）之后自由灵魂旋即飞向地府。这个不可见的冥府，在世界西边，位于环绕世界、养育众神的俄刻阿诺斯河（Ὠκεανός）河边。冥府放在这里，暗示了生死的循环。亡灵经由 Ἔρεβος（黑暗）从地上进入地府。从地理上看，现世在中心，地府在边缘，进入这里就没有重返人间的可能（见《奥德赛》11.13 – 19）。

死亡的过程，一般来说，是无差别的，不论现世做了什么，德性是卓越还是低劣（《伊利亚特》21.106 – 113，阿喀琉斯如此卓越，仍然自知难逃一死），出身是高贵还是卑微，只要不是神，死后都是一个结局，所以死亡往往和命运结合在一起，因为人人有份（μοῖρα）（很多人可以准确预言自己或他人的死亡，因为死亡是命定和必然的，比如帕特洛克罗斯知道自己的结局并且预言阿喀琉斯）；而且一旦躯体焚毁，这个过程就是不可逆的（《伊利亚特》23.74 – 77）。① 大多数人都是这个下场，无论生前做了什么，有什么样的品性或德性，大部分都要变成毫无心智、失去一切

---

① 布尔柯尔特（1992：117）分析了《吉尔伽美什》中对于人类死亡命运和可朽性的描述，这都与荷马史诗有密切联系。

能力的平庸的亡魂。①

就在这样的文化背景下，《奥德赛》11 中，生者和死者的魂灵有了直接的对话和接触（平时都通过梦），这是直面死亡的过程。《奥德赛》11 中有两个主题组成了奥德修斯与亡灵的会面：一个是 κατάβασις（下行，下到地府），另一个是 εἴδωλον（魂影，与 εἶδον 同源，即看，柏拉图的理念一词也与之同源）。我们下面会简要讨论这两个主题，第一个与招魂仪式有关，第二个与荷马的灵魂观有关，这可以联系第一节的内容来看。

第一个在古希腊文学传统中常见。有很多人物都游历过地府，比如俄耳甫斯、忒修斯、赫拉克勒斯等。② 奥德修斯受喀耳刻的指点，要去找泰瑞西阿斯，询问返乡之路（也预言了奥德修斯的死，希腊文称为 νεκυομαντεῖον，即亡灵之谕），在进入地府时，奥德修斯进行了一场重要的祭奠仪式或招魂仪式（νεκυΐα，νέκυς 即尸体或亡灵）③。按照《奥德赛》10.515 – 540 和 11.24 – 36 的描述，这个祭奠分几个步骤：

（1）挖坑：按一个肘尺的长度挖一个坑（βόθρος）；

（2）奠酒：浇入奶液和蜂蜜，然后是酒，再加清水，放入麦子；

---

① 见西格尔对荷马时期来世观的解说（Segal, A. F., *Life After Death: A History of the Afterlife in the Religions of the West*, Doubleday, 2004）。不过亚当认为这种说法忽视了当时存在的秘仪，比如厄琉西斯秘仪（Eleusinian Mysteries）就追求救赎，能够有个好的来世，它至少从宗教观念上与荷马有联系。参看 Adams, J., "Greek and Roman Perceptions of the Afterlife in Homer's Iliad and Odyssey and Virgil's Aeneid", *McNair Scholars Journal*, Vol. 11, Issue 1, 2007。但是朗认为，"作为活着的可朽者，荷马笔下的人具有种种道德和精神品质——勇敢和胆怯，智慧和愚蠢，高贵和变节，慷慨和吝啬。但是作为魂灵，这些人都不再是生者。死亡拉平了一切。行善而毫无嘉奖，作恶也不受惩罚。所有魂灵都没有心智，没有形体。"（《心灵与自我的希腊模式》第二章）这个说法太强，忽视了很多反例，我们下面还会做出进一步分析。不过他认为荷马关于地府受罚以及极乐世界等观念来自其他文化，在这一章分析赫西俄德时，他也提到了《吉尔伽美什》和近东文明对希腊文明的影响。这方面还可参见前引布尔柯尔特的文献，以及劳登的系统研究，本文后面还会引用（Louden, B., *Homer's Odyssey and the Near East*, Cambridge University Press, 2011）。

② 劳登比较了《奥德赛》11 与《旧约·撒母耳记上》28 的联系，都出现了询问亡灵之谕的过程（扫罗询问撒母耳），女性是仪式的指导者，泰瑞西阿斯和撒母耳有共同之处。区别在于前者描绘的招魂程序非常详细；前者是积极的询问过程，后者则是消极的，因为扫罗和撒母耳的关系是有冲突的。下地府的模式后来也被维吉尔用于《埃涅阿斯纪》6。参见劳登 *Homer's Odyssey and the Near East*, pp. 197 – 203。

③ 特萨伽拉吉斯从功能主义的角度阐释了这种仪式，认为它们可能来自当时的宗教仪式，而且反映了当时社会的价值观。他也总结了下游地府和询问亡灵之谕的传统。参见 Tsagarakis, O., *Studies in Odyssey 11*, F. Steiner, 2000, p. 24/43。

（3）许愿：回到故乡后，以未孕的母牛为牺牲，给泰瑞西阿斯准备全黑的公羊，在房中堆积柴火，将财物焚烧，这是给亡灵使用；

（4）献祭：一只公羊和一只全黑的母羊，剖断喉咙，羊头朝着 Ἔρεβος，同时自己侧向俄刻阿诺斯河，血留着给魂灵饮用；

（5）招魂并祷告：魂灵聚集时，让同伴捡起祭羊，剥皮，焚烧，向冥王冥后祈祷求助，自己拿着剑，防止魂灵接近血（以免都恢复心智）。

这个祭奠过程，类似葬礼中的几个环节，恰恰体现了当时的一些与死亡有关的宗教仪式。① 既然游历地府是文学虚构，那么在现实中，人们要进行的只是这些神秘的仪式。它们具有几个特点：（1）区别于葬礼，后者是送走死者，它是向死者而去；葬礼是切断死者的回头路，招魂是让生者和死者沟通。（2）但又有与葬礼相同之处，比如给死者钱和牺牲，尊重死者。（3）这种招魂仪式，其伦理价值评价不一，但在当时一般被认为是危险的，不被提倡。② 而且似乎不会给招魂者带来荣誉。（4）带有占卜和目的性。（5）除奥德修斯这次仪式之外，其他招魂仪式都不太同于 κατάβασις，因为后者是让现世者（英雄等卓越者）面对自己可朽的本性，克服对死亡的恐惧，认识到不朽性。③ 前者并没有这种目的。但是，奥德修斯的招魂伴随着 κατάβασις 的过程，而且最终返乡和知道自己的死亡，都预示了这是一次提前的赴死和重生。尽管奥德修斯的故事从技术上来说，不完全相同于赫拉克勒斯和俄耳甫斯那种标准的 κατάβασις 模式，但它依然是一种克服可朽性的尝试。（6）与死者交流讯息，甚至咨询死者（饮血之后），这是仪式参与者自己的想象，但表达了对死者的怀念和纪念。如果魂灵是没有心智的，那么在招魂时，通过祭祀动物的血，就可以让他们恢复记忆。只要招魂总能成功，自由灵魂就是不朽的，因为记忆和心智没有中断。（7）这种仪式沟通了生死，所以让来世对现世的影响加重。现实中的人们完全可以借招魂之名，用死人的话想象阴间、指导或约束现世生活。

如果来世能够指导现世，那么一个现实条件反而是生者和死者很难再相聚一起——古希腊有很多故事想象了生者和死者徒劳无功的相会，著名的就

---

① 见 D. Felton, "The Dead"，载于 Ogden, D. ed., *A Companion to Greek Religion*, Blackwell, 2007, p. 95。

② Ogden, D., *Greek and Roman Necromancy*, Princeton University Press, 2001. pp. 263 – 264。

③ 见 Felton, *A Companion to Greek Religion*, p. 95。

是俄耳甫斯和他的妻子、奥德修斯和他的母亲——因为如果能够相聚，这种指导就是多余的了，阴间可以直接干预阳间的事务。但现实中，这种情况是不可能出现的，由此，一些人才可以利用话语权虚构来世的场景，建构两个世界的因果关系，以培养民众，树立道德和法律。这就是一种政治神学。它离不开我们之前确立的荷马世界的身心观，以及这一节描述的死亡观。

第二个主题 εἴδωλον，指奥德修斯后面遇到的一系列魂灵（女性形象很多），这与《吉尔伽美什》（早于《奥德赛》）和后来的柏拉图《理想国》中的"洞喻"都有联系。① 在《奥德赛》11 的招魂仪式以及与泰瑞西阿斯的对话之后，奥德赛看到了自己的母亲（之前也看到了），"看"（ὁράω、εἶδον、ἰδών，同源的οἶδα，表示知道，《奥德赛》11.223 - 224 用到了这个词，指奥德修斯在阴间目睹知道的行为）的对象就是母亲以及其他人的魂灵，都是自由灵魂。关于这段情节，有几个值得注意的地方：（1）这种灵魂是不可接触的（比较阿喀琉斯拥抱帕特洛克罗斯），如梦如烟。它是超验的，不可能通过现世的视觉看到它，而要借助其他的方式，荷马这里是用祭祀仪式，或是通过梦。（2）但恰恰是这种无形的东西，反而没有了可朽性，是不朽的。（3）它能够为奥德修斯表明真理，这暗示了死者的自由灵魂及其所处的世界引导身体灵魂以及现世。（4）这种"看"超越现世，它不同于现世的"视觉"。（5）冥府世界在地理上和阳间是边缘和中心的关系，一下一上的关系，这是在人的想象中的位置，但是对于现实来说，没有人见过那里，所以这个世界是超验的，在又不在现世之中。自由灵魂就属于这里，也许它回到地府，就是返回一开始来的地方。在荷马的世界中，身体灵魂高于自由灵魂。

身体灵魂	被身体灵魂的视觉所见，经验	有形，以身体为本质，可朽	地上光明的现世
自由灵魂	被超视觉的视觉所见，超验	无形，以自由灵魂为本质，不朽	地下黑暗的来世

从逻辑的角度来说，如果有人认为自由灵魂高于身体灵魂，那么这个推导是水到渠成的，因为可朽的东西不可能作为本质，它是变化的。显

---

① 劳登分析了《奥德赛》11 的这一主题与《吉尔伽美什》、《埃涅阿斯纪》6、柏拉图"洞穴"寓言的关系，下文有所参考，见 *Homer's Odyssey and the Near East*, pp. 204 - 17. 布尔柯尔特前引文献第 114 至 118 页也分析了《吉尔伽美什》和荷马史诗在主题和文学程式方面的联系。

然，柏拉图后来就是这么做的。

在《吉尔伽美什》①泥板 12 中也出现了这个 εἴδωλον 主题，它与《奥德赛》在内容上有很多联系。② 这部分描述了恩奇都（Enkidu）游地下世界为吉尔伽美什找玩具③的经历（也见泥板 7，恩奇都梦见自己死去，然后有 κατάβασις 的经历）。泥板 12 有一些缺漏，缺少的就是恩奇都看见地府的一部分景象。

出发前，吉尔伽美什告诫恩奇都要注意一些事项：不要穿干净的长袍；不要抹香油，只要有香气，亡灵就会围上来；不要扔提尔帕那（木棒）击中亡魂；手中不要拿东西，怕吓到鬼魂；不要穿鞋；不能发出声响；不要亲吻所爱的妻子和孩子；不要攻击所恨的妻子和孩子。这些禁令的目的是不要让阴间的人注意到自己。它相反于奥德修斯的吸引魂灵的正面仪式。但是恩奇都无视这些意见，最后他的灵魂被捉住，几乎没有回来的可能，后来是天神埃（Ea）让太阳神沙马什（Shamash）帮助恩奇都的灵魂重返人间。比较《奥德赛》11，能看到几个关键点：（1）恩奇都的灵魂相当于是身体灵魂，也就是活人的灵魂，但处于离体的状态，因此有别于身心合一时的灵魂。（2）主人公是吉尔伽美什，他对恩奇都的询问，类比于奥德修斯询问亡灵。而恩奇都是复生的生者，既看到了阴间的事情，又具有活人的能力。（3）当他回来时，向吉尔伽美什讲述了阴间的场景，两人的对话都是以"你看到……""我看到了"展开，比如"你看到那个带着孩子的男人了？""我看到了"（ša mārū šu i štēnma ta-mu-ru a-ta-ar）（见 12.102 – 152，多次出现）。这非常类似奥德修斯的"看"，都知晓了现世难以洞察的真理。（此处看到的是一个重要的伦理问题，即多子多福。）（4）这不仅是下地府的过程，更是一个在"太阳"之光引导下的 ἀνάβασις（上升）的过程。（5）这个引导者不同于《奥德赛》中的魂灵引导者，他是一个积极上升的神明，并没有受困于茫茫黑暗的地府之中。

---

① 以下引用的《吉尔伽美什》内容及其阿卡德语文本见 George, A. R., *The Babylonian Gilgamesh Epic, Introduction, Critical Edition and Cuneiform Texts, Volume 1 – 2*, Oxford University Press, 2003。
② 劳登在前引文献 207 页比较了《奥德赛》11 中厄尔佩诺尔与《吉尔伽美什》12.144 – 153 描述的死去的亡灵，两者非常相似，证明了前者与后者的联系。
③ 即普库和迈库，一根木棒，一个球，乌鲁克的青年和吉尔伽美什都很爱玩这种游戏，结果引起了妻子们的不满，天神在地上开了一个洞，这些东西都掉进了地府。

《吉尔伽美什》和《奥德赛》共同为《理想国》的"洞穴"寓言提供了基础。① 它们之间的联系，尤其是后两者的联系，可以从下面几点来分析。

（1）《理想国》洞穴寓言的目的就是指出什么是受过教育，什么是没有受过教育（514a1－2），它召唤人们"上升"（如515e7），让他们走出洞穴，所以它要与《奥德赛》的下降寻求真理相反。下降者就是哲学家，他带领人们走出洞穴，这是积极的下降。开篇的"下降"（κατέβην）以及514a3的κατάγειος、516e3的καταβάς、519d5的καταβαίνειν、520c1的καταβατέον等一系列词均与《奥德赛》的κατάβασις相联系。②

（2）《理想国》516d5－6引用了《奥德赛》11.489－490中阿喀琉斯与奥德赛的交谈（前面提过，他愿意当仆役赖活，也不愿意好死，在地府得到荣耀），这间接证明了洞穴寓言与下地府的关系。同时也表明了，那些为了荣耀而身死的人，下地府所得到的不过是镜花水月，大众的伦理价值，只是把自己封锁进洞穴的死路。

（3）奥德修斯的地府是神话，现实中是没有的，现实中存在的是抽象无形的理念世界（高维世界），所以苏格拉底类比"地上/地下"，得出了"天上/地上"，同时把两种灵魂的对立，也放入天上/地上，身体灵魂被高级的自由灵魂取代，后者又被划分出了各种能力。

```
身体灵魂（地上）              不朽灵魂（天上）              理性
------------------  →   ------------------  →   ------------------
自由灵魂（地下）              可朽身体（地上）              情感和欲望
```

（4）奥德修斯看的是地府的魂灵，他已经具备了一种独特的能力，不用梦就可以直观无形的自由灵魂。哲学家苏格拉底也具有这样的能力，他看到的则是无形的不朽的灵魂，这就是他认为的个体自我的本质。在洞穴寓言中，苏格拉底多次使用了"看"（514a2，514b8，515c3）。看的源头就是θεωρία，原指宗教仪式或宗教活动中的观看，"在传统的θεωρία实践中，一个个体（即θέωρος）为了见证某些事件和景观而开始了对外的旅行或漫游朝圣"，此外，"为了见识世界，就采取海外旅行的方式。在这

---

① 《奥德赛》为洞穴寓言提供了基本结构，见劳登前引文献第212页，他还引了阿兰·布鲁姆的看法作为旁证。

② 见劳登前引文献第212页，以及南丁格尔（Nightingale, A. W., *Spectacles of Truth in Classical Greek Philosophy*: *Theoria in Its Cultural Context*, Cambridge University Press, 2004. p. 102）。

个过程中，θέωρος周游四海，想要获得知识"，这种知识是神圣的知识。①
奥德修斯借助的是游历和仪式，看到了魂灵；苏格拉底将这种活动转为了思
辨的旅行或漫游，也就是哲学，从而看到了"理念"和"真正的灵魂"。
"立足于传统的θεωρία模式，柏拉图塑造了一位哲学θέωρος，他脱离社会，
踏上了'观看'神性理念的旅途。由于这种思辨活动，他改头换面，变了副
模样，和原来的自己迥然不同，像个外来客一样回到了自己的城邦"。② 奥德
修斯返乡时就装作了异乡人，而既然哲学家要带领洞穴中人上升到地面，继
续探求更高的世界，那么他也必须要让自己在大众眼中是一个异乡人。

（5）联系《吉尔伽美什》的太阳作为引导，在柏拉图的"洞穴"寓
言中，太阳的阳光，正是洞穴之人的引导者。《理想国》507c开始，苏格
拉底从造物主完美创造的"视见"（ὄψις）谈起，它需要光作为媒介，而
眼睛最像太阳，视见的力量从阳光流溢到（ἐπίρρυτον）眼中，因此按照
类比：太阳：视见（感性直观）= 理念：心灵（理智直观），理念如同为
眼睛提供视见的太阳一样；但是视见低于太阳，心灵的能力也低于理念。
508d，"当［灵魂］瞄准了真理和存在照耀的东西时，它思考并认识到了
它，灵魂看起来具有了努斯"（ὅταν μὲν οὖ καταλάμπει ἀλήθειά τε καὶ
τὸ ὄν, εἰς τοῦτο ἀπερείσηται ἐνόησέν τε καὶ ἔγνω αὐτὸ καὶ νοῦν
ἔχειν φαίνεται）。真理和存在就是理念，也就是日光。这个世界在荷马
那里仅仅是地府；这个努斯，在荷马那里仅仅是心，但在这里成为了连通
另一个世界③的灵魂能力，这就是高于感性直观的理性直观，也就是能看

---

① 见上引南丁格尔文献 pp. 32 – 3/63。
② 见上引南丁格尔文献 pp. 36。
③ 《理想国》511b – c谈到了理念世界，苏格拉底说，所思的另一个部分［理念世界］是这
样的，逻各斯借助辩证的能力抓住它，它不把这些假设作为始基，而是实实在在地当作
假设，如同阶梯和起点，以便直到没有假设的东西，走到所有事情的始基，它抓住了始
基，再一次又把握住了那些把握着始基的东西，这样就向下到达了终点；而它完全没有
额外使用任何可感的东西，相反，使用理念本身由理念到理念，最终抵达理念
（τὸ...ἕτερον...τμῆμα τοῦ νοητοῦ...τοῦτο οὗ αὐτὸς ὁ λόγος ἅπτεται τῇ τοῦ
διαλέγεσθαι δυνάμει' τὰς ὑποθέσεις ποιούμενος οὐκ ἀρχὰς ἀλλὰ τῷ
ὄντι ὑποθέσεις, οἷον ἐπιβάσεις τε καὶ ὁρμάς, ἵνα μέχρι τοῦ ἀνυποθέτου
ἐπὶ τὴν τοῦ παντὸς ἀρχὴν ἰών, ἁψάμενος αὐτῆς, πάλιν αὖ ἐχόμενος
τῶν ἐκείνης ἐχομένων, οὕτως ἐπὶ τελευτὴν καταβαίνη, αἰσθητῷ παντ-
άπασιν οὐδενὶ προσχρώμενος, ἀλλ᾽ εἴδεσιν αὐτοῖς δι᾽ αὐτῶν εἰς αὐτά, καὶ
τελευτᾷ εἰς εἴδη）。

到自由灵魂的视见。① 所以之前那个表格，我们要颠倒一下。

不朽灵魂，理性	努斯直观的能力，理性视觉	无形，不朽，向高天	太阳的阳光
可朽身体，感觉知觉	低层次的感觉能力，感性视觉	有形，可朽，入洞穴	穴中火

（6）从政治神学的角度看，奥德修斯象征了一位教化者，他具备了看清真理、与灵魂对话的能力，同时能返乡教育民众，打败求婚者（影射违背这种教育的人）。荷马的史诗也是用地府的故事来教导民众，他用诗看透了真理。而到了柏拉图这里，这种政治神学已经产生不了应有的功能，或是起不到柏拉图理想的作用，他必须加以改造，哲学就是一种新型的灵魂之谕、新型的史诗和神话。从这个角度，我们也可以理解柏拉图为什么要用哲学反对诗。

奥德修斯的教化合乎荷马时期的道德，他利用来世和灵魂的话语，试图让人们战胜可朽性，而柏拉图和苏格拉底用灵魂不朽来引导民众，这也是克服可朽性的方式。两者同样都让民众感到陌生，都违背了人们的道德，但后者的处境却最为危险。南丁格尔分析了苏格拉底的困境：

> 如果哲学家回到了一个糟糕的城邦，把自己看到的景象告诉那里的人们，那么按照苏格拉底的说法，他们会对他讥笑怒骂，也许还会把他处死：哲学 θέωρος 从理念的外乡返回、重新进入城邦，这很可能是一个危险的做法。
>
> 在苏格拉底看来，当哲学 θέωρος 在一段时期的思辨活动之后，重新回到社会和政治世界，他就冒着受到讥讽，甚至被同胞施以暴力的危险（517a）。如果他返回到了一个糟糕的城邦，他就会遭到鄙视和诋毁，他的同胞会视其为白痴，认为他有可能是个危险分子。②

然而奥德修斯却可以克服这样的风险，他始终是高于民众的英雄，他就是道德价值的引导者，他可以装作一位外乡人，最终成功地展示自己，向众人宣布自己历尽艰辛得到的真理。而平民苏格拉底似乎只有靠赴死

---

① 返乡后的奥德修斯也使用了光，《奥德赛》18.317，第343—344页，见劳登前引文献第217页。

② 见劳登前引文献第79页、131页。

了，他要亲自展示灵魂的不朽，这正是更高层次上的奥德修斯式的游历地府（等于是形式上的死亡），奥德修斯最终返乡重生，那么苏格拉底也相信自己的灵魂会有重生之日。

上述本文分析了荷马的以身体为中心的灵魂观和不看重来世的死亡观。《奥德赛》11 中游历地府的过程符合这种观念，它是诗人教化民众的经典神话。既然柏拉图试图向民众传达灵魂不朽的"意见"，那么问题就是：哲学家如何能完成这一说服？对此，柏拉图不得不将哲学进行诗性的或修辞术式的处理，他把"地府"放置到了地上，通过洞穴寓言来克服地府之诗的可信性，以此说服民众相信，他们处在洞穴之中。恰恰只有借助寓言，哲学才能避免民众无穷无尽的挑战，才能与诗保持一种暧昧的连续性，从而让哲学家取代诗人，但又披上诗人的外衣。

Homer's View on Sprit and Death
——Comparison between the Hades of *Odysseus* Ⅱ and the Cave of *The Republic*

He Bochao

Abstract：As an epic poet, Homer's view on soul was discrepant with the argument of Plato, an emblematic of philosophers who emerged after Homer. The former counted soul as an attachment to body, in correspondence to which somatic heart was dominant in human. But Plato believed that soul counted more than body or flesh, and the intellective part detached from the sensitive part was the pivot. In *Odysseus* II, according to his view on soul, Homer depicted the scene in which Odysseus mills around Hades, which resembled the cave of Plato to a great extent. The cave, however, philosophically transcended the Hades of Odysseus, from which Homer's view on soul was distinct from that of Plato. Immortal soul became a substitute for the shade and bodily heart attached to flesh.

Keywords：Soul, Body, Heart, Plato, Homer

Author's Introduction：

He Bochao, borned in 1982, Ph. D. , Associate Researcher in Chinese Academy of Social Sciences, Adjunct Researcher of "Centre of Classical Greek and

Roman Philosophy and Religion" and "Centre of Nestorianism and Chinese Religion" in Qinghua University. Research directions: Classical Greek philosophy especially in Aristotle's rhetoric and ethics, reception and propagation of Aristotle in Armenia and Arabic area. Monographs: *Study on David, the Invincible and his Commentary on Aristotle's Prior Analytics in Classical Armenian.* Translated works: *The Birth of Rhetoric, Greek Models of Mind and Self* and so on. E-mail: fantasyfaye @163. com.

康德在柏拉图之后如何论艺术与真[*]

〔美〕汤姆·洛克莫尔　著^{**}；李梦楠　译；常旭旻　校^{***}

　　摘　要： 康德的美学理论为西方美学中长期存在的艺术与真理的关系问题提供了一个有趣的视角。这个问题在西方传统中至少可以回溯到柏拉图。根据柏拉图，不但艺术必定不能把握真，而且真只能被可以通过一种字面意义上"观照到"真实的哲学家来把握。基于其认识论基础，柏拉图说要把不能认识到真实的艺术家从理想国驱逐出去。柏拉图以各种方式否定了艺术，如果说还有一点不同的话，至少他还承认普通的、非哲学的艺术能够摹仿真实，这个观点后来贯穿于整个美学传统之中。

　　从其第一批判当中标准的知识视角出发，康德并不认为对于艺术对象能够产生认识的可能性，而黑格尔从康德的哥白尼革命出发，发现对于主体亦是如此。所谓哥白尼洞见的核心就是，我们只能够认识到那些我们"建构"出来的东西，这也表明知识需要一种主体与对象之间、认知者与被认知者之间、主体性与对象性之间的同一性。就此而论，黑格尔又

---

* 本文最初发表于美国《华盛顿大学法学评论》（*Washington University Jurisprudence Review*）045（2013），学术资源开放源地址：http://openscholarship. wustl. edu/law_jurisprudence/vol6/iss1/4，并于2015年5月28日以扩展形式由作者发表于华侨大学"鹭岛哲谭"杰出学者讲座。本文据其公开发表稿以及讲座扩展基础翻译，其中"摘要"为作者配合本文中译文的发表而新撰写的，由常旭旻译出。

** 汤姆·洛克莫尔，美国杜肯大学麦克纳迪学院、人文研究生院杰出教授、北京大学人文讲席教授。最近出版数部研究康德、柏拉图和美学的著作，包括《柏拉图之后的艺术与真》（2013），《康德与现象学》（2010）以及《康德和观念论》（2007）。

*** 李梦楠（1992—），华侨大学哲学与社会发展学院美学专业硕士研究生；常旭旻（1973—），哲学博士，华侨大学哲学与社会发展学院讲师。

不是一个康德主义者。他在康德哥白尼洞见的基础上，同时也开拓了康德忽视了的一种康德主义的概念资源，进而提出了艺术与真之间关系的一种有趣观念。黑格尔赞同康德与柏拉图，认为艺术不能认识到独立于心灵之外的对象，但是他又进一步指出，既然我们能够将自身"具体化"，也就意味着我们在建构所有艺术对象之时所做的都是在获取一种不同种类的知识，也即关于我们自身的知识。概而言之，我认为我们可以找到一种方法来重提康德所确信的"判断力更为重要，因为它是实践的"这一说法。

关键词： 艺术　真　柏拉图　康德　解释

对艺术与真的关系这个长久以来的西方美学问题，康德的美学理论提供了一个有趣的观点。在西方传统中，这一问题至少可以回溯到柏拉图，柏拉图在其认识论基础上，臭名昭著地将艺术放逐出了城邦。根据柏拉图，艺术必然不能把握真，真只能够被真正"观照到"真实（real）的哲学家把握。在这个基础上，他说我们应该把艺术家放逐出城邦，因为他们不能认识城邦的真实。柏拉图以不同的方式否定了艺术，如果说还有一点不同的话，那就是他认为至少普通的、非哲学性的艺术能成功地摹仿真实，而这个观点贯穿了整个美学传统。

弗雷德里克·拜泽尔（Frederick Beiser）最近重提艺术与真的关系问题，他抨击康德可能持有一种不融贯的、反理性主义的审美真理观。拜泽尔特别以伽达默尔作为反例来否定审美判断。[①]

根据拜泽尔，关于某一对象特性的审美判断必须或为真或为假，但康德则将其观点建立在感受（feeling）是主观的基础之上。

拜泽尔认为康德在第三批判中非但不支持、反而攻击了认知判断，拜泽尔自己认为审美判断近乎认知方式，因此能够或真或假，在他的思想里，所谓意向状态（intentional state）被理解为对象自身的一个或多个特

---

① 参见拜泽尔《狄奥提玛的孩子：从莱布尼茨到莱辛的德国审美理性主义》（*Diotima's Children: German Aesthetic Rationalism From Leibniz To Lessing*, 2009）。

性。① 审美的理性主义和审美的反理性主义都认为愉悦是审美经验的核心，与经验主义者不同，理性主义者进一步认为愉悦与认识相关，或者甚至就是一种认知状态。② 相反的，康德反对理性主义者对审美做出的处理，并给出了两个论证。首先，既然愉悦才能做出最终判断，所以我们不能证明一个艺术作品是不是美的③；其次，我们无法依据概念而只能根据处于想象和知性之间的所谓"自由游戏"来对艺术作品做出判断。④

这一论证的中心问题不在于审美判断必定为真或为假，而在于康德拒绝审美认知。拜泽尔似乎拒绝接受把哥白尼革命作为一个可接受的审美理论的条件，他或许根据形而上学的实在论认为，我们只可能把握并认知地评估对象自身的内在特性，并主张这才是真正地超越了单纯的外观。

然而，通过清晰地区分现象和物自体，康德否认我们能认识独立于心灵之外的客体本身，因此，他远离了以对对象特性做出或真或假断定为基础的那种美学观点。然而，这并未蕴含他拒绝审美理性主义，或者更准确地说，他拒绝艺术与真具有联系的主张。因此，这也并不会得出拜泽尔所表达的，康德因其所谓"审美经验的灾难性的主观化"而是有罪的。⑤

拜泽尔的反驳不仅限于康德，还涵盖了后来鲍姆加登（Alexandri Gott-lieb Baumgarten）（第三批判中都没提到他）那里所说的东西。众所周知，鲍姆加登修改了"美学"的词义，从过去的表示"感觉"改为表示"鉴

---

① 参见同上，拜泽尔在第 5 页说："理性主义者论题里的所有这些原则都认为审美判断是认知的，即或为真或为假。理性主义者坚持审美经验的愉悦存在于某些意向状态之中，即它涉及对象自身的某些特性。这意味着，审美判断必然含有某些推论，某些证据使其具有真假。判断的真假取决于对象是否具有被意向的特征，即多样性中的和谐或统一。与之竞争的经验主义者的审美判断理论认为，审美判断是非认知的，即审美判断涉及的愉悦不是意向性的，而仅存在于感受（feeling）或感觉（sensation）之中。对于理性主义者来说，其认知理论的巨大长处在于它满足充足理由律的原则，而经验主义者理论的巨大弱点在于违背了这一原则。理性主义者抱怨道，按照经验主义者的前提，没有比感受更加能给予审美判断的理由了，所以一个人无法证明其偏好是优于其他人的。"

② 同上，第 7 页。

③ 参见伊曼努尔·康德《判断力批判》5：280，161 页；5：284，164 页；5：285，166 页（Paul Guyer 编辑，Paul Guyer 和 Eric Matthews 英译，2000）［下文引用康德《判断力批判》均出自此英译本］（第 31、33 和 34 节）。其中康德著作标准页码，例如 5：280，为学院版康德全集卷数及其页码；第二种页码，例如 161 页，为 2000 Guyer 英译本中的对应页码。

④ 同上，5：213，99 页；5：231，115 页（第 8 和 17 节）。

⑤ 拜泽尔，见上引著作注释 2，27 页。

赏力"或"美感"。在鲍姆加登之前，这个词从古希腊以来一直被用来表示从一个或多个身体感觉接受刺激的能力。鲍姆加登在其《形而上学》的451节，明确把鉴赏力定义为根据感觉进行判断的能力，从而取代了根据理智的定义。①

这样一种鉴赏力的判断建立在愉悦或不悦的感受基础之上。对于鲍姆加登来说，美学学科是一种从个人鉴赏力出发对艺术或自然美的规定或原则进行的推论。

在第一批判中，和鲍姆加登一样，康德说德国人用"感性论"（aesthetics）一词指称对鉴赏力的批判。②九年后，康德在第三批判中使用"审美的/感性的"（aesthetic）一词来表示鉴赏判断或者对美的评价。对于康德来说，审美判断是主观的，因为它与观察者的愉悦或不悦的感受有关，而与外部对象的任何特性无关。换言之，康德现在抛弃了他在第一和第二批判中青睐的对待主观性的先天方法，而转入一种对待审美对象的后天方法。

根据康德，我们应该在哪些事物本身是令人愉快的或者哪些事物对主体是愉快的之间做出区分；那些依赖于观察者的就是主观的，而那些美丽的事物可能就是独立于特定观察者之外的。

康德期望其他人会认同我们发现的美丽对象，好像我们的判断就是客观的。③"当我们称某物是美丽时，我们期待别人把我们所感受到的愉悦当作是鉴赏判断里的必然，就好像它被作为对象的一个性质依据概念而被确定一样……"④康德似乎要关注道德和审美之间的深入相似性。既然鉴赏力是客观的而非主观的，所以我们期待它是属于所有观察者的，"好像它是一个义务"⑤。

---

① 亚历山大·戈特利布·鲍姆加登：《形而上学》，149—160 页，（第 7 版，1963）（1779）。
② 参见伊曼努尔·康德《纯粹理性批判》B35，156 页（Paul Guyer 和 Allen W. Wood 编辑并英译，1998），下文引用康德《纯粹理性批判》页码，例如 B35，是第一版（A）和第二版（B），或者二者。第二种页码，例如 156 页，指的是 1998 年 Guyer 和 Wood 英译本相对应的页码。
③ 参见 Eckart Förster，《哲学的二十五年》（The Twenty-five Years of Philosophy，Brady Bowman 英译，2012）
④ 参见伊曼努尔·康德《判断力批判》5：218，130 页。
⑤ 同上 5：296，p176（省略引用）。

拜泽尔的反驳显而易见，既然观察者有分歧，这个理想就无法被满足。这一反驳是笛卡尔观点的变形，笛卡尔认为常识不足以产生一致，因此我们需要一种达成一致的方法。我认为拜泽尔是在要求一种有可能在客观基础之上、在审美观察者中达成一致的方法。然而这是一个严重的错误，因为我们对美的看法不是也不可能是柏拉图意义上的共相，不是独立于而是依赖于社会语境。

这表明了康德无法接受的两点。一个人认为什么东西美，在某种不可消除的意义上是前哲学的，是人之为人具有的一种功能。进而，对艺术做客观阐释的可能性被解释是无限的这一事实逐渐侵蚀，由于审美对象无法被穷尽，便有了无限多可能的解释。

这其实是黑格尔用来反对康德道德观点的说法，仅仅通过使用一种功利主义方法来主张愉悦本质上与人类利益相关也不能矫正这个错误，并得出最高的善。

一　柏拉图论艺术与真

这一问题当然十分古老。对美学进行认知研究的早期版本出现在古希腊的这一信念，即认为真、善、美是统一的，并通过理想城邦而被例示。柏拉图似乎是一个审美理性主义者。他显然认同艺术必须把握独立于心灵的真的观点，这种真不能通过艺术摹仿来认识，但是能够被一些立于自然和教化基础之上被精挑细选出来的个人直接把握。在我们的时代，海德格尔例示了这一观点，认为审美能够捕获客体特征。然而并没有理由——拜泽尔也没有提供——说明为什么我们必须把审美限定在做出心灵之外客体或真或假的判断上。更深层的问题是，应该如何理解康德所论审美和认知的关系。

这个问题之所以有趣有这样几个原因。首先，它相关于解读康德美学观点的恰当方法。不太严肃地说，经过几百年的努力，我们依然不知道该怎样解读批判哲学。但悖谬之处在于，尽管从无确定和明白的解释，我们又不得不寻求对康德批判哲学的把握，由于对康德美学观的解释范围如此之大，也更增加了解释的难度。因此某些康德的解读者，例如谢林就认为第三批判是康德最深奥也最深刻的著作①，但是其他人则认为此书本质上是混乱的。

上述困难进一步涉及西方传统中的两个主要人物——康德和柏拉图的关系。我们不知道并且现在也无法恢复柏拉图的立场，即使在一种可被认知的现代意义上他的确有这种立场。此外，令人惊奇的是我们也不知道康德是否曾经读过柏拉图，不过他要成为一个深度柏拉图主义者的主张②就表明，在他的立场和柏拉图的立场之间具有重要联系。接下来有趣的就是要确定是否康德跟随柏拉图的努力，通过否认艺术是对真的表象而将艺术与真分离开来。

这一问题的另一部分是美学和认知间的普遍联系，这一联系不但被哲学家同样也被艺术家以不同的方式做出了理解。例如，塞尚认为绘画中存在着真，而毕加索声称艺术是谎言。当柏拉图思考其所处时代的再现艺术时，他对艺术和真之间关系的否定举世闻名。同时，他提出某种我们可以称之为哲学的艺术，例如在《理想国》中描述的理想城邦就是美的、善的，也是真的。其他思想家提出了更多不同的主张。一个例证就是中世纪基督徒的反柏拉图主义观点，他们相信基督教艺术提供了一扇进入神圣真实（divine reality）的窗户；此外还有卢卡奇（Georg Lukacs）等思想家就持一种马克思主义的反柏拉图主义立场，卢卡奇提出的社会实在论导致一种特殊的艺术风格，在把握社会真实问题上可以超越现代工业社会起到的歪曲作用。

康德参与这一争论影响了我们对艺术和真之间关系的理解。我认为，康德也否认了柏拉图所拒绝的理解该关系的那一种方式，而指向了显然柏拉图对这两个术语没有考虑过的另一种关系。下面我会提出一种主张，在否认艺术和真具有联系这一问题上，康德第一批判中的"正式的"知识概念接受了柏拉图对艺术摹仿的理解，他只是通过在第三批判中重新描述关于知识的"扩展性"观点，将艺术塑造为知识的一种形式。而在柏拉图看来，这种知识仅仅是一种现象。

---

① 参见弗里德里希·威廉·约瑟夫·谢林《全集》第 10 册（1856），177 页。
② 参见康德《纯粹理性批判》，A313 – 14/B370，395 – 96 页。

二　康德的审美理性主义

拜泽尔认为康德支持审美的反理性主义，这个观点非同寻常，因为大多数康德的解释者认为，作为启蒙运动的巅峰，康德的总体立场包括他的审美观都几乎是彻底的理性主义的。康德的美学理论是在一系列前批判时期和批判时期的作品中建构起来的，包括《关于美感和崇高感的考察》（1764）及第三批判，也即我们熟知的《判断力批判》，或者更准确地表达为《判断能力的批判》（*Ureilskraft*）。

要想详细说明康德的审美概念和认知概念间的关系不太容易。康德准备第三批判的动机极端复杂，我们可以推测有几种不同的关切激发了这部专著的创作。首先，就第一批判讨论的纯粹理性与第二批判和《道德形而上学奠基》中分析的实践理性之间的相互关系而言，其间有着深层次的困难。康德是一位高度系统化的思想家，他需要克服两种理性形式间的巨大差异，来实现他对一般意义上的理性的系统分析。这个困难也明显存在于康德在第一批判中提出的第三个二律背反当中。在第一批判中，康德通过指出自然因果性和经由自由的因果性这两者合法运作的不同范围来解决这一矛盾；在第三批判中，康德回到了第三个二律背反的问题，他提出了两个众所周知的解答来解决这个问题：首先，理论从属于实践，或者说理论理性从属于实践理性，这一策略可以回溯到亚里士多德，后来影响了费希特和马克思；其次，理论理性和实践理性被整合进了审美理性，或者说是基于审美判断的理性的第三种形式。

理性的统一性是康德的一贯主题。例如，在第二批判中他很清楚对（纯粹的）实践理性的批判必须显示出实践理性与理论理性的统一性，因为"最终，只能有一个同一的理性……"[①] 进一步说，康德可能有兴趣重启他早期即前批判时期在《关于美感和崇高感的考察》（1764）中以严格批判形式提出的美学观。第三种可能的关切在于重启和扩展知识的范围，将那些不是先天的，但是基于被归结为非理性的逻辑的东西所造成的经验

---

① 伊曼努尔·康德：《道德形而上学原理》，4：392，5页（Mary Gregor 英译，1997）。

纳入知识中去。① 第四个主题是美学和目的论之间的关系，这是作为审美判断的两个方面的美的经验和自然的经验。

三 康德论艺术和真

最近，康德美学中艺术和真之间的关系吸引了越来越多的注意。例如，D. W. 戈查尔克（D. W. Gotshalk）主张康德在写第三批判时改变了其思想，因为他矛盾地对自然美持一种形式主义的理论，而对纯艺术持一种表现主义的理论。② 目前对康德最热情的辩护者之一比阿特丽斯·隆格内斯（Béatrice Longuenesse）指出，康德理论的价值在于指出了这种可能性，所有审美主体构

① 参见 Alfred Baeumler《18 世纪到〈判断力批判〉为止美学和逻辑学中的非理性问题》（*Das Irrationalitätsproblem in der Ästhetik und Logik des 18. Jahrhunderts bis zur Kritik der Urteilskraft*, 1975）。他把"非理性"知性为本质上缺乏逻辑的透明性。"人们将所有逻辑透明性当中的清晰洞见称作被非理性主义的个体性剥夺了知性的本质。"同上，第 4 页。在新康德主义中，非理性主义指向的是对象能被认识的界限。这一问题早前就被提出过，例如所谓"穿透非理性的裂隙的投射"（projectio per hiatum irrationalem）的费希特 1804 版的知识学理论。参见 J·G·费希特，"第 15 次演讲，礼拜五，1804 年 5 月 11 日"，载其《认识的科学：J·G·费希特 1804 知识学演讲录》（*The Science of Knowing: J. G. Fichte's 1804 Lectures on the Wissenschaftslehre*）115 和 120 页（Walter E. Wright 英译，2005）。这一问题至少能追溯到柏拉图，他认为单个的事物或者表象无法被认识。在卢卡奇的最初的马克思主义中，同样这个观念指的是哲学作为一种提供知识的形式的无能。卢卡奇认为古典德国哲学本质上是非理性的，而马克思主义是理性的。参见格奥尔格·卢卡奇《海德堡美学》（*Heidelberger Ästhetik*, 1916 – 1918），重印于《格奥尔格·卢卡奇著作集》第 16 卷（1974）："质料必然具有有效用上的陌生感，也即功能上的'非理性'，正如拉斯克所说，需要将质料带入与经历的附着性、与生活的一种密切的关系之中，这样，其主要特点里的本质将必须被澄清，通过穿透了其审美经验的不同的系统化的可能性，获得其规定。"对于近来更多的讨论，参见马可·斯嘉比（Marco Sgarbi）《非理性的逻辑》（*La logica dell'irrazionale*），2010。

② 参见 D. W. 戈查尔克"康德美学的形式和表现"（Form and Expression in Kant's Aesthetics），载于《不列颠美学杂志》（*British Journal of Aesthetics*）1967 年，250 页，260 页。戈查尔克说："但是我们一直以来阐明的观点是，康德对自然美主张形式主义的理论，对艺术则主张表现主义的理论。我也相信这些理论能在它们自己的领域当中以它们自己的术语被采纳，并且每一领域的理论都将被发现对知性自然美和艺术做出了重要贡献。""我们对这一论文的关注已经不同于康德美学理论的总体等级特性和本质价值的问题。对于一个纯粹无私的观察者，形式主义和表现主义的美学理论间具有相当大的不同，在康德第三批判中具有明显从第一型到第二型的转换，在我们被某物（结束了崇高）所耽误后进行的从康德自然美理论到艺术理论。"

成一个单一的社群从而超越了他们的历史与文化局限。① 这种对康德的"黑格尔式"解读表明康德的美学观不可能是构成性的，至多是规范性的。鲁道夫·马克科里尔（Rudolph Makkreel）举例认为，反思判断是"引导性的"，使得一个具有知性的主体在辨别自己处于世界中的位置时，能够把事物放在语境中。② 在那种情境下，审美解释能够产生知识，尽管不是在康德的严格术语意义下。其他人则更具批判性。康德仅仅作为自我指涉的审美愉悦观被雷切尔·朱克特（Rachel Zuckert）攻击为"空洞的"③，并且不能解释审美经验。还有人以重塑一种康德主义美学的方式超越康德，据称产生了艺术与真之间的一种联系，或者相反，拒绝这一方案。④ 汉斯·格奥尔格·伽达默尔（Hans Georg Gadamer）希望"把美学吸收进解释学"⑤。他接受了康德主张的一个版本，即艺术无法产生概念知识；但他又从海德格尔的视角抱怨，康德不会认可通过解释事物而将它们呈现给我们的那种意义。⑥ 拜泽尔似乎正好支持这种观点。

危险的是，审美所处理的到底是什么样的知识，如果有这种知识的话。我赞同柏拉图的主张，基于理念的直觉知识存在真表象或者真摹仿，也有作为非哲学的摹仿技艺的假的表象。康德仍然常常被认为是认知的表象主义者。⑦ 不

---

① 参见比阿特丽斯·隆格内斯"康德在对美的分析中的引导思路"（Kant's Leading Thread in the Analytic of the Beautiful），载《康德批判哲学的审美和认知》（Aesthetics and cognition in Kant's critical philosophy，Rebecca Kukla 编，2006），194—219 页。

② 参见鲁道夫·马克科里尔"反思、反思与审美典范"（Reflection，Reflective Judgment，and Aesthetic Exemplarity），载《康德批判哲学中的审美和认知》，223—244 页。

③ "尽管他们是在原文的基础上，但他们转述出来的康德的描述，作为审美经验的描述是不能令人满意的：［实际上他们认为］审美判断和愉悦是纯粹自我指涉的（关于他们自己/相互/他们自己的普遍可传染性），也因此异常空泛。很难看出为什么我们应该相信在审美经验中那些我们正在经验的、主张的或者感到的。"雷切尔·朱克特：《康德的美和生物：对判断力批判的一种解释》（Kant on beauty and biology：an interpretation of the Critique of judgment）（2007）189 页注释 14。

④ 参见 Paul Crowther《康德美学：从知识到先锋派》（The Kantian Aesthetic：From Knowledge to the Avant-Garde，2010）。

⑤ 参见汉斯·格奥尔格·伽达默尔《真理与方法》（Truth and Method，Garrett Barden 与 John Cumming 编并翻译，1975），146 页。

⑥ 参见汉斯·格奥尔格·伽达默尔《美的关联及其他论文》（The Relevance of the Beautiful and Other Essay，Robert Bernasconi 编，Nicholas Walker 英译，1986）。

⑦ 近来对康德表象观点的谈论参见比阿特丽斯·隆格内斯《康德和判断能力：〈纯粹理性批判〉"先验分析论"中的感受性和推论性》（Kant and the Capacity to Judge：Sensibility and Discursivity in the Transcendental Analytic of the Critique of Pure Reason，Charles T. Wolfe 英译，1998），18—26 页。

像柏拉图，他否认对真的理智直观，从而也否认了事物自身的知识，并且进一步否认了表象，而通过哥白尼革命转向了认知建构主义。康德构建了一种美学理论，既不像柏拉图显然理解的那样，通过所谓直觉地把握理念而产生知识，也不是康德在第一批判中把感知纳入范畴之下所理解的那种知识。尽管这种美学理论不像早先的理解那样生产知识，但它基于纯粹解释以论证的方式产生了另一类知识。

康德在第一批判中顺带提及了解释或者说解释学。他有个著名的主张，既然他认为批判哲学被最初的读者误解了，所以他提出文本不应该根据孤立的段落，而应该根据整体的观念来解释。① 他在第一批判中对解释学的整体研究认为，通过正确地把握据称是唯一的正确解释，文本才能得到确定的解释。康德在第三批判中提出鉴赏力判断对所有观察者都是有效的，暗示解释也是一种知识。

这种十分有趣的解释学主张指向一种扩展的、更加包容的，但是在第三批判中仍然成问题的认知知性。取代早期完全意义上的知识术语必定只是先天的观点，现在康德替换为一种既包括先天又包括后天成分的知识观点。自此，知识的范围不但包括理性的先天逻辑，实际上也包括了"非理性"的或者说后天的逻辑，这种逻辑此前被排除在外，但现在被包括进鉴赏力分析当中。进而，在第三批判中还只是作为一种独立能力出现的判断力，现在成为康德修订后的经验与知识观点的中心。这指向了后期康德与第一批判不协调，但却与第三批判相协调的看法，即单单判断力就能确定好的和坏的知性用法，而且比知性更为基础。② 换言之，这似乎扩展了康德的解释③理论，从而超出了是否正确解读他的立场或者其他任何哲学立场的问题。对第一批判中最初所提知识观点的扩展早已在进行了。《未来形而上学导论》中对感觉、知觉和经验之间所做的区分表明，知觉被转化为经验才使得知觉服从于科学法则，而还有一种知识要先于且大于这种法则。现在康德通过基于对经验的一种主观的、非范畴的研究而构造出来的

---

① 参见康德《纯粹理性批判》，B44，123 页。

② 参见伊曼努尔·康德《著作全集》25：175（*Akademie ed.*，1962）（"判断力具有最高价值。知性的坏的以及好的使用都建立在判断力基础之上"）。

③ 参见鲁道夫·马克科里尔《康德的想象力和解释：〈判断力批判〉的解释学意义》（*Imagination and Interpretation in Kant. The Hermeneutical Import of the Critique of Judgment*，1995），第 1 页。

一种美学理论将这种关切逐渐成形，理论知识基于知性，但审美鉴赏力基于判断。康德关心的是实践中的基础理论，并通过断言判断力因其实践性而更为重要来强调这一点。①

康德美学中的困难不在于扩展知识以囊括解释，而在于他对解释持过度乐观的看法。康德承认解释的必要，但却类似于柏拉图的理念，显然是在没有弹性的模式上来理解解释，其间既没有变化也没有发展，也没有历史，产生的结论也总是正确的，在任何点上都不能是错误的。但是解释总是依照在一种社会语境中形成的标准在一种历史的序列中发生，在社会语境里，不同的观察者对于如何理解文本和一个艺术对象等总是会陷入持续不断的争执。很明显，康德既否认，同时也未能发现解释的内在历史特性，依然坚持其不变的知识观，而忽略了提出认知主张时的解释维度。

四 康德的解释学以及审美知识的界限

在第三批判中康德应用解释概念简明但出色地唤醒了他在第一批判 B 版前言结尾提出的审美问题。如若存在危险的话，便是对美的解释学研究产生的是何种类型的认知主张。

这一问题后来被海德格尔最杰出的学生伽达默尔重新提出来用以反对海德格尔。他认为，当海德格尔主张回归传统以恢复所谓源初地、真正地发生于早期希腊哲学的存在（being）意义，其尝试并未成功地规避解释的历史性问题。简言之，如果解释是透视的，但其结论却不可能是透视的。也就是说，对过去的重述是能够被构造的，尽管海德格尔如此言说存在，但趋步于普鲁斯特，过去本身再也不可能被恢复成它过去的样子。换言之，解释所保留的仅仅只是一种解释，而过去依然保留在过去。

拜泽尔赞赏伽达默尔回到柏拉图的事实。② 但既然解释不能代替辩证法，伽达默尔并没有也不可能通过解释来达到审美的真，解释不能解决（或者消除）柏拉图对艺术家的批判，即他们只是摹仿却无法认识真实。

---

① 康德：《著作全集》，15：171，"判断力更为重要，因为它是实践的。"还可参见 25：175。

② 参见拜泽尔前引文献，29 页，"这是伽达默尔的伟大功绩，他回返柏拉图的古典源头，复活了审美之真。"

这个困难的另一版本出现在康德的解释立场。在《纯粹理性批判》B版序言中，康德通过文本解释关注的是知性理论以及批判哲学。他的策略则是在其鉴别之中，回到古代宗教对精神与字面意义的区分，或者对部分与整体的区分。康德认为在把握整体观念时，我们应避免断章取义地做出错误推论。但这在他那里也从未实现，就像康德自己大量的讨论已经充分证明的，对于一个整体会有一个以上的观念，例如作者意图表达的不止一种意见，所以解读康德的作品也不止一种方式。此前已经提到，黑格尔就曾指出类似问题削弱了康德的道德理论。因为每一个具体情境总能从无限多种的视角去进入，在实践当中，一个唯一的"普遍"道德律从来都未得到确认。①

类似的困难出现在康德第三批判对审美理论的构造中。我们可以如下简明地重构康德的审美观点：在规定性判断中我们将给出的殊相归入已知的共相，但在反思判断中我们为殊相寻找未知的共性；根据康德，反思性判断是主观的普遍判断，显然这意味着实践的反思判断并不与任何普遍概念相联结，它们在要求每个人应当赞同什么的时候是主观的，因为人们实际上并没有赞同什么；进而，根据康德，对于美的审美判断依赖于结果，其中显现了依据目的而被设计的东西。凭借现实激发的恐惧，认为某物是崇高的判断就超越了理解力的界限。

审美判断在这样几个意义上是主观的：它不关注对象的性质，而更像是推断类似于主观意图的东西；它依赖于人类从单个的实例推出一般规则的方式，这与密尔主张的从单个实例形成推论的方式相同，而且它无法排除不同的可能推论。拜泽尔希望审美判断可以确定审美对象的性质，但是根据康德，这只有通过因果理论才是可能的。然而审美的一个因果理论并未免除观察者的解释需求，因此也就没有取消主观维度。

康德的困难在于承认审美判断的主观特性，并同时主张其能够以不同于依赖概念的方式产生知识。康德十分清楚美不是凭借概念而被确定的，而是依赖于对理念与理想的区分，或者说对理性概念与适应于那个理念的一个表象之间的区分。② 鉴赏力判断诉诸普遍同意，这意味着每个人都应

① 参见 G. W. F. 黑格尔《精神现象学》，252 – 262（A·V·Miller 英译，1977）。
② 参见康德《判断力批判》，5：232，117 页。

该同意可以找到一个客观的美，但实际并非如此，某个对象实际上并不具有成问题的那些让人普遍承认的特性。① 这一关系的裁决人是共通感，也就是所谓的认知能力的自由游戏。② 而且康德也非常明确地承认鉴赏力判断是无法被证实的，既不能被后天证明也不能被先天证明，因此就无法是客观的。③

一切事情都取决于论证。鉴赏力的判断在其不能被证明的意义上来说就不是客观的，但在另一种意义下又有理由可以说是客观的。伟大的文化评论家有理由至少在两种意义上说审美判断是"客观的"：首先，通过提出对于作品价值以及相关问题的解释，帮助我们看见本来看不见的东西。其次，依赖于对理念和理想之间、艺术的理想化与艺术的现实化之间的差异做出区分，这是一种判断形式，并且通过敏锐的批判可以用来展现和评判。

五　如何在康德之后思考艺术与真

现在我可以做出结论。我已经论证了两点：首先，我认为第三批判提出了一种修订过的对于经验的把握方式。在第一批判和《未来形而上学导论》中，这一术语指的是依据感知进行认知的阶段，按照所有经验都能被划归为科学经验的假设，感知内容都被置于普遍的科学法则之下。这一看法在第三批判新的经验观中得到修改，它不是概念的，而是非概念的，从而引出解释并取代了早前所理解的知识，它除了对世界做出解释别无所为。其次，我论证了这会导致一种不同的知识观，然而不再是康德早期观点所辩护的知识观，它不只阐明了第一批判 B 版所规定的一种哲学立场的解释观，同时如果它证明科学自身也即科学知识一般而言是处于经验之中的，那么也就还阐明了这种新的知识观保留下来的到底是什么，以及，尽管康德坚持科学是先天的，但知识观是不能抛弃解释方法的。这就表明了康德晚期的观点显然与第一批判中论述的观点是不协调的，而与第三批判中论述的观点似乎是协调的，也就是说，单单判断就能确定什么是对知性

① 参见同上 5：281－283，162－164 页。
② 参见同上 5：237，121－122 页。
③ 参见同上 5：285－286，166－167 页。

好的运用或者坏的运用，而且它比知性还更为基础。[①]

第三批判中经验概念的转变导致了康德与柏拉图之间关系的转变。在第三批判中，康德否定了他在《纯粹理性批判》中所理解的认知意义上的艺术与真之间的关系，而在否认艺术是表象真的意义上，他远离了作为一个柏拉图主义者的康德的形而上学的实在论。如果这就是他所描述的艺术和真的关系，那么可以说康德并没有反驳而是支持了柏拉图的抱怨，即摹仿性的艺术无法把握真实，尽管康德并不支持与之相关的另一个观点，即应该禁止艺术家出现在城邦当中。此外我还论证了，康德在诉诸解释时设计了一种非柏拉图式的方法，基于解释来重新连接艺术和真，而不再需要表象，在此意义上康德也就不再是柏拉图主义者。但是在表明解释学维度之际，康德却并未通过反对柏拉图去挽救艺术与真之间的联系，而只是有所助益但却非常模糊地提出，艺术在对经验进行解释方面可以发挥作用。

康德并没有发展这一观念，可能他显然不能承认存在不同等级的知识，也就是说不同等级的认知客观性也有等级，而是遵从他对理念与理想的区分，冒风险地提出了一种依赖于论证但不是依赖自然科学意义上的证明的文化知识。

基于康德哥白尼式的洞见，我想提出另一种方式来推进对艺术与真之间关系的理解。从他在第一批判提出的知识的规范性观点的角度，康德并没有看出关切艺术对象的知识的可能性，而黑格尔则非常重视康德哥白尼式的革命，从而对主体有所发现。哥白尼式洞见的核心点是那种让我们只能在某种"建构"的意义上才能有所认识的东西，它表明知识需要主体和对象、认识者和被认识者、主体性和客体性的同一性。在这方面，例如黑格尔就不仅是一个康德主义者，他还在康德哥白尼式洞见的基础上，提出并开拓了康德自己忽视了的一个康德式的概念资源，即关于艺术和真之间关系的一个有趣想法。黑格尔当然同意康德和柏拉图的看法，即艺术不能认识独立于心灵的对象，但他进一步指出，既然我们能够在自己的所作所为当中"具体化"我们自身，也就是建构各种各样的艺术对象，那么我们也就获得了一种不同的知识，关于我们自身的知识。总而言之，我想表明我们在这里找到了一种可以挽救康德如下确信的方式："判断力更为重要，

---

① 康德：《著作全集》，25：175。

因为它是实践的。"①

Kant on Art and Truth after Plato

by Tom Rockmore/ tran. Li Mengnan/ rev. Chang Xumin

Abstract：Kant's theory of aesthetics provides an interesting view of the perennial Western aesthetic problem of the relation of art and truth. This problem goes back in the Western tradition at least to Plato. According to Plato, art must but cannot grasp the truth, which can only be grasped by the philosopher who can literally "see" the real. On this epistemological grounds, he says we should banish the artist, who cannot cognize the real, from the city-state. In different ways, Plato's denial that art, or, if there is a difference, at least ordinary, non-philosophical art can successfully imitate the real runs throughout the entire aesthetic tradition.

Kant, from the perspective of his normative view of knowledge in the first Critique, does not see the possibility of knowledge as concerns art objects, which Hegel, who takes into account Kant's Copernican revolution, detects with respect to subjects. The central core of the Copernican insight, that we only know what we in some sense "construct," suggests that knowledge requires an identity between subject and object, knower and known, subjectivity and objectivity. In this respect, Hegel, for instance, is not only a Kantian. He brings out, on the basis of Kant's Copernican insight, hence in exploiting a Kantian conceptual resource Kant overlooks, an interesting idea about the relation of art and truth. Hegel agrees with Kant and Plato that art cannot know the mind-independent object, but further points out that, since we "concretize" ourselves so to speak in what we do, in constructing art objects of all kinds we gain a different kind of knowledge, knowledge about ourselves. To conclude, I would like to suggest that we find here a way to redeem Kant's conviction that "Urtheilskraft ist wichtiger, weil sie praktisch ist."

---

① 参见同上 15：171，下面是我对这句话的翻译："判断力拥有最伟大的价值，对知性的好的和坏的运用都要依赖于判断力。"

Keywords: Art, Truth, Plato, Kant, Interpretation

Author's Introduction:

Tom Rockmore, Distinguished Humanities Chair Professor, Peking University (2014 −), McAnulty College Distinguished Professor (2007 −), Professor, Duquesne University (1990 −2007), Author of several recent works on Kant, Plato, and aesthetics, including *Art and Truth after Plato* (2013), *Kant and Pheonomenology* (2010), and *Kant and Idealism* (2007).

Li Mengnan, born in 1992, Hubei, China, master's candidates of Aesthetics, Huaqiao University.

Chang Xumin, born in 1973, Ph. D from Peking University, assistant Professor of Huaqiao University.

沙湖论坛
Shahu Lake Forum

方法与创新

——以文学研究为中心

尚永亮[*]

尚永亮[*]

内容提要：方法是重要的，选择适合自己的研究方法尤为重要。对于研究者来说，宜根据对象调整方略，灵活运用，而不宜过于拘泥，以致刻舟求剑，死于法下。同时，还需有自己的看家本领，借助实证方法，通过对材料的搜集、梳理、分析，以探寻历史的真相，发现事物间的内在联系和发展规律，由此养成一种无征不信、论从史出的踏实学风。当然，胡适提出的"大胆假设，小心求证"，也具有相当的学理依据。假设是前提，求证是过程，若无"小心"求证，假设就会流于空想；若无"大胆"假设，求证就变得无足轻重，研究也就不会有大的创获。方法给予研究者的，不只是一种操作层面的具体手段，它的更主要的功用，在于由此带来的研究视角的挪移，以及一种思想、理念和独具的思维方式，只有这样，它才能从形而下的"器"，升格为形而上的"道"。与此相关，任何方法都需要不断更新和发展，学者的任务之一，不仅在于最大限度地利用已有的方法，而且在于通过自己的研究实践，更新、提升旧的方法，创造新的方法。

关键词：方法　创新　文学研究

提起研究方法，每位研究者无论资历深浅，似乎都能说出几种来，都

---

* 尚永亮（1956—），博士，武汉大学文学院教授。主要研究方向：汉唐文学。已出版《贬谪文化与贬谪文学》《唐代诗歌的多元观照》《经典解读与文史综论》等二十余部著作，发表《论〈哀郢〉的创作和屈原的放逐年代》等200余篇论文。电子邮箱：ylshang108@163.com。

有自己的独得之秘和甘苦之言。而且因从事的学科不同，所用方法自然会有差异。倘强求一律，舍己从人，或许会落得个"寿陵失本步，笑煞邯郸人"的结果。更重要的是，研究方法不是孤立的，它与研究者的学术积累、功力、识见是紧密联系在一起的，没有在相关领域进行过长时期的摸爬滚打，没有对相关资料的熟练掌握和对研究对象的深层认知，仅凭一二方法就想获取大的成就，似乎不大可能。近接《中文论坛》主编聂运伟教授函，嘱我谈谈在研究方法方面的体会，深感兹事体大，未易轻言，况自己于此素乏深究，很难说出个子丑寅卯来。然却之未果，只好勉为其难，就此一"命题"略谈些许皮毛的感想，以就教于学界同好。

1. 方法是重要的，选择适合自己的研究方法尤为重要。"工欲善其事，必先利其器。"这个器，是工具，也兼指方法。器之有无及器之利钝，直接关系到能否达到目的和达到目的的程度。所以古今中外，各行各业，无不重视方法的选择和使用，而就文学研究言，更形成了若干广被采用、独具特色的法门。如早在先秦时期，孟子就提出"知人论世""以意逆志"的读诗之法。到了清代，以考据为主要手段的实证方法更是大行其道，其传统至今未衰。至于近世以来受西学影响而日趋完备的比较研究法、心理分析法、计量分析法、接受美学法、原型批评法等，亦多为人称道和使用，显示出各自的功用和价值。对研究者来说，关键不在于考量这些方法的新旧优劣，而在于依据本人的研究路数和对象特点，选择最为适合的那一款或几款。就好比当年孙悟空到东海龙宫寻兵器，刀、叉、画戟皆不顺手，唯独那根作为"定海神针"、能大能小的如意金箍棒，成了他的最爱，也成为他西行路上降妖除魔的利器。兵器趁手，使用得法，自然事半功倍，否则，看着别人玩得好，便也想舞弄两下，而忽视了自身的积累和功力，最后不仅难以制敌，还有可能伤了自己。

2. 法，有死法，有活法，有一法单用者，有多法并用者，研究者宜根据对象调整方略，灵活运用，而不宜过于拘泥，以致刻舟求剑，死于法下。以前读金庸，读古龙，看那些武林中人摆弄十八般武艺，虽各不相同，但其目的都在于克敌制胜。若是脱离了此一目的，饶你拳法、剑法美妙，充其量也不过是一些自娱自乐的花架子，很难发挥实际的效用。真正的武林大家，往往是既善于吸取不同门派的技法，熔铸化合，又勇于旧法新变，活学活用，甚至达到以无招胜有招的妙境。与之相类，文学研究的对象除了貌似客观的文本，还有深藏于文本之中的历史事件和极为丰富复杂的人。人的行为，人的心理，人的关系，人的命运，是最难捕捉、最难准确把握的。对这样一个丰富、复杂且处于变化中的对象，便需要对多种方法有所涉猎和体悟，使之融会贯通，在用的时候才能手到擒来；若是只用某种单一的方法而不博采众长，不有机化合，恐怕便很难达到预期目的。古人常谓"长袖善舞，多钱善贾"，又谓"兵无常法，水无常形，运用之妙，存于一心"，说的都是这个道理。所以要研究文学，研究文学中的人，就要依据对象的特点而对不同方法有所取舍，有所变化，或单刀直入，或众管齐下，或文献考证，或灵心感悟，只要利于问题的解决，法无论新旧中外，都可以拿来使用，甚至不用成法，以无招胜有招也是可以的。钱锺书《管锥编》由论兵法而及于治学："赵括学古法而墨守前规，霍去病不屑学古法而心兵意匠，来护儿我用我法而后征验于古法，岳飞既学古法而出奇通变不为所囿；造艺、治学皆有此四种性行，不特兵家者流为然也。"细悟其言，可谓诚然。孟子说：尽信书不如无书；我们说，尽信法不如无法。换言之，面对深广多样的文学世界，任何单一的、呆板的方法似乎都是蹩脚的。

3. 然而，这只是问题的一个方面。对文学研究者特别是古代文学研究者来说，倘若根底不坚实，没有自己的看家本领，只顾向外求索，于诸种方法又乏深入体悟，有可能会"乱花渐欲迷人眼"，落得个花拳绣腿的结果。这种看家本领，简言之就是通用于文史学界的实证方法。所谓实证，就是凭材料、证据说话，就是借实事以求是，通过对材料的搜集、梳理、分析，以探寻历史的真相，发现事物间的内在联系和发展规律。前人一再强调"事莫明于有效，论莫定于有证"（王充语）、"例不十，不立法"（黎锦熙语），"有一分证据说一分话，有七分证据，不可说八分话"（胡适语），都说明材料、证据的重要性。以证据为基础，以考据为手段，以接近、还原历史真相为目的，小而言之，可以施之于名物训诂、版本校勘、辨伪辑佚、编年笺证等与文献学相关的微观层面；大而言之，可以施之于历史事件、人物关系、政治举措、学术流变等与社会文化学相关的中观、宏观层面。这一方法，历千余年的学术实践和积累，至清代乾嘉之际皖、扬诸子而趋于完备，蔚为大观。他们强调会通，强调日新，反对拘守和定论，"对于一学，作彻底的忠实研究"（梁启超语），其关于经史文学的不少结论，至今日仍不可移易。仔细想来，这种方法看似笨拙，却最为扎实，最为深透，最能解决实际问题。人云："载一车兵器，不如寸刃杀人。"又云："一招鲜，吃遍天。"说的都是这个道理。当然，此一方法就整体而言，多以具体问题为考察对象，以文献考据为主要手段，而在涉及义理、思想层面及较大研究对象时，难免鞭长莫及，捉襟见肘；对于年轻学人来说，长期沉浸于此一界域，也不无钝化思想、艺术敏感之虞。但作为文史研究的基本方法，在考察是什么、为什么、是怎样发生的这些关键环节，尤其在解决"是什么"这一点上，它却具有其他方法难以比并的优长。而其更重要的功用，还在于使人在重视原典、采铜于山以及证实和证伪的过程中，养成一种无征不信、论从史出的踏实学风。因而，任何治文史者于此都不可掉以轻心。

4. 然而——还得转一次，实证方法并不是万能的，证据的多寡有时也不是决定事物真实性的唯一条件。有人掌握的证据多，但未必能得出新的观点；有人掌握的证据少，甚至只是间接性证据，有时却能偏师取胜，新见迭出；而且有不少大的历史判断，往往是靠直觉或假设做出的，它依靠的主要是研究者的学术功底、历史眼光、哲学识见。顾颉刚研究上古史，提出"层累地造成古史"说，胡适考察战国诸子之兴起，提出"诸子不出于王官"论，最初都含有假设的成分。陈寅恪研究隋唐史，在《旧唐书》中看到唐太宗曾对臣下说：国家草创之际，"太上皇（高祖）以百姓之故，称臣于突厥"。这一偶然性的私密谈话，充其量只是一个间接证据，却触发了陈氏的深层思考，即自汉至唐，大凡成功的帝王少有不和北方少数民族有着某种勾通，甚至割地称臣的，由此发现了他人习焉未察的历史规律。日人内藤湖南提出的唐宋变革论影响深远，但其思路最初并非源于对中国历史的直接观察，而是受西洋某些史学观点的启发，回观中国历史，然后去找证据，予以论证和充实的。在他看来，唐代三省制体现了贵族力量和君权的妥协，而从唐到宋，展示的是一个"贵族政治的衰颓和独裁的兴起"的过程，标志着中国历史从中世进入近世的转向。类似这样一些事关重大的历史结论，是否允当，可以暂且不论，但它给人的启发和冲击力是毋庸置疑的。同时，这些结论的获得也绝非仅靠某些局部的零散的证据机械堆积所可奏效的。就此而言，胡适当年提出的"大胆假设，小心求证"，亦即"假设—求证"法，便有了相当的学理依据。假设是前提，求证是过程，如果没有"小心"的求证，假设就会流于空想；但如果没有"大胆"的假设，求证就变得无足轻重，研究也就不会有大的创获。至于这些假设的生成，除了研究者必备的学术功力、敏锐眼光，有时还在于摆脱传统的研究惯性，跳出圈外，甚至借异域的视角来观察、思考，用他山之石以攻玉。

5. 如此说来，方法给予研究者的，便不只是一种操作层面的具体手段，它的更主要的功用，在于由此带来的研究视角的挪移。一般说来，衡量一篇学术论文有无价值、有多大的价值，要看它是否具备"三新"，即新材料、新视角、新观点。新观点是前"二新"水到渠成的结果，可以不去多谈。新材料固然十分重要，但时至今日，除了地下材料的出土、发现之外，要寻觅历史文献中未经人用过的材料已非易事，而且这些"新材料"未必都能导致新结论，在不少情况下，新材料也可能只是对旧认识的一种补充和印证。于是，新视角便提升到了突出的地位。视角就是观察问题的角度，同一事物，从前后左右上下各方面去看，其形貌是颇有不同的；视角的变化也意味着视域的拓展，坐井观天与背负苍天向下看，其得到的观察效果是迥然有异的。因而，只有更新视角，才能发现此前未曾留意的新问题，才能在旧材料中读出新见解，才能变已知为未知，化腐朽为神奇。比如，就文学研究文学与跳出文学，从历史、政治、地域、宗教、家族、主题学、人类学等角度切入，用综合的、关联的、比较的眼光审视文学，所得结论自会大异其趣，甚至判若云泥。早在100多年前，丹纳《艺术哲学》就提出了影响文学艺术的三大因素——种族、时代、制度，以及与此紧密关联的地域、环境、风俗、语言、政治、军事等重要条件，并依此提供了文学艺术分析的成功范例。事实上，这一研究领域是无限广阔的，每一次成功的视角变化，都会给研究者带来意想不到的驰骋空间。而新的研究方法的采用，某种意义上便是改变观察角度的最佳向导。实践表明，不同的研究方法对视角的取向具有内在的规定性。如采用接受美学的研究法，人们的注意力自然会由作者本位向读者本位移动，变一维为多维，变静态为动态，变平面为立体；采用计量分析的研究法，数据的来源及其真实性、准确度必然成为主要关注点，数量的多寡及其所占比例、发展曲线便不再无足轻重。他如心理分析法、结构分析法、比较研究法等，大都因考察对象的特点而规定了独有的观察角度，至于诸种方法交替、交叉、综合的介入，自然也会因视角的不同而使人感到异彩纷呈。固然，方法是为研究内容服务的，不能也没必要唯方法论，但根据内容选取方法和依据方法更新思惟，就研究而言，却同等重要。从达尔文的进化论到热力学第二定律亦即熵定律的形成，已足可证明方法改变与视角更新对所得结论的重大影响。在古代文学领域，因研究方法、研究视角改变而使得旧材料获得新阐释、旧领域拓展为新天地的事情也屡见不鲜。王国维的二重证据法，陈寅恪的诗史互证，闻一多的文化人类学研究以及此后很多学者从事的神话原型批评等，都在这方面做出了突出的成绩，其经验值得认真汲取。

一种好的、行之有效的方法，本身应有完备的理论支撑，它诉之于学术的，不只是一种解决问题的工具，更应是一种思想、理念，一种独具的思维方式，只有这样，它才能从形而下的"器"，升格为形而上的"道"。以原型批评为例，从操作层面看，固然是为后世众多文学题材寻找母题而将视阈上溯至远古神话的一种方式，但在其内里，却包含着一系列支撑它的学理内涵。无论是创始人弗莱对神话、《圣经》的阐释，还是同时期心理学家荣格对集体无意识的分析，抑或是稍前的列维－布留尔对原始思维和集体表象的考察，都意在揭示原型生成的文化背景和心理原因，关注人的早期命运、生存样态及其从何而来、到何处去、现实愿望、终极关怀等重大问题，发掘原型作为一种"种族的记忆"得以保留、发展并激活后世人心、艺术的各种意象、人物类型和叙事结构。事实上，正是这样一些非常丰富的学理内涵，赋予原型批评以饱含理性认知的方法论意义，在深层影响着研究者的关注目标和思维取向。相较之下，近些年来因文本电子化而出现的、颇为人称道的 E 考据之法，因将主要关注点放在了电子文本的检索手段、数据的收集和利用等方面，而缺乏系统完备的理论建构和规则制订，便流于简单化和技巧化了，其给予研究者的助益，显然较为表层一些。就此而言，方法有长短，内涵有深浅，运用有高下，在采用某种方法的同时，除关注其技巧层面的要素外，还宜对构成此一方法的理念、思想予以深入领会，只有这样，才能技、道兼顾，学、术并行。

与此相关，任何方法都需要不断更新和发展。世上的方法都是人通过不断摸索、总结而创造出来的，没有一成不变的方法，也没有至善至美、放之四海而皆准的方法。学者的任务之一，不仅在于最大限度地利用已有的方法，而且在于通过自己的研究实践，更新、提升旧的方法，创造新的方法。程千帆先生主张将作品与理论相济为用，或以作品来印证理论，或从作品中抽象理论。相较而言，后者更为重要，因为它重视对作品内涵的解析和提炼，从中概括出的往往是最为贴合文学实际的一些方法和规律。对此，我们在研究中也有若干体会。

以接受美学为例，这一发端于20世纪60年代、由德国学者姚斯率先提出的理论，不仅在西方大行其道，而且在近些年的中国学界也风靡一时。作为方法论，它无疑是新颖的、深刻的，但并不完备。它所提出的"第一读者"的观点，只注意到了早期接受者的孤鸣先发及其对后世接受方向的影响，却忽略了在第一读者之后，还有一些别具手眼的接受者，转换接受角度，突破了前人对文本的阐释，并同样引领了后世的接受方向。对这样的读者，我们名之为"第二读者"，并通过中国文学接受史的实际，予以分析和论证。诸如金代元好问对柳宗元与谢灵运诗歌特点相似性关联的发明，便在苏轼指出的柳与陶渊明的关联点之外，另辟新境，颇具影响；叶燮对韩愈之诗史意义的系统阐发，便摆脱了自司空图、欧阳修以来仅就以文为诗、雄奇恣肆等表现手法、艺术风貌评骘韩诗的路线，为韩诗做了新的历史定位，并影响到此后宋诗派于崇宋同时亦尊韩的审美取向①，因而可分别视作柳诗、韩诗的"第二读者"。这一概念的提出，虽然不敢谓之创新，但从接受史的角度看，"第二读者"增加了接受的广度、深度，开拓了新的观察视角，作为接受学理论的一个补充，似乎还是可以的。与此相关，此前的接受学研究，无论接受对象还是接受者，所关注的多是文人个体及其作品，但在中国文学接受史上，明显呈现出一种超越个体的群体接受现象，如北宋欧阳修、梅尧臣等对中唐韩孟诗派的接受、明清诗人集体性的尊唐或崇宋取向等皆是。据此，我们在考察时予以新变，开列出"个体—个体"的点对点模式，"群体—个体"或"个体—群体"的点群对应模式，"群体—群体"的群体对应模式。② 这样一来，其关注点和意义重心较之纯个体接受的研究，便发生了明显的转移；而相关的接受内容和

① 参见拙文《接受美学视野下的元和诗歌及其研究进路》，《中国古代近代文学研究》2008年第1期。
② 参见尚永亮、刘磊、洪迎华《中唐元和诗歌传播接受史的文化学考察》，武汉大学出版社2010年版。

接受效应，也随之得到扩充和提升。

至于中国文学的传播学研究，也存在相似的情形。进入21世纪以来，尽管已有若干论著做过一些探讨，但在研究方法、研究对象、研究范围等方面还缺乏明晰认知。有感于此，王兆鹏教授依据自己的研究经验和感悟，率先予以思考、提炼，将中国古代文学的传播学研究概括为六大层面，即一要追问传播主体，二要追问传播环境，三要追问传播方式，四要追问传播内容，五要追问传播对象，六要追问传播效果。并围绕这六个层面，联系中国文学史的传播实际，进行了详细的分析和说明[①]，由此形成中国古代文学传播研究的若干颇具规律性的总结，丰富了传播学研究方法的内涵。

再如当下较受人重视的历史还原研究，也在方法论层面多有开拓。杨义教授近年曾致力于《老子》《庄子》《墨子》《韩非子》诸书的还原，2015年，又推出了百余万字的《论语还原》。在作者看来，"还原"之命名就"意味着思想方法的根本革新"，它既是一种现代大国文化的基本立场，也体现了历史意义追问和文化创造的能力。要进行历史还原，就要启动人文地理学、历史编年学、史源学、文献学、简帛学、考据学等多种方法，"以史解经，以礼解经，以生命解经"。具体来说就是：一要对本有生命原件，细读深思而明其本义，作出复原性缀合；二要对战国秦汉书籍的文化地层叠压，究其原委而辨其脉络，作出过程性辨析；三要对大量散落或新近出土的材料碎片，旁征博引而把握命脉，作全息性的比对、深化和整合，排除疑似，聚集症结，在去伪存真过程中求证出一个有机的生命整体。[②] 这里提出的目标，在《论语还原》中是否完全达到了，我们还难以断言，但就作者欲以此三种方法之综合助力来返本还原的努力而言，却不无开拓性。其作为方法论的启示和影响，不只表现在经学、史学层面，而且也必然会波及与经、史紧密关联的文学层面，并推动相关研究向深度掘进。

事实上，类似这样一些有关方法论的探讨和实践，在当下学界并不鲜见。有心者倘能博观约取，及时总结，或可集腋成裘，助益当下，收跨疆越界、新人耳目之效。

---

① 参见王兆鹏《中国古代文学传播研究的六个层面》，载王兆鹏、尚永亮主编《文学传播与接受论丛》，中华书局2006年版。
② 参见杨义《论语还原》"导言"，中华书局2015年版。

Methods and Innovation
——A Focus on Literary Studies

Shang Yongliang

Abstract: An appropriate research method is especially important. As a researcher, it is important to adjust the research methods according to the research object instead of dwelling on the traditional research methods without considering the circumstances which may lead to a bad result. Meanwhile, it is also crucial to have one's own capability of doing research, which is to collect and analyze the materials based on the positivistic method in order to explore the truth in the history and discover the innate links and developing rules between subjects. Therefore, one can cultivate the academic spirit of relying on evidence and history. Definitely, that "Dare to make a hypothesis and then to prove it" from Hu Shi still has the academic basis. Hypothesis is the prerequisite while verification is the process. If one fails to have careful verification, the hypothesis will not exist. If one fails to have innovative hypothesis, verification is of little importance, and big academic success cannot be achieved. Research methods not only guide researchers from practical aspect, but also diverse the research perspective and cultivate unique thinking patterns from functional aspect. Only in this way can the methods become guidelines rather than skills. Related to this is that many method needs to keep updating and developing. One of scholars' tasks is to make full use of the best methods as well as create new methods by practicing, updating and developing old methods.

Keywords: Methods, Innovation, Literary research

Author's Introduction:

Shang Yongliang (1956 -), Ph. D. , Professor in School of Chinese Language and Literature, Wuhan University. Research directions: the literature works of Han and Tang Dynasties. Monographs: more than 20 academic books have been published such as *Exile Culture and Exiled Literature*, *Multiple Reflections on Poetry in Tang Dynasty*, *Interpretation of Classics and Summary of Literature and History*. Academic essays: more than 200 academic essays have been published such as *Discussion on the Creation of " Ai Ying" and the Exiled Period of Qu Yuan*. E-mail: ylshang108@163. com.

学科互涉

——一种后学科的理论话语

冯黎明*

内容提要：20 世纪中期以来，人文学术的一个最为显明的变化就是所谓"学科互涉"成为一种知识创新的路径。学科互涉超越"分科立学"的现代性知识学秩序，以"学科间性"的方式审视人们的社会实践，显示出一种强大的知识创新功能。学科互涉有三种境界：一是引入外学科的知识学依据来考察诸如文学一类具有场域自主性的文化现象，二是将特定的文化现象置于多学科交叉的"散点透视"的知识学视野之中，三是形成一种"无学科"或者"超学科"的知识学视界。文化研究中被广泛运用的"批判性话语分析"方法，比较典型地体现了"学科互涉"的学理特质。

关键词：文学研究　学科化　学科互涉

1980 年代，也就是我们（七七、七八级大学生）这批从湖北大学文学院走出来的学术知识分子们作为"菜鸟"步入学术圈的时代，知识活动的学科化乃是各个专业的知识分子们的共同诉求。那个时代的文学学术知识界特别强调所谓"文学艺术的特殊规律"，这里体现的就是一种学科知识自主性和自洽性的知识学立场。1980 年代中国知识界的学科自主性诉求的背后，潜藏着一种学术政治的动因：国家意识形态对文学艺术的规训使得

* 冯黎明（1958—），博士，武汉大学文学院教授，主要研究方向为现代文学理论与现代思想史，出版学术著作《走向全球化》《学科互涉与文学研究方法论革命》等。电子邮箱：wdzwflm@163.com。

文学失去了它在社会实践中的特定身份，文学研究这种学术性知识活动也因此失去了作为独立的"知识场"的属性，变成了一块"知识殖民地"。于是中国的文学学术知识分子们举起"艺术规律""审美意识""语言形式"等大旗来对文学现象进行阐释，力图将文学塑造成为一座远离尘嚣的"文化山"，由此也把自己从事的文学研究活动建成一座"非请莫入"的深宅大院——最重要的是，政治权力"非请莫入"。

进入 21 世纪后，中国的学术知识界又出现了一种跟学科化全然不同的知识学诉求，这就是所谓"学科互涉"。学科互涉跟我们常说的"跨学科""学科交叉""学科互渗"意思相近，指的都是一种多学科知识交互活动的知识学实践。表面上看，学科互涉的兴起跟文化研究在中国的流行有关，因为文化研究本身就是一种所谓"后学科"性的人文学科知识活动。不过，学科互涉兴起的更为深刻的原因则在于人文学科的学术知识分子对知识创新的探寻。进入 21 世纪以来，人文学科的学术知识分子们越来越强烈地意识到，传统的学科化知识生产体制正在成为阻碍着知识创新的路障，而各个学科的知识在阐释技术、知识阈限、思想资源、价值原则等方面日益趋向相互借取、相互渗透、相互交叉，进而在这种"互涉"中不断地产生出关于社会历史文化的新颖的解释。人们似乎意识到，龟缩在学科象牙塔里做"逃亡者"的结果是人文学科知识失去了对社会文化进行批判性反思的能力，而冲出学科牢笼在整体上对社会文化进行阐释才能恢复人文学科知识的进步意义。

近代以来，人类的知识生产历史大致可以分为两个阶段，即前期的"分科立学"阶段和后期的"学科互涉"阶段。在"分科立学"的历史阶段，学科的界分以及各学科在知识对象、阐释技术等方面的自主、自立和自治，带来了新知识的不断涌现，比如物理学从古典时代整一性的"自然哲学"中独立出来，于是就有了牛顿力学，有了电磁学，有了热力学第一定律，等等。与此相似，在我们的文学研究领域里，构建独立自主性的文学研究"学科"的努力使得形式主义、新批评等创造出了关于文学的一系列的新理论，诸如"陌生化""等价原则""张力论""符号矩阵"等。然而，"分科立学"意义上的学科化知识发展到一定程度时，其"现代性之隐忧"就慢慢地暴露了出来。学科化知识的"现代性之隐忧"主要体现在两个方面：一是对知识对象的肢解分割导致"普遍联系"的缺席，比如形式主义文学理论就遮蔽了文学与社会历史的"普遍联系";二是知识生产主体的专业化导致学术知识分子的"单面化",这不仅使得他们在人格上有所缺失,更是造成他们在知识生产实践中的"盲人摸象"或者"不可通约性"的情况,比如执着于"专业视野"的学院派文学批评就经常是陶醉于"寻章摘句"之中,这种学科特殊性的学理诉求把文学变得越来越孤芳自赏,而且还让文学研究无法跟其他学科进行知识学的对话。正是因为"分科立学"的学科化知识生产方式暴露出其"现代性之隐忧",所以大概在"二战"前后的西方知识界,开始出现超越学科体制的知识学诉求。1970 年代,以文化研究的登台为标志,"学科互涉"作为一种全新的知识生产方式在现代知识学领域里蔓延开来。近四十年来,学科互涉的知识创新功能已经得到学术界的基本认可。

哈贝马斯认为,现代性工程由三大方案构成,即普遍的法律和道德、自律的艺术、实证知识。哈贝马斯的这一说法并未完整地总结出现代性的知识学属性,除了实证性以外,现代性的知识学属性还表现出两方面的特质,那就是知识的形式化和知识的学科化。其中涉及我们这里的研讨论题的,主要是知识的学科化。在人类社会生活进入分工或者专业化的时代以前,知识的生产遵循着一种"大一统"的原则,没有学科或者专业的界分,而在现代性的生活世界里,人类的社会实践被区隔成为各种自主性的场域,这种场域的界分在知识领域里的表现就是所谓"学科化"。学科化将知识生产分解成为诸多的"板块",并且赋予各个"板块"以独特的知识学属性,包括各个学科独有的认知对象、阐释技术、价值尺度等。在现代性工程展开的初期,知识的学科化带来了知识生产的快速进步,比如在 19 世纪,物理学从哲学中分离出来使得物理学成就斐然。学科化的知识生产者将兴趣、精力、时间集中于特定的问题之上,因而他们能够对这些问题作出比古典时代的知识生产者更精准、更深入和更有效的理解。进而,在知识的价值评价、知识生产者的身份界定以及知识的保存和传承手段等方面,学科化都显示出突出的效能。就像竞技体育领域里的职业化一样,学科化体制中的"专业主义"知识分子在专门领域里形成了一整套知识生产和传播的范式,这些范式带来了知识生产效率的大幅度的提升。但是进入 20 世纪后,现代性之隐忧日渐显露,知识生产领域里的现代性工程也开始出现一些人们始料未及的问题,其中学科化引发的"不可通约性"问题促使人们对学科化的知识生产的有效性作出反思。1932 年，霍克海默在设计批判理论的模型时特别强调，所谓"批判理论"是一种超越学科界限的知识实践活动，不仅如此，对于法兰克福学派的思想家们来说，专业主义体制中的知识分子就是一种"单面人"，是工具理性的人格样板。20 世纪中期以来，西方知识界越来越倾向于摆脱学科化的知识生产体制，尤其是一些敏感的人文学科知识分子，他们日益强烈地感受到学科界分的体制、学科化的知识视野、学科自主性的方法以及专业主义的价值准则等等已经成为了知识生产的负资产，显现为一整套压抑和扭曲知识生产者的自由意志的限制性和排斥性的戒条，福柯就是在此意义上把学科体制称之为"学科/规训"制度的。就此而言，以"走向后学科"为知识学特色的文化研究的出现有其必然性，因为人们需要一种新型的知识生产的方式，一种超越学科化体制的知识生产方式，那就是所谓"跨学科"，或者"学科互涉"，又或者"学科交叉"或者学科间性的知识生产方式。

福柯曾经对学科化问题作出过很有意思的反思。在《规训与惩罚》中，福柯梳理出 disciplinarity 一词的两种含义，即"学科"与"规训"，这个词源于拉丁文 disciplina，它包含着"纪律"的意思。在福柯看来，学科/规训是一种制度，它意味着"生产论述的操控体系"。学科/规训作为训诫性的体制，它表明了一种权力，这一权力规定着特定知识系统内的知识生产者必须遵循的规则，并且为本知识系统划定出"唯我独尊"的边界，保证了本知识系统的理论话语的权力地位。在我们的文学研究的知识系统里，像俄国形式主义、英美新批评等学派就力图建立文学研究的学科/规训体制，它们为文学研究的知识学对象划定边界、构建文学研究的表意概念群、用本体论范畴对文学活动作基本属性的限定、给予文学活动以特有的价值定位，等等，这一切使得文学研究成为一种特殊的知识生产场域，在该场域中进行知识生产的知识分子一方面必须接受学科体制的规训进而获得所谓"文学学术知识分子"的身份，另一方面他们又有了拒绝其他知识系统对文学进行言说的专业主义威权地位。当代高等教育中的"分科立学"体制，就是在这种学科/规训中得以完成各个知识系统的自主性、排他性和秩序化的知识学身份确证的。福柯一生从事权力批判的学术工作，他当然注重现代知识生产活动中的权力实践。正是因为看到了知识学科化中权力对个人意志的形塑和训诫，所以福柯自己一直致力于一种

"超学科"理论话语。福柯倘若是在当今中国的高校里任职，怎样确定福柯老师的学科位置的问题一定会使我们的"人事部门"左右为难，因为他的学术成果几乎无法在中国大学的学科体制中定位，说他是哲学家，是社会学家，是文学理论家，是语言学家，是历史学家，似乎都可以，也似乎都不可以。但是，福柯在现代思想文化界里是公认的理论和思想创新大师，其理论和思想创新的根源就在于他对于学科/规训体制的挑战和突破。

如果说20世纪中期以前学科化的知识生产体制曾经是理论创新的主要动力的话，那么，最近半个多世纪以来，跨学科或者学科互涉成为理论创新的主要动力。美国学者朱丽·汤普森·克莱恩在《跨越边界——知识·学科·学科互涉》（该书初版于1996年，中文版由姜智芹译，南京大学出版社2005年版）一书中详细地描述了"二战"后西方学术界的"学科互涉"（interdisciplinarities）现象。对于克莱恩而言，从培根到20世纪初期，知识生产都是沿着学科分类的原则进步着的，直到"二战"后，学科互涉逐渐在知识界蔓延开来并成为一种全新的知识生产方式。克莱恩认为，现代学术体制下，各个学科中都出现了向外学科借取思想资源、知识依据或者阐释技术的现象，这一现象逐步发展出来一种超越学科边界的"学科互涉"性的学术路径。在社会学、心理学、历史学、文学研究等学科中，学科互涉都带来了知识的创新甚至思想的突破。在克莱恩看来，跨越知识的学科边界将会形成一种全新的知识创新功能，它甚至与国家的竞争力密切相关。上至于国家，中至于学术机构，下至于学者个人，学科互涉都会给知识生产的可持续发展注入动力。在今天，若仍然沉溺在单一学科视野里进行知识的积累，只会被历史进步所淘汰。尤其有意思的是，克莱恩用很大的篇幅讨论了文学研究中的学科互涉问题。在克莱恩的描述中，进入20世纪后，文学研究就一直是处在一种学科综合的实验状态。就我们对20世纪以来的文学研究的知识学状况的了解来看，克莱恩把文学研究当作现代知识的学科互涉的典范是很有道理的。从俄国形式主义开始，历经精神分析文论、原型批评、新批评、叙事学、接受美学、女性主义等，20世纪的文学研究几乎就一直是在进行着从外学科知识"招商引资"的实验。到1970年代，这种学科互涉的实验逐步酿造出一种根本无法用传统的学科分类予以认定其知识学身份的人文学术模式，这就是文化研究。近三十年来，文化研究事实上已经取代了过去的文学研究，它为文学研究带来了全新的面貌。文化研究这种"后学科"性的知识生产方式给予文学研究以诸多启迪，进而促使从事文学研究的学术知识分子们超越过去那种单一的知识视界——比如单一的美学视界、单一的语言学视界、单一的伦理学视界、单一的心理学视界，等等——而在"学科间性"的维度上展开关于文学现象的意义阐释。

在我看来，学科互涉作为一种知识生产的方式，或者作为一种学理路径，有三个层次的形态。第一，学科互涉的初级形态是从外学科引入思想资源或知识依据来研究本学科的问题，比如形式主义文论把结构语言学引入诗学，揭示了文学性作为句法关系之特殊方式的属性；第二，学科互涉的中级形态是将本学科的知识对象置于多学科视野的审视之下加以阐述，比如将文学现象置于社会学、历史学、伦理学、心理学、语言学等多重学科视野中阐述其属性、内涵和价值；第三，学科互涉的最高级形态是所谓"无学科"或者"超学科"的知识学境界，它体现为一种特殊的学理路径，比如福柯的理论，我们已经无法在现有的学科分类体系中界定其位置，因为福柯的知识"显微镜"上就完全没有学科的"刻度"。我们的文学研究应该是学科互涉的一个很好的实验区，因为文学研究的知识学对象——文学现象——先验地具有着不受学科分类体制限制的"前学科性"。二十多年前，我在一篇文章中曾经尝试着给文学下过一个定义：文学是人类语言能力的自由实现。根据这个定义，我相信文化研究才是文学研究的最合适的理论形态，因为作为人类语言能力自由实现的文学活动体现了人类自由意志和自觉意识的不受规则限制的自主性活动，它当然也不接受学科分类体制的规训，而强调超越学科分类规则的文化研究，恰恰适应了文学的这种"前学科"的属性。

说文化研究是最适合文学研究的理论形态，并非是要用文化研究来取代文学研究，而是说文学研究应该像文化研究那样超越学科界限，摆脱学科化的知识视野、学科化的阐释技术和学科化的价值准则的束缚。我个人觉得，文学研究最值得向文化研究学习的不是研究对象的宽泛化，而是它那种特殊的阐释技术，即"批判性话语分析"。批判性话语分析是一种典型的"学科互涉"性的知识生产模式，它是 20 世纪以来诸种学科潮流"互文化"的结果，是结构主义、精神分析、批判理论、后结构主义等理论形态结合并发生"化学反应"的结果。关于"批判性话语分析"，艾伦·卢克（Allan Luke）的《超越科学和意识形态批判——批判性话语分析的诸种发展》（陶东风等主编《文化研究》第 5 辑，广西师范大学出版社 2005 年版）一文有比较具体的叙述，此处不再赘述。我们可以设想，用"批判性话语分析"这样一种"学科间性"的阐释技术来解读文学文本，一定会形成一种全新的知识视野和思想空间。

最近几年来，国内文学理论界兴起了一场对所谓"强制阐释"进行批判的学术运动。这场学术批判运动的对象被标记为"场外征用"，即引入美学或者诗学以外的理论来解释文学文本的意义，因此所谓"强制阐释"其实也就是我们在这里所说的"学科互涉"。"强制阐释"的批判者们不可能对 20 世纪晚期以来人类知识生产的革命性变化一无所知，他们肯定知道文学意义的"超学科"性质以及文学批评的"思想"性质。"强制阐释"的批判者们似乎很不愿意看到文学中所包含的社会批判、历史反思、伦理思考、政治探讨等内涵，他们坚决要求文学老老实实地待在"文化山"或者"象牙塔"里自得其乐地品味"诗"和"美"。这跟主张学科互涉的文化研究力图推进文学与社会、与历史之间的对话性和建构性联系的做法全然相异。

还有一批学院派的人文学者也坚持审美本体和艺术自律的立场，反对文化研究对文学的"学科互涉"式解释。这批学者有着极强的"学人身份"意识，他们在 1980 年代的"美学热"中形成了一种艺术自主性以及由此而生成的文学学术身份自主性的观念。为了保卫审美文化出淤泥而不染的高洁品性，他们宁可让文学艺术守候着美学或者诗学的小天地自我陶醉，也不愿意拿起外学科比如社会学的显微镜来检验文学文本中的意识形态或者权力关系的隐喻，当然他们也无法在建构论视域里辨析文学艺术的审美话语怎样生产出特定的政治关系或者伦理观念。坚持审美自主性立场的学院派同样反对文学批评和文学研究中的"学科互涉"，但是他们跟官方学人围剿"强制阐释"的动机全然相异。学院派的审美主义价值立场虽然跟文化研究的"学科互涉"不兼容，但是却体现出一种文化守成主义的批判精神。同时，学院派的审美主义价值立场也有助于学者们捍卫自己的雅文化身份。

我们这批学人步入学术舞台已经三十多年了，三十年来中国人文学科的知识创新的历史在我们头脑中留下了很深的印痕。事实上，所谓"学科互涉"的出现和普及，主要就是在 1980 年代步入学术界的这批知识分子群体中发生的。"出生于"湖北大学文学院的这批学者中已经有不少的人在"学科互涉"的天地里做出了耀眼的成就。王兆鹏引入自然科学的数学原则和归纳逻辑对中国古典诗词进行计量历史学意义上的考察，曾大兴以现代空间理论为知识学依据对中国文学进行地理学意义上的辨析，这些都体现了"学科互涉"的学理特色。

Inter-disciplinary
——A Post-Disciplinary Theoretical Discourse

Feng Liming

Abstract: One of the most obvious changes in liberal arts research since mid-20th century is that the inter-disciplinary approach becomes a new path in the creation of knowledge. The inter-disciplinary study goes beyond the sequence in the settings of modern knowledge, which is the establishment of separate disciplines, and examines human social activities with an inter-disciplinary view, thus exhibits a powerful function in knowledge creation. There are three levels in this new approach: the first one is to introduce criteria of other disciplines to exam phenomena in such autonomous fields as literature, the second one is to put some specific cultural phenomena in a focus from the perspective views of multi-disciplines, and the third one is to form a non-discipline or super-discipline knowledge view. The "critical discourse analysis" approach, which is widely used in culture study, typically reflects the academic characteristics of inter-disciplinary research.

Key words: Culture study, Disciplinarize, Inter-disciplinary approach

Author's Introduction:

Feng Liming (1958 -), Ph. D., Professor in School of Chinese Language and Literature, Wuhan University. Supervisor of Ph. D. candidates. Research directions: modern literary theory and history of modern intellectual thoughts. Monographs: *Towards Globalization*, *Inter-disciplinary Approach and Revolution of Methodology in Literary Studies*, etc. E-mail: wdzwflm@163. com.

文学地理学的六个研究方法

曾大兴[*]

内容提要：本文首次将文学地理学的研究方法归纳为六种，即系地法、现地研究法、空间分析法、区域分异法、区域比较法和地理意象研究法。系地法，就是考证文学事象发生的地点，然后按照形式文学区或功能文学区进行排列；现地研究法，就是把文献研究法和田野调查法这两种方法结合起来；空间分析法，就是对文学作品的地理空间（包括各种空间元素及其结构与功能）进行分析和解读；区域分异法，就是按照文学的区域特征及其差异，把它们分为不同的地理板块；区域比较法，就是把两个以上的不同区域的文学事象进行共时比较或平行研究；地理意象研究法，就是准确地描述地理意象的地理特征和文学特征，深入地揭示其文化内涵、历史价值与现实意义。

关键词：文学地理学　系地法　现地研究法　空间分析法区域分异法　区域比较法　地理意象研究法

基金项目：国家社会科学基金项目"中国文学地理研究"（14BZW093）

文学地理学研究方法包括一般方法和特殊方法。所谓一般方法，是指地理学研究的一般方法与文学研究的一般方法；所谓特殊方法，是指文学地理学作为一个独立学科所使用的特殊方法。

---

* 曾大兴（1958—），博士，广州大学人文学院教授，广东省广府文化研究基地常务副主任，中国文学地理学会会长。主要从事词学与文学地理学研究，学术专著主要有《柳永和他的词》《词学的星空》《20世纪词学名家研究》《中国历代文学家之地理分布》《文学地理学研究》等。电子邮箱：13342887816@163.com。

文学地理学的研究方法是由它的研究对象所决定的，或者说，是由它所要解决的问题所决定的。文学地理学的研究对象以及它所要解决的问题，是文学与地理环境的关系问题。这种关系是如何形成的，有些什么特点或者表现，它们之间又是如何互动的，这是文学地理学研究必须解决的三个最基本的问题。

就第一个问题来讲，文学与地理环境之关系的形成，必须以文学家为中介，即地理环境只能通过文学家的地理感知来影响文学作品的创作。文学家的地理感知是如何形成的？有什么内涵和特点？这既与文学家生活及创作所在地的具体的地理环境有关，也与其气质、个性、文化传承、知识结构、价值取向、审美情趣等有关，所以文学地理学研究必须深入到作家本体。

就第二个问题来讲，文学与地理环境之关系的特点或表现，最初是通过文学家的地理分布格局来体现，进而通过文学景观和文学区来体现，但是归根结底，是通过文学作品的地理空间和空间要素（思想、情感、人物、景观、事物、事件语言等）及其结构与功能来体现。没有作品，文学家不能成其为文学家，更不可能形成文学景观和文学区，所以文学地理学研究必须深入到作品本体。

就第三个问题来讲，文学与地理环境之间的互动，是指地理环境能影响文学，文学也能影响地理环境。文学影响地理环境，无论是自然环境还是人文环境，都必须以文学作品的接受者（读者和批评家）为中介，也就是说，文学作品只有通过接受者的阅读、欣赏、认知、评价、研究、传播和应用等，才能对地理环境构成影响，所以文学地理学研究必须深入到接受本体。

文学地理学研究既要深入到作家本体，又要深入到作品本体，还到深入到接受本体，所以文学地理学与我们所熟悉的文学批评、文学理论、文学史等一样，也是一种文学本体的研究。有人讲，文学地理学所研究的，只是文学与地理环境的关系问题，只是一种外部研究，并不深入到文学内部，因而不是一种文学本体的研究，这是一种误解。文学地理学作为文学这个学科的一个分支，作为它的一个二级学科，与文学的其他分支或者二级学科一样，具有文学学科的本质特点或者共性，也就是说，它们所面对的都是文学，它们所要研究和解决的问题都是文学的问题，因此，在研究方法的使用上，它们也是有其共性的。

既然文学地理学与我们所熟悉的文学批评、文学理论、文学史等学科一样，都是一种文学本体的研究，都要面对作家本体、作品本体和接受本体，所以文学批评、文学理论、文学史等学科所使用的方法，文学地理学研究都可以使用。

文学地理学研究可以使用文学研究的一切方法。凡是文学的其他学科可以使用的方法，文学地理学都可以使用。例如，涉及作家的生平事迹、家学渊源和文学传承时，可以使用历史学、谱牒学和文学史的方法；涉及作家的创作心理时，可以使用心理学和文艺心理学的方法；涉及作品所描写的社会环境、社会生活与社会关系时，可以使用社会学和文学社会学的方法；涉及作品所描写的风俗习惯时，可以使用民俗学的方法；涉及作品所描写的宗教、民族问题时，可以使用宗教学、民族学的方法；涉及作品的文字、音韵、训诂时，可以使用文字学、音韵学、训诂学的方法；涉及作品的目录、版本、辑佚、校勘时，可以使用目录学、版本学、辑佚学、校勘学的方法；涉及作品的文体特征与审美风格时，可以使用文体学和文艺美学的方法；等等。上述这些方法即是文学研究的一般方法。

然而文学地理学毕竟不是我们所熟悉的文学的其他分支学科或者二级学科，如文学批评、文学理论、文学史等，因为它的研究对象并非单纯的文学，而是文学与地理环境的关系，是特定的地理环境中产生的文学，是空间的文学与文学的空间，因此它必须时刻把握地理或空间这一维度，它必须有自己的特殊方法。例如，涉及作家的出生成长之地、迁徙之地与迁徙路线时，涉及作品的写作地点、作品所描写的地理景观、地名与名物时，涉及作品内部的地理空间、空间要素及其结构与功能时，涉及文体或文学作品的发源地与传播路径、传播效果时，涉及文学景观的分布与文学区的分异等问题时，文学研究的一般方法就不能奏效了，必须使用文学地理学的特殊方法。

地理学研究的一般方法与文学研究的一般方法，乃是地理学研究者与文学研究者所熟知的方法，因此没有必要在此详细介绍，本文的重点，是探讨文学地理学研究的特殊方法。在探讨的过程中，笔者会将某些方法与大家熟悉的文学史研究的相关方法进行比较，通过比较见其特殊性，通过比较加深我们对这些方法的认识和理解。

一　系地法

　　"系地法"是相对于文学史研究的"系年法"而言的。文学史研究为了把一个时段或一个时代的文学发展轨迹、一个或一群作家的创作历程梳理清楚，进而揭示文学与时代的关系，总结文学的纵向发展规律，往往要使用系年的方法。所谓系年，就是考证文学事象发生的年代，然后将其按照时间顺序进行排列，例如陆侃如著《中古文学系年》、夏承焘著《唐宋词人年谱》、傅璇琮主编《唐五代文学编年史》、闻一多著《少陵先生年谱会笺》和《岑嘉州系年考证》等，就是用的这种方法。文学地理学研究不一样，它所使用的是系地的方法。所谓系地，就是考证文学事象发生的地点，然后按照形式文学区或功能文学区进行排列，例如一个作品是在哪里产生的，一个作家一生到过哪些地方，他在这些地方写了哪些作品，一种文体的起源地在哪里，之后又传播到了哪些地方，一个文学流派的发源地在哪里，之后又扩散到了哪些地方，一个文学景观的地理位置在哪里，一个文学区的中心地在哪里，边界在哪里，等等，都要考证清楚，然后制成相关的表格或地图。笔者早年所著《中国历代文学家之地理分布》一书，就谭正璧《中国文学家大辞典》所收录的周秦至清代的6781位文学家的出生地逐一进行甄别与考证，然后就其中的6388位有籍贯可考者分家族、分县、分州（府、郡）、分省（直辖市、自治区）、分形式文化区、分朝代、分历史时段进行统计和列表，即属于这种性质，目的在于通过文学家出生地的分布，考察文学家所接受的地理环境方面的影响。[1] 笔者前些年撰写《词学的星空——20世纪词学名家传》一书，即曾对20世纪词学史上最为知名的22位词学家的每一部词学论著的定稿地点加以考证，然后用列表的形式加以表述，目的在于弄清词学家的词学思想、词学活动与当地人文环境的关系。[2] 据了解，当前国内也有不少学者在做类似的研究，相信不久会有许多这样的成果问世。

　　需要说明的是，"系地法"是文学地理学研究的一个最基本的方法，它

---

① 曾大兴：《中国历代文学家之地理分布》，湖北教育出版社1995年版，商务印书馆2013年修订版。

② 曾大兴：《词学的星空——20世纪词学名家传》，河北人民出版社2009年版。

的难点不在列表或绘图，而在这之前的个案考证。要把相关的地点和地景考证清楚，除了文、史、地方面的扎实功底，还需要使用"现地研究法"。

二　现地研究法

无论是文学史研究还是文学地理学研究，都需要考察作家作品产生的背景，所不同的是，前者是考察具体的时代背景，后者是考察具体的地理环境；前者主要使用"文献研究法"，后者除了使用"文献研究法"，还要使用"田野调查法"，也就是说，要把"文献研究法"和"田野调查法"这两种方法结合起来。台湾学者简锦松教授的"现地研究法"就属于这种性质。

简氏在《唐诗现地研究·自序》中说：

什么是现地研究法？简单地来说，就是把本来只在书房里做学问的方法，移一步，到古人写作的现地去，文献资料在这里考核，诗句内容在这里印证，从而得到更接近作者真实的诠释。

"现地研究"的方法学，是指"回到作品产生的现地，以科学方法验证相关的古代文献，提供贴近研究诗人作品及生活的新资讯"的研究方法。所谓"现地"有三：

一、是真实的山川大地：古今千年，地形地貌的变化，诚然不可免，但是，山川大地、日月躔度依然有不变者存。取舍之际，全在研究者审慎掌握、有效运用而已。

二、是曾经亲历其地者所记录的世界：传世的诗文、碑志、专书等等，都是写于当时人之手，如果从记录当代的眼光来处理这些文献，便可以得到现地资料的效果。

三、是古人生活的客观条件：了解古人的生活越多，便越容易接近古人写作的场域，而这些资讯往往具有明显的客观性，可直接作为证物，如五更昼夜的算法、桥梁道路的网络、律令民生的规范、车马人行的程数、官职升迁的常变，乃至于煎茶与点灯等细微之处，不胜指数。①

---

① 简锦松：《唐诗现地研究》，台湾中山大学出版社2006年版，第1页、第5页。

可见简氏"现地研究法"的内涵比单纯的"文献研究法"或"田野调查法"都要丰富，它实际上是"文献解读与现地测量"相结合。简氏总结说："现地研究，并不只是历史地理的探讨，它是立足在文学研究上，尽一切可能向原作者时代收集物证，并以严谨的论证过程和现代仪器程式进行检验的鉴识科学。"又说，在"研究工具方面，除了文书资料外，'现地研究'为了进行现地控制的工作，必须熟悉 GPS 卫星定位仪，采集数据，并利用 GPSY Pro 和 armin MapSource 等电脑程式监控、分析数据：传统的 MS Excel、Adobe PhotoshopCS 程式固然不可离手，专业的像 Adobe II-Iustrator、MAPinfo、Sufer、MAPublisher 等相关软件，和一些天文运算的程式，也都必须熟悉"①。由此看来，他的"现地研究法"是吸收了地理学研究的一般方法的某些元素的。

需要指出的是，"现地研究法"只能用来考察"作品产生的现地"，或"古人写作的现地"，以及相关的地点或地景，不能用来诠释文学作品的地理空间。因为这种方法乃是一种"鉴识科学"，它的要旨在"征实"，而文学作品的地理空间则是真实与虚构、客观与主观交互作用的结果。

文学作品的地理空间有三个意义层面：一是作为原型的客观存在的自然或人文地理空间，可以称为"第一空间"；二是文学家通过自己的地理感知和地理想象在文学作品中所建构的审美空间，这个空间以第一空间为依据，但是包含了作家的想象、联想和虚构，是主观与客观相结合的产物，可以称为"第二空间"；三是文学读者在阅读文学作品时，结合自己的地理感知和地理想象所再创造的联想空间，这个空间不是第二空间的简单映像，而是第一空间、第二空间与读者自己的想象、联想相结合的产物，可以称为"第三空间"。我们分析文学作品的地理空间，必须用地理与文学相结合的方法完整地把握这三个意义层面，单纯用"现地研究法"来诠释文学作品的地理空间，显然是不能奏效的。我们只要看看简氏是如何用这种方法来诠释唐代诗人王之涣的《登鹳雀楼》这首诗的，就可以发现这种方法的长处和短板。

关于王之涣这首诗所写的鹳雀楼的遗址，学术界曾经有过多种说法。有的认为"在今山西省永济县城上"，有的认为"在城西河洲渚上"，有的

① 简锦松：《唐诗现地研究》，第6页。

认为"在今山西省永济县黄河中高阜处",还有的认为"在今山西省永济县西南城上"。简氏认为,这些说法"均不周延或不正确"。他通过"现地研究法",证实"正确的地点,虽然仍属今山西省永济县,但不在新的永济县城,而在永济县蒲州镇蒲州老城的东关城"①。应该说,这个结论是经得起推敲的。但是,简氏用"现地研究法"只能"实地重现"鹳雀楼的准确位置,解释不了"白日依山尽,黄河入海流"这两句诗所创造的文学地理空间。根据简氏现地研究之结果,"山"和"海"这两个地景,站在鹳雀楼上是根本看不到的。"句中之山,并不是具体实存、目力可及的山脉","黄河入海"亦"为理中所必有而目中所未见"。② 可见这两句诗所创造的文学地理空间有想象和虚构的成分。由于解释不了诗人所创造的"白日依山尽,黄河入海流"这个文学地理空间,因此就更加解释不了读者根据这两句诗所再创造的文学地理空间。简氏说:"'欲穷千里目,更上一层楼'二句,现代的诠释都以鼓励人努力追求更上一层的成就为言,但如果我们查知这座楼的特性,了解诗人登楼的条件,就知道那种说法极不正确。……楼之本身,不同于黄鹤楼之类商业酒楼可以随兴而登、呼朋而饮,必须由军政长官率同登楼。由于这些条件,使得唐代诗人凡能预登此楼者,无不目送千里,寄慨邈然,不独王之涣而已。……所以,吾人解释'欲穷千里目,更上一层楼'二句,应从作者登楼的快乐与自负,来欣赏它千里不尽的雄大气概,才符合诗人本旨和此楼之特质。"③ 在简氏看来,"诗人本旨"必须符合"此楼之特质",而读者之感知又必须符合"诗人本旨",也就是说,"第二空间"必须完全与"第一空间"重合,"第三空间"又必须完全与"第二空间"重合。他这种解读,既忽视了诗人在建构文学地理空间时的想象、联想和虚构,也忽视了读者结合自己的地理感知和审美理想对诗人所建构的文学地理空间进行再创造,可以说是既排除了诗人创作的主观能动性,也排除了读者欣赏和接受的主观能动性。这种解读无疑是有些迂腐的,因此在台湾学界,即有多人提出质疑。由此可见,简氏的"现地研究法"只能解读文学的"第一空间",解读不了"第二空间",更解读不了"第三空间"。也就是说,"现地研究法"虽然有用,但

---

① 简锦松:《王之涣〈登鹳雀楼〉诗现地研究》,见《唐诗现地研究》,第 219 页。
② 简锦松:《王之涣〈登鹳雀楼〉诗现地研究》,见《唐诗现地研究》,第 220 页。
③ 简锦松:《王之涣〈登鹳雀楼〉诗现地研究》,见《唐诗现地研究》,第 221 页。

它的适用范围是有限的。

三　空间分析法

无论是文学史研究还是文学地理学研究，都必须把文本分析作为重点。但是二者的方法不一样。例如文学史研究在分析文学作品的人物形象时，习惯于按照时间线索去追寻人物的情感历程、性格走向和命运轨迹，这就是"时间分析法"。文学地理学研究不一样，虽然它也重视人物的情感历程、性格走向和命运轨迹，但是它更关注人物活动的地理空间，关注人物在不同的地理空间的位置、权利和言行，这就是"空间分析法"。文学人物处在不同的地理空间，其情感、性格和命运往往会有不同的特点或表现。例如孙悟空在花果山是一种自由洒脱的性格，在天宫是一种叛逆的性格，在取经路上就很复杂了，有时叛逆，有时顺从，有时妥协，但很少自由洒脱。贾宝玉在他父亲的书房里是一种怯懦的性格，在大观园里是一种率真的性格，最后在常州毗陵驿附近出现，就完全是一种超脱的性格了。人物的情感、性格、命运，与他所处的具体的地理空间及其位置是有重要关系的。为了准确地把握文学人物在不同的地理空间的不同特点和表现，必须使用"空间分析法"。

"空间分析法"主要用于对文学作品的地理空间的分析和解读，包括各种空间元素及其结构（组合）与功能。文学作品的地理空间是指存在于文本中的以地理物象、地理意象、地理景观（地景）为基础的空间形态，如山地空间、平原空间、海洋空间、草原空间、乡村空间、都市空间等，这种空间从本质上讲乃是一种艺术空间，是作家艺术创造的产物，但也不是凭空虚构，而是与客观存在的自然或人文地理空间有重要的关系。在文学作品里，特别是在小说、戏剧等叙事性的长篇作品里，特有的地理空间建构对文学作品的主题表达、人物塑造等，往往发挥着基础性的作用。在诗、词等抒情性的短篇作品里，也有或隐或显的地理空间，它们对文学作品的情感表达、意境建构等，也有着重要的价值和意义。分析文学作品的地理空间，包括各种空间元素及其结构（组合）与功能，是解读作品的主题、思想、情感、人物和艺术表现方式的重要手段。

"空间分析法"在中国由来已久。清代学者刘熙载所著《艺概·赋概》

云："赋兼叙列二法：列者，一左一右，横义也；叙者，一先一后，竖义也。"[1] 20 世纪 80 年代中期，笔者写作《柳永和他的词》这本书时，曾参考刘熙载的这几句话，把柳词的铺叙手法概括为"横向铺叙"、"纵向铺叙"、"逆向铺叙"和"交叉铺叙"四种。笔者指出：

> 横向铺叙，即刘熙载所谓"一左一右"的横列之法。这种方法通过空间位置的转换和组织，对外观图像和抒情主人公的内观心灵作横向的展示与披露。这种方法讲究空间定向，作品的图景和意象总是按照一定的逻辑线索和视听者的欣赏习惯作顺序的转换和移动，由远至近或由近及远，由视而听或由听而视，层层推衍，环环紧扣，抒情主人公的心理活动轨迹清晰可辨。著名的《望海潮》即是这方面的典范之作：

望海潮

> 东南形胜，三吴都会，钱塘自古繁华。烟柳画桥，风帘翠幕，参差十万人家。云树绕堤沙。怒涛卷霜雪，天堑无涯。市列珠玑，户盈罗绮，竞豪奢。　　重湖叠巘清嘉。有三秋桂子，十里荷花。羌管弄晴，菱歌泛夜，嬉嬉钓叟莲娃。千骑拥高牙。乘醉听箫鼓，吟赏烟霞。异日图将好景，归去凤池夸。

> 这首词为北宋前期的大都市杭州传神写照。全词共分八层，除结拍两句外，均以三句构成一个层面。发端一层即入手擒题，大有笼罩全篇之势。"东南"句写其地势之优越壮观，"三吴"句写其市肆之人文荟萃。一从地理环境着笔，一从社会条件着笔，分别图写杭州的现状；第三句则简略地勾勒杭州的历史，并就一二两句而小加收缩。这一层虽只是把杭州作一个宏观的掠影，却从现状和历史、地理环境和社会条件等不同的角度和层次铺陈排比，于是美丽的杭州便获得了艺术上的立体感。在这个多层次的画幅之中，词人有意识地突出了它的"形胜"、"都会"与"繁华"三个特点，因而接下来便紧扣这三点而予以摩写和铺排。第二层承"都会"而来，写其人烟之生聚与户口之繁息；第三层承"形胜"而来，写其钱塘之胜概与岸柳之葱倩；第四

---

[1] 刘熙载：《艺概》，上海古籍出版社 1978 年版，第 98 页。

层承"繁华"而来，写其商业之繁华与市民之阔绰。上片总叙述杭州之胜，下片专叙西湖之美与官民之乐。第五层写西湖之山水花卉，第六层写湖上市民之乐，第七层写湖畔官员之乐，第八层总括全词，颂美作结。全词八个层面，画面众多，转换频繁。然而始终围绕着为杭州西湖传神写照这一主线逐层展开，所以显得脉络清晰而结构紧凑。

这种方法在《乐章集》中运用得比较普遍，柳永描写都市风光的作品多数如此。①

刘熙载能够发现和归纳赋体文学"一左一右"的横列之法，他用的是什么方法？实际上就是"空间分析法"；而笔者对柳永《望海潮》一词所作的解读，也是用的"空间分析法"。现在有人认为，中国学者运用"空间分析法"分析文本，是受了西方的空间批评的影响。这个说法不太符合事实。"空间分析法"在中国早已有之，只是以往没有"空间分析"这个概念而已。据笔者所知，西方的空间批评传到中国，最早是在美国学者约瑟夫·弗兰克主编的《现代小说中的空间形式》一书传到中国之后。这本书于1945年在美国出版，1991年才在北京大学出版社出版中译本（秦林芳编译），而拙著《柳永和他的词》初版于1990年，其中《柳永以赋为词论》一章则写于1986年。那时候，笔者并不知道西方的空间批评。笔者写作这一章，实际上是受了刘熙载的某些启发。当然，自从约瑟夫·弗兰克的《现代小说中的空间形式》一书传到中国之后，西方其他学者关于空间批评的著作也陆陆续续地传播到中国，这些著作对中国年轻一代学者的影响是存在的。但是就中国早期（20世纪80年代中期至90年代初期）从事文学地理学研究的学者来讲，其所作的文本空间分析，无疑是受了中国传统学术的影响。

还需要指出的是，在当代西方的文学批评中，实际上存在两种空间批评。一种是后现代主义的空间批评，如约瑟夫·弗兰克的《现代小说中的空间形式》、戴维·米切尔森的《叙事中的空间结构类型》、加布里埃尔·佐伦的《走向叙事空间理论》、巴赫金的《小说中的时间和空间体形式》、

① 曾大兴：《柳永以赋为词论》，《柳永和他的词》，中山大学出版社1990年版，第111—112页。

巴什拉的《空间诗学》、西摩·查特曼的《故事与话语》、米克·巴尔的《叙事学》、莫里斯·布朗肖的《空间诗学》、鲁思·罗侬的《小说中的空间》、杰弗里·R. 斯米滕和安·达吉斯坦利合编的《叙事中的空间形式》等；另一种是文学地理学的空间批评，如韦斯利·A. 科特的《现代小说中的地方和空间》、波确德·维斯特伏的《地理批评：真实与虚构的空间》、罗伯特·泰利的《地理批评探索：空间、地方以及绘制文学文化研究地图》等。前者所指的空间是抽象的、符号化的空间，后者所指的空间则是具体的、地理的空间；前者所作的"空间分析"仅涉及文本的空间形式（如空间叙事、空间结构等），以及文本所建构的各种虚拟世界；后者所作的"空间分析"则针对具体的地理空间，例如人物生活与工作的场所（城市、乡村、山地、草原等），以及场所的中心、边界，场所内的地景等。总之，二者的区别原是很明显的，不可混为一谈。当然，文学地理学的空间批评也包含对文本的空间形式的分析，包括分析空间的大小、有关空间要素的位置、要素与要素之间的关系以及由此而形成的空间结构，还有作者的视角等，但是这种分析都是与文本内外的自然和人文地理空间相联系的，都是接地气的，不是就形式谈形式。

"空间分析法"的适用对象主要是文本空间的分析，用台湾学者范铭如教授的话来讲，就是"探讨文学里的空间"。范氏指出：

> 文学里的空间主要是讨论象征或再现的议题，讨论文本里再现的地景跟外缘环境的相似、差异，或是某个空间意象在文学作品里的意义、作用或被描述的策略。例如古典文学里探讨桃花源之于《桃花源记》、后花园之于《牡丹亭》和才子佳人小说、大观园和太虚幻境之于《红楼梦》的意涵，现代文学里探讨鲁迅的酒楼、老舍的茶馆、龙瑛宗那个植有木瓜树的小镇、王文兴的龙天楼、白先勇的新公园、李永平的吉陵、李昂的迷园等文本里空间的喻义。……研究文学作品里的空间虽然也会与其相应的外在实境相互映照，甚至于影射叠合，然而既是着重在意象与象征层面上的探究，对于实境地理以及虚实空间如何互涉形塑的考证难免从简从略。[①]

---

① 范铭如：《文学地理——台湾小说的空间阅读》，麦田出版社 2008 年版，第 31 页。

不过近些年来，"空间分析法"的适用范围扩大了，也就是说，它所考察的空间不仅仅是文本空间，还包括文本空间与外部空间的互动及其特点和意义。范铭如接着指出："近年来古典诗学的研究者郑毓瑜教授已经开始改变了这个类型的批评方式。在她研究东晋与六朝诗赋的论文里，郑教授尝试加入现象学和人文地理学的观点，结合实证性的建康城史料与文人文本的想象，从客观空间的建置实践与主观意识的对照中，还原建康城之于不同时代群体的政治或文化意义。"① 范铭如本人的研究也具有这个特点。她介绍说，她的《文学地理——台湾小说的空间阅读》这本书"所指称的空间阅读即是研究不同范畴形状功能的空间——包括抽象概念上、大范围的'空间'和范围较小且具有亲近、明确性和认同特性的'地方'，以至于尺度较小、形廓更具体的区域、乡镇、城市、社区、家园、自然界及聚落建筑种种景观，如何影响作者和读者对空间的认知与再现，文本与各历史时代的空间性之间如何呼应、协商或对抗，以及这些关系如何反映于空间的叙述模式"②。如此看来，"空间分析法"的适用范围和应用前景都是不可小觑的。

四　区域分异法

无论是对文学家的出生成长之地与迁徙之地的考察，还是对文学作品产生地的考察，无论是对有关地名、地景和名物的考证，还是对文本内外空间的研究，都涉及不同的区域。"区域的概念是涉及地理学整个领域的基础，所有地理学分支学科所研究的对象，都要在区域概念的基础上进行。"③ 既涉及不同的区域，就存在一个区域分异的问题，不可笼统言之。既有区域分异之必要，相应地就有了"区域分异法"。

"区域分异法"是相对于文学史研究的"分期分段法"而言的。所谓"分期分段"，就是按照朝代更替的轨迹或政治、经济的发展线索，把文学的历史划分为若干个段落，例如"先秦文学""魏晋南北朝文学""初唐文学""盛唐文学""中唐文学""晚唐文学""十七年文学""新时期文

---

① 范铭如：《文学地理——台湾小说的空间阅读》，第32页。
② 范铭如：《文学地理——台湾小说的空间阅读》，第35页。
③ 张军涛、刘锋：《区域地理学》，青岛出版社2000年版，第2页。

学""俄国十九世纪文学",等等,就是这种"分期分段法"的产物。"分期分段法"有其优点,就是可以让人们看到一个历史时段、一个朝代、一个时期文学的大致情形。但是这个方法也有它的弊端。因为文学有其自身的规律,它的发生、发展、成熟和衰落,在多数时候并不是由朝代的更替或政治、经济等因素的变化而决定的。有时候政治上很混乱,经济上也不景气,但是文学却很繁荣。例如春秋战国时期、东汉末年、"五四"前后,都是历史上有名的乱世,可是文学却很繁荣。这方面的例子在古今中外不胜枚举。如果一律按照朝代的更替或政治、经济的发展轨迹来描述文学的历程,就会流于简单化,许多问题也解释不通。例如研究唐代文学史的学者习惯于按照唐代政治史的轨迹,把唐代文学史分为初、盛、中、晚四个时期,认为初唐的文学比较幼稚,盛唐的文学达到鼎盛,中唐的文学在成熟中有些新变,晚唐的文学就衰落了。这种认识并不符合唐代文学的实际。例如初唐出现了王勃的《滕王阁序》、卢照邻的《长安古意》、骆宾王的《帝京篇》这样的杰作,你能说初唐文学幼稚吗?晚唐出现了李商隐、杜牧这样的杰出诗人,还有温庭筠、韦庄这样的杰出词人,你能说晚唐文学衰落吗?还有研究中国当代文学的学者,习惯于把 1949 年以来的文学分为三个时期:"十七年的文学"、"文革十年的文学"和"新时期文学"。这种分法实际上就是按照某些政治人物的观点来分的,但是这种分法本身就不符合历史的实际。因为"十七年"与"文革十年"是没法分开的。如果没有"十七年"的一贯"左",怎么会有"文革十年"的极左呢?"十七年的文学"与"文革十年的文学"都是以阶级斗争为主旋律的文学,它们在本质特征上是一致的,根本没法把它们分开。由于文学的"分期分段法"出现了很多弊端,往往不能反映文学的实际面貌,甚至误导读者,因此人们对这种方法就比较厌倦了,于是一部分学者就用起了文学地理学的"区域分异法"。

所谓"区域分异法",就是按照文学的区域特征及其差异,把它们分为不同的地理板块。例如按照"区域分异法",1949 年以来的中国文学就可以分为四个板块:大陆文学、香港文学、澳门文学和台湾文学。1949 年至 1979 年这 30 年的大陆文学是以阶级斗争为主旋律的,但是另外三个板块的文学并非这样。就香港、澳门和台湾文学来讲,也是各具特点,需要联系它们所由产生的不同的自然和人文地理环境来考察。为什么改革开放以来，大陆许多学者转而从事香港、澳门和台湾文学的研究呢？原因之一，就是大家看到了一个最基本的事实，即中国文学是有地域差异的。研究中国当代文学，不能不考虑它事实上存在的地域差异。也正因为许多学者从事香港、澳门和台湾文学的研究与推介工作，也让广大读者看到了中国当代文学的地域性、多样性与丰富性。这就是文学的区域分异研究所带来的良好效果。

"区域分异法"在中国由来已久。例如中国第一部诗歌总集《诗经》（汉代以前称《诗》或《诗三百》）中的十五"国风"，就是按照周朝的十五个不同王国和地区来搜集、整理和编选的。这种按照不同的王国和地区来收集、整理、编选文学作品的方法，实际上就是最早的"区域分异法"。此后，"区域分异法"在中国得到长期而有效的使用。例如唐代的魏征把魏晋南北朝文学分为"江左"的文学与"河朔"的文学①，明代的胡应麟把明初诗坛分为吴诗派、越诗派、闽诗派、岭南诗派和江右诗派②，近代的汪辟疆把近代诗坛分为湖湘派、闽赣派、河北派、江左派、岭南派和西蜀派③，均是使用的"区域分异法"。

"区域分异法"在国外也比较流行。例如法国 19 世纪的著名文学批评家斯达尔夫人（1766—1817）在她的《从文学与社会制度的关系论文学》（简称《论文学》）（1800）一书中，把西欧文学分为两个板块：一是以荷马为鼻祖的南方文学，包括希腊文学、拉丁文学、意大利文学、西班牙文学和路易十四时代的法兰西文学；另一是以莪相为渊源的北方文学，包括英国文学、德国文学、丹麦文学和瑞典的某些作品。进而分析了这两种文学各自不同的特征，更从地理环境的角度考察了这些不同的特征所形成的原因。又如 20 世纪 70 年代以后，加拿大的"地域主义文学批评"把加拿大文学分为"安大略文学""魁北克文学""新不伦瑞克文学""纽芬兰文学"等各种不同的地域板块来认识和研究，由于体现了加拿大文学的实际，因此在文学批评界盛行一时。④

---

① 魏征：《隋书·文学传序》，中华书局 1973 年版，第 1163 页。
② 胡应麟：《诗薮》，上海古籍出版社 1979 年版，第 342 页。
③ 汪辟疆：《近代诗派与地域》，《汪辟疆说近代诗》，上海古籍出版社 2001 年版，第 1—48 页。
④ 参见丁林棚《加拿大地域主义文学批评的历史、形式与视角》，《东华大学学报》（社科版）2010 年第 3 期。

区域既有大小，也有不同的自然和文化地理特征，因此文学的区域分异，可以根据不同的标准或尺度来进行。例如可以根据不同的行政区划，把中国文学分为北京文学、上海文学、陕西文学、湖北文学等多个板块；也可以根据不同的方言，把中国文学分为北方方言文学、吴语文学、粤语文学、闽语文学等多个板块；还可以根据不同的气候带，把中国文学分为热带文学、亚热带文学、暖温带文学、中温带文学和高原气候区文学等多个板块。无论是哪一种层次或类型的划分，都必须坚持同一的标准或尺度，不可同时使用几个标准或尺度。

五　区域比较法

区域分异的工作完成之后，接下来的工作，就应该是区域比较了。于是相应地就有"区域比较法"。

"区域比较法"是相对于文学史研究的"历时比较法"而言的。无论是文学史研究还是文学地理学研究，都离不开比较的方法。但文学史用的是"历时比较法"，或者"纵向比较法"。如果借用比较文学的一个概念，这种研究可以称为"影响研究"。不过比较文学的"影响研究"强调的是"外来性"，文学史的"影响研究"强调的是"本土传承性"，即上一代对下一代的影响，前人对后人的影响。例如把汉代文学和唐代文学进行比较，把唐诗和宋诗进行比较，把宋词和元词、明词、清词进行比较，把六朝志怪小说和唐人传奇进行比较等，就属于这种研究方法。

文学地理学用的则是"区域比较法"，这种比较属于"共时比较"，或者"横向比较"。如果借用比较文学的一个概念，这种研究可以称为"平行研究"。不过比较文学的"平行研究"是用逻辑推理的方式对相互间没有直接关联的两种或两种以上的民族文学进行研究，文学地理学的"平行研究"不是这样，它是两个以上的不同区域文学之间的比较，而且一般不用逻辑推理的方式，它必须用事实说话，它需要"实证"。

"区域比较法"在中国也是由来已久。早在春秋时期，吴国公子季札在鲁国观周乐时对十三"国风"的评论，所用的就是这种方法；季札之后，班固评价"秦风"和"豳风"，刘勰评价韩、魏、燕、赵、齐、楚文学，魏征评价"河朔"文学与"江左"文学，所用的也是这种方法。"区域比较法"既是一种古老的方法，也是一种很有生命力的方法，直到今天仍被广泛使用。20 世纪 80 年代后期，笔者研究中国古代民歌时，把黄河流域的民歌和长江流域的民歌进行平行比较，就是使用的这种方法。[①] 中国当代文学学者樊星著《当代文学与地域文化》，也是使用的这种方法。[②]

传统的区域比较研究，其重点放在某地某国对他地他国的影响、接受或缘自某种自然与人文地理环境的相似或殊异的比较研究。如东北文学与中原文学的比较，中原文学与西北文学的比较，西北文学与东北文学的比较，巴蜀文学与荆楚文学的比较，荆楚文学与吴越文学的比较，吴越文学与岭南文学的比较，岭南文学与闽台文学的比较等，也可用于国与国、洲与洲文学的比较，如中国文学与印度文学的比较，德国文学与法国文学的比较，非洲文学与美洲文学、亚洲文学与欧洲文学的比较等。比较的对象之间可以有直接关联，也可以没有直接关联，甚至可以没有关联。

近些年来，"区域比较法"所涉及的内容又有了新的侧重点。范铭如教授指出："晚近批评则侧重理论、文本、文化在传播、旅行、翻译前后的轨迹和动态的过程，强调任何文化特征和历史发展都不是由封闭的地方或单一族群自身聚居的形塑，而是包括住民的移入移出，与外地、外人和异文接触互动后交互渗透调整后的总合性产物。当文本和论述逾越原本空间的脉络和局限进入其他空间语境时，不同空间文化的媒合对于流动中的文本和论述在引介、诠释和应用上激发某种程度的偏重与质变，甚或连带引发对区域文化的冲击。"[③] 可见"区域比较法"的适用范围也是很广的。

六　地理意象研究法

地理意象是文学地理学视野中的常见现象。多数的地理意象是文学作品的地理空间要素，少数的地理意象是文学景观。在我们从事文学作品的地理空间研究和文学景观研究的时候，实际上就包含了大量的地理意象研究。也就是说，在通常情况下，我们是把地理意象作为文学作品的地理空

---

① 曾大兴：《两河流域民歌之比较》，《文学地理学研究》，商务印书馆 2012 年版，第 133、223 页。

② 樊星：《当代文学与地域文化》，华中师范大学出版社 1997 年版。

③ 范铭如：《文学地理——台湾小说的空间阅读》，第 33 页。

间要素和文学景观来研究的。但是近年来，由于受传统的文学研究中的"意象热"之影响，以及地理学界的某些地理意象研究之影响，在文学地理学领域，也出现了对于地理意象的个案研究和类型研究。由于这个原因，地理意象的研究方法就被提出来了。

地理意象是意象的一种。要想了解地理意象研究法，必须先了解地理意象；要想了解地理意象，必须先了解意象。

"意象"一词，源自《周易》中的"立象以尽意"① 这句话。最早把"意"和"象"并用，使之成为一个专用名词者，是东汉著名学者王充。其《论衡·乱龙》云："天子射熊，诸侯射麋，卿大夫射虎豹，士射鹿豕，示服猛也。名布为侯，示射无道诸侯也。夫画布为熊麋之象，名布为侯，礼贵意象，示义取名也。"② 此处所谓"象"，是指古代箭靶上所画的动物图案。按照礼制，不同等级的射者，其箭靶上的图案不同，从其差异上即可看出射者的地位和身份，即"示义取名"。而"名布为侯"，即表示讨伐无道诸侯、伸张礼制的意思。

"意象"一词的含义，袁行霈先生认为是"意中之象"③，陈伯海先生认为是"表意之象"④。二者略有差异，但都包含两个基本要素：一是"象"（形象），二是"意"（意义）。《词源》对"意象"一词的解释是"意思与形象"。这个解释虽然简单，但也比较准确。研究意象，既不能忽视"象"，也不能忽视"意"，这是两个最基本的要求。

何谓地理意象？地理学者张伟然认为，"地理意象就是对地理客体的主观感知"。张氏又云："地理学中意象的外延似乎比在文学中稍大。地理学者不强调意象是否经过某种'加工'，因为人类的环境感知必然要受到其价值取向、文化背景的制约。就是说，凡进入主观世界的客观物象其实都经过了主观选择；因此，凡地理意象都值得从感知的角度加以研究。"⑤ 由此不难看出，地理学者对于地理意象的界定存在两个问题：一是对"象"的理解过于宽泛，即只要是"对地理客体的主观感知"即可称为地

---

① 《易·系辞上》，《周易正义》卷上，《十三经注疏》本。
② 王充：《论衡·乱龙》，《四部丛刊》本。
③ 袁行霈：《中国古典诗歌的意象》，《中国诗歌艺术研究》，北京大学出版社 2009 年版，第 51 页。
④ 陈伯海：《为意象正名——古典诗歌意象艺术札记之一》，《江海学刊》2012 年第 2 期。
⑤ 张伟然：《中古文学的地理意象》，中华书局 2014 年版，第 13—14 页。

理意象；二是对"意"的理解过于平淡，即"地理学者不强调意象是否经过某种'加工'"。这种界定既在相当程度上忽略了"象"的独特性，又在相当程度上忽略了"意"的重要性。如果"象"不够具体，不够形象，"意"不够丰厚，不够独特，何来"意象"可言？而过于宽泛、过于平淡的地理意象是不易辨识和把握的，也难以引起人们的关注。事实上，张氏所著《中古文学的地理意象》一书，亦是"特别关注一些类型化的地理意象"，例如"江汉""洞庭""巫山神女""潇湘""竹林寺""桃花源"等。他解释说，"这些意象之所以能类型化，显然是可以反映一些特定的文化观念，具有特别丰富的文化地理价值"①。可见张氏对地理意象的理论界定与他本人的地理意象研究实践是有差距的。

文学地理学所讲的地理意象，乃是可以被文学家一再书写、被文学读者一再感知的地理意象，它们既有清晰的、可感知的形象，也有丰富而独特的意蕴。也就是说，不是所有可以被感知的地理客体都可以称为地理意象，地理意象没有那么宽泛。

地理意象可分为实体性地理意象和虚拟性地理意象。所谓实体性地理意象，就是客观存在的并且被文学家一再书写过的地理意象，如黄河、长江、终南山、阳关、玉门关、瓜洲渡、秦淮河、灞桥柳、西湖荷花等；所谓虚拟性地理意象，就是客观上并不存在的纯属文学虚构的地理意象，如《红楼梦》中的太虚幻境、《聊斋志异》中的望乡台、加·加西亚·马尔克斯小说《百年孤独》中的马孔多镇、埃德加·爱伦·坡小说《厄谢府邸的倒塌》中的厄谢府邸等。

实体性地理意象又可分为四种类型：

一是区域意象，如塞北、江南、河朔、辽西、陇右、关中、河东、河西、淮南、淮北、江淮、江汉、湖湘、邹鲁等，这些区域意象所指称的就是一个客观存在的地理空间，其尺度大小不一，边界也较模糊，它们正是文化地理学所讲的感觉文化区，其形象不仅可感，而且一再被文学家书写过，也一再被文学读者感知过。

二是地名意象，如长安、蓝田、敦煌、洪洞、邯郸、琅琊、洛阳、孟津、会稽、钱塘、姑苏、建邺、江都、京口、徽州、浔阳、巫山、荆州、

---

① 张伟然：《中古文学的地理意象》，第14页。

江陵、襄阳、武昌、长沙、汨罗、番禺、南海、桂林、合浦等，这些地名看似一个抽象的符号，其实都有具体的点、线、面，而且都有着丰富的历史文化底蕴，都有独特的自然或人文景观，甚至都承载着动人的历史故事。只要联想到它们的历史文化底蕴、独特的自然或人文景观以及它们所承载的历史故事，它们的形象无不跃然于前。它们也曾一再地被文学家所书写，一再地被文学读者所感知。需要指出的是，不是所有的地名都可视为地理意象的。地名成为地理意象，必须满足上述条件。

三是地景意象，如长城、运河、洞庭湖、太湖、庐山、贺兰山、陇头、黄鹤楼、燕子楼、白帝城、桃花源、兰亭、青冢、岳坟、萧关、潼关、灞桥等，这些地景意象的形象是非常鲜明的，意蕴也非常丰富，可谓典型的地理意象。它们实际上就是文学景观。也就是说，从意象研究的角度来看，它们是文学地理意象；从景观研究的角度来看，它们则是文学景观。

四是动植物意象，如衡阳雁、大宛马、黄河鲤、东北虎、泰山松、睢园竹、陇头梅、隋堤柳、章台柳、灞桥柳、淮南落木、西湖荷花、洛阳牡丹、天山雪莲等。这些动植物意象也是典型的地理意象，它们的形象非常鲜明，意蕴也非常丰富。需要强调的是，这些动植物意象不同于一般的动植物意象，它们除了鲜明的形象性，还有独特的地域性与独特的历史文化内涵。同样需要指出的是，不是所有的动植物意象都可视为地理意象，作为地理意象的动植物意象，首先必须有其独特的地域性，其次必须有其独特的历史文化内涵，不可泛化。

文学地理学的地理意象研究法，就是地理学的意象研究与文学的意象研究相结合的方法。它必须坚持以下三点：

第一，必须准确地考证地理意象所在的地理方位，准确地描述其地理特征、地理价值和历史渊源。就地名来讲，则应准确地梳理其历史沿革，区分其"特指"与"泛指"，描述其点、线、面，找到其"空间逻辑"。① 在这一点上，地理学的意象研究是做得比较细致和到位的，而文学的意象研究基本上忽视了这一点。

第二，必须细致地描述地理意象的形象特征或审美特性，包括它的形

---

① 参见张伟然《地名与文学作品的空间逻辑》，《中古文学的地理意象》，第137—191页。

状、大小、色彩、声音和结构等，进而阐述它的文学意义和审美价值。在这一点上，文学的意象研究是做得比较专业的，而地理学的意象研究则比较欠缺，有些研究甚至缺乏文学的感觉。

第三，必须深入地挖掘、揭示地理意象所包含的独特的文化内涵、历史价值和现实意义，不能流于一般化或类型化，不可泛泛而谈。在这一点上，也是文学的意象研究比地理学的意象研究做得好一些。

总之，文学地理学的地理意象研究必须取文学和地理学二者之长而补二者之短，既不能忽略其地理特征，也不能忽略其文学特征，更不能对其文化内涵、历史价值和现实意义作一般性的、泛化的陈述。我们之所以赞同把地理意象从文学作品的地理空间要素和文学景观中独立出来进行专门的研究，就是为了挖掘和彰显它的独特性与典型性。如果专门的地理意象研究不能见其独特性与典型性，而是流于泛化或一般化，那么这种研究还有什么独立价值可言呢？

以上是笔者根据个人的研究经验和国内外有关研究成果，归纳、总结出来的文学地理学研究的六个特殊方法，疏漏、浅狭之处在所难免。至于如何更好地借鉴、吸收、融合地理学研究的一般方法，为文学地理学研究探索出若干更先进、更科学的方法，就目前来讲，还是一个需要继续努力的事情。

Six Research Methods for Literature Geography

Zeng Daxing

Abstract: This paper summarizes the research methods for literature geography for the first time, which respectively are the method of verification, the method of combination, the method of spatial analysis, the method of regional differentiation, the method of regional comparison and the method of geographical images. The method of verification is to firstly verify the birth place for the literary events and then classify the events based on the standard of formalistic literature and functional literature; the method of combination is to combine document research with field research; the method of spatial analysis is to analyze and interpret the geographic space (including all the space elements with their structure and functions) of literature works; the method of regional differentiation is to divide literature works into different geographic parts based on the regional features and differences; the method of regional comparison is to do a synchronic or diachronic comparative study based on the literary images in at least two different regions; the method of geographical images is to precisely describe the geographic and literature features of the geographical images in order to deeply reveal the cultural connotation, historical value and realistic significance.

Keywords: Literature geography, The method of verification, The method of combination, The method of spatial analysis, The method of regional differentiation, The method of regional comparison, The method of geographical images

Author's Introduction:

Zeng Daxing (1958 −), Ph. D. , Professor in College of Arts, Guangzhou University, Executive Deputy Director of Guangdong Research Base on "Guang-fu" culture, President of the Literary Geography Society of China. Research directions: the study on Ci theory and the study on literary geography. Monographs: *Liu Yong and his works*, *The Starry Sky of Ci Theory*, *Study on Ci Theory Experts in 20 Century*, *The Geographic Distribution of Chinese Literati in All Ages*, *Study on Literary Geography* and so on. E-mail: 13342887816@ 163. com.

区域文学史写作的价值与方法

——以《湖北文学通史》研讨会为中心

江　河*

内容提要：《湖北文学通史》是湖北省出版的第一部文学通史著作。2016 年 6 月在湖北大学召开的《湖北文学通史》学术研讨会，从以下几个方面展开了研讨：区域文学史研究的价值和该书对文学地理学研究的新拓展，该书在文学史观、体例、史料搜集方面的特点，湖北文化与文学的特点，有待提升的空间。该文以此次研讨会为中心，将专家学者的观点归纳整理，以期对区域文学史写作和文学地理学研究提供一些启发和思路。

关键词：区域文学　文学地理学　湖北文学　《湖北文学通史》

《湖北文学通史》① 是由湖北省作家协会牵头组织，华中科技大学、华中师范大学、湖北大学、中南民族大学等高校的 20 余位教师，历时三年完成的。它以 120 余万字的篇幅，勾勒呈现出湖北文学 3000 多年的历史，是一部卷帙浩繁、体例完备、时间下限切近的地方文学通史。该书 2014 年 10 月由长江文艺出版社出版，共四卷。第一卷"先秦至五代卷"、第二卷"宋元明清卷"，均由华中师范大学王齐洲教授主编。第三卷是"近现代卷"，由华中科技大学何锡章教授主编。第四卷是"当代卷"，由湖北大学刘川鄂教授主编。2016 年 6 月 3 日，由湖北大学文学院举办的《湖北文学通史》研讨会在该校召开，来自湖北省内外的 40 余位专家、学者，围绕

---

* 江河（1972—），湖北文理学院文学院讲师，湖北大学文学院博士生，主要研究方向：当代文学批评，影视评论。电子邮箱：549063340@qq.com。

① 湖北省作家协会组编《湖北文学通史》，长江文艺出版社 2015 年版。

区域文学研究的价值与可能，湖北文化与文学的特点以及该书的特点、成绩与不足等话题展开了热烈的研讨，内容大致涉及以下四个方面。

一 区域文学史研究的价值及该著对文学地理学研究的新拓展

随着全球化、信息化、城市化在中国的推进，区域文学研究的价值何在？该书的编成出版到底有何意义？是此次研讨会的首要议题。湖北大学校长熊健民教授认为，《湖北文学通史》的隆重出版是区域文学研究大背景下的一套皇皇巨著，理清了湖北文学3000多年的发展轨迹，整理、挖掘与分析了湖北地域古往今来的众多名家名作甚至普通作者的作品。既是一部地方文学发展的文献史，又是一部区域文学研究的学术史。它产生的学术价值与贡献值得珍视。湖北省社会科学联合会党组成员、副主席刘宏兰说，这套书是文学研究的重要成果，更是哲学与社会科学研究的重要成果，这个成果凝聚了一批人的智慧。这个成果不仅仅局限在文学研究领域，它对湖北荆楚文化的研究也是一个巨大的契机。文学与文化都有地域性，只是程度不同而已。另外，它对湖北文化的发掘与认知也有很大作用。文学是载体，该研究为荆楚文化的研究做出了积极的贡献。湖北省作家协会党组成员、副主席梁必文是该书的编委之一，他说《湖北文学通史》严谨地尊重史料，重视史实。作为湖北人在这套书的编纂过程中，在收集湖北文学史料的过程中产生了强烈的成就感和自豪感。虽然本套书仍有提升的空间，但是它的成绩不可小视。湖北省作家协会主席、该书总策划方方女士说，在重庆开会时收到一本《重庆文学史》，于是有了编辑湖北文学史的想法。回省后与作协秘书长高晓辉策划方案。前后花费三年时间，先定大纲，定初稿，中途也经历过变数，得到专家的指正与批评后，终于完成了全部书稿。即使现在这套书已经完成，但是当代文学史部分也会随着时代的变化而不断增补与完善。编辑本套书的初衷是准备以此为基本框架，作为建立湖北文学馆的前期工作。这套书对她们来说非常重要，作家协会除却参与组织文学活动，还应该做一些史料研究与留存工作，为文学起到一定的推动作用。

华中师范大学王先霈教授是该书的顾问之一，并撰写了"总论"。在

"总论"中对湖北文学的悠久传统做了充分肯定:"湖北的社会环境和自然环境,有利于文学杰作的产生。湖北文学源远流长,从上古到中古以至近代、现当代,犹如长江大河,滔滔汩汩,对中华文学作出了持续的、丰硕的贡献。"在研讨会上他着重谈到文化环境和文学生态的问题,以当代陕西作家的良性竞争为例,说明当代文学创作与地方文化环境的密切关系,以及区域文学生态对文学创作的重要性。华中师范大学王又平教授则从"史的功能就是合法性论证"观念,充分肯定了区域文学史的研究价值。他认为,在价值混淆、变动不居、常规打破、新现象层出不穷的时期,就有写史的冲动。因为无定论就不敢说,是对历史的懈怠。从这个意义上说,《湖北文学通史》不管从空间上地域界定的难度来看,还是时间上这么长、这么切近,都是很不容易的。对于身在湖北的文化人增添了他们的文化自豪感、认同感,起到了"寻我文脉、振我人心"的作用。广州大学曾大兴教授则从文学地理学的角度对"区域/湖北文学"做了学理化的界定。他从三个方面区分区域与地域:区域是人为划分的、边界清晰的、内部自然人文特点不尽统一,而地域是自然形成的、边界模糊的、内部自然和人文特色大体统一,所以"湖北文学"是区域文学,"荆楚文学"是地域文学。他充分肯定了区域文学研究的意义:可以总结区域的文学传统,培养地方文化的认同感,意义不仅是文学的,更多的是文化的,是个很大的文化工程。武汉大学於可训教授认为该套书功德无量、工程很大、功夫很深。广泛的第一手资料的收集工作确实相当困难和复杂,表明编写者的耐心。经典化过程中如何阐释确实有很大困难,各卷之前的概说写得尤其精彩,对于研究湖北文学有很大的启发。

二 在文学史观、体例、史料搜集等方面的特点

文学史编写应秉承怎样的文学史观?地方文学通史应选取怎样适合的体例?史料的收集和历史书写该秉持何种的态度?与会者也就该书在史观、体例、史料搜集方面的特点展开了讨论。辽宁师范大学贺绍俊教授认为该书的体例"大胆",表现在两三千年的古代文学史占了两卷,而只有60年左右的近现代文学和当代文学各占一卷,这种"厚今薄古"的文学史写作,提供了一种新的文学史写作方法,即以当代文学史为立场、视角的

写史方式。他分析这种立场、视角的形成，可能和湖北省作协的出面组织有关系，这种组织方式会引导编者朝这个方向努力，努力的结果是客观体现文学"经典化"的文学史写作。这种"经典化"，在古代文学卷做的是"阐释经典"，近现代和当代卷做的是"经典化阐释"。这种以当代文学史为立场、视角的方法，是值得探讨的方法，即古代文学是当代文学最重要的资源，当代卷可以看到古代卷精神的渗透。《当代文坛》杂志副主编杨青女士认为，该书具有还原历史、兼容并蓄、视野高阔的文学史观。通过翔实的史料收集还原历史，提供了新的意义和价值标尺，有利于读者通过文学史触摸到历史的真相。南京大学文学院教授黄发有用"震撼"一词形容他初看到这套书时的感受，他认为，此套书在史料搜集上下了很大功夫，如抗战时期武汉文学的特殊地位，"十七年"时期《长江文艺》《湖北文学》通讯员的设立，"文革"时期一些工厂编的武汉赞歌、向阳湖干校文学，周勃的文艺批评等，都对湖北文学与湖北社会、历史、文化的深层互动关系做了深入的研究。武汉大学陈美兰教授作为该书的顾问之一，结合自己在指导编书过程中的体会，谈到区域文学史的选编观念问题。她认为《湖北文学通史》对作家、作品的选择贯彻了两个标准：一是地域对作家、文学的孕育。湖北的山川地貌、人文风景、社会情绪等地域特点会对文学产生影响，所以不管是本土作家或是在湖北生活过的作家，只要是受到湖北文化、地域环境的孕育，都可作为湖北文学收纳在内。二是某时间段里作家对当时文学的影响。当代文学的经典化过程，也是用这种观念来贯彻，即文学不断被历史所肯定，又不断被历史所淘汰。这种文学史观在今天看来还是有它的特点。武汉大学王兆鹏教授认为，本套书呈现了一种全新的湖北文学发展的历程和面貌，结构与框架非常新颖。这部文学史有三个"面向"，即面向湖北作家在本地写的文学，面向湖北作家在外地写的文学，面向外地作家在湖北写的文学，实属难得。这套书是创新型的力作，但它不是终点，而是一个起点。

三 湖北文化与文学的特点

湖北文化与文学有什么特点？楚文化对湖北文学产生了怎样的影响？区域文学史如何体现出地域特色？有学者就认为："一部区域文学史，如果没能体现或不能很好体现地域的特殊性或地方性，那么这部文学史就是一部失败或不成功的区域文学史。区域文学的发展，既受到整个中国文学发展史的制约，也受到其所在区域地理环境的某些制约。"① 贺绍俊教授认为，随着全球化，地域的封闭性越来越小，地域文化对文学的影响也越来越小，但地域文学的话题还是存在的，一方面地域性更多地体现在行政性上，地方文学机构对地方的文学影响会很大；另一方面，虽然地域文化特征在外在形象的展现越来越淡，但内在的文化基因仍然具有明显的传承性，文化精神的研究仍有可为，比如湖北现当代文学就受到楚文化潜移默化的影响。湖北文学有多样性的特点，不同特点又能和谐地相处，每种特点都不极端，有互补的关系，你中有我，我中有你，和而不同，融会贯通。这种不走极端但又融洽和谐相处是湖北文学的特点。曾大兴教授认为湖北文学是有基本的风格的，那就是楚文化的风格。具体到文学方面，楚文学的基本风格是理想主义和浪漫情怀，这种风格的形成和楚地自然和人文地理环境密切相关。自然环境方面，楚地具有江湖众多、水网密布，名山众多、海拔较高，雨水充沛、气候湿润的特点，这种水深浪阔、山高林密的自然地理环境培育了楚文化的浪漫精神和神秘色彩。人文环境方面，楚人在夏商周时期受到歧视，所以"筚路蓝缕，以启山林"，终于有了楚庄王"问鼎中原"，楚国也成为春秋五霸和战国七雄之一。楚地民间有"不服周"的说法，代表了楚文化中一种强烈的自信和理想主义精神，屈原就是典型。显然，这与湖北本土学者的观点不谋而合："荆楚精神是湖北文学的精神之源。上古时期之所以出现'天下文章，莫大于楚'的鼎盛局面，绝不是偶然的，乃是楚文化筚路蓝缕的创业精神、有容乃大的开放精神、念祖忠君的爱国精神、信神近鬼的浪漫精神、烛隐洞微的探索精神在特定历史时期鼓荡、高涨的体现"②。黄发有教授说，看了通史古典部分，一个外地人能感受到湖北这块土地的神奇，文化的博大精深，文学有丰厚的资源，楚文化对湖北文化的影响值得重视。《文艺部》理论部主任周玉宁女士说，庄子"鼓盆而歌"的故事据考证是楚地风俗，可以看出楚地文化是很浪漫的，这种风俗在方方和池莉的市井小说中得以延续和体

---

① 陈庆元：《福建文学发展史》，福建教育出版社 1996 年版。
② 王齐洲、王泽龙：《湖北文学史》，华中理工大学出版社 1995 年版。

现，楚地人这种热烈的生活方式能给人留下很深的印象。

四　可待提升的空间

如此长的历史跨度，如此众多的作家、作品、文学现象，仅凭 20 余位编写者三年的工作，《湖北文学通史》的缺漏和遗憾在所难免，有待在今后的修订改版过程中得以完善，因此各位专家的批评和建议就显得尤为珍贵。贺绍俊教授对当代卷中"新时期"概念的运用提出质疑，认为这个概念比较模糊，将历史发展的轨迹模糊掉了，无法解释 20 世纪 90 年代以后文学新的变化、现象和新的元素。曾大兴教授则对湖北提升楚文化的地位提出更高的要求，认为楚文化代表了传统文化中创新的一部分，其价值和地位还需进一步认识，湖北文学的楚狂精神、浪漫情怀是湖北文学的优良传统，应该进一步发扬光大。王兆鹏教授认为该套书古代部分在宏观的比较视野和微观的空间视野两个方面还有提升的空间。宏观的比较视野，是指还更多停留在文学现象的描述，没有站在中国看湖北，写出每个时代湖北文学处在全国的什么地位。微观的空间视野，提醒区域文学研究应该看到整体研究所遗漏的，湖北文学在历史上有几个创作重心，如唐代的汉江流域、江陵地区，明清长江流域的黄州等，每个时代在空间上的创作重心、亮点、闪光点理应得到凸显。华中师范大学文学院王齐州教授作为古代部分两卷的主编，着重谈了该书在内容上仍有可完善的空间，他着重从考古学新发现，阐述了中国文化之根可能在南方，在汉水流域，这种新的重大的发现如果得以论证，那么整个中国文明史将被改写，《湖北文学通史》当然也就有修订、改写的必要。

The Value and Method of Regional Literary History Writing

——*The General History of Hubei Literature* Seminar as the Center

Jiang He

Abstract：*The General History of Hubei Literature* in Hubei province is the first

published literary works of history. In June 2016 Hubei University held a sympo-
sium on *The General History of Hubei Literature*, discussing the following aspects of
the study: the value of regional literature history study and the new achievements
of the book for literary geography, the characteristics of the book in terms of the
literary history, style and historical materials, the characteristics of Hubei culture
and literature, and the room for improvement. This paper takes the seminar as
the center, and sums up the viewpoints of experts and scholars in order to provide
some inspiration and ideas for the study of regional literary history writing and lit-
erary geography.

Keywords: Regional literature, Literary geography, Hubei literature, *The
General History of Hubei Literature*

Author introduction:

Jiang He (1972 −), Lecturer in Hubei Sciences College, Ph. D. Candidate in
School of Chinese Language and Literature, Hubei University. Research directions:
contemporary literature criticism, film reviews. E-mail: 549063340@ qq. com.

追寻"湖北文学"的精神内核

——读《湖北文学通史》

汤江浩[*]

内容提要：由湖北省作家协会组编，王齐洲教授任古代卷主编，何锡章教授任近现代卷主编，刘川鄂教授任当代卷主编的四卷本《湖北文学通史》，无疑为区域文学史研究领域最新的标志性成果。该著在编撰过程中，既能充分尊重主编、编写者的个人意见，也能充分听取顾问、专家的审读建议。该著充分吸收了各位主编几十年来在各相关领域的研究创获，成就了他们在区域文学研究领域的一次总结与升华。王先霈先生为该著撰写的"总论"，虽主要针对湖北区域文学研究而发，但对整个地域与区域文学、文化研究皆具有指导、借鉴意义。

关键词：湖北文学　区域文学史　特色

有关地域文化与文学的研究，从 20 世纪 80 年代以来，大陆学界不断有大批新成果问世，使其成为新时期最具创新活力的学术探索领域之一。从地理文化的角度作总体、宏观论述的成果，如陈正祥《中国文化地理》（三联书店，1983 年）、金克木《文艺的地域学研究设想》（《读书》，1986年第 4 期）、谭其骧《中国文化的时代差异和地区差异》（《复旦学报》，1986 年第 2 期）、曾大兴《中国历代文学家之地理分布》（湖北教育出版社，1995 年）、周振鹤《中国历史文化区域研究》（复旦大学出版社，1997 年）等；断代、具体研究的成果，如程民生《宋代地域文化》（河南

---

* 汤江浩（1965—），博士，华中师范大学文学院教授。主要研究方向：唐宋文学。主要著作：《北宋临川王氏家族及文学考论》。电子邮箱：tang9988@163.com。

大学出版社，1997年）、胡阿祥《魏晋本土文学地理研究》（南京大学出版社，2001年）、李浩《唐代三大地域文学士族研究》（中华书局，2002年）、张伟然《唐人心目中的文化区域及地理意象》（李孝聪主编《唐代地域结构与运作空间》，上海辞书出版社，2003年）等；同期区域文学史著作亦大量涌现，如王齐洲、王泽龙《湖北文学史》（华中理工大学出版社，1995年），陈庆元《福建文学发展史》（福建教育出版社，1996年），涂木水《临川文学史》（江西高校出版社，1998年），李伯齐《山东文学史论》（齐鲁书社，2003年），吴海、曾子鲁《江西文学史》（江西人民出版社，2005年）等，皆颇具代表意义。从上述学术背景下观察地域文化与文学研究，可以说其研究方法已日渐成熟，成果积累也已很丰厚，当然也存在一些局限与不足，特别需要我们对近三四十年来的研究进行一些总结与反思。

一

2014年湖北省作家协会隆重推出了一部四卷本共一百五十万字的《湖北文学通史》，可以看作区域文学史研究领域最新的标志性成果，具有引领、示范意义。

该著在选题、立项时，即已确立了不同凡响的"标高"。2010年初，由湖北省作协主席方方动议联合武汉地区几大高校著名学者编纂一部《湖北文学通史》，将作为省作家协会在"文化湖北"建设中着力打造的"一个具有基础性、本源性的精品项目"，将其预设为"从编纂规模、学术水准等方面，它将是省级文学通史中的'全国第一'"，并将"作为未来兴建湖北文学馆的镇馆图书"。这一重大设想方案得到了武汉地区众多学者的积极响应与肯定，不久即为湖北省作协党组批准为重点项目立项，并得到了省委宣传部、省财政厅的大力支持。2012年5月，省委宣传部将《湖北文学通史》列入《湖北省"十二五"文化改革发展规划纲要》"哲学社会科学建设工程"项目。

该项目在设想之初，即有"集中力量办大事"，奋力打造文学精品的气度与眼光。在项目启动以后，经反复协商沟通，最终延请了一批著名学者担任主编与顾问，为该著组织起了高端的编纂队伍；在方方主席的倾力推动下，主编与顾问委员们多次召开扎实严谨、周密有序的主编工作会；还曾举办评论家和作家两个专场编纂座谈会，广泛听取意见，调整编纂体例与写作大纲。在初稿完成以后，又经过了严格的审读与修改流程，拾遗补缺。这样一种集思广益、精益求精的工作态度，求真务实、追求卓越的工作作风，的确很好地体现了湖北文化的精神风貌。

可以看出，《湖北文学通史》的编纂，与以往一般区域文学史的编写，有着较大的差异。过去区域文学史的编写，不管是独撰或合撰，都有比较大的随意性、偏好性；学者或缘兴趣偏好、学术短长，面对研究对象往往扬长避短，取舍随情。而《湖北文学通史》的编纂体例，更强调研究的系统性、完整性与严谨性，目标、宗旨、体例、章节等从大到小的系列问题，都经过反复讨论、推敲，既充分尊重主编、编写者的个人意见，也充分听取顾问、专家的审读建议。比如，王齐洲先生在该书第二卷《后记》中曾特别说明："本卷初稿完成后，王先霈先生、邹贤敏先生、方方女士等在充分肯定原稿的同时，提出了很中肯的修改意见。根据他们的意见，我又对全书做了一些调整和修改，并接受方方女士建议增写了'通俗小说批评与湖北通俗小说的缺席'一章。"据高晓晖《〈湖北文学通史〉编纂说明》称，当代部分也"前后进行了多次结构性的修改，力求书稿达到较为理想的状态"。应该说这样的修改与补写，在完全自主写作的情况下是难以发生的。这些撰写者能不固执己见，乐于听取不同意见，令人敬佩；同时，这些顾问、审读者能劳心费神，慷慨贡献真知灼见，而不是徒挂虚名，顾而不问，审而不读，更是令人敬仰！

过去区域文学史的编写，一方面由于地域文化与文学研究尚不够深入，可资参考的同类著作有限；另一方面由于撰者起于草创，往往对本区域文学研究专注的时间有限，故研究内容常以点代面，研究思路容易受以往文学史理念、框架的限制与影响。《湖北文学通史》的编写，对于这些弊病已用心加以克服。古代卷主编王齐洲教授、近现代卷主编何锡章教授、当代卷主编刘川鄂教授，都是学养积淀丰厚，思想敏锐，学术成果丰硕，在各专业领域具有重要影响的资深教授，因此，他们在规划、撰写《湖北文学通史》的过程中，能以宏通的视野，把握湖北文学的大格局，能以精采的文字，阐述他们对湖北文学发展的独到见解。可以说这部著作不仅吸收了多年来地域文化与文学研究的成果，而且吸收了他们自己几十

年来在各领域的研究创获，成就了他们在区域文学研究领域的一次总结与
升华。

二

我们特以王齐洲先生的写作为例，稍作分析。

20世纪90年代初，王齐洲先生曾主持编撰《湖北文学史》，主要撰写
了绪论和古代部分（包括上古、中古、近古）；该书是国内最早出版的几
部省域地方文学史之一，也是当代诸多区域文学史著作中学术成就最高的
几部之一，曾获2000年湖北省第二届优秀社科成果奖。当区域文学研究在
新时期刚刚兴起之际，王齐洲先生即能得风气之先，敏锐地抓住这一新领
域、新课题，展开大胆探索，为湖北区域文学研究争得了发展先机。此次
编纂《湖北文学通史》，最终选择让王齐洲先生担任古代卷的主编，既是
由于编委会的信任与欣赏，也是出于事业公心与学术实情。无疑编委会为
古代卷选择了最理想的主编人选。

王齐洲先生耕耘的学术领域深广，成就卓著：曾在《中国社会科学》
《文学评论》《文学遗产》《文艺研究》等多种权威刊物发表论文150余
篇，并在中华书局、人民文学出版社、中国社会科学出版社、浙江古籍出
版社等重要出版社出版学术著作25部，另有主编、参编著作20余部；曾
获第二、三、四、五、六届湖北省优秀社科成果奖二等奖2项、三等奖3
项，还曾荣获教育部高等学校科学研究优秀成果奖、中国出版者协会古籍
工作委员会优秀图书奖二等奖等许多奖项。王老师在数十年的学术研究
中，逐渐形成了自己的研究风格、特色，在古代小说、湖北区域文学、中
国文学观念三大领域建树尤多。三大领域的并行拓展，使得其学术视野远
较一般同行广阔，学术研究的对象并不局限于某朝某代，并不局限于某种
文体、某类题材；既长于理论思辨，也长于实证考辨；三大领域的研究，
彼此依托，相互促进、融通，气象博大，深受学界、社会推重。有如此学
术积累的学者，对撰写湖北区域文学通史来说，实在是可遇不可求了。

除上述《湖北文学史》外，与湖北地域文学研究关联密切的著作，王
齐洲先生还有多部，如《长江流域文章风格的流变》（为"长江文化研究
文库"丛书之一，湖北教育出版社，2005年）、《荆楚华章》（长江文艺出

版社，1994 年)、《湖北文化史》(负责文学史部分，湖北教育出版社，2006 年)、《湖北读本》(为编委之一，湖北人民出版社、九通电子音像出版社，2012 年)；还曾主编、参编古代文学史、古代文学作品选等多部。这些著作都对他重新编纂《湖北文学通史》古代卷提供了广阔而坚实的基础。

我们将其《湖北文学史》古代部分与《湖北文学通史》古代卷进行比较，很容易发现后者并非前者的简单改写与扩充，而是重新设立了许多章节，大量吸收了作者近二十年在三大领域耕耘的成果，如第一卷第二、三章吸收了作者中国文学观念研究领域关于《诗经》研究的成果；第四章(《鬻子》与先秦诸子楚文)吸收了作者关于古小说《鬻子》研究的成果；第五章(《楚语》《楚策》与先秦历史楚文)则吸收了作者关于楚文化研究的成果；第十六章(五代时期的湖北文学)则吸收了作者关于唐五代小说研究的成果。第二卷情况亦是如此，作者广泛吸收了有关宋元明清诗文、小说、戏剧，以及书院、文学社群、学术史等方面的研究成果。可见《湖北文学通史》古代卷在深度与广度上都较前者有了极大的提升，实为王齐洲先生多方面研究成果的结晶。

<h2 style="text-align:center">三</h2>

关于"湖北文学"范畴的界定，与研究对象的界定、确立，《湖北文学通史》在"总论"、"绪论"及各卷"概说"中都有很好的论析，给我们不少启发。王先霈先生撰写的"总论"，虽主要针对湖北区域文学研究而发，但对整个地域与区域文学、文化研究皆具有指导、借鉴意义。

"总论"首先强调应以"全局"的眼光，研究、考察湖北区域文学。赞赏《湖北文学通史》能做到"并不局限于从地域视角来追怀和描述湖北文学的进程，不是孤立地罗列从古至今湖北文学的一些材料，而是首先着眼于中国文学发展的全局"。如果没有一种"全局"的眼光，单从"地域视角"来描述地域文学，必然难以发现其"盛衰兴替背后的规律"，这样的地域与区域文学研究，不是盲人摸象，就是刻舟求剑。

目前区域文学研究中的区域划定，多以当代行政区划为依据。这样处理自有其省便之处，当然也存在不少问题。由于中国历史上经历过许多次分裂与统一，历代行政区划的调整变更十分频繁，可以说没有一个区域是完全固定不变的，它们都有一个复杂的沿革、演变史。这些变化都直接影响了各区域政治、经济、文化等方面的发展。如果我们完全以今天这一固定的行政区划，分析其动态发展的文学演变史，岂不是刻舟求剑？如果我们完全游移于这种复杂的动态变化之中，也必然会盲人摸象，只见局部，不能抓住其全局主体与文化内核。

"湖北"之称，起于宋以后；宋以前的湖北这片区域，与周边地区一道经历了无数次的整合与离析，最终在北宋初形成了荆湖北路这一路级行政区，简称"湖北路"，其辖区主要包括今天湖北中南部的江汉平原地区、西南部的宜昌地区、东南部的咸宁地区，以及湖南北部的洞庭湖、沅江、澧水流域；历史悠久的襄阳、郧阳地区在宋代属京西南路，黄州、新洲、麻城等地则属淮南西路，阳新、大冶、通山等地则属江南西路。宋以后的"湖北"，两宋、元、明、清在辖区上也各有变化，不尽相同。

湖北从自然地理山川形貌以及气候、物产等自然条件来看，西北多高山，东南多丘陵，中部为冲积平原，河网密布，湖泊众多，地形地貌复杂多样，气候温暖湿润，降水丰沛，物产丰富；从人文环境来看，自古以来众多部族生活于此，文明发展很早，文化交流丰富；从中国历史发展大势来看，其战略地位极为重要，扼东西、南北交通之要，为历代兵家必争之地。这些特点，当然直接地影响了各朝各代对这一区域的统治，对其民风、士风与文学特点的形成都有不同程度的影响。

因此判断"湖北文学"这一区域文学概念是否能够成立，如何规定其内涵与外延，必须有大的文学、文化眼光。因为"湖北"从自然地理区域来看，它并不是一个封闭、独立的自然地理区域，它在地理上与其他相对独立的区域文化有着很大的差别，这也深刻影响了湖北文化富有开放性、创造性的文化基因的形成与传承。

"总论"还特别强调以"适度模糊"的眼光，看待楚文化发达以前的湖北上古文化积淀。传说上古时期，炎帝、神农部族主要活动于汉水中游地区，即今湖北西北部地区；巴人部族则活动于湖北西北的大巴山至湖北西南的清江流域；湖北中部及东南部地区乃三苗与百越族群活动的区域。这些传说，现在尚缺乏直接有力的历史证据，难以作出明确清晰的印证，但我们不能简单否定或者忽视其存在。应该说越来越多的考古发现已证明从旧石器时代到新石器时代这里文化遗存丰富，记录了自身文明、文化发展的轨迹。楚文化的高度繁荣，一方面与其吸收、发扬中原文化有关，另一方面也与其大力吸收巴蜀文化、三苗文化、百越文化，乃至海外文化有关。这一多源共生、相互激荡的文化环境，无疑也深刻影响了湖北文化富有包容性、兼容性的文化基因的形成与传承。

"总论"还特别指出"地域性只是文学的特性之一"，"不必把文学的地域特性看得过重，同时也不应该忽略它的存在"，并强调"地域特性的浓淡深浅并不是衡量文学作品的最高标准，更不是唯一标准"。辩证地看待文学的地域特性，将其置于适当的批评体系位置，可以避免顾此失彼，评价失衡，有利于发扬地域文学研究视野、方法的优长，有利于超越其局限，有利于地域文学研究的健康发展。

关于湖北人文精神的特质与形成原因，在《湖北文学通史》各章节中已有系统而周密的探讨。楚文化在湖北文化、文学史上的地位更是无与伦比，对湖北人文精神特质的影响极其深刻。王齐洲先生曾这样描述楚文化与楚文化精神："荆楚人民以其筚路蓝缕的创业精神、有容乃大的开放精神、怀乡念祖的爱国精神、露才扬己的主体精神、恢诡谲怪的浪漫精神、烛隐洞幽的探索精神、一鸣惊人的创新精神，创造出无与伦比的楚文化。而楚文化又以其强大的生命力沃灌着这片神奇的土地，滋养着生活在这片土地上的人们。"无疑这些都是"湖北文学"的重要精神内核。楚文化的源头在湖北，楚文化鼎盛时期的政治中心在湖北，楚文化对湖北这片土地浸润也最为深远，但是我们也应该考虑到这样的历史事实，楚国鼎盛时期的疆域已占有了江淮以南的广大区域，其文化辐射影响更远在这一疆域以外。由此而言，楚文化并不是一种单一、纯粹的地方乡土文化，它是中华文化的重要组成部分；从文学而言，"二南"、庄、骚，对中国文学的影响至深至广，它并不局限于楚境，更不可能仅仅局限于湖北。对学者们抽绎出的湖北人文精神的特质，我们不能简单理解为该区域所独具。分析楚文化对湖北人文精神与文学的影响，我们也应该以"适度模糊"的眼光加以评价。

Pursuing the Spiritual Core of Hubei Literature

——A Review on *The General History of Hubei Literature*

Tang Jianghao

Abstract: *The General History of Hubei Literature* compiled by the Hubei Provincial Writers' Association is undoubtedly the landmark in the academic field of the regional literature. It consists of four volumes: the ancient volumes edited by Wang Qizhong, the modern volume by He Xizhang and the contemporary volume by Liu Chuan'e. In the process of compiling it, the personal opinions of the chief editors and the writers have been highly respected and the suggestions of the experts and consultants have been carefully considered. As a sublime summary of the researches on regional literature, this book totally absorbs the essence of what the chief editors have achieved in various academic fields for decades. The preface by Wang Xianpei is mainly aimed at the research of Hubei's regional literature and additionally assumes an instructive significance to regional literature and cultural studies in the whole region.

Keywords: Hubei literature, History of regional literature, Characteristics

Author's Introduction:

Tang Jianghao, Ph. D., Professor in School of Chinese Language and Literature, Central China Normal University. Research directions: Tang and Song Literature. Monographs: *A Survey of the Wang Clan in Linchuan and Their Literature during the Northern Song Dynasty*. E-mail: tang9988@163. com.

中学教育与语文教学

Secondary Education and Chinese Teaching

内生的力量

——一位现任校长讲述一所名校涅槃的故事

董有建*

内容提要：一所在荆楚大地有很大影响的著名高级中学，因种种因素导致教育质量全面滑坡，十余年萎靡难振。2011 年年初，一位新校长临危受命，历经近六年的时光，带领全校师生砥砺奋进，彻底改变了学校面貌，使这所名校重新焕发了生机与活力。这是一个基础教育界以内生的力量求发展且发展得较好的生动案例，也是一个凤凰涅槃的故事。作为这所学校的现任校长，在即将离任之际，用文字记录了这一段特殊的经历，也写下了自己的体悟。作者认为："一所学校的兴衰成废，外部环境固然重要，而内生的力量才是产生变量的主因。"学校发展的动能从哪里来？一是从学校领导班子的集体智慧中来；二是从我们共同的愿景中来；三是从内部资源的有效整合而来。对时下办教育的环境，作者也表达了自己的思考和忧虑。

关键词：武昌实验中学　集体智慧　共同愿景　资源整合　涅槃

一

记得那是一个有点寒冷的下午，校长办公会安排了全校教职工大会。

---

* 董有建（1956—），湖北省武昌实验中学校长，中学高级语文教师，湖北省书法家协会会员，武汉市中学语文教育研究会理事。主要研究方向：基础教育管理、中学语文教学课堂教学研究。著有诗歌集《心岸》及多篇关于中学语文教学研究的论文。电子邮箱：450432853@qq.com。

作为刚接下省实验中学主要负责人这副沉甸甸的担子仅三天的我，不禁有点忐忑。

三个月前，当武昌基础教育界同仁们私下飞传这一未经证实的消息时，我尚浑然不觉，因为我从来都没朝这方面想过，也不愿意想。两个月前，局领导找我谈话，挑破了这层窗户纸，当时我感到有些吃惊。仔细想想，自己已是职场上高龄之人了，职业生涯的天花板清晰可见，还去折腾什么呀？犯不着！再说，在原单位干得好好的，同事之间已有很深厚的感情了，学校发展也还不错，就这里干到退休就可以了。抱着这种想法，我向领导明确表态：不去！这次谈话约两小时，地点在区委停车场领导的专车内。

其实，按照组织原则和干部管理权限以及重点中学校长的选聘程序，从原单位的校门到省实验中学的校门，还有很长的路要走。全教育局的几个重要管理干部人员的选配是一盘大棋，我只是这一棋盘上备选的棋子之一。棋子无言，下棋人才是决定棋子命运的关键。即便棋子能言，也因棋子体轻而言微，倒不如不言为好。再后来，区委组织部在教育局举行了省实验中学校长人选的民意测验，组织部长亲自约谈，区委书记亲自约谈等，事到如今，该被套辕则被套辕，该去拉磨就该老老实实拉磨去了。唉！

省实验中学是一所什么样的学校啊？尽管本人从大学毕业起一直都没有离开过武昌基础教育界，但在央企办的某中学一干就是二十多年，到第二家单位干活打满算不足五年时间。以前对省实验中学的了解大多是碎片化的：校园占地面积不大，校园建筑风格不中不西；以前所认识不多的省实验中学的几位校领导和在教育界经常出头露面的教师有的低调得如同老农民，有的高调得到处牛皮哄哄；教学质量嘛，牛过，也熊过，很像那捉摸不定的中国股市，牛短点，熊长些。曾经多少次，带着我的学生在这里参加高考，坐在学校老教学楼门前的花坛石栏上，一边喝着自带的矿泉水，一边和同行送考的同事和家长唠嗑，说到眼前的学校，大家都感觉她像一个"没落的贵族"，把气度和华丽以及雍容留在了内心，外表除了沧桑则更多的是一种无可奈何。大家都在企盼：如果省实验中学能浴火重生、内外兼修，重拾昔日的辉煌该多好，该更能造福多少江城优秀学子、圆多少江城父老乡亲望子成龙的美梦啊！

没想到，当年的感慨忽然以一种真实的存在呈现在了我的面前。这担子太重，这使命太压人了！

第一次和全体教职员工见面，我想说些什么？我能说些什么？

我清楚地记得，我的前任校长在交接会上难抑伤感，一个大男人居然哭得稀里哗啦；我的前前任在这个位置上没能干满三年，就被调离了岗位。我也清楚地记得，我来前一帮子关心我的领导和圈内的朋友给我诸多友好善意的提醒，其中最重要的是团结班子成员，带好中层和教师队伍，不可急功近利，营造良好校风，抓好教学质量等。忠言或诤言在耳啊！

顺着这个思路，提前一天，我写好了本次的演讲稿，题为《真情告白》。心里给自己定了个基线：只说真话，说我认识的省实验中学和我所期望的省实验中学，不说官话、大话、空话和套话；说点我所了解的省实验中学的问题，但不能说过了，否则会伤害大家的感情；至于今后自己怎么做，少说，多做。不要人代笔。

我说：

省实验中学作为全国知名、省内著名、伟大领袖毛泽东同志亲笔题写校名的省级重点中学和省级示范高中，一直以来，处在基础教育地域生态群落的相对高端，但未能及顶。社会高度关注，地方党委和政府、教育局重点扶持，加之学校九十年办学历史所累积的人脉资源，所形成的教育文化和办学特色，所创造的教育品牌和教育经验，都是支撑学校进一步发展的重要因素。但是，未能及顶的尴尬与烦恼，武昌区域内老二的困惑与无奈，日久天长，可以磨蚀我们的锐气，亦可以激发我们的斗志。

我深知，处于转型期的当今社会，浮躁情绪弥漫，功利主义横行。在这样的社会氛围中，做教育不易，做省实验中学这类高端学校更难，做好省实验中学的校长难上加难。社会公众舆论的高度关注，几成精神绑架的代名词；各级领导的高度关心与关怀，使我们自由、内生发展的空间显得愈发逼仄；曾经的辉煌与荣光，容易让人沉湎于对既往的怀想：夜郎自大，唯我独尊，而不思进取，不思再创造。所有这一切，都可能变成一根根温柔的绳索，随时会勒住我们的思想，束缚我们的行为，让我们无所适从，让我们浮躁而失去定力，失去那份淡定与从容，从而入俗从流。我不想成为一急功近利的功利主义者。

我理想中的省实验中学，应该是山顶上的学校：阳光多一点，阴霾少一点；豪情多一点，狭隘少一点；视野宏阔一点，包容性强一点。要有一种大气，有一点霸气，有一份精英气，还要有一些平民情怀。不甘人后，勇立潮头，引领风骚。当然，这要假以时日。在我主政学校期间，也许还难以达到如此境界，但我会为此而奋斗！

我们更需要练好内功。一所学校的兴衰成废，外部环境固然重要，但内生的力量才是产生变量的主因。我不希望，在这所江城名校里，同事之间，相互封锁，相互排斥，你嫉我妒，内斗内行，外争外行；我不希望，作为受过高等教育、有相当修养且有较高荣誉感的省实验中学的教职工们，依然过多保留农耕文明时代的意识思维，唯利是图，心胸促狭，充斥着世俗气、小家子气，甚至市侩气；我不希望我们的老师们，缺乏眼界，缺乏胸襟，仅仅做一匠人，重术而轻道，抑或术乏而道失。志存高远，做一有学术含量、有德多才、深受学生喜欢、家长爱戴、在社会上有一定影响、在同行中有一定分量的好老师、名老师，应该成为我们所追求的职业目标。我希望我们的大小学校干部，质朴勤劬，管住自己，以生为本，以师为贵，以学校发展为要，认真做出表率，真诚服务师生。

那一天是2011年1月13日，我就任省实验中学校长的第三天。

二

时间过得真快，在省实验工作尤其感到时间过得飞快，一转眼五年半光景过去了。

感觉到时间过得飞快，是因为我们一直处在快节奏的学校工作和现代都市生活之中。就工作而言，省实验中学新的领导班子成员之间需要彼此了解、彼此适应、彼此支持、共担使命且要分工科学合理；领导班子和中层干部之间需要重新磨合，清楚各自的角色定位，明确各自的责任且能真正把责任扛起来，真正做到不懈怠不推诿；教职工和干部之间要相互信任、相互关爱、相互支持且能用心并有能力种好自己的"一亩三分地"。

感情融和、制度建设、机制形成等需要一个又一个工作环节包括一些重要的细节去连接、去推进、去完成或进一步完善。在合理的制度面前人人平等，在公平有效的机制面前个个争先，在相互信任和相互支持的氛围中真正感觉到每一个新的日出都有温暖和希望，在学校工作累着并快乐着。

人心顺了，百事皆顺。这五年半的时间，我们为省实验中学的快速健康发展而呕心沥血，也欣喜地收获了累累硕果。

"一体两翼"的基本发展思路已被证明是符合本校校情的好思路，也符合现时代在基础教育方面的主流价值观。只有体健才能翼展，只有体健翼展才能飞得更高更远。就全面提升教育教学质量而言，我们把"让更多的孩子能上更好的大学，获得更好的发展机会、提升创造人生幸福的能力"作为重要的育人目标，坚持不放弃每一个来实验中学求学的孩子，坚持立德树人的价值指向，坚持教育质量的厚度与高度的统一性，坚持"泡菜坛子"理论，营造良好的教书育人环境等，基本满足了广大实验中学学子"钟灵毓秀省实验，凤凰山下好读书"的求学愿望，从而造就了一届又一届从这里顺利完成高中繁重而有用的学业、顺利考入海内外各优质名牌大学的学生，为其将来的人生之路铺展开了锦绣前程。省实验中学历经十余年的蹉跎和教学质量的低位徘徊期，从 2011 年起，逐步从低谷中走了出来。我们书写了连续五届一年一大步、年年在大幅进步的江城传奇。省实验中学的一本率从多年的不到 50% 进步到 2015 年的 96.7%，第一次超越办学实力强大的华师一附中；2014 年本校应届考生甘草同学以 699 分的高分勇夺武汉市理科第一名，我们时隔 17 年，再一次站在了江城基础教育的制高点上，傲视群雄！本校国际部国际班历经七年发展，从弱到强，已构筑了江城最好的也是最为有效的国际教育课程体系，为英、美、澳、新等位于世界排名前 50 的世界名校输送了大量的优秀学生。我们的三个省级体育后备人才培养项目做得越来越好，前景一片光明。五年多来，省实验中学励精图治，苦练内功，终于昂首跻身于江城优质品牌高中第一方阵，初步实现"王者归来"。

由于学校的持续进步和发展，一批优秀的干部和教师也相应在职业生涯中得到了进步和成长的机会。仅在这五年多的时间内，我们向区内兄弟学校输送了 1 名校长、1 名书记、1 名副校长，向区教育局二级单位输送了 3 名担任主管业务的领导，其中 1 名成长为教育局副局长，向兄弟学校输送了1名高级外语教学和管理人才。在学校内部，通过严格的民主推选程序，并经区委组织部门严格的考核，选聘了1名副校长。有3名同志新任校内业务部门中层正职，4名同志新任中层副职，2名同志新任年级主任，4名同志新任党支部书记，3名同志新任年级副主任。经过五年多对校内干部队伍的调整和充实，打造了一支特别能用心谋事和做事的基层管理团队。五年多来，2名同志成为湖北省特级教师，先后有十余名同志成为市区学科带头人和"优青"，十余名教师晋升高级教师岗位。此外，我们还通过正常的组织人事渠道，从外地调入和在重点师范类大学招聘了十余名骨干教师和青年教师，我们的师资队伍得以部分实现新老更替，骨干师资不断得以扩充，从而奠定了学校可持续发展的坚实基础。

三

"一所学校的兴衰成废，外部环境固然重要，而内生的力量才是产生变量的主因。"至今，我依然坚持这个当年面对全校教职员工所作出的判断。

内生的力量从哪儿来？

一是从学校领导班子的集体智慧中来。

只要班子成员能够同心同德，使命感强，角色意识明，能够积极谋事，务实干事，在谋事和干事的过程中坚持把一碗水端平，能正确区分和处理好工作中的主要矛盾和次要矛盾、矛盾的主要方面和次要方面的关系，正确识人用人，坚持相互信任，积极调动各方工作积极性，把每个人用在合适的地方，把每件事抓扎实，就能顺利而有效地推进工作，实现工作目标。

五年多来，学校领导班子职位一直配备不足，其间曾有长达两年多只有3位校级领导干部。在这种情况下，我们只能尽可能精简各种会议，让大家能腾出更多的时间来思考，来抓各自分管的工作。校级干部除做好自己分管的工作以外，经常相互提醒，相互补位，并充分发挥中层干部在具体事务管理中的重要作用，这样一来，全局工作也就有了基本保证，不会出现重大疏漏了。干部少，也有一个好处，那就是容易达成共识，从而提高了决策效率。当然，作为学校主要负责人，善于分层分级赋权是十分必要的，本人自认为在这方面做得还是比较到位的。同时，我要感谢这些年来先后和我并肩担责的本校几位分管领导，他们在出谋划策方面贡献了自己的智慧，在干事创业方面展示了过人的才华，在勇于承担方面显示了人格魅力。

二是从我们共同的愿景中来。

省实验中学要办成一所什么样的学校？有些人思考过，有些人可能压根儿就没想过。上级领导曾经明确地说，省实验中学要办成一流的学校，包括教学质量、师资、管理、校园生态环境等——这是上级领导对学校新的领导班子的要求，尚不能作为学校发展愿景。省实验中学建校80周年校庆时，当时的校领导曾提出过要把省实验中学办成"城中精品校"，但随之而来的"名校办民校"运动在江城兴起，省实验中学也未能免俗大张旗鼓地办起了校中校，即"省实验中学分校"，且各高中学校借此大量招收低水平的复读生和借读生。"名校办民校"运动给高中校筹措了部分办学经费，减轻了地方政府对高中学校的部分财政投入负担，部分实现了"人民教育人民办"。但由此产生的问题是，高中办学的优质资源稀释，生源质量下降，师资水平下降，最终导致学校管理难度加大，助长了不正之风，也拉低了优质高中的办学水平，产生了不好的社会影响。在这样的情形下，所谓"办城中精品校"的美好愿望化作了泡影，当然也就成不了全校师生的共同愿景。

五年半前，省实验中学尚未结束教学质量低位徘徊的困局，在江城优质品牌高中阵营中表现欠佳，处在被华一、外校、二中、钢三和三中等一批江城名校挤压，有点喘不过气来的尴尬状态；校内各种矛盾丛生，向心力明显不够，且大家心气不高，底气不足。在这种情况下，亟须提振全校师生的精气神，而提振精气神最直接有效的办法就是提出新的办学目标，并转化成师生的共同愿景。

其实机会有时是可以不期而至的。2011年8月14日，省实验中学高一新生假期综合社会实践活动在武汉空军雷达预警学院黄陂校区举行，第一场面向全体学生的大型报告会安排的是校史讲座，由我主讲。我给出的题目是《实验中学的昨天、今天和明天》，当论及实验中学的明天时，我作了如下表述：

　　实验中学在荆楚大地基础教育界，曾经是王者，是社会各界心目中的中学第一品牌。但"是非成败转头空"，风水轮流转，而今，有少数兄弟学校已走在了我们的前面，我们祝福这些学校，学习这些学校，也立志要赶超这些学校。

　　我们的优势在于：

　　第一，我们是武汉中心城区核心地段的学校，面对黄鹤楼，背倚凤凰山，西伴滚滚而去的大江，东邻老街昙华林，以明清贡院为文化底色，享有便捷的交通和崭新的教学设施设备，还有我们绿树成荫的生态校园。我们占尽了地利。

　　第二，我们有一支相对比较年轻、充满朝气与活力、爱岗敬业，且经过实战检验过的师资队伍。这支队伍心气高、眼界宽、业务好、办法多，能和谐共事，务实干事，这是我们学校作为老牌名校最为重要的人力资源财富。我们的生源条件从2010年开始，已经得到了很好的改善。我们得人和。

　　第三，就区位而言，武昌是教育大区和教育强区，群雄逐鹿，各竞妖娆，但应该雁行有序。头雁的角色理所当然落在省实验中学的头上，我们当仁不让。近几年，区委和区政府加大了对省实验中学的投入和支持力度，我们又恰好处在恢复元气勇敢爬坡的上升途中。我们有天时。

　　在以上诸多有利条件中，最重要的是同学们自身的素质和努力。

　　学校和师生共生共荣。名校成就名师，名师成就名校；名校成就名生，名生成就名校。能在省实验中学这所名校工作和学习，不仅是一种荣誉，更是一种责任和担待。九十多年来，无数的教育工作者在我们这所学校工作过，无数的学子踩踏着红石大道，穿过"惟楚有材"牌坊，在这里工作过、学习过，但"浪花淘尽英雄"，能进校史馆的为数有限，能在事业上有大建树的凤毛麟角。这是人才构成的金字塔规律。我们每个人都有眺望塔尖的权利，更要有成为塔尖的愿景和奋斗的精神，能脚踏实地朝这个方向努力。只要我们都努力了，就个人而言，青春无悔，人生无憾；就学校发展而言，王者归来自有时。

现场除了 700 多名新生，还有不少学校干部和老师。"王者归来"四字，似乎唤醒了实验人的荣誉感和尊严感，不久即在校内口口相传，获得了广大师生的普遍认可，包括历届实验中学校友。

之后，我们围绕着省实验中学要做区域内怎样的王者、如何才能实现王者归来、在呼唤王者归来的途中我能做些什么等一些话题组织了系列的研讨活动，并对学校内部管理诸多环节作出了相应调整。此后，诸多校内矛盾得以化解，人际关系逐渐融洽，各项工作运转始得流畅，工作效率大幅提升，学校开始从低谷徘徊的不利局面中走了出来，且一路向前、向上。

三是从内部资源的有效整合而来。

省实验中学现有的资源，不足以支撑超出自身办学能力的办学规模，适当瘦身是有必要的。从 2012 年起，我们借上级主管部门强调规范办学行为的东风，果断停止了省实验中学分校招生，坚决不招收复读生，按较高的标准严控招收少量借读生的质和量，申请开办了较小规模的国际部并分流了一部分学生就读国际部的国际班，大力倡导"办精品、抓精细、出精彩"的办学思路，针对不同类型不同层次的班级，分别选派合适的班主任和教学人员，制订合适的工作目标，采取有针对性的管理和教学策略，精耕细作，从而大面积提高了教育质量。如果办学规模过大，甚至盲目实行品牌输出扩张，必将稀释有限的优质资源，办精品高中的美好愿望极易落空，形成不利于学校健康发展的不良社会影响。教育上的短视和功利行为，往往会导致这样的结果：满以为播下的是龙种，最后收获的大多为跳蚤。

现代学校管理不宜沿袭政府机关的管理模式和管理办法。文山会海会浪费有限的资源，极易形成不良的工作作风，也会让那些光会说道而不能沉下身子踏实做事的人钻空子讨喜。精简一些可开可不开的会议，少在各种文件上兜圈圈，充分发挥现代信息技术在人际交流和沟通中的作用，可以节约大量的人力物力，降低时间成本。

校内的层级管理是有必要的，用过了效果适得其反。学校的主要工作是教书育人，大量的日常管理和教育教学工作每天都发生在课堂、在班级、在备课组、在年级、在各科室，因此对各科室、年级和备课组适当赋权显得尤为重要。各职能处室协助校领导分管一条线，年级干部负责一个面，班主任和备课组长各把一道关，层级加扁平的管理架构顺乎民意、不失规范、倍有效能，目前已在省实验中学生根、开花、结果。

校级干部蹲点年级，深度参与年级、班级和备课组的重要研讨活动，并尽可能为一线教学提供必要的思想文化引领和工作环境保障，大多数中层管理干部在教学第一线兼课，无疑会少留下一些学校管理上的空白，对一线教师也是一种鼓舞。五年多来，我们一直坚持得很好。

"群众是真正的英雄，而我们自己则往往是幼稚可笑的"（毛泽东语）。省实验中学的教师群体，相对比较优秀，在这个群体中，有大智慧、大本事的人不在少数。及时发现这些特殊人才，搭建合适的舞台让他们唱戏，是校领导和各部门负责同志必做的功课。五年多来，我们一直坚持并不断完善校本培训活动，有计划分别安排了一些班主任、备课组长、科任教师登台讲述他们教书育人的故事和心得，讲述课堂教学和复习备考的经验体会，讲述个人成长的经历，效果超乎我们的预期，远胜以往学校用一定的经费聘请的校外专家团队。相信我们的老师，相信我们自己，相信要再写省实验中学的传奇，主要靠我们自己！相信自己，不是关门办学，不是故步自封。我们也积极开展对外交流活动，每年我们要接待数批次兄弟校同行的来访和交流，也选派部分教师中的代表外出送教、考察访问等。

内部资源可深入挖潜的最大一块在课堂，因为课堂活动是学校教育教学活动的主要活动方式。五年多的探索，具有鲜明实验中学特色的"三导制"教育教学模式，在班级管理的微格化、课堂教学的有效性、师生关系和生生关系的良性互动等方面起到了很好的助推作用。"导师制"坚持导学导心，促成了每位科任教师从"经师"到"人师"的角色转换，教师教书育人的潜能得以更好释放，也密切了师生关系；"导生制"更好地激发了学生在求知问学方面的主观能动性，有利于形成学生间相互取长补短、取长克短、扬长避短、有序竞争、良性发展的生动局面；"导学制"既较好地解决了"学"与"教"之间的关系，也在教学的落实上找到了一个很好的抓手。

除此之外，我们五年多来还在干部的民主选聘、教学人员工作安排上的双向择岗、分配制度的改革、全员绩效考核、日常工作量化目标管理、家长培训等方面做了一些有益的尝试。事情一件件地做，一件件抓落实，不贪多，不求快，久久为功，功到则自然成。

四

陶行知先生说过，人生办一件大事来，做一件大事去。办好一所学校，应该说就是在做一件大事。在现行教育体制下，做好这件大事特别不易。公办学校办学成本核算和管理机制相对缺失，人事管理和财务管理自主权很小，优质生源的地方保护主义盛行，来自于教育教学业务之外的各种事务性干扰太多，普遍存在的喧嚣而功利的社会氛围对师生都可能形成冲击或诱惑，大家能够静下心来读书教书其实很不容易。作为省实验中学的校长，深感肩上的担子沉重，常有如临深渊、如履薄冰之感，正所谓"露重飞难进，风多响易沉"。

应该感谢上级教育主管部门多年来对省实验中学的关注、重视、支持和扶持，而最好的支持是给我们预留一些自由发挥的空间，是帮助我们排除了许多不必要的干扰。松绑是一种信任，其实质是在尊重教育规律的前提下给学校赋予更大的责任。如果上级主管部门对学校的具体事务过问太勤、管得太细，学校发展中最重要的内生的力量必然会被抑制住，必然会死水一潭，活力不再。值得警惕的是，目前这种管理上的保守和倒退迹象越来越严重了。

就现阶段而言，高中不适合用"均衡化"来约束，而应该鼓励优质和特色发展。削峰填谷的结果，必然导致千校一面，同质化严重。所谓"区域性大完中"的发展思路，值得肯定的地方是尊重了金字塔堆砌的基本规律，对做大做强区域性教育品牌有着战略层面的意义；在这一战略构想下，要注意特别注意的问题是，必须区别对待区域内各不同学段学校的管理，实行一校一策为好。目前在这方面的情况也让人乐观不起来。

检讨起来，感觉这几年本来可以做得更好而由于种种原因留下了许多遗憾。

在思想引领方面，我们忽略了理论学习尤其是现代教育理论的学习，没有建立一套有效的制度和形成具有一定约束力的机制，光靠做几个课题、办一本科研杂志、开几次研讨会、组织几次外出交流活动是远远不够的。教育从业者首先要爱读书和会读书，这是我们应该养成的好习惯和必备的能力。思想有多远，才能走多远。正因为理论学习不够，我们没能及时总结和提炼本校近几年发展中的经验教训，没能进一步扩大学校的影响力，也没能促成校内全员对教育的深刻反思。

在校园文化建设方面，制度建设没能与时俱进，校内文化景观建设或缺丰富而有价值的文化标识，或失之于一味抱残守缺，创意明显不足。

在队伍建设方面，对各个年龄层面统筹兼顾不够，中老年教师所得到的发展机会相对较少，潜能挖掘不够。教师接受高端培训机会少之又少，学校的经费使用受控很严，办学自主权已降至历史的最低点，在这方面常感无能为力。权力和资源过度向上级主管部门集中，终将扼杀校长办学的积极性和创造性，其事态演变的迹象堪忧。现有的教师岗位设置，不太符合普通高中的基本校情，其实际评聘结果，往往与教师个人的资历、能力、业绩不相匹配。上级推出并已付诸实施的新的分配制度，基本套用的是公务员的管理办法，对多劳或优劳者，没能起到奖励和鼓励的作用，对少数庸员和冗员，实则是一种毫无道理的保护。在这件事上，我们能做些什么？好像什么也做不了。长此以往，一批优秀的教师和优秀的学校管理者的工作积极性恐怕会受到挫伤。学校可持续发展的动力在哪里？

在学生培养方面，我们还要多一些人性关怀。再优秀的群体，也会有层次差异和个性差异；再聪慧的学生，也有人格修炼和学养积累之间的平衡问题。培养学生不是学校为了赢得某些声誉或赚取某些利益的工具和手段，而是为了国家民族的未来和学生个人及其家庭而立德树人的事业。爱和包容、育和养成都需要胸襟、境界和情怀，也需要好的方式方法和策略。省实验中学素以"忠毅勤朴"为训，着眼点在学生身体和心智健全的人的炼成和培养，奠基美好人生，回报国家民族。要相信，多给学生一点阳光，其必灿烂；多点耐心，其必成才！

在家校关系上，互信才能合作，合作才有合力，合力促成共振，共振方可质变。学校和学生家长之间，因学生而关联，二者不是简单的供求关系，如果套用市场法则来处理这种关系，必然畸变出许多有悖师德、有悖教育工作者良知的怪状来，也会严重影响学校的声誉。管理好教师队伍，守住师德底线，是学校管理者必须高度重视并要长期坚持抓好的一项重要工作，马虎不得。开办家长学校，用现代先进的教育理论培训好家长，是保证在孩子的教育问题上家校同频共振的方法之一。在这方面，校长不能当甩手掌柜、无所作为。良好的家校关系是靠学校的教育品牌和教育实力以及家长的基本素质共同来维系的，需要相互理解、包容、支持。金杯银杯不如家长的口碑，金奖银奖不如家长的真心夸奖，学校要珍惜荣誉，首先得尊重家长。

我们还有许多难题待解。

山枕凤凰，水带长江。山，还是那座山，名曰凤凰山；水还是那道水，叫作长江水。"惟楚有材"牌楼屹立处，有凤凰之来仪，有江水之灵动，省实验中学经励精图治，终于昂首重新屹立于江城优质品牌高中之前列，正阔步走向王者归来的途中。真心期待实验人勿忘初心，再续传奇。真心期待实验人少一点墨守成规，多一些开拓创新，少一点急功近利，多一些着眼未来。实验中学的涅槃并再度中兴靠的是全体实验人的艰苦创造，历史终将记住这一创造的历程。

Inner Power

——The "Phoenix Nirvana" Story Told
by a Current Principal

Dong Youjian

Abstract：As a famous senior high school in Hubei, Hubei Wuchang Experimental High School had experienced constant decline on education quality for a period of ten years. At the beginning of 2011, a new principal, who was entrusted with a mission at the critical and difficult moment, has changed the situation and successfully made the school to spring to life after nearly six years' effort with the teachers and students. This is a typical example of seeking for development by making use of innate powers, which is also a "Phoenix Nirvana" story. The current principal has recorded this special experience and his own feelings when he has almost finished his duty. He believes that, "that a school will succeed or not does not depend on exterior environment although it is crucial, but depend on interior power which is the essence of development." Where does the motivation of development come from? It firstly comes from the collective intelligence of the school's leading group, secondly comes from our common vision, thirdly comes from the efficient integration of inner resources. He has also presented his thinking and worry about current environment for running school.

Keywords：Hubei Wuchang Experimental High School, Collective intelligence, Common vision, Integration of resources, Phoenix Nirvana

Author's Introduction:

Dong Youjian (1956 −), Principal of Hubei Wuchang Experimental High School, High School Senior Chinese Teacher, Member of Hubei Association of Calligraphy, Council Member of Wuhan Research Society of High School Chinese Education. Research directions: basic education management, high school Chinese teaching studies. Monographs: the poetry collections *Xin An*. Academic essays: many academic essays about high school Chinese teaching studies have been published. E-mail: 450432853@qq. com。

语文教育语用观的建构

曹明海[*]

内容提要：语文教育与课程改革中出现了"非语文化""去语文化"现象以及"教学形式化"泛滥等问题。解决这些问题的有效对策，就是要打破语文教育人文观的偏颇思想，从汉语文的特性和语文教育的语用基点出发，着力于建构语文教育的语用观，切实明确语言文字构成的语文本体，把握语文教育的语用本体，确立"语文教育本质上是一种语用教育"的重要定位和认识，使语文教育与课程改革从"人文本体"回归到"语用本体"，以"语用技能"为要，以"语用素养"为本，将"语言文字运用"作为语文教育的基本立足点，把训练学生的语用技能和提高语言文字素养作为语文课程的基本目标和任务，以建立实实在在学语文、扎扎实实用语文的教学新秩序。

关键词：语文教育　语用观　语文本体　语用本体

基金项目：国家社科基金重点课题"中小学语文教育改革"子课题——"语文教育观研究"

对我国各个历史时期倡导的语文教育观加以考察和分析可以发现，目前，我国语文教育与课程改革中出现的"非语文化""去语文化"现象以及"教学形式化"泛滥等问题，其实都与没有确立正确的语文教育观直接有关。我们认为，解决这些问题的有效对策，就是必须要打破语文教育人文观的偏颇思想，从汉语文的特性和语文教育的根本出发，着力于建构语

---

[*] 曹明海（1952—），山东师范大学教授，研究方向为语文教育。著有《语文教学解释学》《语文名师教学智慧研究》《本体与阐释：语文课程的文化建构观》《语文教育学》等。电子邮箱：13065090273@163.com。

文教育的语用观，让语文课回归语文本体，使语文教育回归语用本体，语文课就是要教语文、学语文、用语文，以促进语文教育与课程改革的深入发展。这就是说，厘清各个历史时期语文教育观的不同认识及其发展脉络，把握汉语文教育的语用本体特征，开拓和建构语文教育的语用观，从而真正从"人文本体"转移到"语用本体"，将有助于语文教育和课程改革打破弊端，实现切实的创新和发展。

如何开拓和建构语文教育的语用观？这就需要我们从弄清语文是什么、把握语文本体切入，深入探讨语文教育是什么，明确语文教育的本体，进而才能确立和建构语文教育的语用观，具体认识和透视语文教育语用观的基本思想和特征。这就是说，弄清语文构成的本体和语文教育的本体，是语文教育语用观建构的基础和条件，因为语文本体与语文教育语用观的建构是密切相关的，弄不清语文是什么，语用的问题也就无从谈起。

一 语文是什么：语文本体的构成

语文是什么？这不是一个单纯的概念阐释问题。如何阐释和回答语文是什么的问题，直接关系到能否正确把握语文本体的构成和语文教育的基本方向。

那么，何为语文本体？简单地说，语文本体即语文本身构成的基质和元素。语文本体论是关于语文自身的学问，它要阐释和描述语文的生成构成与存在形态。"本体"是一个较复杂的概念，曾有多种不同的解释和认识。在这里，我们无意于形而上的概念性思辨，只是着眼于具体探讨语文的本体问题。但有一点需要强调指出的是，许多本体论专家早就明确地指出，本体问题或存在问题是和语言紧密交织同构于一体的。"语言是存在的家园"这个众所熟知的名言，说的就是"本体即语言"的道理。"语言是存在世界的现身情态，存在世界是在语言中现身和留住的""世界是人类语言的命名""语言的界限就是世界的界限"。没有语言，存在世界的现身形态就难以得到呈现和说明。对此，笔者在《语文教学本体论》一书中作过具体的分析和探讨，在这里不再赘述。① 如果离开语言，那么何谈本

---

① 曹明海：《语文教学本体论》，山东人民出版社 2007 年版，第 70 页。

体？所以，"本体即语言""语言即本体"，是本体论语言哲学早就有明确定论的问题。

其实，本体和语言紧密交织同构的问题，是本体论语言哲学长期争论和探讨而得出的一个结论。"自柏拉图起，关于在语言中指陈非存在物的问题就一直困扰着西方哲学；从中世纪起，关于唯名论与唯实论的争论就十分激烈，一直到当代也没有解决。安瑟伦关于上帝的本体论证明是从语言中使用某种谓词而推出实在的典型，直到康德才证明这种推论是荒谬的，而康德的关于'存在'不是谓词的主张在当代语言哲学家那里有热烈争论。当代语言哲学家认为，利用现代语言分析手段，可以一劳永逸地解决本体问题，对古已有之的问题给出崭新的、确切的答案。"① 语言哲学界的这种认识分歧与争论，可引发我们对语言与本体的多方面的思考和深层的醒悟，使我们深刻认识到语言和本体原本就"紧密交织"而同构于一体的，谈"本体"就不能不谈"语言"。本体和语言的这种交织同构的关系，启示我们对语文本体的阐释，更应该从本体论语言哲学的视点出发，来透视语文本体构成的真义，这就是谈"语文本体"不可能不谈"语言"、不谈"语言文字"。只有立足于"语言"和语言得以符号化的"文字"，才能真正触摸到"语文本体"，切实把握"语文本体"。

需要特别指出的是，语言及其文字作为本体和存在世界现身情态的符号，具有其他事物所没有的特质，这就是它是情感的符号、思维的符号、生命的符号。比如说，它作为一种文化的构成物，不同于房子构成的砖头和土木；它作为一种工具，也不同于斧头镰刀之类的纯工具。这就是说，语言及其文字作为特定的符号代码，特别是我们的汉语言文字，其本身就具有形象性、情感性、意义性和审美性等特质。但是，房子构成的砖头和土木，就不具有这种符号性，砖头就是砖头，土木就是土木，只是一种客观存在物。它之所以被称为"砖头"和"土木"，也只不过是人类语言对它的命名。"砖头土木"可视之为各种"房子"的材料，而"语言文字"却不可视之为各类"作品"的材料。所以，"语言文字"和"砖头土木"并非是一个逻辑起点上的概念，二者不可同日而语。我们不能走过去语言哲学关于"本体争论"的老路，否则，就难以弄清楚"语文本体"。在这

① 徐友渔、周国平等：《语言与哲学》，北京三联出版社1996年版，第94页。

里，我们即从这种本体论认识出发，来探讨语文本体的问题。

（一）语言文字构成语文本体

长期以来，语文教育界对语文是什么，即语文本体的构成问题，存有多种不同的阐释和认识。概括来说，主要有四种代表性观点：一是语文是"语言文章"，认为"口头为语，书面为文，合而言之，称为语文"。这种阐释强调"口头语言"和"书面语言"，主张语文课既要对学生进行口头语言的训练，即听和说能力的培养，也要对学生进行书面语言的训练，即读和写能力的培养。也就是说，这种对语文的阐释，寓含着语文教学要对学生进行全面的语文能力训练，提高语言文章素养的思想。二是语文是"语言文字"，认为语文课即语言文字课，语文教学应当扎扎实实地进行语言文字训练。这种阐释强调语文教学如果不抓语言文字这个根本，忽视字词语句的教学，尤其讲文学作品，总喜欢大讲人物，大讲形象，大讲思想内容和艺术特色，那么，这样的课就不是语文课，而是文学课了。因此，他们曾提出一个口号，叫作"不要把语文课讲成文学课"，要求语文课把着眼点放在字词语句的教学上。三是语文是"语言文学"，认为文学是语文固有的因素，语文课应当重视文学性的教学，加强文学教育。这种阐释强调，如果文学作品的教学把文本拆解为单纯的语言文字，忽视文学性教学，那么就会抹杀文学作品的生命和艺术魅力，其语言文字也失去光彩，造成语文教学的失误。四是语文是"语言文化"，认为语文是文化的构成，语文是文化的符码，语言和文化血肉同构，融注于一体。这种阐释强调，如果否定语文是语言文化，也就否定了语文课，忽略或脱离语言文化的语文课，就不可能是有"语文味"的"真语文"课，而只能是"非语文"课，因为其道理很简单，没有语言文化，何来语文？何来语文课？

对语文是什么的阐释，之所以存有这样的认识分歧，主要有三个方面的原因：第一，语文是多因素构成的复合体，从不同的角度可以作出不同的阐释。特别是汉语文内涵的多义性，汉语文内容的丰富性，汉语文功能的多重性，容易造成人们不同的认识。第二，对语文的阐释也受时代和社会发展的制约，不同的历史时期对语文有不同的阐释，如 20 世纪 50 年代注重"语言文字"，因为当时强调识字读书学文化，后来又注重"语言文学"，语文课也分为"语言"和"文学"两科；改革开放以来，随着新文化思潮的涌入，语文又被视为"语言文化"。第三，从对语文的阐释及其认识分歧的形成来看，与人们研究问题的思路和视角不同有关。如搞语言文学的，往往强调语文是"语言文学"；搞语言文化的，往往强调语文是"语言文化"。这也是造成对语文不同阐释和认识分歧的原因之一。

我们通过以上所述可知，对语文的这些不同阐释和认识分歧，主要表现有两个不同的阐释角度：第一，是从语文的形式上来阐释语文，认为语文是"语言文章"或"语言文学"。但这二者实际上都是以"语言文字"为基质和构成要素的。因为文章是语言文字构成的语言形式，语言文字是文章构成的基质要素；文学是语言的艺术，是语言文字的艺术构成品，语言文字也是文学文本构成的基质元素。这就是说，文章也好，文学也罢，其实都是语言文字构成的语言形式。如果没有语言文字，就没有文章的构成，也没有文学文本的存在。为此，有的专家认为语文本体即语言文字及其作品。把"作品"看作语文本体，或许也是一种新说法，但加以分析可见，它会对"语文本体"带来误解。语文教材中有各类不同的作品，如果把记叙文、议论文、说明文、诗歌、散文、小说、戏剧等各类"作品"都视为"语文本体"，显然就会造成本体的泛化、模糊化，因为什么都是本体，也就没有什么本体可言了。所以，不可把"作品"视为语文的"本体"。第二，是从语文的内质上来阐释语文，认为语文是"语言文化"。众所熟知，人类的生存文化，分有饮食文化、服饰文化、居室文化等，语文也就是一种与之并称的语言文化。我们说，语文就是文化，并不是泛指各类文化，而是指语言文化。而语言文化是以语言文字为载体而存在的，语言文字是语言文化的符号和代码，没有语言文字，也就没有语言文化，这就是说，语言文化构成和存在的本体也是语言文字。由此说来，我们可以得出这样一个肯定性的结论：无论是"语言文章""语言文学"，还是"语言文化"，显然都离不开语言文字，都是语言文字的本体构成品，是语言文字构成的不同形式、表现形态和存在方式。文章构成的基质元素是语言文字，文学构成的基质元素是语言文字，文化构成的基质元素也是语言文字。所以说，是语言文字构成语文本体，语文本体是语言文字构成是毋庸置疑的。在这里我们还要强调指出的是，为了切实厘清语言文字构成语文本体的基本认识，确立"语言文字"构成的语文本体观，这并不是排斥"语言文章""语言文学""语言文化"等语文构成要素，而是指其三者构成的基质元素都是语言文字，即语言文字构成的语文本体就融合同构着文章、文学、文化的基质和元素，语言文字是语言文章、语言文学、语言文化构成的基质元素和存在的基本方式。

毋庸置疑，语言文字构成的语文本体，是一个复合性概念，它包容着文章的、文学的、文化的、语体的、文言的等多重性内涵，它不是一个单一性的载体，而是多种要素的构成。但是，需要明确指出的是，语言文字是构成语文本体的基质和主要元素，语文的本体世界是语言文字构成的世界。或许语文也是一个动态性概念，其内涵是不断发展、不断生成的，不同的时代和历史时期，对它会有不同的阐释和解读。但语文本体世界里的一草一木、一山一水，无论在什么特定的历史和时代中，都是语言文字的生成物，都是以语言文字为基质和元素构成的。我们在以发展的、变化的眼光来阐释语文的时候，都应该尊重语言文字构成的语文本体这个客观事实，不可以离开语言文字构成的语文本体，对语文进行某种特定角度的"当代性阐释"。

（二）汉语言文字构成的特性

在确立语言文字构成语文本体的基础上，我们要建构切实体现汉语文特点的语文教育语用观，还必须要把握汉语言文字构成的特性。

汉语言文字的构成具有丰富的内在意蕴和鲜明的文化特质，它具有形象性、情感性、表意性、审美性、象征性等特征。对此，我们可从汉语言文字本体的构成切入来进行分析和认识。汉语言文字有其特殊的构造方式和结构特征，它独特的形体本身就蕴含着丰富的文化意蕴。汉语言文字形体结构具有直观性、象征性等特点，其形体构成与人的思想、情感、生活和行为往往有机地联结在一起，充溢着丰盈的文化意蕴。一个汉字，往往就是有关人的一个故事、一种姿态、行为和情致；一个汉字，常常就是有关人的一种智慧，一种情感智慧、生存智慧、生命智慧或伦理智慧。如"字"的形体结构本身就蕴含着一个有关人的生命延续的故事，即在一家房子里，一个女子生养了一个孩子。实际上汉语言文字形体结构的每一个笔画，一个线条、一个撇或一个点，往往都有其特定的文化含义。汉字的构成就如同一个人的生命完形，它有外形和骨架，有思想和神韵，有情感和精神。汉语言文字的这种特性，主要表现在四个方面：一是汉语言文字是表意性文字，一个汉字往往就是一个特定的意义世界；二是汉语言文字是表情性文字，一个汉字往往就是一个特定的情感世界；三是汉语言文字是象形性文字，一个汉字往往就是一个特定的形象世界；四是汉语言文字是审美性文字，一个汉字往往是一个审美世界。总而言之，汉语言文字是有个性的，汉字会说话，当你在阅读中与汉字接触时，每个汉字都会直盯着你，呼之欲出，和你交流对话。所以，西方人称汉语言文字是"东方魔块"。

对汉语言文字的这种文化魅力，散文家余光中在他的《听听那冷雨》中作过动情的描述："杏花。春雨。江南。六个方块字，或许那片土地就在那里面。而无论赤县也好神州也好中国也好，变来变去，只要仓颉的灵感不灭，美的中文不老，那形象，那磁石一般的向心力当必然长在。因为一个方块字是一个天地。太初有字，于是汉族的心灵，祖先的回忆和希望便有了寄托。"这段文字的描述，应该说道出了汉语言文字构成的真义：汉语言文字是我们这个民族美丽不灭的灵魂，是我们这个民族的一种永恒的向心力，是我们这个民族的生命百科全书。一个方块字，就是一个天地，一个世界，一种历史，一个民族的心灵、记忆、希望和寄托，一个美丽不老的民族形象；一个方块字，就是巍巍泰山、滔滔黄河、茫茫神州的代码，它有如光芒四射的彩霞、震撼世界的雷电、浇灌大地的云雨，有说不尽的美丽。汉语言文字是汉民族文化的精粹和世界语言文化的瑰宝。

汉语言文字作为世界语言中唯一的表意性文字，它与西方拼音文字具有完全不同的文化特性。拼音文字是抽象的字母线形排列形态，它唯一的功能就是将语言摹写记录下来，文字和概念有着较大的距离性，与其所指的实物和意义是一种非直接性关系，而无任何形象结构上的内在关联。拼音文字的这种特点，就是先记录语音，后由语音而知意义。文字与意义没有直接的联系，语音是文字和意义的中介，文字对语音有很强的依附性。但是汉语言文字与其全然不同，它所特有的象形性和平面结构方式使它具有鲜明的直接表意性，即可以直接表达概念和意义，其形体结构本身近似实物，或形似或神似。"汉语言文字用它自己的形体来表达人的思维活动、认知活动和情感活动。当人们写一个汉字的时候，目的在写它自己的思想而不仅仅为的是写语言；当人们看到汉字的时候，也只是看到它所包含的内容，不一定把它当作语言；只有把它读出来的时候，才由汉字转化为语言。"① 汉语言文字的认知方式不是由音到义，而是由形直接到义，不依附于语音。这种字形结构的表意特征使汉语言文字成为独立于语音之外的第二符号系统，使汉语言文字符号系统可以超越语音的羁绊，借助视觉系统进行直接性的文化信息传播，使人们可以超越时空的限制，直接从字形结构中解读出字义来。这就是说，汉语言文字的形体结构保存了远古造字时代的文化背景，人们可以通过其形体来窥视远古社会的生活状况；同时，汉语言文字在发展的过程中又不断地把社会文化凝聚其中，所谓"字里乾坤"说的就是汉语言文字的这一文化特性。因此，汉语言文字成为汉民族文化的活化石，它切实地保存了汉民族文化的原生态。

语文教育的内容是以汉语言文字为中介传递给学生的，如果在语用教学中不能理解和把握汉语言文字的文化特征和意蕴，只将其作为简单的信息来处理，那么汉语言文字丰韵的内涵，灵动的精神就会在教学中枯萎、流失，对字意了解不深，对文意的理解也只能限于浮光掠影，甚至走向误读。相反，如果在语用教学中能够挖掘汉语言文字的文化意蕴，呈现给学生，并能积极地调动学生的兴趣，激发学生的想象、联想，那么，语用教学就会有事半功倍之效。瑞典语言学者林西莉在《汉字王国》一书中谈及她的汉语言文字教学体会：将汉语言文字所反映的文化现象、文化精神给学生解释得越清楚，学生就越容易理解和掌握，并且理解得清楚，掌握得牢固。我国语用教学实践的经验也反映了这一点。但实际上，我们现实的语文教育对这一点关注和实践却非常欠缺，汉语言文字教学不得法导致的教学质量差更是困扰广大师生的难题。针对这些问题，主要的对策就是重视汉语言文字的文化特性，从汉语言文字的本体特征出发进行语用教学，以切实提高语文教育的效率和质量。

二 语文教育是什么：语用教育论

在弄清语文是什么，明确语言文字构成语文本体这个基本认识的基础上，追问语文教育是什么的问题，把握语文教育的本体，揭示语文教育语

---

① 曹明海：《语文教学本体论》，山东人民出版社2007年版，第205页。

用观的基本思想，是我们要探讨的核心问题。

（一）语用教育：语文教育的本体

语文本体与语文教育本体是两个不同的概念。语文本体是语言文字，语文教育的本体则是学习和运用语言文字。如果不知语文是什么，何谈语文本体？不知语文本体是什么，何谈语文教育的本体？实际上，只有明确语言文字构成的语文本体，才能切实把握语文教育的本体，即让学生学习和运用祖国的语言文字，对学生进行听、说、读、写的语用技能训练，提高学生的语言文字素养。这就是说，语文教育本质上是一种语用教育，即"语言文字运用"的教育，要确立语文教育的"语用本体"。学语文就是为了用语文，我们必须以"语言文字运用"为基本立足点和出发点来探讨语文教育，来把握语文教育的"语用本体"。实际上，把语文教育作为一种"语用教育"，确认语文教育的语用定位，是语文教育和课程改革的一个重大问题，将会推动整个语文教育的变革与发展，使语文课改获得切实的突破和创新。如果忽视或否认语文教育的这个"语用"定位，离开"语言文字运用"，离开语文教育的"语用本体"，那么，语文教育就会成为"非语文"教育，语文课也会成为"非语文"课。所以，我们应该切实厘清和确认语言文字构成的语文本体，真正把握"语言文字运用"这一语文教育的语用本体，明确树立语文教育的语用观，把语文教育作为实实在在的语用教育，让学生认认真真学语文，扎扎实实用语文，训练学生"语言文字运用"的基本技能，才能完成语文教育的任务，实现语文课程的目标。

1. 语文教育语用观的基本思想

语文教育的本体是语用教育，这种语用观的基本思想，就是要求语文教育从"语文本体"出发，以"语用技能"为要，以"语用素养"为本，树立"语言文字运用"这种语用本体理念，从语用的角度把握语文教育的语用本体思想，倡导语文课程的语用教学策略，将语文课程作为学习"语言文字运用"的课程，要求语文课程的目标和内容都立足于"语言文字运用"，把"语言文字运用"作为语文课程的一切教学活动与教学设计的核心指向和基本立足点。教师在语文课上要着眼于"语用"教语文；学生在语文课上要着力于"语用"学语文，使语文课的教学过程切实成为"语言文字运用"的训练过程，引导学生与语言文字打交道，和语言文字亲密接触，与语言文字构成的文本对话，让学生在语用文本的字里行间穿行，品味语言，体味文字，学会"语言文字运用"。这就是说，语文教育语用观的基本思想，就是以语用为本体，将"语言文字运用"作为语文教育的基本立足点，把训练学生"语言文字运用"的技能和提高学生语言文字素养作为语文课程的基本目标和任务，倡导实实在在教语文，扎扎实实学语文、用语文的教学新秩序。因此，从语用学的角度阐释语文教育的语用本体思想，把培养学生"语言文字运用"的技能和提高学生"语言文字素养"作为语文教育的主要目标和任务，这是语文教育应当把握的正确方向和遵循的基本轨道。

语用观是工具观的思想发展，语用观的基本思想和工具观是一脉相承的。工具观把语言文字看作一种工具，注重的是语文的工具性，认为语文这个工具可用来表情达意、交流思想；而语用观注重的是"语言文字运用"的技能，强调的是语用性，认为学语文就是为了用语文。所以，二者其实一脉相承，立足点是一致的。语文工具观的倡导者、我国语文教育家叶圣陶早就明确论述过语用的问题："语言文字的学习，就理解方面说，是得到一种知识；就运用方面说，是养成一种习惯，这两个方面必须连成一贯。就是说，理解是必要的，但是理解之后必须能够运用；知识是必要的，但是这种知识必须成为习惯。语言文字的学习，出发点在'知'，而终极点在'行'；到能够'行'的地步，才算具有这种生活的能力。"① 应该说，这是对语用观所作的一个很透彻的阐释，可以称之为叶圣陶的语文教育语用观。著名语文教育家刘国正在语文工具观的论述中，曾提出了语文教育的"实"与"活"的问题，其实也是对语文教育语用观及其思想特征所作的具体阐释。

所谓"实"，就是语文教育语用观讲求对学生进行扎扎实实的"语言文字运用"的技能训练。技能是在训练的基础上形成的，一切后天习得的能力都需要训练。运用语言文字表情达意和交流思想的技能，也必须要靠训练。语言文字如同一种工具，拥有它，并不说明就有运用能力，掌握运用它的技能，把它用于实践，才算真正的拥有。因此，语文教育必须让学生切切实实地在训练中学会操作和运用语言文字，也就是着眼于掌握字、

① 叶圣陶：《略谈学习国文》，见《叶圣陶教育文集》第三卷，人民教育出版社1994年版。

词、句、篇的运用能力，不容许离开这种语用训练去空讲大道理，空讲语言知识。具体地说，就是让学生多动口，多动手。动口，就是进行各种形式的口头表达的语用训练；动手，就是进行各种形式的笔头表达的语用训练。口头语用训练和笔头语用训练，是语文教育中相得益彰、不可偏废的两项基本语用训练。只有坚持这两项基本语用训练，才能使学生达到"入耳能撮意，出口能达辞，提笔能成文"的语用水平，从而获得参与生活的基本语用能力，具有在社会竞争中的生存本领。这就是说，倡导语文教育的"实"，强调语用性功能，其实是从社会的实际需要着眼的，是"学会生存"语用基础教育价值观的体现。

所谓"活"，就是语文教育语用观讲求"语言文字运用"的教学要活起来，引导学生进行生动活泼的语用基本训练。就语文课堂教学来说，就是要拨动学生的语用心弦，激发学生的语用学习积极性，不是我教你学，而是"语用"的教与学双方做到和谐的交流，教师得心应手，学生也如沐春风。双方都欲罢不能，其乐融融。达到这个境地，教师稍加点拨，学生就会主动求索，举一反三，收到事半功倍的效果。这就是说，语用教育的"活"，既是对"将语文课的语用简单化、刻板化"，使生动的语用能力训练变成枯燥的技术训练教学现象的反思，更是倡导语用教育的开放性，推举语用教育的现代性和主体观，即语用教育要确立学生的主体性。《学会生存》一书中指出：什么是教育？"教育即解放"，"教育能够而且必须是一种解放"。那么解放什么呢？简单地说，就是解放学生的语用主体性，解放学生的潜在语用能力、语用创造能力和开拓精神。这是我们倡导的语用教育要"活"的基本思想精神。因此，我们必须要树立这种"活"的语用教育观念，从而推动语文教育和课程改革的深化发展。

正因为着眼于此，我们强调的"活"十分重要，可以说是搞好语用教育的一个关键。为了切实抓好这个关键，语用教育要把握实现"活"的三个基本原则：第一，要把语言文字看成"活"的对象。语言文字的运用，有严格的规范，也有很大的灵活性。生活是动态的，反映生活的语文也是活泼的。所以，在教学中要把语文作为"活"的对象，切忌把"活"的语文搞成枯燥乏味的死的训练。第二，要把学生看成"活"的语用对象。语用教育必须要充分尊重学生的主体能动性，把学生语用学习的主动性摆在应有的位置。语用教育的目的是以"提高学生语言文字素养"为指归的，语用教育必须要从学生语用技能训练的规律出发，建构自主性语用教育模式和运行机制，以促使每个学生的潜在语用能力得到最大限度的发挥。第三，要把语用教育和生活密切联系起来。语用教育联系生活则生动活泼，脱离生活则死气沉沉。这是因为："读（包括听），是通过语用认识生活和学习怎样生活；脱离生活，读就变成无意义的活动，吸收鉴赏都失去辨别优劣美恶的基本标准。写（包括说），是运用语言文字反映生活、表达自己的见解，并服务于生活；脱离生活，就变成无源之水，技巧就变成无所附丽的文字游戏。而与生活相结合，则读有嚼头，写有源头，全局皆活。"① 语用教育要"活"的这三个基本原则，其实是对语用教育本质规律的深层概括，是我们深化语文教育与课程改革所必须把握的行之有效的重要法则。

"实"和"活"是语文教育语用观建构的两个重要支柱，二者相济并举，相得益彰。"实"中求"活"，"活"中求"实"，使语用功能和教育功能得以充分发挥——不但让学生得到扎扎实实的语用基本训练，形成听说读写的语用能力，还能在语用能力的训练中提高学生的语用素质，使学生的语用创造性得到充分的尊重和发展。因此，语用教育要致力于"实"和"活"的追求，即在切切实实的语用基本训练中，把握语言文字运用本身所固有的特性，促进学生语用能力的发展。

2. 语用是语文蕴涵体味的过程

语文教育语用观并不是单纯强调语言文字运用的技术训练，而是主张在"语言文字运用"训练过程中，让学生也得到汉语言文字特有的内在蕴涵的体味、感染和领悟，吸取汉语言文字特有的文化内涵与营养，用汉语言文字的形象性、情感性、诗意性、审美性，去陶冶学生的情感和心灵，促进学生的生命成长，做到学语文、用语文就是学做人，使"语言文字运用"的训练过程，也成为陶冶学生情感和心灵的过程。这样，就有利于切实打破形式化的语文教学误区，即离开"语言文字运用"来教语文，抛开语言文字构成的语用文本来学语文的"非语文""伪语文""去语文化"的教学弊端，做到语文课要有"语文味"，有血有肉，有情有趣，充满汉语文的生气与活力，即将语用训练和心灵陶养结合起来，赋予"语言文字

---

① 刘国正：《实与活——刘国正语文教育论集》，人民教育出版社 1995 年版，第 214 页。

运用"的教学训练过程以新的生命。——"语言文字运用"的训练过程也成为品味汉语言文字丰厚的蕴涵和营养的吸取过程，变学生的"厌学"为"乐学"，倡导"实在语文""扎实语文""情趣语文""陶冶语文"的教学新秩序，反对"花哨语文""热闹语文""虚伪语文""空洞语文"的形式化教学，以切实训练学生"语言文字运用"的技能，真正提高学生的语言文字素养。

（二）语用教育：语文教育的特点

语用教育，立足于训练学生"语言文字运用"的技能和提高学生的语言文字素养，这显然是语文教育的逻辑起点和学科基点。对此，王尚文先生曾经指出，语文学科区别于其他所有学科的特质，在于它以培养学生理解和运用祖国语言文字的能力为根本宗旨。我们在前面说过，语文教育的本体就是语言文字运用，所以，语用教育是语文教育必须要把握的特点。语文教育必须走在"语用本体"的正道上，才能达到自己的目的，否则就会走向自我消亡的悬崖。

1. 语用教育的基础性

语用教育着眼于"语言文字运用"的技能训练，注重的是语文基础教育。语文学科是一门基础性学科，学习和运用语言文字是一种基础性学习，是学习其他学科的基础，也是学会生活、从事各种工作、进行社交活动必备的基础。因此，语用教育突出的是语文教育的基础性。它要求语文课要指导学生扎扎实实地进行语用基本训练。字词句篇、听说读写，样样都不能马虎，必须严格要求，督促学生下苦功夫，反复地磨炼。"这好比学绘画练习素描，要先掌握准确的摹写物象的本领，有了这个基础才谈得到创作。这个基础不牢，则搞创作如同在沙上建塔，是很不可靠的。"① 诚如古人所说"操千曲而后晓声，观千剑而后识器"。这就是说，"语言文字运用"是语文教育的基础。同时，我们还要强调，语用教育要真正做到"实"，使学生真正提高语用的技能，必须要注意两点：一是要了解语用的功能和方法。语言文字的学习和运用，各有自己的套路，习得并掌握有关语用的知识，这是熟练运用它的前提。二是要进行语用的实际操作。语言

---

① 刘国正：《实与活——刘国正语文教育论集》，人民教育出版社 1995 年版，第 116 页。

文字运用在实际操作中才产生作用，发挥出应有的功能，语言文字也只有在实际运用的操作中才有生命，也才能真正掌握它。既有"知"，又有"行"，知行统一，是掌握语言文字运用的必要条件。这就是说，语文课的语用性和操作性很强，让学生获得语言文字运用的能力，要靠语用知识加实际操作，实际操作是基本的。打个比方，弹钢琴要懂得乐理，但如果不去实地练习弹奏，永远也弹不成曲调。只有进行实际操作，才能提高语用能力，打好语用基础。

2. 语用教育的民族性

语用教育着眼于我们的母语——汉语言文字运用能力的训练和培养，能有助于学生在语用的过程中更深入地了解民族的固有文化，得到汉民族文化教育，突出我们的汉语文教育的民族性本色。

应该说，语文教育是以汉语言文字运用为基本内容的教育活动，所以，必须充分重视汉语言文字的特点和教育传统，体现出"民族化"的精神和气派。需要强调的是，语文教育的这种"民族化的精神和气派"，应体现在包括主体的语用实践活动在内的语用教学过程中。因为教学情境中每一个语用主体，无论是教的主体还是学的主体，无不自产生伊始就处于民族语用文化的滋润和哺育之中，他们的价值观念、情感模式、表达方式等都深深地烙上了民族的印记，呈现出鲜明而独特的民族色彩，洋溢着浓郁而醇正的民族气息。如若无视这种民族的精神特征、文化品性，语用主体对民族语言文字运用的感受、体验，对民族文化心理的体认，自然就因受到阻滞而逐渐迟钝和漠然，进而语用教育厚植民族文化精神的使命与价值将会落空。因此，语用教育必须体现民族的特色和意味，彰显民族的情感、精神和气派。

语文教育作为民族的母语教育，它传承着我们民族的文化、历史传统，负载着我们民族的情感、思想和哲学，饱蕴着独属于我们的民族精神和民族智慧。"母语教育，说到底，实际就是'人的精神培植'，就是'丰富人的精神经验、丰富发展人的生命个性的教育'，是一种'本民族文化的教化'。——这是母语教育最根本的内在本质。"① 汉语文教育是以源远流长的传统文化和博大精深的民族文化为土壤和血脉的母语教育，个性化

---

① 韩军：《一个危险的倾向：重技术，轻精神》，《中学语文教学》2001 年第 8 期。

语用能力、语用创造性思维素养和民族智慧、民族情感、民族意志当是语文教育的奠基性内容和终极性价值。

洪堡特指出："语言的所有最为纤细的根基生长在民族精神力量之中；民族精神力量对语言影响越恰当，语言的发展就越合乎规律，越丰富多彩。由于语言就其内在联系而言只不过是民族语言意识的产物，所以，我们如果不以民族精神力量为出发点，就根本无法彻底解答那些跟富有内在生命力的语言构造的有关问题，以及语言的最终大差别缘何产生的问题。"① 民族精神是一个民族在生成、发展演化过程中逐渐积淀下来的民族生存哲学，是一个民族得以存在、生存和延续的灵魂，亦称民族意识。从文化的角度看，民族精神是民族传统文化的历史积淀，是在汉民族传统文化基础之上产生的。民族的语言是民族精神得以发生、生长的温润而肥沃的土地，而民族精神则是语言的灵魂。

正是母语的这种文化精神内核构成了汉语文教育的精神底色。我们倡导的语用教育的价值体现和实现，并不仅仅在于达成有关"何为语文教育"的学理，还应彰显"如何达成语文教育"的智慧与觉悟，而且更应传达出人类的真善美、理想、信仰和情操。语用教育的这种智慧和觉悟，自觉铺展为教学过程中的读、写、听、说等各种具体语用学习行为，在抓好语用训练的同时，唤醒沉睡在汉语言文本内的民族文化精神，更以一种文化本能和文化传统还原、照亮学生的心灵空间，使学生在母语学习和语用的过程中，在精神上形成深沉的文化自觉，一种对文化的认同与归属的内在情感和信念。

语文教育与其他学科教育相比较，其深厚的民族文化积淀、丰赡的民族文化精神以及在培养学生的文化素养方面发挥的功能和效力确是其他学科难以企及的。语文教育其实是民族文化阐扬、民族情感认同、民族精神培植的过程与行为。汉语言文字构成的民族文化底蕴、民族性品格为语用教育价值的彰显和实践提供了条件和保证。打开课本，汉语文的字里行间，都跳动着民族文化的命脉，流淌着民族文化的血液，诉说着民族的生活、经验、思想和情感，显现出汉民族的文化个性和民族精魂，就是作为书写形态和信息承载的汉字，也以其"比物取类""观照人本"，而呈现出

---

① 转引自潘文国《语言的定义》，《华东师范大学学报（哲社版）》2001年第1期。

汉民族独特的生命意趣和文化心理。从某种意义上讲，掌握一个词语，理解一句诗词，阅读一篇小说散文，就是给人的神志打开一扇窗，为人的精神种下一粒籽。我们读《红楼梦》《阿 Q 正传》《边城》，不只是一种文字的阅读与接受，而更是一种情感的涤荡、精神的哺育。故而学习和运用语言文字并非仅仅是知识积累、能力历练的过程，还是民族文化体认与自觉、民族情感及民族精神建构与生长的过程，其间通过语言文字的内在通约性来呵护每一主体柔软而敏感的智慧和灵性，关怀其基于汉语言文字的学习和运用而萌生的生命激情和澄明的悟性。

民族精神的文化表现，构成其表象世界，反映到语文教育中就是以语言文本形态存在的具体课文。在这个人性温情弥散的语言文本世界里，既咆哮着屈原悲愤的声音，又呢喃着冰心细致的情语；既有鲁迅决绝的战斗姿态，也有巴金温情的人世关怀；既有史铁生冷峻的死之拷问，也有海子美丽的生之寻梦；既有古人对浩瀚天地、茫茫人世的无尽喟叹，又有当代对彼在此在、世态百相的沉静思索……总之，这里汇聚着民族情感的滔滔江流，翻涌着民族精神的滚滚巨浪。汉语言文本的表层文字结构下面，潜藏着汉民族文化传统，闪耀着的是诸如刚毅奋进、积极进取的人生态度，"天下为公""世界大同"的理想精神，各族一家、协和万邦的宽容精神，忧国忧民、献身祖国的爱国精神，"先天下之忧而忧，后天下之乐而乐"的博大胸怀等这些民族精神的光芒。这启示着我们这样的认知：语用教育不仅仅是民族母语的习得运用和民族文化的传承，而且是一种民族诗意的拯救、民族情感的激荡、民族精神的厚植。

3. 语用教育的科学性

语用教育作为一种"语言文字运用"的基本技能学习活动，它要求的是语用教育的内容和体系结构，既要体现语文学科的特质，又要符合语用教育的规律和学生语用学习心理发展的特征。特别是语用教育的体系结构要有其整体贯穿的"纲"，各个构成部分和学段又有相对的独立性，并彼此紧密联系。语用观的这种科学性思想基点，包括序化组合、功能整合两个主要方面。

第一，语用内容的序化组合。所谓"序化组合"，就是按照既定目标，有序地设计语用教育内容。有序性是科学性的基本性质。语用教育的有序性，就是根据语文课标的要求，将学生应掌握的语用知识与语用能力按难易程度结合学生的年龄及心理特征、语文基础设计成台阶式的有序训练过程，使语用教育从杂无梯度的状态中解放出来，形成有梯度的语用内容体系。这种序化组合的语用教育，会消除各学段教育的相互交叉重叠的弊端，使语用教育思路明晰，学生语用学习的每一步，面临的都是新鲜内容，符合青少年学生求新进取的心理特征，容易激发语用学习积极性，从而教得轻松、学得主动，语用效率高，这是语用教育内容序化组合的基本标准。要切实使语用教育内容的建构有这样严整的"序化"，我们必须要注意把握以下几点：一是明确，即以语用教育的要求规定语用内容，语用内容又要划定结构体系。反过来说，就是语用体系要鲜明地体现语用教育要求，包括总的要求，乃至每个学期、每个单元的要求。这样才能建构明确的有序化语用目标体系。二是渐进，即体现由浅入深、由易到难的原则，有步骤地循序渐进。分别来说，就是语用知识的教学要适当，便于学生理解和运用；语用能力的训练宜反复进行，不断加深，螺旋式上升，以利于学生获得熟练的技能。三是和谐，即语用体系的制定，要把纷繁复杂的语用内容合理地组织起来，使之成为一个和谐的整体。语用内容的组合要有一条主线，在主线的统摄下，要使各方面的语用内容都有适当的位置，配合得当，相得益彰，而不致互相干扰。语用教育的实践经验说明，这种语用内容序化组合观，是切实把握语用教育科学性基点的重要保证。

第二，语用教育的功能整合。所谓"功能整合"，主要是指强化语用教育的整体功能性。我们应把语用教育看成一个整体构成，看到其构成要素之间的相互联系和相互作用，并从整体的角度注意协调和处理各要素之间的相互联系，以获得其功能整合的效益。语用教育的科学性，显然就内含着整体性的观点。在每个学段总的语用学习要求的统摄下，每个年级应有自己的语用学习要求和重点，要使其有个"序"，不仅要符合由易到难、由浅入深的原则，而且其中的各个语用学习要求应该有合乎规律的联系。这个"序"要言之成理，但不是定而不可移的，仍然可以在语用实践中灵活运用。这就是说，倡导把握语用教育的科学性基点，是以强化语用体系的整合功能为着眼点的。语用教育只有具备这种整合功能，才能既具有集约性与实用操作性，又能获得阔大的张力空间，发挥整体构成的综合性效能。

语用教育的科学性思想基点，归结起来说，包括三个方面的要义：一是语用教育内容的有序化，即序化语用内容，建构学生获取语用知识和语用能力的内部机制，使语用内容在开放状态下走向有序。二是体现语用规律，要循序渐进，体现教学梯度，以学生语用认知心理状态变化和语用知识的内在逻辑结构为依据，这是建立在认知心理学理论上的科学性观点。三是重视语用的个性特点，根据语用实际对语用的要求和各个学段的重点灵活把握，因材施教。这样的语用教育更具有灵活性、开放性，在弹性发挥上也更具有优越性。

The Construction of Pragmatic View on Chinese Education

Cao Minghai

Abstract：During the Chinese education and curriculum reform, phenomena such as "non-Chinese culture", "removal of Chinese culture" and problem such as "teaching formalization" flood. The effective countermeasures to solve these problems are to break the biased ideas of humanities view on Chinese education, from the characteristics of Chinese language and Chinese language education on the basis of pragmatics, focusing on building language education from pragmatic view, making it a clear language of Chinese ontology, grasping the pragmatic ontology of Chinese education, and being clear about the important position and cognition that "Chinese education is essentially a pragmatic education", in order to make Chinese education and curriculum reform come back to the "pragmatic ontology" from "ontology of humanity", to regard "pragmatic skills" as a main point, to make a basis on "pragmatic literacy", to make "language use" as the fundamental standpoint of Chinese education. Besides, we should set a basic objective and task of training students' pragmatic skills and increasing language literacy towards Chinese curriculum to create a new order of real learning Chinese as well as solid work in the language teaching.

Keywords：Chinese education, Pragmatic view, Chinese ontology, Pragmatic ontology

Author's Introduction:

Cao Minghai（1952 -）, Professor in College of Arts, Shandong Normal University. Research directions: Chinese education. Magnum opuses: *Hermeneutics of Chinese Language Teaching*, *A Study on the Teaching Philosophy of Distinguished Chinese Language Teachers*, *Noumenon and Interpretation*: *The Cultural Construction of Chinese Language Curriculum*, *The Pedagogy of Chinese Language*, etc.

E-mail: 13065090273@163. com.

中学"口语交际"教学独立
设课必要性探析

柯华桥*

内容提要： 国人口语交际能力的普遍欠缺，让我们有必要反思当下语文基础教育中口语交际教学的集团性失策。为扭转这种局面，我们应该从中学入手，独立设置口语交际课程。本文粗浅探析了中学"口语交际"教学独立设课的基本含义、性质及历史、理论、现实依据，论证了其必要性和可行性。

关键词： 口语交际　独立设课　必要性

在 2016 年 4 月 24 日华中师范大学语文教育研究中心成立仪式暨信息化背景下的大语文教育研讨会上，著名学者孙绍振教授指出，中国语文教学处于转折关键期，有效性受到很多干扰，现在需要把大学前沿的研究成果转化到基础语文教育中。他还指出，大学中文系要重视对学生阅读和写作能力的培养，培养能说会写的中文人才。当前，大学写作教学荒芜，口语教学空白，这种现状要改变。笔者以为，大学中文系学生口语能力低下的症结应该归因于基础教育对口语交际训练长期的忽略，大学生口语能力的欠缺是一个普遍现象，这种现象折射的则是语文义务教育阶段对口语交际教学的集团性失策。

任何民族，任何社会，任何国家开设本民族的母语课程，究其本意，都是为让下一代热爱并掌握祖国的语文，从而热爱并掌握祖国的语言文字所负载的文化。因此，语文教育，说到底，就是让学生在言语交际训练中

---
* 柯华桥（1975—），湖北大学文学院讲师，研究方向：语文教育教学。电子邮箱：295685264@ qq. com。

把握语言规律，从而发展他们做人所必需的言语能力，其教育过程应当是：言语—语言—言语。基于此，尤其是针对语文教学中对口语交际训练认识和训练的严重不足，设置独立的"口语交际"课就显得尤为必要和迫切了。唯如此，才能真正地根除顽症。

一 "口语交际"教学单独设课的含义及性质

（一）传统观念的误区

传统的观点认为，在语文课上没有必要进行专门的口语交际练习。持这种观点的人认为学生朗读课文和回答问题的时候就是在进行口语训练。这种认识之所以出现，是没有正确把握口语交际的特点。朗读课文不是一个独创性的过程，它是单人的、没有合作的过程；回答问题则是被动的，它们即使算作口语交际，也是比较低级的口语交际，不能代表口语交际的有效训练模式。相对独立的口语课则强调交际性。所谓交际性，就是注重过程、主动性、应对和调整。既注意风格、语言变体和语音词汇等言语因素，也关注体势、空间距离和副语言等非言语因素；既注重言语本身的表达训练，也注重对人际礼貌、身份协调以及跨文化冲突等交际规则的领会。也就是说，口语交际非常重视在语言能力训练的同时，加强语用能力的培养。可见，口语交际课是训练学生思维方式和社交技巧的重要途径。与人的认知水平相对应，口语交际课程应该有由易而难的能力阶梯，而这些能力又是能够分解并通过训练而获得的。因此，在中学语文课堂中，安排单独的口语交际课是非常必要的。

（二）单独设课的含义及口语交际课程的性质

笔者所提倡的单独设课是指设置从现行语文教学重阅读和写作、重文学中相对独立出来的自成体系的言语活动课。它不再是读写的附庸，有着与读写同样重要的功用，在学生今后的社会生活中的作用甚至可能超过读写。

就其性质而言，口语交际课程应该属于综合实践活动课程。综合实践活动课程是一种具有其规定性的课程形态，它是指在教师引导下，学生自主进行的综合性学习活动，是基于学生的经验，密切联系学生自身生活和社会实际，体现对知识的综合应用的实践性课程。它包括研究性学习、社区服务与社会实践、劳动与技术教育等领域，并渗透信息技术教育。毋庸置疑，口语交际课程是其中的一种，它同样也具有综合实践活动课程的全部属性。具体看来，有以下特征。

1. 综合性

综合实践活动课程具有超越严密的知识体系和分门别类的学科界限，着眼于学生的整体发展的综合性特点。而口语交际课程的综合性，就是要求口语交际活动的设计和实施综合学生在生活世界中的各种关系及其处理这些关系的已有经验，运用他们已有的知识，通过实践活动来展开。因而，从内容上说，口语交际活动的主题范围包括了学生与自然、学生与社会生活、学生与自我关系的基本情境和问题，口语交际活动的主题来源于学生的个体生活和社会生活，远远超越了任何一门学科的知识体系。对任何主题的设计和实施都必须体现个人、社会、自然的内在整合，体现科学、艺术、道德的内在整合。口语交际活动必须立足于人的生活世界的综合性和个性的整体性，立足于每一个学生的健全、完整的发展。

2. 实践性

综合实践活动具有实践性。综合实践活动以学生的现实生活和社会实践为基础开发与利用课程资源，而非在学科知识的逻辑序列中构建课程和实施课程，口语交际课程的建构也需要达到同样的要求。口语交际课应该以活动为主要形式，强调学生的亲身经历，要求学生积极参与到各项活动中去，在一系列的活动中发现和解决问题、体验和感受生活，从而形成自己的口语交际能力，同时发展实践能力和创新能力。口语交际活动注重改变学生在教育中固有的学习方式和生活方式，强调学生通过探究性学习、社会参与性学习、体验性学习和操作性学习等多种实践性学习活动，对课堂教学空间和教材加以拓展。

与其他学科课程相比较，口语交际课程的实践性学习活动方式不是以掌握系统化的交际知识为主要目的，而是以提高交际能力，发展创新精神和实践能力为主要目的。在学科课程中，练习、操作，甚至实践，都难以真正超越特定的学科固有的知识体系，都在一定程度上是为了学生更好地理解和把握学科课程的知识，形成基本技能。但具有实践性的口语交际活动是为了密切学生与生活的联系、学生与社会的联系，发展学生的综合交际能力。

3. 开放性

口语交际课程是一个开放的课程领域，它具有开放性。口语交际活动面向每一个学生的个性发展，尊重每一个学生发展的特殊需要，其课程目标、课程内容、活动方式等都具有开放性特点。

在课程目标上，口语交际课程考虑中小学生的现实生活的需要和社会需要，立足于时代对中小学生素质发展的挑战和需要，以促进学生个性发展为总的目的。因此，口语交际课程的目标具有强烈的针对性，它针对学生的现实生活需要，针对中小学生的个性差异，满足他们融入整个社会生活领域的口语交际能力需要。在内容上，口语交际课程面向学生的整个生活世界，它随着学生生活的变化而变化，其课程内容具有开放性。尽管总的目标相同，但对不同的地区、不同的学校、不同的班级和不同的学生而言，其具体的活动内容是多种多样的，活动的具体主题是开放的，它因中小学生所处的社区背景、自然资源以及学生现实生活的需要和问题的不同而不同。只要是与学生的现实生活相关联，只要是学生自主地提出或自主选择的活动主题，都可以作为学生进行口语交际活动的内容。这种在内容上的开放性特点，是其他任何课程的内容所不具备的。口语交际活动关注学生在活动过程中所产生的丰富多彩的学习体验和个性化的创造性表现，其活动过程与结果均具有开放性。在学习活动方式和活动过程上，学生可以根据现有的课程资源、自身已有的经验，采取不同的方式。如课内的活动方式包括复述课文、口头作文、讲演、辩论与讨论、情景描绘、模拟场景、专题汇报会等，可灵活采用。除此之外，课外的活动方式如调查、访问、考察、劳动与服务活动等也都是口语交际活动的基本方式。这些活动方式和活动过程也是因人而异，因情境而异，因任务而异的。口语交际课程的实施并不强求学生固定地采取哪种活动方式和活动过程。通过这种开放的活动过程，鼓励学生亲身体验，提高交际能力，发展创新精神。

4. 生成性

口语交际课程具有生成性。这是由综合实践活动的过程取向所决定的。由于综合实践活动课程的实施过程强调学生亲身经历，并获得实际的发展性的体验，因而，综合实践活动的课程价值就存在于该课程的实施过程之中。同样，在口语交际活动中，学生参与了活动过程本身，也就在过程中获得逐步的发展，并且学生通过对过程中的体验进行反思，有利于自我意识和能力的觉醒。如果学生游离于活动过程，那么学生的创新精神、探究能力、社会责任感以及口语交际能力是难以发展起来的。因此，口语交际课程价值就在于学生在活动过程中不断地形成良好的行为意识、情感、态度和价值观，并不断地建构自我的整个精神世界，发展交际能力。如果说在学科课程中某些知识与技能、情感和态度以及价值观还可以通过告诉的方式传递给学生，那么在口语交际活动课程中，知识与技能、过程与方法以及情感态度和价值观则是不能以告诉方式来传递的，它要求学生在活动过程中亲历和体验，才能不断地生成。重视实际的过程，也就是重视学生在活动过程中可以自我生成和建构知识等的过程。这也是口语交际课程在语文新课改中所具有的独特价值。

二　"口语交际"能力的重要性

从先秦到 1903 年以前，我国虽然没有独立的语文学科，但语文教育活动却历史悠久、源远流长。那时的语文教育与哲学、政治、历史、伦理等多种教育糅为一体，从我国现存的许多古代教育文献来看，我国自古就有重视口语教育的相关记载。例如《论语》《史记》中都有孔子门下分"四科"的记载，这四科是"德行、政事、言语、文字"。从"四科"的位置排列中可以看出"语"先于"文"，这是非常有道理的，言语、说话是最基本的社会现象，是最重要的表情达意的手段，是"文"的最终来源，是第一性的人类交际工具。

另外，听说能力在古代政治、外交、军事、文化以及日常生活中都具有十分重要的意义和作用。例如《左传》中有"曹刿论战""烛之武退秦师"等精彩纷呈的论辩场面；《战国策》中有"邹忌讽齐王纳谏""唐雎不辱使命"等精妙绝伦的演讲描绘；《史记》中有"蔺相如完璧归赵""樊哙怒斥项王"等技艺高超的外交斡旋……这些史载的典范事件就是说话能力在古代社会中起着巨大作用的生动体现。

"交际"一词在我国最早出现于《孟子·万章》，万章问曰："敢问交际，何心也？"孟子曰："恭。"宋朱熹《孟子注》中解释："际，接也。"

从这一描述可以看出,"交际"是双向的活动,必须发生在两个或两个以上的主体间,有一个由此及彼的过程。不过,古代的"交际"多指礼仪币帛上的往来,平民百姓望尘莫及,与现在"交际"的意义(指人与人之间的往来接触、社交)出入较大。

随着社会的发展和改革开放的不断深入,社会交际变得越来越频繁,越来越生活化和日常化。而"口语交际"作为社会交际最基本、最便捷的交际工具正日益凸显出其不可替代的重要作用,成为现代社会公民必须具备的一种能力。从某种意义上来说,它比写更重要、更实际、更便捷、更为人们所迫切需要。正因如此,在语文教学中重视培养学生的口语交际能力是"教育面向现代化、面向世界、面向未来"的需要,"口语交际"能力的训练也必须成为语文教学的重要组成部分。具体而言,"口语交际"能力在现代社会中有以下重要作用。

1. "口语交际"能力是决定人的整体素质的重要因素

"口语交际"能力的高低直接影响着人的整体素质。众所周知,历朝历代的政治家把"耳聪"作为选拔人才的重要条件之一。我国历史上有靠汪洋恣肆的口才定国安邦的,有用高超的说话艺术而化干戈为玉帛的,这类例子可谓不胜枚举。现实生活中也有不少只用片语便烛照人心,使人"听君一席话胜读十年书"的范例。科学统计表明,一个人一天平均至少听话、说话各一个小时,如果把一生中全部的听话、说话内容用文字记录下来,可以写成平均每部50万字的著作2000部。这就是说,每个人用耳朵听了1000部著作,用嘴巴说了1000部著作,这是何等惊人的数字。①正因为如此,加强口语交际能力的训练,不断提高学生的语言修养,越来越受到教育界的重视,成为许多国家国语教学的培养目标。有的人甚至提出了21世纪是"表达世纪"的见解。可见,古今中外的教育家都深刻认识到口语交际能力的高低是人类智慧文明乃至整体素质的直接体现。因此,具备一定的口语交际能力是现代社会对未来建设者提出的基本素质要求之一。

2. "口语交际"能力是社会发展和经济全球化对人才培养提出的新要求

现代社会的三大特征"高效率化、高信息化、高社交化"不仅从根本

---

① 参见徐越化主编《中学语文教学法》,华东师范大学出版社1993年版,第217页。

上改变了人们的生活内容和思维方式，同时也对人类口语交际的能力提出了前所未有的新要求。科学技术的迅猛发展让信息传递更迅捷，而口头语言功不可没；声音的留传和转换技术的日益完善，使得口头语言的传递、储存，甚至于检索、转换功能逐渐广泛进入实用阶段；声控电脑、阅读机器、人机对话的出现，都要求具有较强的口语交际能力……

重视培养学生的口语交际能力是教育"面向现代化，面向世界，面向未来"的需要，也是经济全球化对新型人才的基本要求。当今世界，越是发达国家，对口语交际能力越是重视。美国历届总统的竞选，都是在万人瞩目的演讲中比拼的，涌现出许多出色的演讲家。只有既善于倾听，又谈吐机敏、应付自如的人才是真正能适应时代发展的新型人才，才是跨世纪的骄子，才能适应经济全球化的需要。

3. 训练"口语交际"能力是促进思维发展，培养创新型人才的迫切需要

江泽民曾指出："创新是一个民族进步的灵魂，是一个国家兴旺发达的不竭动力。"创新型人才的基本特征是"创新"，而"口语交际"训练本身便是一个强化学生思维、培养学生创新能力的过程。

学生在口语交际过程中，从语言形式到思想内容，又从思想内容到语言形式；从个别到一般，又从一般到个别，反复思维，不断分析、综合、判断、推理，形象思维和抽象思维交替进行，其注意力、记忆力、联想力、想象力都得到锻炼。另外，口语交际往往不受时间和空间条件的制约，很多活动都是在群体中展开的，具有多向性、随机性、及时性、临场性的特点，这样更有利于锻炼学生的胆识和魄力，培养自信、果敢、具有一定分析能力和应变能力的创新型人才。

4. "口语交际"能力训练有利于提高和平衡学生的基本能力

语文能力主要包括听、说、读、写，这四种能力既具有同步性，又相互迁移和补充。听读是语言的感知，必然会迁移为说和写，转化为表达能力；听说是口头语言，必然会迁移为读写，形成书面语的能力。听说读写互相吸收利用，螺旋式地推进语文能力的提高。

过去的语文教学，往往忽视听说训练，造成学生基本语文能力发展的失衡。张志公先生针对这种现象曾经形象地指出："过去教语言，往往忽略口、耳，只注意手、眼。这是砍掉植物的根而希望它开花的办法，充其量这叫插瓶，也许开两朵花，然而开不多，也开不久。"① 这段话揭示出听说和读写之间的本质关系：听说是读写的基础，是根。正因如此，我们在语文教学中应重视口语交际的训练，做到像叶圣陶先生强调的那样"不善于听未必善于读，不善于说未必善于写，故而应当一把抓"。只有这样，才能让学生的各项基本能力协调发展，相互促进。

三 "口语交际"教学单独设课的必要性

笔者提出单独设置口语交际课程，是有充分的依据的，现分别就其历史依据、理论依据和现实依据加以阐释。

（一）历史依据表明单独设课的必要

春秋时期，百家争鸣的局面，推动了演讲艺术的发展。孔子重视谈说术，他教的学生分为四科，除德行、政事、文学外，就是言语，而子贡则是言语方面的得意门生。孔子的理论与社会政治思想联系紧密，告诫人们使用语言要特别慎重。

《荀子·非相》论述了谈说之术的原则、态度和方法："谈说之术，矜庄以莅之，端诚以处之，坚强以持之，譬称以喻之，分别以明之，欣欢芬芗以送之。宝之，珍之，贵之，神之，如是则说常无不受。虽不说（悦）人，人莫不贵。夫是之谓为能贵其所贵。"就是说，谈话和演讲，要有严肃、郑重，正直、真诚的态度，坚强的信心，应用比喻、分析、比较的方法，使双方重视、珍惜、尊重自己所说的东西。热情和善地宣传自己主张的内容，以使别人接受。

墨子、韩非子主张实用而反对文采。墨子"三表法"中，第一是说言必有据，第二是说要重视实践经验，也就是说，写也好，说也好，其最后的目的是要落到"用"上。《墨子》一书可以说是论辩理论和实践的结晶，全书充满了立论、驳诘，富有鲜明的辩论色彩，其中《小取》篇具有代表性，堪称中国第一篇系统而精辟的演说论文。

韩非子提出一切成功的谈说，都不能离开一定的情境这样一个谈说原

---

① 张志松：《张志公文集》（1-5 卷），广东教育出版社 1991 年版，第 578 页。

则的问题。

以上所列虽然只是谈说理论，而非口语教学论述，但足以证明我国古代对说的研究与重视。

（二）理论依据支撑单独设课

新的教学观和新的课程观为口语交际课程的单独设置提供了有力的理论支撑。

1. 新的课程观

新课程观把课程理解为一种以人类生活经验和个体生活经验为内容，通过儿童在生活世界中对这些内容的批判和反思性实践，沟通儿童的现实生活和可能生活的教育中介。这种课程观包括以下几个方面的内涵。

第一，儿童是课程的主体。儿童是课程的主体，一方面是指儿童的现实生活和可能生活是课程的依据，另一方面是指发挥儿童在课程实施中的能动性，儿童创造课程。课程不应该是单一的、理论化的、体系化的书本知识，而要给学生呈现人类群体的生活经验，并把它纳入到学生的生活世界中加以组织，使文化进入学生的"生活经验"和"履历情境"。21 世纪课程内容不能仅仅是来自"科学世界"的内容，而必须以"生活世界"作为背景和来源，课程才能够真正成为沟通学生的现实生活和可能生活的桥梁。

第二，"生活世界"是课程内容的范围。"生活世界"不是指"生活环境"，也不是指"自然世界"和"社会世界"，而是指对人生有意义的，且人生在其中的世界，是人生的过程、生活着的心物统一的世界。"生活世界"既是一个实体世界，又是一个关系世界，在这个世界里，人的地位至高无上，人是能动的主体，人不依附于自然、社会、他人，或者其他某些外在的力量。生活世界是人的生命存在的背景，是人生价值得以实现的基础，它为人生奠定了基石。

从以上阐释可以看出，新的课程观不再把课程局限于"知识""学科""教学科目"等狭隘的范畴，而注重儿童在课程开发和生成中的能动作用，注重人本意识和生命意识，注重人的生成的动态过程。这种课程观为口语交际课程的设立无疑提供了坚实的课程观支持。

2. 主体性教学观

主体性教学观是以激发学生的积极性、主动性和创造性为前提，以创设民主和谐的教学氛围为条件，以教师引导学生自主参与为手段，以促进学生主体性发展为目的的一种新型的教学观。可见主体性教学是通过教师和学生彼此之间的交往而实现的发挥教师和学生的主体性的活动。它具有以活动为教学的基本原则、以民主和谐的人际关系为支柱、强调教学活动的自主开放和创造等基本特征。显然，口语交际课程的实施正顺应了这种教学观的要求。反之，这种教学观也为口语交际课程的设立及顺利实施提供了有力的理论支撑。

目前已有的研究者对口语交际理论依据的研究，其主要成果有：后现代主义对语言规律的认识观；语言的社会功能观；语言的心理观理论；音响美学理论；罗杰斯"以学习者为中心"的教学观等。可以看出，这些依据中既有语言学的，也有心理学的，还有美学和社会学的，当然也有多者的有机结合，这些理论都为口语交际单独设课提供了强有力的理论支撑。

（三）现实依据表明单独设课的迫切性

1. 国人口语交际能力的普遍欠缺成为单独设课的实践动因

如前文所述，在生活中，正在学习的学生以及走上社会的成人，都不同程度存在着口语交际能力欠缺的问题。有的已经直接影响到工作和学习，有甚者已经成为制约人才发展的瓶颈。我们再来观察一个有趣的比较：美国历届领导人在就职时都有一个重头戏——演讲。我们不难发现，脱稿的演讲成为总统人格魅力的有机组成部分，也成为激励无数人的典范之作。而我们再看看我国领导人，越是重要的场合，越是重要的讲话，越要一字不落地照着稿子念。而所用的普通话，细细听来都带着浓浓的方言味。究其根源，还是基础教育阶段缺乏口语交际能力训练的结果。其实美国早在"二战"时就把原子弹、美元和演说当作三大战略武器，随着时代的发展和科技的进步，现今则把舌头、美元和电脑作为三大战略武器，口语表达由原来的第二位提到第一位。其他的国家如日本、德国等，则在各自的有关国语教学的文件中明确提出了要重视和培养学生口语交际能力的要求。国人的口语交际水平与世界发达国家相比，还存在很大的差距，由此，我们很有必要在基础教育阶段单独进行口语交际能力的系统训练。

2. 发达国家言语教学单独教程可提供可行范例

在现代社会里，随着通讯和多媒体技术的飞速发展，人们交流思想时，口头语言的使用率大大高于书面语言的使用率，说的作用已明显超过了写的作用。正因为这样，许多发达国家和地区都十分重视语言教学。

①美国初中口语教程。

从美国现行教材《现代美国英语》看出，美国口语教程训练目标明确，步骤严谨，形式活泼，可操作性强。

美国特别重视抓中学生的口语训练，要求把中学生训练成为具备身上每个部位都会说话的能力的人，以适应高度发达的社会需要。在这套教材中，对初中学生的口语训练作了细致而完整的规定，其广度深度远远超过我们的高中口语训练。教材规定：

有关训练目标和要求方面的内容：能够自信地在听众面前讲话；有效地向听众传递信息；能够灵活运用各种辅助性口语表达方式，包括类语言、体态语等。

有关训练内容和方法方面的内容：辅助性表达方式在类语言的训练中涉及了变化音调，重读、停顿、表意的功能性发声（哼、打呼噜、呻吟、噪声）等训练；在体态语训练中涉及手势语（如模仿老师教留学生，打手势语，演示给狗造屋，搬家的训练）、面部表情语的训练（对着镜子读课文，做出有助于表达意思的各种表情，甚至如眼睛亮起来，微笑，皱眉头等）；在主要口头表达方式的训练中，涉及做报告、演说、访问、讨论问题等的训练。

总的看来，这套教材可作为口语实践课程设置的实践依据，为我们的课程设置提供蓝本。

②英国的《英语：5岁~16岁》文件规定：英语科培养学生以恰当的形式，充满自信地、清晰流畅地说话，使他们能适应各种情景和各种听众，同时发展他们的说话能力。当学生16岁时，对于说话能力的规定就更为具体细致了。其所规定的说话的具体目标就有16页。这也为我们高中口语训练提供了操作性强的范例。

③日本有一篇《关于"找窍门"》议论文练习实录，作为说写的范例收编在日本国语教科书里。这个练习的具体过程便是从说话开始的，这样，既训练了学生的说话能力，又使学生对于选题的中心和论述层次有了

更深刻的认识，为写好文章奠定了基础。可看出，说是被放在十分重要的位置上的。

另外，我国台湾教育界对口语训练也相当重视，这些年他们引进和借鉴西方国家的先进教育理论和成功经验，将先说后写郑重地写进了教学大纲里。在《国民中学语文课程标准》中明确提出了"教师命题后，酌与学生做短时间的讨论，再令学生撰写……"① 讨论时间虽短，效果却很好，学生自能养成一看见命题就用心思考的良好习惯。讨论还没开始，学生大多能进入状态，围绕审题、立意、选材、谋篇等交流看法，各抒己见，更是能集思广益，激发作文表达的欲望。教师要讲的学生几乎全能说到，不仅针对性强，而且学生容易接受。通过讨论，学生明确作文的目的，即为什么写，获得了许多材料，即写什么。

结　语

综上，中学口语交际教学单独设课意义重大，有其必要性和可行性。后续笔者还会继续研究具体的单独设课的措施，涉及诸如开发单独的课程资源，努力开发三级模式的口语交际课程，设置单独完整的课时，设置专门的口语教师等实际问题。

Exploration on the Necessity of Setting up an Independent Course of "Oral Communication" in Secondary Schools

Ke Huaqiao

Abstract：Chinese people generally lack the ability of oral communication, so it is essential that we should consider to reflect on the group-blunders during Chinese oral communication teaching in basic education. In order to reverse this situation, we should start from secondary schools, and set up the "oral communi-

---

① 刘一承：《作文教改应弘扬人的主体性》，《福建师范大学学报》1999 年第 2 期。

cation" curriculum independently. This paper analyzes the basic meaning of the independent courses of oral communication teaching in secondary schools, including historical, theoretical and practical bases, which demonstrates the necessity and feasibility of the theory.

Keywords: Oral communication, Independent courses, Necessity

Author's Introduction:

Ke Huaqiao (1975 -), Lecturer in School of Chinese Language and Literature, Hubei University. Research directions: Chinese language teaching. E-mail: 295685264@ qq. com.

传承文学经典　弘扬优秀文化

——大学语文课程的文化教育模式探析

余兰兰*

内容提要：大学语文作为高等教育平台上的母语教育，与中学语文既有衔接又有不同。大学语文教师应该正确认识和理解大学语文课程的人文文化性质，在教学中科学建立和实施文化教育模式。一方面弘扬优秀传统文化，提高大学生的文化精神；另一方面挖掘文学中的文化，铸造大学生的文化人格，从而更好地实现大学语文课程的人文素质教育目标，在传承文学经典中弘扬优秀传统文化。

关键词：大学语文　教育模式　文化　人格

优秀的传统文化，是一个民族、一个国家的精神命脉和精神家园。2014年10月15日，习近平总书记在文艺工作座谈会上提出，要结合新的时代条件传承和弘扬中华优秀传统文化。中华优秀传统文化的一个重要组成部分，就是优秀的文学艺术作品。语文教学是以经典的文学作品为基础而展开的。语文教育在引导学生阅读、欣赏优秀文学作品的过程中，潜移默化地传承和弘扬着优秀传统文化。当下，大学语文课程已成为全国高校非中文专业学生通识教育工程的主要部分，在大学生人文素质培养中具有重要地位与积极作用。教学是实现课程教育目标的关键所在，也是课程建设与改革的重中之重。如何充分发挥大学语文课程的人文素质教育功能，如何有效地实现大学语文课程的人文素质教育目标，是大学语文教育工作

---

* 余兰兰（1974—），湖北大学文学院中文系副教授，研究方向：大学语文教育、古代文学文献。电子邮箱：1429960649@qq.com。

者必须认真思考和探索的首要问题。本文结合笔者多年的大学语文教学实践，对大学语文课程的文化教育模式进行探析。

一　正确认识和理解大学语文课程的文化性质

要建立大学语文课程的文化教育模式，首先应该正确认识和理解大学语文课程的文化性质。任何民族、国家和时代的文学与文化都是紧密相连的，文化影响文学，文学折射文化。在中外文学史上，文学最初都是泛指广义的文化形态，包括政治、哲学、历史、宗教等。在中国古代，文史哲最初是不分家的，魏晋以前，文学的文化意义居于主导地位。例如《论语》云"兴于诗，立于礼，成于乐"，强调的就是《诗经》的政治教化与文化教育作用。《孟子》《老子》《韩非子》等诸子之作最初发挥的是学术争鸣与文化交流作用。后来文学虽然独立发展，也仍然带有强烈的文化性，是文化中的文学。

今天的大学语文作为人文文化、人文科学中的一个重要门类，应该是人文意义、文化意义上的语文，而非单纯基础意义和工具意义上的语文。大学语文作为高等教育平台上的母语教育，与中学语文既有衔接又有不同，大学语文应该在中学语文的基础性、工具性之上更强调人文性、文化性。大学语文的"文"，指的是文学和与文学相关的文化，"语"则是文学和文化的载体与媒介。人文意义上的大学语文教学，应该引导学生通过语言这个载体与媒介，去欣赏文化中的文学，去探求文学中的文化，从而提高学生的文学欣赏水平与文化素质修养。

著名的语文教育家叶圣陶先生曾经指出，语文教材无非是例子。目前的大学语文教材，可谓百花齐放、异彩纷呈，但无论是按照朝代先后编排，还是按照文体或者主题分类等形式编写，都离不开文选这一基本形式，大学语文教学当然也离不开对这些例子的解读和欣赏。仅就文章讲文章、就文学读文学的语文课是浅层而狭窄的。文学欣赏必须注入文化，才能品味出文学的博大精深。大学语文中的"文"除了文学之外，还应包括文化，但又不是包罗万象的泛文化，而是指与教材例子相关的文化，是文学中的文化。而作为载体与媒介的"语"，本身就蕴含着丰富的文化。因此，大学语文教师既要看到语文教材的文学性，也要看到语文教材的文化性，要深入挖掘和领悟教材作品的文化内涵，引导学生跨越传统的字词句篇的解读，跨越单纯的人物、情节、主题、艺术等文学分析，既能在阔大深远的历史文化背景中理解和欣赏文学作品与文学现象，又能通过文学作品与文学现象的解读来追溯和了解历史文化。

大学语文教师应该将文化变成大学语文教学的重要内容和有力支撑，这其实也是由大学语文课程的基本性质和教育目标所决定的。没有文化阐释的作品分析，只能停留在"就文论文"的陈旧模式和浅层次水平上。没有文化内涵的大学语文教学，不能充分发挥语文教材和语文课程的人文价值。反之，有了文化视野与文化教育，就能既立足教材而又超越教材，既不脱离文学而又比文学更高。

二　科学建立和实施大学语文课程的文化教育模式

建立一门符合教育规律的教学模式，依据的是先进的教育思想、教学理念以及课程的定位。在明确大学语文课程性质与教育目标的基础上，应科学建立和实施文化教育模式。这个模式是大学语文教学与中学语文教学的重要区别，是提高大学语文教学层次、体现大学语文学术含量的重要因素。通过文化教育模式，不仅可以让学生读出文学作品的言外之意、文外之旨，从单纯的文学范畴进入更为深广的人文领域，丰富和加深学生对文学作品的理解与欣赏，而且还可以很好地弘扬优秀的民族传统文化与人文精神，让大学生在接受传统文化熏陶、提高文学欣赏水平的过程中，培养健康积极的文化精神与文化人格。

以湖北大学的大学语文教学为例，我们在教学内容中设有一个"传统文化"单元，除了给学生专题讲授儒家、道家文化最精髓的思想以外，还精心选取经典的文学作品引导学生仔细品读和深入领悟其中蕴含的文化内涵，以更好地实现文化育人的教育目标。

1. 弘扬优秀传统文化，提高大学生的文化精神

文化，是一种文明、一种精神。文化通过广义和狭义的语文教材，以它的文明、精神作用于人，进而作用于社会。大学语文教师在教学中要善于引导学生把握传统文化与现代文明的关系。对于优秀的民族传统文化，要让学生懂得它们的现实意义，把传统文化化为一种时代文化精神。

儒家非常注重一个人的道德修养与行为规范,"仁"是儒家哲学的核心内容,也是中华民族的基本人文精神。《论语·卫灵公》曰:"志士仁人,无求生以害仁,有杀身以成仁。"孔子认为仁者具有"恭、宽、信、敏、惠"(《论语·阳货》)等多种美好品质。《孟子·离娄》云"仁者爱人"。大学语文教师在讲解儒家文化时,应适时结合社会现实,引导学生深入领悟和思考儒家文化的现实意义。例如,当今社会的"三聚氰胺"毒奶粉事件、各种假冒伪劣商品等现象,其实都是生产者以利害仁所致,他们缺少对他人、对社会的仁爱精神与诚信责任,缺少为人最基本的道德修养与行为规范。在物欲横流、弄虚作假的当代社会,儒家的仁爱、诚信等传统文化精神的现实意义是不言而喻的。《老子》曰:"人法地,地法天,天法道,道法自然。"道家崇尚自然,自然是自然而然,不雕琢、不伪装;自然又是事物的自然规律、自然法则。前者强调"真",后者强调"善",又"真"又"善"谓之美。"道法自然"其实也就是科学发展观。在自然破坏严重、环境不断恶化的当代社会,道家亲近自然、尊重规律等传统文化精神的现实意义也是不言而喻的。"仁者爱人"是一种文化精神,"道法自然"也是一种文化精神。当代大学生如果都具有这样的文化精神,我们整个民族的文化素质无疑也就提高了。

除了让学生了解儒家的"仁爱"与"礼乐"、道家的"道"与"自然无为"、"相对论"与"齐物论"等核心文化思想以外,我们还注重引导学生领悟文学作品与文学现象中的儒道文化,或者说从文化层面来深入理解文学作品,认识文学现象。比如,对于金庸的小说《神雕重剑》之"杨过练剑",我们注重的不是人物和情节分析,不是武侠与练剑本身,而是引导学生探求杨过练剑以及作品所蕴含的成功贵在恒心与毅力、"重剑无锋,大巧不工"等儒道文化精神与人生境界。再如,对于王羲之的散文《兰亭集序》,中学语文教师注重的多是语句分析和景物描写。大学语文教师则应该把《兰亭集序》放在阔大深远的历史文化背景中来审视,要让学生懂得,那流传千古的写景佳句,那如诗如画的自然风光,正是魏晋玄学名士们"越名教而任自然"的生活态度和审美品藻的体现。名士们在"崇山峻岭,茂林修竹"中放浪形骸,赞美自然的美丽,体味隐逸的情趣,讴歌生命的真谛,由是也催生了中国古代文学中的田园山水诗,孕育了陶渊明、谢灵运这样的田园山水大诗人。在此基础上,大学语文教师就可以进一步从文化层面引导学生深入理解和欣赏中国古代的田园山水诗了。而唐代著名的"新乐府运动",则是儒家关心政治、关怀现实的文化精神催生的结果。

2. 挖掘文学中的文化,铸造大学生的文化人格

中国文学与中华文化有着悠久的历史与优秀的传统。历代的仁人志士和伟大作家没有不受到优秀文学作品与传统文化熏陶影响的,五千年的中华文化铸造了泱泱中华的民族精神和性格。大学语文教师应充分利用语文教材的文学与文化因素,对学生进行人格教育,让优秀作品的美好情感与文化传统融化在学生的血液里,积淀在学生的灵魂里,转化成他们的思想情感和价值观念,从而提高他们的人格素质。

例如,对于苏轼的散文《超然台记》,我们不是着眼于篇章结构或艺术手法,而是重在引导学生联系苏轼的《定风波》《前赤壁赋》等作品,领悟苏轼的人格与魅力。大学语文教师不能让学生仅仅只是了解苏轼的生平履历与文学成就,仅仅只是弄清苏轼作品的文本含义。我们还必须揭示苏轼生活的历史文化背景,让学生走进他的心灵深处去触摸他的灵魂,想想他为什么能够身处逆境而乐观旷达,久经挫折却始终对人生充满热情?为什么能够"游于物之外""无所往而不乐"?传统文化怎样影响了苏轼的人生态度与伟大人格?当我们以文化的眼光来审视苏轼及其作品时,就能以苏轼的文化人格来教育学生积极乐观地面对生活挫折,淡定从容地面对人生苦难,苏轼给学生的人格启示与影响也就尽在文化之中了。其实苏轼淡看人生升降沉浮与成败得失的人生态度,正是源自道家文化的"齐物论"。在和平年代、舒适环境中成长起来的当代大学生,抗打击承挫折能力较差,尤其需要学习苏轼的这种文化人格。

再如,对于冯梦龙的小说《俞伯牙摔琴谢知音》,我们注重的也不是人物和情节分析,而是引导学生深入挖掘俗文学中蕴含的雅文化。俞伯牙和钟子期的"君子之交",不仅体现了儒家重信守诺、重情尚义、大孝至爱的礼义文化,更体现了道家钟情自然山水、淡泊功名利禄、向往诗意人生的隐逸文化。俞伯牙和钟子期因琴结缘、以琴相知、心琴合一、心游于物的知音故事,体现了道家"天地与我并生,万物与我为一"的精神自由论,体现了道家的生活态度和审美精神。正是有了这样丰富的文化意蕴,才使得俞伯牙和钟子期的知音故事能够成为中国知音文学与文化中最动人的一笔。除此之外，大学语文教师还应引导学生懂得：俞、钟友谊超越身份地位的贫富贵贱，不带世俗功利私心杂念的现实意义。针对当前社会上许多人重钱重利、不讲诚信、薄情寡义的现实，教师要让学生感受到中国古代正直文人以心神信义相交、重信守诺、重情尚义的高贵品格。当学生认同"君子之交淡于水"的交友观时，无疑就升华了自己的文化人格。

又如，对于《战国策》中的两篇散文《苏秦佩六国相印》与《齐宣王见颜斶》，大学语文教学不能像中学阶段那样把字词句篇的意义解释作为中心，而应把重点放在引导学生比较苏秦和颜斶完全不同的性格与人生价值观上，同时引导学生深入思考同时代人物对传统文化的不同取向。苏秦显然更多地接受了儒家文化经世致用、建功立业的思想，追求富贵显达；而颜斶明显接受了道家返璞归真，淡泊宁静的思想，向往心灵自由。那么，当代大学生从这两个历史人物身上能够吸取什么文化精神？又应该树立怎样的人生价值观？当学生经过激烈的讨论之后，他们的文化人格也就有了无形的提升。

当然，重视文化教育并不等于不要文学教育，而是要善于寻找文学与文化的契合点，获得更好的文学教育方式。而且，也并不是所有的文学作品都必须刻意挖掘其文化意蕴不可，有些作品的文学性远甚于文化性，教学时自然应该以品味其文学性为主。教学重点和方法是因文而定的，并非千篇一律，教师应当灵活处理。以上这种文化教育模式，在湖北大学已经推行了若干年，目前正处于进一步完善和提高阶段。多年的教学实践证明，它是行之有效的，是符合教育与教学规律的，是适应时代变化与课程发展的。任何教学模式的建立，究其实质都是教育思想、教学理念的反映。教学模式在教学中具有理论与实践两个方面的意义，直接关系到教学效果的好坏与教育目标的实现与否。而一个科学的教学模式一旦从理论上建立并且得到教学实践的检验，就能成为一种规律性的思想与方法被长期运用，直接指导和促进大学语文教学与课程建设，因此教学模式研究与实践具有不容忽视的重要意义，值得长期深入系统地、与时俱进地进行下去。

Inheriting Immortal Literary Classics and Advancing Excellent Traditional Culture

——An Analysis of the Cultural Educational Model of College Chinese

Yu Lanlan

Abstract: As a mother-tongue education on the platform of higher education, College Chinese links to but differs from Chinese teaching in the middle school. College Chinese teachers should correctly recognize and understand the humanistic and cultural nature of College Chinese, and scientifically establish and implement the cultural educational model in teaching. On the one hand, it is essential in the course of College Chinese teaching to carry forward fine traditional culture to improve the cultural spirit of college students. On the other hand, it is of necessity to explore the culture in Chinese literature to mold the cultural personality of college students, so as to better realize the goal of humanistic quality education of College Chinese and advance excellent traditional culture in the process of inheriting literary classics.

Keywords: College Chinese course, Cultural educational model, Cultural spirit, Cultural personality

Author's Introduction:

Yu Lanlan (1974 −), Associate Professor in School of Chinese Language and Literature, Hubei University. Research directions: College Chinese education, ancient literature philology. E-mail: 1429960649@qq. com.

更正启事

因编辑工作疏漏，《中文论坛》第 4 辑第 16 页《接受与新变》一文中"《诗经》是五位之一，其权威性远超出普通的文学作品"有误，应为"《诗经》作为一种权威性话语，其功能远超出文学的范围"。第 72 页《鲁西西：信仰的辉煌与世俗诗意的超越》一文中"湖北大学理论与批评研究中心研究员"有误，应为"湖北文学理论与批评研究中心研究员"。在此，本刊编辑部向孟修祥、魏天无两位作者致以歉意。本刊将认真吸取教训，严格把关，提高质量，不辜负广大读者的厚爱和期望。

《中文论坛》征稿启事

　　《中文论坛》（*Forum of Chinese Language and Literature*）由湖北大学文学院主持，旨在成为开展学科建设、展示学术成果、鼓励学术争鸣、深化学术交流、推动学术发展的平台。欢迎学界同仁不吝赐稿。有关事项说明如下：

　　一、本刊为半年刊，定期在每年 6 月、12 月出版，投稿截稿日期分别为每年 1 月底和 6 月底。

　　二、所有来稿请遵守学术规范和学术道德，请勿一稿两投。所有来稿均不退稿，请自留底稿。来稿若一个月未接到用稿通知，可自行处理。

　　三、来稿由湖北大学文学院组织专家评审，论文选用后本刊向作者支付稿酬及提供样刊两本。

　　四、一般稿件篇幅以控制在 15000 字以内为宜，特别约稿可在 20000字左右。所有稿件均须为电子文本，请寄：nieyw_55@126.com。

　　五、稿件必备项：标题、作者简介、内容提要、关键词（以上四项均应包括中、英文两种形式）、正文、参考文献或注释（脚注形式）。

　　六、作者简介一般应包括出生年、学位、职称、研究方向，亦可注明主要学术成果。

　　七、注释采用脚注—编号格式（Notes-Bibliography System）。书名（期刊名）、文章名、作者、年份、出版社等信息应该准确无误。

　　八、来稿文末请附上详细的通信方式，包括地址、邮编、手机、电子邮箱等。

《中文论坛》编辑部

图书在版编目（CIP）数据

中文论坛. 2017 年. 第 1 辑：总第 5 辑／湖北大学文
学院《中文论坛》编辑委员会编. —— 北京：社会科学文
献出版社，2017.4
ISBN 978 - 7 - 5201 - 0452 - 4

Ⅰ.①中… Ⅱ.①湖… Ⅲ.①汉语 - 文集 Ⅳ.
①H1 - 53

中国版本图书馆 CIP 数据核字（2017）第 047347 号

中文论坛 2017 年第 1 辑 总第 5 辑

编　　者／湖北大学文学院　《中文论坛》编辑委员会

出 版 人／谢寿光
项目统筹／周　琼
责任编辑／李兰生

出　　版／社会科学文献出版社 · 社会政法分社 （010）59367156
　　　　　地址：北京市北三环中路甲 29 号院华龙大厦　邮编：100029
　　　　　网址：www. ssap. com. cn
发　　行／市场营销中心 （010）59367081　59367018
印　　装／北京季蜂印刷有限公司

规　　格／开　本：787mm × 1092mm　1/16
　　　　　印　张：24.5　字　数：390 千字
版　　次／2017 年 4 月第 1 版　2017 年 4 月第 1 次印刷
书　　号／ISBN 978 - 7 - 5201 - 0452 - 4
定　　价／98.00 元

本书如有印装质量问题，请与读者服务中心（010 - 59367028）联系